Praktische didactiek voor Engels in het basisonderwijs

De serie *Engels in het basisonderwijs* van Sibilla Oskam bestaat uit:

Praktische didactiek voor Engels in het basisonderwijs
zesde, herziene druk, isbn 978 90 469 0352 0

- Voor didactische vaardigheden
- Deel I – Kernmodule voor alle pabostudenten (hoofdstuk 1-11)
  - topics in *Spreekvaardigheid*
  - classroom phrases bij hoofdstuk 6-9 in *Spreekvaardigheid*
  - uitgewerkte voorbeeldmodule in de docentenhandleiding
- Deel II – Uitbreiding en verdieping (hoofdstuk 12-18)
  - topics in *Spreekvaardigheid*
  - classroom phrases bij hoofdstuk 14-16 in *Spreekvaardigheid*

Praktische taalvaardigheid voor Engels in het basisonderwijs – Uitspraak en grammatica
tweede, herziene druk, isbn 978 90 469 0093 2

- Voor de eigen taalvaardigheid
- Deficiëntiecursus, gaat vooraf aan *Spreekvaardigheid*
- Deel 1 – Uitspraak
  - met audio-cd
  - diagnostische toetsen en voorbeeldmodules in de docentenhandleiding
- Deel 2 – Grammatica
  - voorbeeldmodule, toetsen, antwoorden en uitwerkingen in de docentenhandleiding

Praktische taalvaardigheid voor Engels in het basisonderwijs – Spreekvaardigheid
tweede, herziene druk, isbn 978 90 469 0094 9

- Voor de eigen taalvaardigheid
- Volgt op *Uitspraak en grammatica* en sluit aan bij *Praktische didactiek*
- Deel 1 – Classroom language (unit 1 t/m 12)
  - unit 6-9 sluiten direct aan bij hoofdstuk 6-9 van *Praktische didactiek*
  - unit 10-12 sluiten direct aan bij hoofdstuk 14-16 van *Praktische didactiek*
  - antwoorden en uitwerkingen in de docenthandleiding
- Deel 2 – Eibo topics (topic 1-10)
  - diagnostische toetsen in de docentenhandleiding

Docentenhandleiding
tweede, herziene druk, te bestellen via www.coutinho.nl/eibo

- Diagnostische toetsen bij *Uitspraak* en *Eibo topics*
- Uitgewerkte voorbeeldmodules bij de kernmodule van *Praktische didactiek* en *Uitspraak en grammatica*
- Toetsen bij *Grammatica*
- Antwoorden en uitwerkingen bij *Grammatica* en *Spreekvaardigheid*

Praktische didactiek voor Engels in het basisonderwijs

Sibilla Oskam

Zesde, herziene druk

bussum 2013

Webondersteuning
Bij dit boek is een docentenhandleiding beschikbaar. Deze is te vinden via www.coutinho.nl

© 1995 Uitgeverij Coutinho bv
Alle rechten voorbehouden.

Behoudens de in of krachtens de Auteurswet van 1912 gestelde uitzonderingen mag niets uit deze uitgave worden verveelvoudigd, opgeslagen in een geautomatiseerd gegevensbestand, of openbaar gemaakt, in enige vorm of op enige wijze, hetzij elektronisch, mechanisch, door fotokopieën, opnamen, of op enige andere manier, zonder voorafgaande schriftelijke toestemming van de uitgever.

Voor zover het maken van reprografische verveelvoudigingen uit deze uitgave is toegestaan op grond van artikel 16h Auteurswet 1912 dient men de daarvoor wettelijk verschuldigde vergoedingen te voldoen aan Stichting Reprorecht (Postbus 3051, 2130 KB Hoofddorp, www.reprorecht.nl). Voor het overnemen van (een) gedeelte(n) uit deze uitgave in bloemlezingen, readers en andere compilatiewerken (artikel 16 Auteurswet 1912) kan men zich wenden tot Stichting PRO (Stichting Publicatie- en Reproductierechten Organisatie, Postbus 3060, 2130 KB Hoofddorp, www.stichting-pro.nl).

Eerste druk 1995
Zesde, herziene druk 2013

Uitgeverij Coutinho
Postbus 333
1400 AH Bussum
info@coutinho.nl
www.coutinho.nl

Omslag: Dien Bos, Amsterdam

Noot van de uitgever
Wij hebben alle moeite gedaan om rechthebbenden van copyright te achterhalen. Personen of instanties die aanspraak maken op bepaalde rechten, wordt vriendelijk verzocht contact op te nemen met de uitgever.

ISBN 978 90 469 0352 0
NUR 842

Voorwoord

De zesde druk is grondig herzien en aangepast aan de nieuwste ontwikkelingen op het gebied van Engels in het basisonderwijs (Eibo). De ontwikkelingen van de laatste vier jaar – van Eibo voor alleen groep 7-8 naar Engels vanaf groep 5 (vto) en Engels vanaf groep 1 (vvto) – hebben zich in hoog tempo voltrokken. Daar hebben de publicaties *Kennisbasis Engelse taal op de pabo* (Den Boon et al., 2010), *Een goede basis* (Meijerink et al., 2012), het SLO-onderzoek (2011) en *And yet all different* (Corda et al., 2012) in hoge mate toe bijgedragen. Vooral op het gebied van vvto zijn de ontwikkelingen spectaculair. De publicaties van het Platform vvto Nederland *Naar eindtermen vvto Engels, een eerste verkenning* (2011a) en *Standaard vroeg vreemdetalenonderwijs Engels* (2011b) geven aan dat vvto hard op weg is naar een officiële status, met eigen eindtermen en kwaliteitsbewaking. De Nederlandse educatieve uitgevers hebben op deze ontwikkelingen gereageerd met het aanbod van lespakketten voor groep 5-8. Dit alles is verwerkt in de herziening van *Praktische didactiek voor Engels in het basisonderwijs*.

Deze nieuwe editie is geheel gebaseerd op *Kennisbasis Engelse taal op de pabo* en biedt zowel een solide theoretische basis als een keur aan didactische werkvormen en oefeningen, met voorbeelden uit de meest recente Nederlandse en Britse lespakketten.

Na 25 jaar Engels in het basisonderwijs kunnen we vaststellen dat er veel veranderd is, in positieve zin. Om te beginnen is Engels op de basisschool vanzelfsprekend geworden. Met de publicatie van *Kennisbasis Engelse taal op de pabo* is bovendien het pad geëffend voor een nationaal kerncurriculum voor het vak Engels op de pabo, waardoor de kwaliteit van de opleiding van leerkrachten op den duur gewaarborgd is. Ook is er met het toegenomen aantal samenwerkingsverbanden tussen basisonderwijs en voortgezet onderwijs een begin gemaakt met het zoeken naar een oplossing voor de problematiek bij de overgang van basis- naar voortgezet onderwijs. Alles bij elkaar wordt er hard gewerkt om binnen afzienbare tijd aan de basisvoorwaarden voor goed onderwijs voor Engels in het basisonderwijs te voldoen.

Dit boek hoopt, samen met *Praktische taalvaardigheid voor Engels in het basisonderwijs*, een bijdrage te leveren aan een kwalitatief verantwoorde implementatie van *Kennisbasis Engelse taal op de pabo* op de initiële opleidingen en in het basisonderwijs zelf, en daarnaast een inspiratiebron te zijn voor de specialisaties, gericht op zowel het jonge kind als het oudere kind.

Ik hoop dat deze nieuwe uitgave van *Praktische didactiek voor Engels in het basisonderwijs* weer voorziet in een behoefte van zowel studenten als docenten. Suggesties van gebruikers van dit boek ter verbetering van de kwaliteit stel ik bijzonder op prijs (info@coutinho.nl).

Mijn grote dank gaat uit naar Myrna Feuerstake, die bij de totstandkoming van deze druk heeft meegelezen en mij bovendien met raad en daad terzijde heeft gestaan.

Sibilla Oskam
februari 2013

Inhoud

Leeswijzer 15

DEEL I · Kernmodule

1 Engels in het basisonderwijs 19

   1.1 Inleiding 19
   1.2 De redenen om een vreemde taal in te voeren in het basisonderwijs 20
       1.2.1 Onderzoeksresultaten 20
   1.3 Vroeg vreemdetalenonderwijs (vvto) in Nederland 22
   1.4 Waarom Engels? 25
       1.4.1 Sociaal-culturele redenen 25
       1.4.2 Onderwijskundige redenen 26
   1.5 De positie van meertalige leerlingen 26
   1.6 De aansluiting met het vervolgonderwijs 28
       1.6.1 Verschillen in leerstofaanbod en werkwijze 29
       1.6.2 Peiling en rapportage aan het eind van de basisschool 31
       1.6.3 De opleiding van leerkrachten Engels 39
   1.7 Engels op de pabo 40
       1.7.1 De opleiding van groepsleerkrachten 40
       1.7.2 Het kerncurriculum 40
       1.7.3 Taalvaardigheid voor Engels in het basisonderwijs 42
       1.7.4 Het Europees Taalportfolio 43
   1.8 Conclusies en aanbevelingen 44

2 Doelstellingen 47

   2.1 Inleiding 47
   2.2 De kerndoelen voor Engels in het basisonderwijs 49
       2.2.1 De vernieuwde kerndoelen van 2005 52
   2.3 De kerndoelen in de lespakketten voor Engels in het basisonderwijs 55
       2.3.1 Lespakketten voor groep 1-8 en groep 5-8 56
       2.3.2 De thema's in de lespakketten voor Engels in het basisonderwijs 57
       2.3.3 TULE-leerlijnen voor groep 1-2, 3-4 en 5-6 59
   2.4 Kerndoelen voor vroeg vreemdetalenonderwijs (vvto) 59
       2.4.1 Startnotitie 59

	2.5	Lespakketten en leermiddelen voor groep 1-4	60
		2.5.1 Lespakketten	60
		2.5.2 Leermiddelen	62
	2.6	Engels in het basisonderwijs en ICT	62
		2.6.1 Digitale leermiddelen	63
	2.7	Lespakketten en leermiddelen beoordelen	67
3		**Didactische methoden**	**69**
	3.1	Inleiding	69
	3.2	De vier didactische methoden	69
	3.3	De grammatica-vertaalmethode	71
	3.4	De audiolinguale methode	75
	3.5	Enkele belangrijke taalverwervingstheorieën	78
		3.5.1 Moedertaalverwerving (T1) en simultane tweede-taalverwerving	78
		3.5.2 Natuurlijke taalverwerving	82
		3.5.3 De monitorfunctie	83
		3.5.4 De inputhypothese: input voor output	83
		3.5.5 De attitudetheorie	84
		3.5.6 De Total Physical Response-techniek (TPR)	84
	3.6	De functioneel-notionele methode (F-N)	85
		3.6.1 Kenmerken	85
	3.7	De receptieve methode	88
		3.7.1 De toepassing van de receptieve methode	89
		3.7.2 De receptieve methode als aanvulling op de F-N-methode	90
		Eindopdracht hoofdstuk 1-3	**94**
4		**De eerste kennismaking met Engels**	
		Een goed begin is het halve werk (1)	**95**
	4.1	Inleiding	95
	4.2	De Engelse woordenschat van negenjarigen	95
	4.3	Een lessencyclus 'Eerste kennismaking': eerste les	96
	4.4	De verwerking van de woordenschat tot een spel	99
	4.5	De lesopbouw voor een spelles	101
	4.6	Taalspelletjes in de tweede les van de lessencyclus	102
		4.6.1 Happy families	102
		4.6.2 Make a pair	103
		4.6.3 Memory	104
		4.6.4 Domino	105
		4.6.5 Bingo	106
		4.6.6 Picture bingo	106
		4.6.7 Lotto	107

	4.7 De leerdoelen van deze lessencyclus	108
	4.8 Een les taalbeschouwing	108

5 Het vierfasenmodel en de 'schijf van vijf' — 113

5.1 Inleiding — 113
5.2 De leerstofopbouw binnen een thema: het vierfasenmodel — 114
5.3 De invulling van het vierfasenmodel — 115
5.4 De 'schijf van vijf' — 118

6 De introductiefase
Een goed begin is het halve werk (2) — 121

6.1 Inleiding — 121
6.2 De voorkennis activeren — 122
    6.2.1 Het klassengesprek — 123
    6.2.2 Woorden en plaatjes uit tijdschriften verzamelen — 124
    6.2.3 Artikelen en voorwerpen (laten) meenemen — 125
    6.2.4 Engels in het klaslokaal — 126
    6.2.5 Taalspelletjes om de woordenschat te consolideren — 127
    6.2.6 De introductiefase in de lespakketten — 129
6.3 Taalfuncties voorbereiden — 130
6.4 De warming-up voor de inputfase — 133
6.5 De leerdoelen van de introductiefase — 134

7 De input- en verwerkingsfase — 135

7.1 Inleiding — 135
7.2 De luistertekst — 136
    7.2.1 Een groot aanbod van natuurlijke spreektaal — 136
    7.2.2 Luisterstrategieën — 140
7.3 Verwerking van de informatie — 142
    7.3.1 Oefenen is niet toetsen — 145
7.4 Andere leeractiviteiten om luistervaardigheid te trainen — 146
7.5 Leerdoelen van de inputfase — 148

8 De oefenfase — 149

8.1 Inleiding — 149
8.2 De voorbereiding in de inputfase — 149
8.3 Gesloten taalproductie — 150
8.4 De lesopbouw voor gesloten taalproductie — 151
    8.4.1 Koorwerk — 151
    8.4.2 Oefenen in tweetallen — 152
    8.4.3 Fouten corrigeren — 154

	8.5	Oefenen in reële taalsituaties	154
		8.5.1 Communicatieve drills	154
		8.5.2 Flashcards	155
		8.5.3 De substitutietabel	157
		8.5.4 Oefeningen met een *information gap*	158
	8.6	De oefenfase in de lespakketten	161
		8.6.1 Spellingsoefeningen	163
	8.7	Rollenspelen	164
		8.7.1 Uit het hoofd geleerde gesprekjes	165
		8.7.2 Gesprekjes met variatiemogelijkheden	165
		8.7.3 Rollenkaarten met tekstinstructie	166
		8.7.4 Zelf dialogen schrijven	169
	8.8	Leerdoel van de oefenfase	169
9		**De overdrachtsfase**	**171**
	9.1	Inleiding	171
	9.2	Geschikte leeractiviteiten in de overdrachtsfase	172
	9.3	Open rollenspelen: vrije transfer	174
		9.3.1 Rollenspelen met situatiebeschrijving	174
		9.3.2 Kleine toneelstukjes	175
	9.4	Open spelvormen	176
	9.5	De realistische taalsituatie	176
	9.6	Een realistische taalsituatie in de klas: Engels als instructietaal	177
		9.6.1 Argumenten voor het gebruik van *classroom language*	177
		9.6.2 Visualiseren	178
	9.7	Fouten corrigeren in de overdrachtsfase	179
		Eindopdrachten vierfasenmodel	**180**
10		**Content and Language Integrated Learning**	**181**
	10.1	Inleiding	181
	10.2	Taalverwerving door middel van CLIL	182
		10.2.1 Connectionisme	182
		10.2.2 Natuurlijke taalverwerving	183
	10.3	CLIL in de praktijk	184
		10.3.1 Leerdoelen en werkvormen	184
	10.4	Leerstofopbouw en de drie soorten taal van CLIL	185
		10.4.1 De introductiefase	185
		10.4.2 De input- en verwerkingsfase: de lees- of luistertekst	189
		10.4.3 De oefenfase	189
		10.4.4 De overdrachtsfase	190
		10.4.5 De doelstelling	191

10.5	CLIL en het vakgebied	191
	10.5.1 DAT en CAT	192
	10.5.2 Nascholing voor CLIL	193
10.6	Wat is CLIL en wat is het niet?	193

11 Didactiek voor vroeg vreemdetalenonderwijs (vvto) — 201

11.1	Vroeg vreemdetalenonderwijs in de praktijk	201
	11.1.1 Spelenderwijs leren door een gevarieerd aanbod van taal en activiteiten	205
	11.1.2 Prentenboeken voorlezen	206
	11.1.3 Werken met een handpop	208
11.2	De pedagogische en didactische basisvoorwaarden voor vvto	209
11.3	Parallellen met moedertaalverwerving	211
	11.3.1 De stille periode	211
11.4	Engels als voertaal in de klas	212
	11.4.1 Visuele ondersteuning	213
11.5	Groepsleerkracht, native speaker of vakleerkracht?	214
11.6	De minor vvto	217
	11.6.1 Stage in het buitenland	218
11.7	Verschillen en overeenkomsten tussen vvto en CLIL	218

DEEL II • Uitbreiding en verdieping

12 Differentiatie — 223

12.1	Inleiding	223
12.2	Differentiatie met betrekking tot meertalige leerlingen	224
12.3	Differentiatie door middel van extensief lezen en ICT	226
12.4	Differentiatie in de verschillende fasen	227
	12.4.1 Differentiatie in de introductiefase	227
	12.4.2 Differentiatie in de inputfase	227
	12.4.3 Differentiatie in de oefenfase	228
	12.4.4 Differentiatie in de overdrachtsfase	229
12.5	Differentiatie door middel van variatie in werkvormen en taken	230
12.6	Differentiatie en het jonge kind	232
	12.6.1 Groep 1-2	232
	12.6.2 Groep 3-4	233

13	**Fouten verbeteren, toetsen en evaluatie**	237
13.1	Inleiding	237
13.2	Welke fouten verbeteren?	238
13.3	Hoeveel fouten verbeteren?	239
13.4	Hoe fouten verbeteren?	240
13.5	Wanneer fouten verbeteren?	241
	13.5.1 Verbeteren in de receptieve fasen	241
	13.5.2 Verbeteren in de oefenfase	241
	13.5.3 Verbeteren in de overdrachtsfase	242
13.6	Toetsen	242
	13.6.1 Voortgangstoetsen	243
	13.6.2 Evaluatie	248
	13.6.3 Eindtoetsen	250
	13.6.4 Toetsen in het vvto	252
14	**Taalspelletjes**	255
14.1	Inleiding	255
14.2	De voordelen van taalspelletjes in het vreemdetalenonderwijs	256
14.3	Het gebruik van taalspelletjes in de vier fasen	257
	14.3.1 Een lessencyclus over het Engelse alfabet	258
14.4	Verschillende soorten taalspelletjes	261
	14.4.1 Raadspelletjes	261
	14.4.2 Gezelschapsspelletjes	266
	14.4.3 Woordspelletjes	268
	14.4.4 TPR-spelletjes	269
15	**Songs**	273
15.1	Inleiding	273
15.2	De voordelen van het gebruik van liedjes in de les	273
15.3	Welke songs?	274
15.4	Popsongs	274
	15.4.1 Welke popsongs zijn geschikt?	275
	15.4.2 De keuze tussen twee popsongs	276
	15.4.3 Leeractiviteiten bij een popsong	278
15.5	Traditionele liedjes	280
15.6	Educatieve liedjes	287
	15.6.1 Liedjes in de lespakketten	287
	15.6.2 Educatieve popsongs voor kinderen	291
15.7	Liedjes voor jonge kinderen	294

16 Leesvaardigheid 297

16.1	Inleiding	297
16.2	De relatie met luistervaardigheid	302
16.3	Intensieve leesvaardigheid	303
16.4	Extensieve leesvaardigheid	306
	16.4.1 Motiveren om te lezen: de Engelse hoek	306
	16.4.2 Twee soorten boekjes voor extensief lezen	307
	16.4.3 Een voorbeeld uit de praktijk	310
	16.4.4 Informatie verwerken bij extensief lezen	311
16.5	Kindertijdschriften voor Engels in het basisonderwijs	313

17 De sociaal-culturele dimensie van taalverwerving (SCD) 315

17.1	Inleiding: waarom SCD?	315
17.2	De Engelstalige wereld	317
17.3	Geschikte SCD-onderwerpen voor Engels in het basisonderwijs	317
17.4	Themagebonden SCD	324
17.5	Niet-themagebonden SCD	328
17.6	Verwerking van de verkregen informatie	329
17.7	De voertaal bij SCD-lessen	331
17.8	Achtergrondinformatie over sociaal-culturele onderwerpen	331
17.9	Internationalisering	332
	17.9.1 Internationalisering op de basisschool	332

18 Lespakketanalyse 337

18.1	Inleiding	337
18.2	Criteriumlijst voor analyse van een lespakket voor Engels in het basisonderwijs	338

Bibliografie 349

Bijlagen

1 Een verkorte versie van het kerndeel van *Kennisbasis Engelse taal op de pabo* (2010), uit *Een goede basis* (2012)   355
2 Twee verschillende methoden   360

Register 364

Leeswijzer

Doelstelling

Praktische didactiek voor Engels in het basisonderwijs beoogt bij te dragen aan een verhoging van het rendement van Engels in het basisonderwijs door bij de (toekomstige) leerkracht een positieve attitude ten opzichte van het vak te kweken en een duidelijk vakconcept aan te reiken dat toepasbaar is in de praktijk.

Doelgroep

Praktische didactiek voor Engels in het basisonderwijs is geschikt voor begeleide studie en voor zelfstudie. Het is in de eerste plaats geschreven voor alle pabostudenten. Daarnaast zullen ook andere (toekomstige) onderwijskrachten in aanraking komen met dit vakgebied, zoals studenten aan de lerarenopleidingen voortgezet onderwijs, basisschoolleerkrachten en vakdocenten Engels die werkzaam zijn in het basisonderwijs of in de basisvorming. Ook kan *Praktische didactiek voor Engels in het basisonderwijs* gebruikt worden in de nascholing van basisschoolleerkrachten en docenten in het voortgezet onderwijs.

Opbouw van het boek

In de kernmodule (hoofdstuk 1-11) komen alle aspecten van *Kennisbasis Engelse taal op de pabo* (Den Boon et al., 2010) aan bod. In dit deel wordt de stand van zaken binnen het vakgebied besproken, worden de kerndoelen, didactische methoden en de belangrijke taalverwervingstheorieën aangeboden en komt het vierfasenmodel uitgebreid en gedetailleerd aan de orde, evenals de 'schijf van vijf'. Daarnaast is hoofdstuk 10 geheel gewijd aan Content and Language Integrated Learning (CLIL) en hoofdstuk 11 aan het jonge kind (vvto).

In het tweede deel (hoofdstuk 12-18) worden differentiatie en evaluatie besproken en komen taalspelen, songs en leesvaardigheid aan bod, alsmede de door de Raad van Europa zo gestimuleerde kennis van de landen en culturen van Europa. Ten slotte wordt alle opgedane kennis ingezet voor een 'lespakketanalyse'.

De opdrachten vormen een integraal onderdeel van de leerinhouden en kunnen daar niet los van worden gezien. Ze zijn verdeeld in basisopdrachten, aangeduid met *, en aanvullende opdrachten.

In dit boek worden de volgende pictogrammen gebruikt:

 vroeg vreemdetalenonderwijs (vvto)

 citaten uit *Kennisbasis Engelse taal op de pabo*

 kerndoelen

DEEL I

Kernmodule

Engels in het basisonderwijs 1

 Engels geven in het basisonderwijs is investeren in de mensen van de toekomst die studeren, werken en recreëren in verschillende landen van Europa en de wereld.

1.1 Inleiding

In 1981 werd de Wet op het basisonderwijs aangenomen, waarin het Engels als verplicht vak werd geïntroduceerd. Volgens deze wet zou de Engelse taal – waar mogelijk – in samenhang met andere vakgebieden gegeven moeten worden, maar er werd geen uitsluitsel gegeven over de omvang van het vak noch over het tijdstip waarop met Engels begonnen zou moeten worden. Wel zijn hierover later officieuze richtlijnen gegeven, die uitgaan van tachtig à honderd uur Engels in de twee hoogste klassen van de basisschool (Koster & Van der Weijden, 1984). Deze richtlijnen zijn echter nooit officieel bekrachtigd (Herder & De Bot, 2005).

Vanaf het begin werden in de wet vier voorwaarden genoemd waaraan voldaan moest worden om het experiment 'Engels in het basisonderwijs' te laten slagen:
1. Engels diende een geïntegreerde plek te krijgen in het lesprogramma van de Nederlandse basisschool;
2. leerkrachten dienden behoorlijk opgeleid te zijn;
3. er moest een goede aansluiting met het voortgezet onderwijs totstandkomen;
4. er moest verantwoord lesmateriaal beschikbaar zijn (Carpay, 1993).

Sinds het begin van het cursusjaar 1986/1987 is Engels een wettelijk verplicht vak voor alle leerlingen op de basisschool in groep 7 en 8 en per 1 augustus 2006 is Engels in het basisonderwijs een van de zeven vakgebieden waarop de nieuwe kerndoelen voor het basisonderwijs betrekking hebben (Van der Ree, 2006). Deze vernieuwde kerndoelen voor Engels komen aan de orde in hoofdstuk 2.

1.2 De redenen om een vreemde taal in te voeren in het basisonderwijs

Door de start met Engels op de basisschool wordt aangesloten bij de grote taalgevoeligheid van kinderen en wordt alle leerlingen de mogelijkheid geboden om een goede basis te verkrijgen voor Engels.

Op welke gronden is nu besloten om een vreemde taal en met name Engels in te voeren in het basisonderwijs?

Europees beleid
Ten eerste was er een politieke reden voor. In 1969 nam de ministerraad van de Raad van Europa een resolutie aan ('Recommendation' nr. 535) die ervoor pleitte dat alle leerlingen in de lidstaten vanaf hun tiende jaar les zouden krijgen in ten minste één vreemde taal. Uiteraard werden er geen uitspraken gedaan over welke vreemde taal dat zou moeten zijn. Dit Europese beleid met betrekking tot vreemde talen is erop gericht de culturele diversiteit, tolerantie en Europees burgerschap te bevorderen.

Pedagogische en leerpsychologische redenen
Een tweede reden was dat het vervroegen van de leeftijd waarop met het leren van een vreemde taal wordt begonnen pedagogische en leerpsychologische voordelen kan bieden: men gaat ervan uit dat jonge kinderen een tweede taal schijnbaar moeiteloos en in ieder geval sneller en beter leren dan oudere kinderen en volwassenen. Volgens een aantal taaldeskundigen is de flexibiliteit van de hersenen van jonge kinderen groter dan die van kinderen in de puberleeftijd en verloopt het proces van taalverwerving bij kinderen tot ongeveer elf jaar daardoor spontaan, onbewust en dus moeiteloos.

> 'Hoe jonger kinderen zijn, des te flexibeler zijn hun hersens. Tot en met hun tiende, elfde jaar leren ze vrijwel moeiteloos verschillende talen. Bied jonge kinderen maar zo veel mogelijk taal aan – we zeggen wel eens: "geef ze een taalbad". Vanaf de puberteit gaan de hersenen anders werken. Die worden minder elastisch en minder geschikt om taal gemakkelijk te leren.' (Fikkert & Schaerlaekens, 2004)

> 'Vroeger nam men aan dat dit kwam, omdat bij het begin van de puberteit de lateralisatie (scheiding) van de twee hersenhelften is voltooid (Lenneberg, 1967), maar nader onderzoek heeft aangetoond dat de lateralisatie bij ongeveer zeven jaar ligt.' (Neville & Bavelier, 1998)

1.2.1 Onderzoeksresultaten

Twee onderzoeksresultaten zullen we hier nader bespreken, omdat ze van belang zijn voor de aanpassing van de didactiek van een vreemde taal aan de leeftijdscategorie van acht tot twaalf jaar.

Beter oor voor klanken en spontaner

Kinderen tot twaalf jaar blijken ten eerste een beter oor te hebben voor klanken en gemakkelijker te imiteren dan oudere kinderen. Ze zijn dus heel gevoelig voor het aanleren van een goede uitspraak (Van Hell, 2011).

Ten tweede zijn ze minder geremd en spontaner dan oudere kinderen (Clyne et al., 1995). Zodra kinderen in de puberteit komen, wordt de acceptatie van de peergroup namelijk heel belangrijk: alles wordt als het ware gezeefd door een affectief filter. Pubers zijn, in tegenstelling tot basisschoolleerlingen, nauwelijks te bewegen om een vreemde taal te spreken, omdat zij dat als aanstellerij ervaren. Een rollenspel spelen in een vreemde taal, waarbij de hele groep meeluistert, dwingt de puber om een tijdelijke uitzonderingspositie in te nemen binnen de peergroup en dat wordt als bedreigend ervaren. Aangezien, zoals we al zagen, in het moderne vreemdetalenonderwijs de nadruk juist ligt op het communicatieve aspect (spreek- en luistervaardigheid) is het van groot belang om deze specifieke gevoeligheid van basisschoolleerlingen optimaal te benutten.

Taalverwerving door imitatie, niet door inzicht in de taalstructuur

Leerlingen tot twaalf jaar zijn echter niet in alle opzichten beter in het verwerven van een vreemde taal dan oudere kinderen. Een ander aspect van het vreemdetalenonderwijs, namelijk inzicht in de taalstructuur, is juist weer moeilijker voor deze leeftijdsgroep. Het basisschoolkind verwerft taal door imitatie en niet door inzicht in de taalstructuur. Dit verschijnsel heeft te maken met de mate van abstraherend vermogen van het basisschoolkind en de graad van cognitieve ontwikkeling die het bereikt heeft: het kind bevindt zich nog in de leerpsychologische concreet-operationele fase en heeft er behoefte aan om de taal meteen om te zetten in concrete handelingen (Inhelder, 1999). Scholieren in het voortgezet onderwijs en volwassenen zijn met hun groter abstraherend vermogen beter in staat abstracte grammaticaregels en losse woorden uit het hoofd te leren. Jongere kinderen nemen over het algemeen hele zinnen en uitdrukkingen over en weten hoe en wanneer je die gebruikt, hoewel ze niet weten waarom. Ze passen structuren meestal correct toe in bekende communicatieve situaties, maar hebben bijvoorbeeld moeite met invuloefeningen, waarbij het probleem uit zijn communicatieve context is gehaald. Het expliciet hanteren van grammaticaregels kan eventueel aangepast worden aan het cognitieve niveau van de individuele leerling, maar het is niet raadzaam dit aspect van het vreemdetalenonderwijs veel nadruk te geven in het basisonderwijs: de gemiddelde leerling is er nog niet aan toe.

Daar komt nog bij dat de grammatica van een taal ook langs inductieve weg kan worden aangeleerd, dat wil zeggen door veel voorbeelden van een structuur te imiteren, waartoe deze leeftijdsgroep juist zeer goed in staat is.

Het leren van een vreemde taal stimuleert het abstraherend vermogen

Westhoff noemt nog een ander verband tussen abstraherend vermogen en het leren van een vreemde taal:

'In tegenstelling tot wat vaak wordt beweerd, blijkt het jong leren van een vreemde taal niet ten koste te gaan van de moedertaal. Sterker nog, de intelligentie van de kinderen wordt beter ontwikkeld. Kinderen die naast hun moedertaal worden onderwezen in een tweede taal scoren beter met rekenen en wiskunde dan kinderen die dat niet hebben gehad.' (Westhoff, 1993)

Westhoff heeft daar een verklaring voor en geeft een simpel voorbeeld:

'Je kunt een leerling leren dat een tafel "tafel" heet, maar je kunt hem ook nog leren dat een tafel "Tisch" heet. Daardoor leer je de leerling dat hetzelfde ding verschillende "namen" kan hebben. Het kind ervaart zo dat er verschil bestaat tussen een ding en de "naam" van zo'n ding.
Je vergroot daarmee als het ware het abstractieniveau van de leerling. Met andere woorden, door jong te worden onderwezen in een andere taal traint de leerling continu het vermogen abstract te denken.' (Westhoff, 1993)

Het leren van vreemde talen blijkt een positief effect te hebben op de algehele taalontwikkeling.

1.3   Vroeg vreemdetalenonderwijs (vvto) in Nederland

Lesaanbod voor groep 5-6
Hoewel Engels in het Nederlandse basisonderwijs op dit moment alleen verplicht is in groep 7 en 8, beginnen steeds meer scholen al in groep 5 of zelfs eerder met Engels. Dit initiatief wordt door de overheid gesteund en heeft ertoe geleid dat de meest gangbare lespakketten voor Engels in het basisonderwijs (zie hoofdstuk 2) tegenwoordig ook een lesaanbod voor groep 5-6 bevatten.

Vvto en vto
Bij vroeg vreemdetalenonderwijs maken we onderscheid tussen twee categorieën:
1 Vvto: *vroeg* vreemdetalenonderwijs, waarbij leerlingen vanaf groep 1-2 minimaal 60 minuten per week Engels krijgen;
2 Vto: *vervroegd* vreemdetalenonderwijs voor groep 5-6 met 2 x 30 minuten per week.

Ontwikkelingen bij vvto en vto
De ontwikkelingen van de afgelopen jaren gaan zelfs nog verder: bij de Europese top in Lissabon (2000) en in Barcelona (2002) is afgesproken dat de Europese lidstaten het aanbieden van *twee* vreemde talen op jonge leeftijd gaan stimuleren (M+2). Een van die twee vreemde talen dient een gemeenschapstaal van Europa te zijn. De minister van Onderwijs wil het daarom voor basisscholen mogelijk maken naast Engels ook Duits of Frans aan te bieden.

Vooral scholen in de grensgebieden met Duitsland en België maken gebruik van die mogelijkheid (Van der Ree, 2006).

Nederland in vergelijking met andere Europese landen
Ervaringen uit andere Europese landen laten zien dat het heel goed mogelijk is om al eerder te beginnen met vreemdetalenonderwijs. In Duitsland wordt bijvoorbeeld sinds 1 september 2003 aan achtjarigen twee uur per week Engels gegeven en in andere Europese landen wordt steeds vaker al op kleuterleeftijd begonnen met een vreemde taal.

In Nederland is de belangstelling voor vvto en de groei van het aantal scholen dat daadwerkelijk vvto aanbiedt de laatste jaren spectaculair gegroeid. In 2000 bedroeg het aantal vvto-scholen 25, in 2004 44, in 2007 125, en in september 2012 werd op maar liefst meer dan 800 scholen in Nederland vroeg vreemdetalenonderwijs aangeboden (Europees Platform, 2008). Nederland beantwoordt dus meer en meer aan een van de twee Europese doelstellingen van het verdrag van Barcelona, namelijk een vreemde taal leren op jonge leeftijd. Deze ontwikkeling is mede te danken aan het expertisecentrum van EarlyBird (www.earlybirdie.nl). EarlyBird is een initiatief van het Bestuur Openbaar Onderwijs Rotterdam (BOOR) en is in 2003 als project begonnen op twee basisscholen. Inmiddels (2012) zijn in heel Nederland meer dan 200 scholen aangesloten bij het netwerk. EarlyBird initieert onderzoek, helpt besturen en scholen bij de implementatie van vvto, verzorgt visitaties om de kwaliteit te bewaken en ontwikkelt, al dan niet in opdracht van uitgevers, verschillende programma's voor zowel onder als na schooltijd. Ook heeft EarlyBird speciaal voor kinderen jonger dan vier jaar een activiteitenlijn ontwikkeld. Dit programma wordt momenteel door zo'n tien peuterspeelzalen en kinderdagverblijven gebruikt. Het aantal uren per week waarin vvto en vto wordt aangeboden, verschilt per school en varieert van 60 minuten tot 3 uur per week.

Vvto gaat niet ten koste van het Nederlands
Men heeft zich afgevraagd of dit intensieve aanbod van een vreemde taal aan zeer jonge kinderen niet ten koste gaat van het Nederlands. Het zal geen verbazing wekken dat het antwoord op deze vraag negatief is. Integendeel, uit een onderzoek blijkt dat een dergelijke intensieve aanpak de taalgevoeligheid voor het Nederlands in het algemeen juist bevordert. Hetzelfde onderzoek geeft ook aan dat er geen enkele reden is om aan te nemen dat vvto nadelig werkt voor kinderen met een allochtone achtergrond (Goorhuis-Brouwer & De Bot, 2005), waarover later meer. Ook neurologisch onderzoek heeft aangetoond dat het leren van vreemde talen op zeer jonge leeftijd niet schadelijk is voor de ontwikkeling van de hersenen, maar zelfs bevorderlijk (Van Hell, 2011).

Uit een enquête onder leerkrachten die betrokken zijn bij vvto blijkt dat deze de volgende voordelen signaleren:
- de leerlingen krijgen meer inzicht in taal in het algemeen;
- ze krijgen meer zelfvertrouwen;
- het draagt bij aan meer verdraagzaamheid voor anderstaligen;
- de attitude met betrekking tot het leren van talen wordt positief beïnvloed;
- het stimuleert internationalisering, bijvoorbeeld door e-mailprojecten;
- de kinderen krijgen een betere uitspraak en een grotere woordenschat (Deelder & Maljers, 2005).

Scholen mogen zelf beslissen wanneer ze met Engels beginnen, maar blijken een sterke voorkeur te hebben voor een start in groep 1-2. Daarmee hoort Nederland tot de landen in Europa waar echt vroeg wordt begonnen met vvto (Platform vvto Nederland, 2011b). Een heikel punt is echter wel dat de scholen voor voortgezet onderwijs niet met alle kinderen van voren af aan kunnen beginnen. Kinderen die op de basisschool al vanaf groep 1 Engels hebben gehad, hebben, naar men verwacht, aan het eind van de basisschool een taalniveau dat vergelijkbaar is met dat van leerlingen aan het eind van het tweede leerjaar op het voortgezet onderwijs.

Tweetalig onderwijs en Content and Language Integrated Learning (CLIL)
Een oplossing voor dit probleem is dat ook het aantal scholen voor tweetalig voortgezet onderwijs – tto – de laatste jaren een snelle groei heeft doorgemaakt. In 2012 boden 130 scholen tweetalig onderwijs aan en begin 2013 al 183 (Europees Platform, 2012/2013)! Deze scholen werken met CLIL: Content and Language Integrated Learning. Dat wil zeggen dat tijdens de lessen in andere vakken dan Engels, bijvoorbeeld wiskunde, aardrijkskunde en geschiedenis (Content), de voertaal (Language) Engels is. Tijdens deze lessen wordt dus uitsluitend Engels gesproken door zowel de leerkracht als de leerlingen. De leerstof en de taal zijn dus 'geïntegreerd' (Integrated). Deze wijze van aanbieden van een vreemde taal vindt plaats naast de gewone lessen Engels. Hoofdstuk 10 is geheel gewijd aan de praktische didactiek van CLIL.

Steeds meer scholen voor voortgezet onderwijs gaan over op tweetalig onderwijs, omdat is gebleken dat ouders, in het licht van internationalisering, juist voor deze scholen kiezen om hun kinderen later meer kansen op de arbeidsmarkt te bieden. Doordat deze leerlingen lange tijd elke dag Engels moeten spreken en begrijpen in een realistische en betekenisvolle leeromgeving, beheersen zij de taal veel beter dan hun leeftijdgenoten die geen tweetalig onderwijs hebben genoten. Ook op veel instellingen voor hoger onderwijs – universiteiten en hbo's – is Engels de voertaal bij colleges en werkgroepen.

Het is uiterst belangrijk dat schoolleiders van vvto-scholen contact leggen met de scholen voor voortgezet onderwijs in hun regio om hun leerlingen een doorlopende leerlijn Engels aan te kunnen bieden. In Rotterdam gebeurt dat al. Daar zorgen de openbare scholen voor voortgezet onderwijs ervoor dat hun programma aansluit bij wat de kinderen van EarlyBird-scholen al op de basisschool hebben geleerd (BOOR, 2011). Hoofdstuk 11 is in zijn geheel gewijd aan de specifieke didactiek voor vvto.

1.4 Waarom Engels?

De student kan de rol van Engels in de (internationale) samenleving benoemen.
Niet alleen in Europa maar in de hele wereld heeft Engels de functie en status van lingua franca: Engels is wereldwijd de meest geleerde tweede taal. Het is de taal van de internationale wetenschap, economie, handel, technologie, cultuur, muziek en internet.

In het voorgaande is al onderbouwd dat het zinvol is om zo vroeg mogelijk een vreemde taal in te voeren in het lesprogramma van de basisschool. De argumenten om voor Engels te kiezen zijn nog niet aan de orde geweest.

1.4.1 Sociaal-culturele redenen

Engels als lingua franca
De meest voor de hand liggende reden is al genoemd in 1.3.1, namelijk dat Engels een internationale taal is. Mede door het vervagen van de landsgrenzen binnen Europa en de toenemende globalisering worden contacten met anderstaligen en andere culturen steeds intensiever, waardoor er behoefte is aan een lingua franca, een internationaal communicatiemiddel dat door grote groepen mensen met een andere moedertaal dan Engels gebruikt wordt om met anderstaligen te communiceren. De invoering van Engels op de basisschool kan dus gezien worden als een logische stap in het licht van de toenemende internationalisering.

De meeste andere Europese landen kiezen voor Engels
Ook het feit dat in de ons omringende landen Engels (met uitzondering van Luxemburg) een – vaak wettelijk voorgeschreven – onderdeel vormt van het lesprogramma van de basisschool is een reden om voor Engels te kiezen.

Angelsaksische cultuur
Een derde argument is dat ook jonge kinderen geconfronteerd worden met de Angelsaksische cultuur waarop Nederland gericht is. Er is bijna geen land in Europa waar kinderen, via tv-programma's, popmuziek, films, computerspelletjes en sociale media, buiten school zo intensief in aanraking komen met Engels als in Nederland. Het is gebleken dat basisschoolkinderen in Nederland al een verbluffend grote Engelse woordenschat hebben en dat zij Engelstalige programma's zonder ondertiteling redelijk kunnen volgen. Een gevolg daarvan is dat de Engelse taal en cultuur tot hun belevingswereld gerekend mogen worden. Bovendien is een groot aantal Engelse woorden en begrippen al geïntegreerd in de Nederlandse taal, wat drempelverlagend werkt: Engels is

geen volkomen onbekend terrein meer voor de doorsnee basisschoolleerling (zie ook hoofdstuk 4).

1.4.2 Onderwijskundige redenen

Naast deze sociaal-culturele argumenten zijn er ook onderwijskundige gronden voor de keuze van Engels als verplicht vak in plaats van Frans of Duits.

Behalve dat Engels in de basisvorming de enige verplichte vreemde taal is, is het ook een van de drie kernvakken in het voortgezet onderwijs. Engels op de basisschool sluit hier dus bij aan en verhoogt de kans dat ook de intellectueel minder begaafde en maatschappelijk kansarmere leerling een redelijke 'gebruikskennis' heeft van ten minste één vreemde taal aan het eind van zijn of haar schoolloopbaan. Vroeger kregen deze leerlingen slechts twee jaar Engels in het lbo (het latere vmbo), wat niet voldoende geacht mag worden om op een redelijk niveau in de vreemde taal te kunnen communiceren. Nu gaan aan de minimaal twee jaar Engels in de basisvorming nog minstens twee jaar Engels op de basisschool vooraf, waar het accent ligt op zeer praktisch gerichte mondelinge vaardigheden en waar de meest elementaire en belangrijke taalsituaties aan bod komen. Op deze manier zijn alle leerlingen langer in aanraking geweest met Engels en kan in ieder geval worden verwacht dat zij minimaal één vreemde taal op gebruiksniveau zullen beheersen. Dit kan echter alleen gerealiseerd worden als de aansluitingsproblemen met het voortgezet onderwijs worden opgelost (zie 1.6).

Hieronder volgt een beknopt overzicht van de redenen om Engels als verplicht vak in te voeren in het basisonderwijs:
1 het is Europees beleid;
2 pedagogische en leerpsychologische redenen;
3 minimaal vier jaar aaneengesloten Engels voor alle leerlingen: twee jaar Engels in het basisonderwijs plus twee jaar Engels in de basisvorming;
4 Engels is een internationale taal;
5 Engels maakt deel uit van de Nederlandse cultuur.

1.5 De positie van meertalige leerlingen

In de 'Recommendation' van de Raad van Europa staat onder meer dat het leren van een vreemde taal gezien moet worden als '(...) an instrument of information and culture which should be available to all'. De vraag is of dit ook geldt voor meertalige kinderen. Vaak is Engels voor deze kinderen immers al de derde vreemde taal die ze moeten leren. Velen zijn van mening dat de tijd die dit vak inneemt in het lesprogramma beter besteed kan worden aan het wegwerken van leerachterstanden bij meertaligen, met name bij kinderen die zwak zijn in Nederlands. Het uitsluiten van deze laatste groep kinderen van Engels totdat zij het Nederlands voldoende beheersen, brengt echter ook weer problemen met zich mee. Afgezien van het feit dat Engels een verplicht vak is op de basisschool en de Onderwijsinspectie geen dispensatie heeft gegeven voor bepaalde groeperingen, zou een dergelijke maatregel ook nadelig zijn voor allochtone kinderen. Als zij vrijgesteld zouden worden van de lessen Engels om bijvoorbeeld extra lessen Nederlands te kunnen volgen, betekent dit dat zij weer een uitzonderingspositie innemen in het eerste jaar van de basisvorming en opnieuw met een achterstand beginnen.

Naast deze negatieve argumenten zijn er ook positieve argumenten aan te voeren voor de deelname van meertalige kinderen aan Engels in het basisonderwijs.

Voorsprong

In de eerste plaats hebben zij op bepaalde punten al een voorsprong op hun Nederlandstalige medeleerlingen, omdat zij in ieder geval al eenmaal het proces van het leren van een vreemde taal hebben doorgemaakt. Gebleken is dat 'de tweetalige vroeg in zijn leven geconfronteerd wordt met een talige omgeving van ongewone complexiteit waarin de onderliggende structuur moeilijk te ontdekken is. De regels behoren tot twee structuren, niet tot een. Ten gevolge daarvan lijken tweetalige leerlingen bedrevener in het ontdekken van regels – de onderliggende dimensies van de patronen die ze tegenkomen – en beter in staat om te bepalen welke regels vereist worden door de omstandigheden' (Meijers & Sanders, 1993).

Dezelfde beginsituatie ten opzichte van Engels

Een tweede argument dat vaak genoemd wordt, is dat allochtone kinderen zich in dezelfde beginsituatie ten opzichte van Engels bevinden als Nederlandstalige leerlingen, als er tenminste niet te veel vanuit het Nederlands wordt onderwezen (Westhoff, 2005). Jammer genoeg is dit maar gedeeltelijk het geval. Nederlandse kinderen hebben duidelijk meer profijt van de omstandigheid dat Engels een niet meer weg te denken onderdeel van onze cultuur is: zij komen dagelijks met Engels in aanraking. Dit geldt niet automatisch ook voor allochtone kinderen, tenzij zij uit een Engelstalig gebied afkomstig zijn. Natuurlijk zijn er ook grote groepen allochtone kinderen die regelmatig naar Engelstalige tv-programma's kijken en zich bewust zijn van Engelse woorden en uitdrukkingen in het Nederlands, maar in relatief veel allochtone gezinnen staat thuis de eigen cultuur volledig centraal. In die gezinnen wordt weliswaar tv-gekeken, maar dan uitsluitend naar programma's en dvd's in de eigen taal. Voor kinderen uit deze categorie gezinnen gaat het argument van de Angelsaksische cultuur dan ook niet op.

Verwantschap met de moedertaal

Nog een punt dat zeker in het nadeel van een aantal allochtone kinderen zal werken, is het feit dat bij sommigen de moedertaal geen enkele verwantschap heeft met het Engels. Voor deze categorie kinderen geldt echter weer het relatieve voordeel dat zij zich ooit al eens een werkelijk 'vreemde' taal eigen hebben moeten maken. Een bijkomend voordeel is dat er bij deze kinderen in ieder geval minder sprake zal zijn van moedertaalinterferentie, wat bij verwante talen relatief een grotere rol speelt, met name bij het (re)produceren van nieuwe klanken (Noot, 1993). Doordat tweetalige kinderen van jongs af aan geconfronteerd zijn met twee klanksystemen benaderen zij nieuwe klanken meer analytisch dan eentalige kinderen, die meer de neiging hebben de nieuwe klanken te vervangen door klanken waarmee zij in hun moedertaal vertrouwd zijn (Meijers & Sanders, 1993). Een laatste argument is dat er steeds meer allochtone kinderen komen die het Engels als moeder- of tweede taal hebben (uit onder meer India, Pakistan en Afrika). Zij bekleden in dat geval weliswaar weer een uitzonderingspositie, maar dan wel in gunstige zin. Uit het voorgaande mogen we de conclusie trekken dat er zeker verschillen zijn tussen allochtone en autochtone kinderen wat betreft beginsituatie, taalverwervingstrategieën en mate van extra belasting, maar dat er geen enkele reden is meertalige leerlingen uit te sluiten van Engels in het basisonderwijs. Wel moet worden ingespeeld op hun specifieke behoeften en kennis. Hoe we dat kunnen doen, komt aan de orde in 12.2, die gewijd is aan differentiatie met betrekking tot meertalige leerlingen.

1.6 De aansluiting met het vervolgonderwijs

Om een goede overgang naar het voortgezet onderwijs te kunnen maken is de leraar basisonderwijs op de hoogte van de kerndoelen primair onderwijs en de kerndoelen van het voortgezet onderwijs. De leerlingen kunnen het geleerde uit het primair onderwijs gebruiken in de brugklas. Contact tussen het primair en het voortgezet onderwijs is daarvoor een essentiële voorwaarde.

Groot niveauverschil aan het eind van de basisschool
De aansluiting met het voortgezet onderwijs verloopt zeker niet optimaal. Na meer dan 25 jaar Engels in het basisonderwijs als verplicht vak zijn er nog steeds leerkrachten, zowel in het basisonderwijs als in het voortgezet onderwijs, die vinden dat Engels op de basisschool een 'hobbyvak' is. Dat dit oordeel onterecht is, blijkt uit de derde peiling van de onderwijsresultaten voor Engels aan het eind van de basisschool (PPON) in 2006: vrijwel alle leerlingen kunnen een gesproken tekst redelijk verstaan en ook bij lezen en spreken werd een redelijk beheersingsniveau geconstateerd. Het merendeel van de leerlingen heeft een voldoende uitspraak. De houding van de leerlingen ten opzichte van Engels is over het algemeen positief: veruit de meeste leerlingen vinden Engels een belangrijk vak (Heesters, 2008).

Desondanks stelt het voortgezet onderwijs zich meestal nog steeds vrijblijvend en soms zelfs negatief op ten opzichte van Engels in het basisonderwijs: er wordt nauwelijks rekening gehouden met de voorkennis van de leerlingen, die wel degelijk aanwezig is. De voornaamste redenen hiervoor die aangevoerd worden door de docenten in het voortgezet onderwijs zijn:

- de beginsituatie loopt sterk uiteen;
- de aanleverende basisscholen werken heel verschillend;
- de bestede lestijd varieert sterk;
- het effect van Engels in het basisonderwijs verdwijnt snel;
- de spreekvaardigheid van de basisschoolleerkracht is gebrekkig;
- de basisschoolleerkracht is onvoldoende opgeleid voor het vak Engels.

Al deze knelpunten zijn volgens veel docenten in het voortgezet onderwijs van invloed op de uiteenlopende en merendeels tegenvallende leerprestaties voor Engels in het basisonderwijs (Oostdam, 2002). Het grote niveauverschil aan het eind van de basisschool vormt blijkbaar het belangrijkste obstakel voor een goede aansluiting met het voortgezet onderwijs. Hieronder komen de oorzaken hiervan aan de orde, gevolgd door aanbevelingen en mogelijke oplossingen.

1.6.1 Verschillen in leerstofaanbod en werkwijze

Geen doorlopende leerlijnen
De eerste drie hierboven genoemde redenen om Engels in het basisonderwijs te negeren in het voortgezet onderwijs, zijn niet specifiek voor Engels en gelden ook voor andere vakken. Een oplossing hiervoor is natuurlijk differentiatie in de brugklas. De verschillen tussen het basisonderwijs en het voortgezet onderwijs wat betreft leerstofaanbod en werkwijze voor Engels zijn problematischer, maar zullen hoogstwaarschijnlijk op den duur verdwijnen.

De Nederlandse educatieve uitgevers van de meest gangbare lespakketten hebben nu ook een lespakket voor groep 5-6 aan het bestaande pakket toegevoegd. Ze bieden dus een doorlopende leerlijn van groep 5-8, maar geen van de uitgevers biedt een doorgaande leerlijn met een lespakket Engels in het voortgezet onderwijs. De leerstof van de pakketten sluit dus nog steeds niet optimaal aan.

Wederzijdse onbekendheid met didactiek en leerstofinhoud
Daar komt nog bij dat er over en weer nauwelijks enige bekendheid is met de gevolgde didactiek en de leerstofinhoud. De lesstof en de didactische methoden die gehanteerd worden in het voortgezet onderwijs sluiten niet altijd even goed aan bij de moderne communicatieve manier van taal verwerven die het uitgangspunt vormt voor de meest gangbare lespakketten voor Engels in het basisonderwijs. Dat is dan ook de reden dat in de ogen van veel brugklasdocenten het effect van Engels in het basisonderwijs gering is. Een voorbeeld uit de praktijk:

> Ruud (37) is docent Engels in het voortgezet onderwijs en begint altijd opnieuw in de brugklas. De meeste kinderen hebben wel Engels gehad, maar wat zij weten is zo verschillend dat hij er moeilijk op kan aansluiten. Met name de uitspraak is vreselijk Amerikaans, vindt Ruud, dus wat hem betreft stoppen ze met Engels in het

> basisonderwijs. Hij besteedt veel aandacht aan uitspraak. Ook uit het eerste toetsje in de brugklas blijkt dat de kinderen eigenlijk niet veel hebben geleerd op de basisschool: vooral hun spelling is slecht. Aan het eind van de brugklas heeft Ruud het boek uit en kent iedereen de o.v.t., de o.t.t., de -ingvorm en de woorden achter in het boek. Die geeft hij op als eindtoets. (Bodde-Alderlieste, 2005)

De nadruk in de brugklas ligt op het leren van grammatica(regels) en woordjes. Zoals we hebben gezien, is deze aanpak echter niet geschikt voor de basisschool. Door de verschillen in aanpak hebben de leerlingen in de brugklas zelfs het idee dat zij nooit grammatica hebben geleerd (Oostdam, 2002), terwijl dit wel degelijk het geval is. Dit komt doordat grammatica op de basisschool inductief – dus niet door middel van regels – is aangeboden. (Zie het leerstofoverzicht uit *Happy Street* op bladzijde 58.)

Als we de kerndoelen voor Engels in het basisonderwijs (hoofdstuk 2) en die voor Engels in de basisvorming (Van Toorenburg, 1992) met elkaar vergelijken, zien we dat het communicatieve taalonderwijs dat met Engels in het basisonderwijs begonnen is, in de basisvorming een natuurlijk vervolg krijgt, of in ieder geval zou moeten krijgen. Ook het Europese Referentiekader (zie 1.6.2) dwingt het voortgezet onderwijs om aan te sluiten bij een andere manier van taalonderwijs.

Als dat eenmaal het geval is, wordt de ononderbroken ontwikkeling van tien tot vijftien jaar – die het grootste rendement geeft – gewaarborgd, zodat de doelstelling dat elke vijftienjarige zich kan redden in één vreemde taal werkelijk gehaald wordt. Het feit dat veel middelbare scholen weer opnieuw beginnen, en wel met nadruk op grammatica en vocabulaire, staat die ononderbroken ontwikkeling in de weg.

Vicieuze cirkel

Een bijkomend nadeel is dat er op die manier een vicieuze cirkel ontstaat: basisschoolleerkrachten raken gedemotiveerd voor het vak vanwege de vrijblijvende houding van het voortgezet onderwijs ten opzichte van Engels in het basisonderwijs ('ze beginnen toch weer opnieuw met Engels in de brugklas'), waardoor het vak op de basisschool een lage prioriteit krijgt en dientengevolge de kerndoelen voor Engels in het basisonderwijs weer niet overal gehaald worden, wat een heterogene uitstroom tot gevolg heeft, enzovoort. Hiervoor is een aantal mogelijke oplossingen, die hieronder kort worden beschreven.

De implementatie van de kerndoelen

De implementatie van de kerndoelen voor Engels in het basisonderwijs kan de heterogeniteit van de instroom in het voortgezet onderwijs verminderen. De kerndoelen zijn in de eerste plaats wettelijk verplicht (Staatsblad van het Koninkrijk der Nederlanden, 2005). Verder zijn de kerndoelen van 1993 – in tegenstelling tot de vernieuwde kerndoelen van 1998 en 2006 (zie hoofdstuk 2) – heel nauwkeurig omschreven en kunnen ze zowel vakinhoudelijk als didactisch dienen als basis voor het curriculum voor Engels. Ze zijn haalbaar in twee jaar, zeker als er gedifferentieerd gewerkt wordt (zie hoofdstuk 12). De kerndoelen gaan uit van 'standaard Engels', kortweg 'Eibo' genoemd: twee jaar Engels, in groep 7-8. Het Platform vvto Nederland (2011a) is bezig met de ontwikkeling van eindtermen voor vvto, uitgaande van acht jaar lang 60 minuten Engels per week.

Het ontwikkelen van longitudinale leerplannen
De kerndoelen voor Engels in het basisonderwijs en de kerndoelen van de basisvorming liggen in elkaars verlengde, dat wil zeggen dat de kerndoelen van de basisvorming in wezen dezelfde zijn als die van het basisonderwijs, alleen iets uitgebreider. Dit maakt longitudinale leerplanning mogelijk. De ontwikkeling van longitudinale lespakketten, dat wil zeggen lespakketten die een doorgaande leerlijn aanbieden vanaf het begin van groep 7 tot en met het derde jaar van de basisvorming, zal bijdragen tot het overbruggen van de leerstofkloof. Het SLO geeft in de TULE-leerlijnen een doorgaande leerlijn voor groep 1-8 (zie tule.slo.nl). In de toekomst wordt het hierdoor zelfs mogelijk een longitudinaal lespakket te ontwikkelen van groep 1 tot het eind van de basisvorming, dus tot en met de onderbouw van het voortgezet onderwijs.

1.6.2 Peiling en rapportage aan het eind van de basisschool

Een ander middel om de aansluiting met het voortgezet onderwijs te verbeteren, is de peiling van het niveau aan het eind van de basisschool. Een van de klachten vanuit het voortgezet onderwijs luidt immers dat de beginsituatie van de aankomende leerlingen zo moeilijk te peilen is. Daarvoor is inmiddels een aantal methoden ontwikkeld: het Europees Taalportfolio, de Cito-toets en de Angliatoets.

Het Europees Taalportfolio
Een bijzonder bruikbare rapportagemogelijkheid is het Europees Taalportfolio, dat een overzicht biedt van het niveau van taalvaardigheid van de leerling. Het digitale Europees Taalportfolio is in opdracht van het ministerie van OCW ontwikkeld en in 2007 door de Raad van Europa officieel erkend (zie www.europeestaalportfolio.nl).

De Raad van Europa heeft beschrijvingen (de zogenoemde 'descriptoren' of 'taalprofielen') gemaakt waarmee het eigen taalniveau kan worden vastgesteld. Zij vormen het Europese Referentiekader (ERK). Deze *can do statements* bestaan uit zes niveaus, van A1 tot C2. Voor het eind van de basisschool wordt niveau A1 als uitgangspunt genomen. Dit niveau is echter alleen van toepassing voor Eibo, dat wil zeggen Engels voor groep 7-8. Voor vvto wordt gedacht aan een eindniveau van A2/B1 voor luisteren en spreken en A2 voor de andere vaardigheden.

Op bladzijden 32-33 staat een overzicht van deze Europese niveaus van taalvaardigheid.

	Begrijpen		Spreken		Schrijven
	Luisteren	Lezen	Productie	Interactie	
C2	Ik kan moeiteloos gesproken taal begrijpen, in welke vorm dan ook, hetzij in direct contact, hetzij via radio of tv, zelfs wanneer in een snel moedertaaltempo gesproken wordt als ik tenminste enige tijd heb om vertrouwd te raken met het accent.	Ik kan moeiteloos vrijwel alle vormen van de geschreven taal lezen, inclusief abstracte, structureel of linguïstisch complexe teksten, zoals handleidingen, specialistische artikelen en literaire werken.	Ik kan een duidelijke, goedlopende beschrijving of redenering presenteren in een stijl die past bij de context en in een doeltreffende logische structuur, zodat de toehoorder in staat is de belangrijke punten op te merken en te onthouden.	Ik kan zonder moeite deelnemen aan welk gesprek of welke discussie dan ook en ben zeer vertrouwd met idiomatische uitdrukkingen en spreektaal. Ik kan mezelf vloeiend uitdrukken en de fijnere betekenisnuances precies weergeven. Als ik een probleem tegenkom, kan ik mezelf hernemen en mijn betoog zo herstructureren dat andere mensen het nauwelijks merken.	Ik kan een duidelijke en vloeiend lopende tekst in een gepaste stijl schrijven. Ik kan complexe brieven, verslagen of artikelen schrijven waarin ik een zaak weergeef in een doeltreffende, logische structuur, zodat de lezer de belangrijke punten kan opmerken en onthouden. Ik kan samenvattingen van en kritieken op professionele of literaire werken schrijven.
C1	Ik kan een langer betoog begrijpen, zelfs wanneer dit niet duidelijk gestructureerd is en wanneer relaties slechts impliciet zijn en niet expliciet worden aangegeven. Ik kan zonder al te veel inspanning tv-programma's en films begrijpen.	Ik kan lange en complexe feitelijke en literaire teksten begrijpen, en het gebruik van verschillende stijlen waarderen. Ik kan gespecialiseerde artikelen en lange technische instructies begrijpen, zelfs wanneer deze geen betrekking hebben op mijn terrein.	Ik kan duidelijke, gedetailleerde beschrijvingen geven over complexe onderwerpen en daarbij subthema's integreren, specifieke standpunten ontwikkelen en het geheel afronden met een passende conclusie.	Ik kan mezelf vloeiend en spontaan uitdrukken zonder merkbaar naar uitdrukkingen te hoeven zoeken. Ik kan de taal flexibel en effectief gebruiken voor sociale en professionele doeleinden. Ik kan ideeën en meningen met precisie formuleren en mijn bijdrage vaardig aan die van andere sprekers relateren.	Ik kan me in duidelijke, goed gestructureerde tekst uitdrukken en daarbij redelijk uitgebreid standpunten uiteenzetten. Ik kan in een brief, een opstel of een verslag schrijven over complexe onderwerpen en daarbij de voor mij belangrijke punten benadrukken. Ik kan schrijven in een stijl die is aangepast aan de lezer die ik in gedachten heb.
B2	Ik kan een langer betoog en lezingen begrijpen en zelfs complexe redeneringen volgen, wanneer het onderwerp redelijk vertrouwd is. Ik kan de meeste nieuws- en actualiteitenprogramma's op de tv begrijpen. Ik kan het grootste deel van films in standaarddialect begrijpen.	Ik kan artikelen en verslagen lezen die betrekking hebben op eigentijdse problemen, waarbij de schrijvers een bepaalde houding of standpunt innemen. Ik kan eigentijds literair proza begrijpen.	Ik kan duidelijke, gedetailleerde beschrijvingen presenteren over een breed scala van onderwerpen die betrekking hebben op mijn interessegebied. Ik kan een standpunt over een actueel onderwerp verklaren en de voordelen en nadelen van diverse opties uiteenzetten.	Ik kan zodanig deelnemen aan een vloeiend en spontaan gesprek, dat normale uitwisseling met moedertaalsprekers redelijk mogelijk is. Ik kan binnen een vertrouwde context actief deelnemen aan een discussie en hierin mijn standpunten uitleggen en ondersteunen.	Ik kan een duidelijke, gedetailleerde tekst schrijven over een breed scala van onderwerpen die betrekking hebben op mijn interesses. Ik kan een opstel of verslag schrijven, informatie doorgeven of redenen aanvoeren ter ondersteuning vóór of tégen een specifiek standpunt. Ik kan brieven schrijven waarin ik het persoonlijk belang van gebeurtenissen en ervaringen aangeef.

1.6 ■ De aansluiting met het vervolgonderwijs

	Begrijpen		Spreken		Schrijven
	Luisteren	Lezen	Productie	Interactie	
B1	Ik kan de hoofdpunten begrijpen wanneer in duidelijk uitgesproken standaarddialect wordt gesproken over vertrouwde zaken die ik regelmatig tegenkom op mijn werk, school, vrije tijd enz. Ik kan de hoofdpunten van veel radio- of tv-programma's over actuele zaken of over onderwerpen van persoonlijk of beroepsmatig belang begrijpen, wanneer er betrekkelijk langzaam en duidelijk gesproken wordt.	Ik kan teksten begrijpen die hoofdzakelijk bestaan uit hoogfrequente, alledaagse of aan mijn werk gerelateerde taal. Ik kan de beschrijving van gebeurtenissen, gevoelens en wensen in persoonlijke brieven begrijpen.	Ik kan uitingen op een simpele manier aan elkaar verbinden, zodat ik ervaringen en gebeurtenissen, mijn dromen, verwachtingen en ambities kan beschrijven. Ik kan in het kort redenen en verklaringen geven voor mijn meningen en plannen. Ik kan een verhaal vertellen, of de plot van een boek of film weergeven en mijn reacties beschrijven.	Ik kan de meeste situaties aan die zich kunnen voordoen tijdens een reis in een gebied waar de betreffende taal wordt gesproken. Ik kan onvoorbereid deelnemen aan een gesprek over onderwerpen die vertrouwd zijn, of mijn persoonlijke belangstelling hebben of die betrekking hebben op het dagelijks leven (bijvoorbeeld familie, hobby's, werk, reizen en actuele gebeurtenissen).	Ik kan een eenvoudige samenhangende tekst schrijven over onderwerpen die vertrouwd of van persoonlijk belang zijn. Ik kan persoonlijke brieven schrijven waarin ik mijn ervaringen en indrukken beschrijf.
A2	Ik kan zinnen en de meest frequente woorden begrijpen die betrekking hebben op gebieden die van direct persoonlijk belang zijn (bijvoorbeeld basisinformatie over mezelf en mijn familie, winkelen, plaatselijke omgeving, werk). Ik kan de belangrijkste punten in korte, duidelijke eenvoudige boodschappen en aankondigingen volgen.	Ik kan zeer korte eenvoudige teksten lezen. Ik kan specifieke voorspelbare informatie vinden in eenvoudige, alledaagse teksten zoals advertenties, folders, menu's en dienstregelingen en ik kan korte, eenvoudige, persoonlijke brieven begrijpen.	Ik kan een reeks uitdrukkingen en zinnen gebruiken om in eenvoudige bewoordingen mijn familie en andere mensen, leefomstandigheden, mijn opleiding en mijn huidige of meest recente baan te beschrijven.	Ik kan communiceren over eenvoudige en alledaagse taken die een eenvoudige en directe uitwisseling van informatie over vertrouwde onderwerpen en activiteiten betreffen. Ik kan zeer korte sociale gesprekken aan, alhoewel ik gewoonlijk niet voldoende begrijp om het gesprek zelfstandig gaande te houden.	Ik kan korte, eenvoudige notities en boodschappen opschrijven. Ik kan een zeer eenvoudige persoonlijke brief schrijven, bijvoorbeeld om iemand voor iets te bedanken.
A1	Ik kan vertrouwde woorden en basiszinnen begrijpen die mezelf, mijn familie en directe concrete omgeving betreffen, wanneer de mensen langzaam en duidelijk spreken.	Ik kan vertrouwde namen, woorden en zeer eenvoudige zinnen begrijpen, bijvoorbeeld in mededelingen, op posters en in catalogi.	Ik kan eenvoudige uitdrukkingen en zinnen gebruiken om mijn woonomgeving en de mensen die ik ken, te beschrijven.	Ik kan deelnemen aan een eenvoudig gesprek, wanneer de gesprekspartner bereid is om zaken in een langzamer spreektempo te herhalen of opnieuw te formuleren en mij helpt bij het formuleren van wat ik probeer te zeggen. Ik kan eenvoudige vragen stellen en beantwoorden die een directe behoefte of zeer vertrouwde onderwerpen betreffen.	Ik kan een korte, eenvoudige ansichtkaart schrijven, bijvoorbeeld voor het zenden van vakantiegroeten. Ik kan op formulieren persoonlijke details invullen, bijvoorbeeld mijn naam, nationaliteit en adres noteren op een hotelinschrijvingsformulier.

Niveaus van het Europees Referentiekader

Het Europees Taalportfolio bevat zes deelportfolio's:
- 9+ (BO);
- 12+ en 15+ (VO);
- bve (beroepsonderwijs);
- NT2 (volwassen migranten);
- hbo;
- (taal)docenten.

De school kan voor elke leerling een eigen digitaal taalportfolio aanvragen, met een e-mailadres en een wachtwoord.

Naast tips voor het werken met het portfolio in de klas, bedoeld voor leerkrachten, bevat de portfoliowebsite informatie voor basisschoolleerlingen over wat een taalportfolio is en wat ze er allemaal mee kunnen doen. Hieronder staat een fragment uit de informatie bestemd voor de leerlingen.

Wat kun je met een taalportfolio

Neem nou Manon.
Manon zit in groep 8 van een basisschool in de buurt van Arnhem. Ze heeft een Franse vader en een Nederlandse moeder. Met haar vader spreekt zij thuis vaak Frans en dus spreekt ze veel beter Frans dan de andere kinderen die bij haar in de klas zitten. Ook heeft ze Engels in het basisonderwijs gehad. Omdat zij wel eens in Duitsland gaan winkelen spreekt ze ook een beetje Duits. Manon kan in de taalportfolio aangeven hoe goed ze Frans, Duits en Engels spreekt. Dat is handig als ze naar het voortgezet onderwijs gaat. Ze kan dan haar leraren laten zien hoe goed ze die talen al beheerst.

Nog nieuwsgieriger geworden? Vraag dan aan je meester of juf of je een taalportfolio mag downloaden.

Informatie van de portfoliowebsite voor leerlingen (www.taalportfolio.nl)

Zoals blijkt uit het verhaal van Manon kunnen leerlingen die van huis uit een andere taal dan het Nederlands spreken, zoals Turks of Berbers, die talenkennis in hun portfolio opnemen. Op die manier wordt ook voor hen duidelijk dat zij in dit opzicht een voorsprong hebben.

Daarnaast biedt het portfolio de mogelijkheid een checklist te downloaden waarmee basisschoolleerlingen zelf kunnen aangeven wat ze allemaal al kunnen, en waarmee ze een eigen 'talenpaspoort' kunnen maken. Behalve de vakonderdelen 'luisteren' en 'lezen' zijn daarin ook de onderdelen 'spreken' en 'schrijven' opgenomen (zie bladzijde 43).

Het portfolio bestaat uit drie delen:
a een talenpaspoort;
b een taalbiografie, geschreven door de leerling, met persoonlijke ervaringen;
c een persoonlijk dossier.

a In het talenpaspoort schrijft de leerling behalve zijn persoonlijke gegevens (naam, adres, geboortedatum etc.) ook:
  - welke talen hij spreekt;
  - op welke scholen hij heeft gezeten;
  - het lespakket dat gebruikt is op de betreffende basisschool;
  - de thema's die behandeld en afgerond zijn;
  - taalprojecten, bijvoorbeeld e-mailcontacten met buitenlandse kinderen;
  - het gebruik van software;
  - gelezen Engelse kinderboeken;
  - verblijf in een Engelstalig land;
  - uitwisselingsprojecten met buitenlandse scholen met Engels als lingua franca;
  - Engelstalige tv-programma's die hij heeft gezien en begrepen, enzovoort.
b In de taalbiografie schrijft de leerling, met behulp van de checklists en op basis van het ERK, een persoonlijk verhaal over zijn ervaringen met het leren van talen, en welk niveau hij heeft bereikt met de taal of talen die hij heeft geleerd;
c In het dossier komen voorbeelden van eigen werk, zoals werkstukken, deelname aan (internationale) projecten, behaalde diploma's, enzovoort.

Het gedeelte Taalprofielen van het Europees Taalportfolio biedt zeer gedetailleerde voorbeelden van taalgebruiksituaties, met de bijbehorende communicatieve vaardigheden, gerelateerd aan de *can do statements* van het ERK. Op basis daarvan kan de taalscore van de leerling steeds opnieuw worden bijgesteld.

Het Europees Taalportfolio voor het basisonderwijs kan een uitstekende bijdrage leveren aan de aansluiting van Engels in het basisonderwijs op Eivo (Engels in het voortgezet onderwijs): het kan meegenomen worden naar de basisvorming en vormt dan een goede bron van informatie voor de docent, vooral ook omdat er naast de *checklist* nog andere informatie kan worden overgedragen, bijvoorbeeld leerervaringen buiten school.

De inhoud van het portfolio kan vertaald worden naar een genormeerd eindniveau voor groep 8, wanneer ofwel de basisschoolleerkracht ofwel de docent in de brugklas de inhoud toetst aan het A1-niveau van het ERK. Bij vvto-leerlingen kan men een hoger niveau verwachten.

Checklist A1

A1 Luisteren

1. Ik kan iemand begrijpen als hij langzaam en duidelijk spreekt.
2. Ik kan korte, eenvoudige aanwijzingen die voor mij bedoeld zijn begrijpen.
3. Ik kan het weerbericht op tv begrijpen.
4. Ik kan begrijpen waar liedjes in de vreemde taal over gaan.
5. Ik kan eenvoudige gesprekjes volgen.
6. Ik kan eenvoudige interviews met zangers, filmsterren en andere bekende mensen begrijpen.
7. Ik kan mijn docent begrijpen als hij/zij in de klas de vreemde taal gebruikt.
8. Ik kan de telefoon opnemen en begrijpen met wie de beller wil spreken.
9. Ik kan eenvoudige aankondigingen in winkels en op het station of vliegveld begrijpen.
10. Ik kan eenvoudige mondelinge instructies bij computerprogramma's begrijpen.

Als je 8 van de 10 dingen kunt, kun je A1 invullen in het talenpaspoort bij luisteren.

A1 lezen

1. Ik kan teksten begrijpen, die uit korte zinnen bestaan waarin veel bekende namen en woorden voorkomen.
2. Ik kan eenvoudige briefjes, kaartjes of e-mails lezen.
3. Ik kan eenvoudige opschriften in alledaagse situaties (winkels en op straat) herkennen.
4. Ik kan met behulp van plaatjes de inhoud van eenvoudige folders en brochures begrijpen.
5. Ik kan korte eenvoudig geschreven instructies begrijpen.
6. Ik kan eenvoudige verhaaltjes lezen.

Als je 5 van de 6 dingen kunt, kun je A1 invullen in het talenpaspoort bij lezen.

Checklist bij het taalportfolio voor basisschoolleerlingen (www.taalportfolio.nl)

Een Cito-toets voor Engels in het basisonderwijs: Me2!

De Cito-toets voor Engels in het basisonderwijs (genaamd *Me2!*) is gebaseerd op de vernieuwde kerndoelen voor het basisonderwijs (zie hoofdstuk 2) en op de niveaus A1 en A2 van het ERK. In juni 2006 verscheen de eerste toets, bestemd voor eind groep 7 op scholen waar Engels wordt gegeven in groep 7 en 8. Deze toets maakt deel uit van het leerling- en onderwijsvolgsysteem. In de loop van 2007-2008 verscheen een Cito-toets voor Engels in het basisonderwijs voor halverwege groep 8. De toets omvat de onderdelen:
- luistervaardigheid door middel van film- en audiofragmenten;
- leesvaardigheid door middel van korte informatieve teksten;
- auditieve woordenschat door middel van luisterfragmenten;
- passieve schriftelijke woordenschat door middel van onder meer *matching exercises* (plaatje-woord).

Van de eerste twee onderdelen volgt hieronder een voorbeeld.

1.6 ▪ De aansluiting met het vervolgonderwijs

1 Luistervaardigheid

Bij een videofragment:
Wat zegt Shahnaz over de Pakistaanse stad Karachi?

Het is de
a gevaarlijkste stad.
b grootste stad.
c smerigste stad.

2 Leesvaardigheid

Dit bord staat in een kledingzaak.
Op welke verdieping vind je de dameskleding?

a op de begane grond
b op de eerste verdieping
c op de tweede verdieping

Where to find ...?

basement
baby wear
ground floor
children's wear
teen styles
1st floor
women's wear
2nd floor
men's wear

Voorbeeldvragen luister- en leesvaardigheid uit de Cito-toets voor Eibo

De onderwijsraad heeft op 22 juni 2011 de minister van OCW en de Tweede Kamer het advies gegeven maatregelen te treffen om op korte termijn te komen tot invoering van referentieniveaus voor Engels in het basisonderwijs, en het vak Engels toe te voegen aan de centrale Cito-eindtoets. De minister ziet dit meer als een project voor de lange termijn.

Toetsen van Anglia Network Europe

Het *Anglia Certificate of English*, gebaseerd op de normen van het ERK, biedt toetsen aan op tien verschillende niveaus, van *first step* via *breakthrough* (A1) en *waystage* (A2) tot en met *mastery* (C2). Het BOOR-project (zie 1.3) maakt gebruik van deze toetsmogelijkheid om het individuele niveau van de leerlingen aan het eind van de basisschool vast te stellen (zie www.anglia.nl).

Differentiatie in de brugklas

Rapportage van het taalvaardigheidniveau van leerlingen aan het eind van de basisschool door middel van een taalportfolio, het resultaat van de Cito-toets of de Angliatoets heeft uiteraard weinig zin als er daarna niets mee gedaan wordt. In de brugklas zullen geconstateerde verschillen moeten worden opgevangen door middel van *differentiatie*. De helft van de docenten in de brugklas doet dat echter niet. Dat differentiatie geen hoge prioriteit heeft in het voortgezet onderwijs blijkt ook uit het feit dat er geen expliciete aandacht aan wordt geschonken in de didactiekboeken voor vreemdetalenonderwijs in de basisvorming van Staatsen et al. (2009) en van Van der Voort & Mol (2000). Op dit gebied valt er dus nog veel te verbeteren.

Samenwerkingsverbanden tussen basisonderwijs en voortgezet onderwijs
Leerkrachten in zowel het basisonderwijs als het voortgezet onderwijs geven aan dat zij weinig weten van elkaars manier van lesgeven en van de leerstofinhoud voor Engels, zo zagen we in 1.6.1. Langzaam maar zeker begint hier enige verandering in te komen. In *Kennisbasis Engelse taal op de pabo* (Den Boon et al., 2010) (zie 1.7.2) staat het volgende:

Om een goede overgang naar het voortgezet onderwijs te kunnen maken is de leraar basisonderwijs op de hoogte van de kerndoelen primair onderwijs en de kerndoelen van het voortgezet onderwijs.

Als dit op termijn gerealiseerd wordt, zou een deel van het gebrek aan kennis, in ieder geval in het basisonderwijs, al weggewerkt kunnen worden.

Regionale netwerken
In 2012 bestaan er in een aantal regio's al netwerken om te komen tot een doorlopende leerlijn van basisscholen met vvto of vto en scholen voor voortgezet onderwijs met tto, namelijk Buzzy Bee (Midden-Nederland*)*, Early Friends (Oss), Netwerk doorlopend Engels (Arnhem e.o.) en EarlyBird (Rotterdam e.o.) (Europees Platform, 2012). EarlyBird heeft een grootschalig samenwerkingsverband opgezet tussen de 65 bij BOOR aangesloten basisscholen in Rotterdam, en de zeven openbare, eveneens bij BOOR aangesloten scholen voor voortgezet onderwijs. De leerlingen uit groep 8 krijgen vanaf het cursusjaar 2011/2012 een 'Schoolkeuzekrant', waarin ze in één oogopslag kunnen zien welke scholen en schooltypen, van vmbo tot gymnasium en een van de Leonardoscholen voor hoogbegaafde leerlingen, tweetalig onderwijs (tto) bieden. De leerlingen die al vanaf groep 1 Engels hebben gehad kunnen nu gewoon op hun eigen niveau doorstromen naar een school die niet opnieuw begint met Engels. Op de rapporten naar het voortgezet onderwijs staat ook vermeld vanaf wanneer het kind Engels heeft gehad en wat het kind al kan.

Gemeenschappelijke module
Ook samenwerking tussen pabo's en lerarenopleidingen voortgezet onderwijs binnen een bepaalde regio, bijvoorbeeld in de vorm van een gemeenschappelijke module, zou al in een vroeg stadium kunnen bijdragen aan een betere aansluiting met het vervolgonderwijs. Dit gebeurt al gedeeltelijk bij zowel de Hogeschool Windesheim als de Hogeschool Utrecht, waar een facultatieve minor meertalig onderwijs voor het basisonderwijs en het voortgezet onderwijs (tto) aan pabostudenten wordt aangeboden in samenwerking met de docenten van de lerarenopleiding. De gedeelde expertise van het opleiden van de studenten voor het tto en vvto geeft een meerwaarde aan de minor

(Corda et al., 2012). Een gemeenschappelijke module zou de onderlinge kennis van de didactiek en de leerstofinhouden voor Engels nog meer bevorderen.

1.6.3 De opleiding van leerkrachten Engels

De opleiding van leerkrachten voor Engels in het basisonderwijs vormt op dit moment indirect het grootste struikelblok voor een goede aansluiting. Een van de klachten van docenten uit het voortgezet onderwijs is dat de taalvaardigheid Engels van leerkrachten in het basisonderwijs gebrekkig is. Met name de uitspraak van basisschoolleerkrachten laat te wensen over en het is juist de uitspraak van de *leerkracht* die kinderen feilloos imiteren; auditief materiaal (cd's e.d.) heeft daar veel minder invloed op.

De leraar is zelf in staat de klanken van het Engels zo te produceren dat er geen verwarring ontstaat. Hij kan de leerlingen de productie van specifieke klanken en uitspraak aanleren.

Verschillen in bekwaamheid
In 1985 zijn alle basisschoolleerkrachten bevoegd verklaard om Engels te geven, of ze nu wel of niet een speciale nascholingscursus gevolgd hadden. Het resultaat van dit beleid is, zoals aangetoond in het onderzoek van Ron Oostdam uit 2002, dat een groot deel van de basisschoolleerkrachten (38 procent) geen enkele opleiding Engels heeft gehad, noch via de initiële opleiding noch via de nascholing.

In 2006 kwam uit het PPON-onderzoek naar voren dat ongeveer de helft van de groepsleerkrachten aangeeft als scholing Engels op de pabo te hebben gehad (Heesters et al., 2008). Helaas laat deze scholing, zoals we zullen zien, vaak veel te wensen over, zowel kwalitatief als kwantitatief, en verschilt de scholing aanzienlijk per pabo. Ook bleek dat nog steeds een derde van de basisschoolleerkrachten zegt geen enkele specifieke scholing in Engels te hebben gehad.

Al met al varieert de bekwaamheid sterk, met grote verschillen in motivatie en competentie. Slecht opgeleide leerkrachten zijn onzeker over de eigen uitspraak en spreekvaardigheid en hebben de neiging het vak als een sluitpost te zien op een toch al overladen programma. Engels valt regelmatig uit ten gunste van andere vakken of vanwege Kerstmis, Sinterklaas en andere activiteiten. Het vak wordt dus ook op de basisschool niet altijd serieus genomen!

Verschillen in lestijd besteed aan Engels
Hoewel er duidelijke kerndoelen gelden voor Engels in het basisonderwijs, houden docenten zich daar niet altijd aan en zijn er grote verschillen in bestede lestijd per school: uit het SLO-onderzoek (2011) blijkt dat de gemiddelde lestijd per week 45 minuten bedraagt. Op nagenoeg geen enkele basisschool

wordt de officieuze norm van 80 à 100 uur (minimaal 60 minuten per week) gehaald. Daar komt nog bij dat leerlingen in de brugklas over het algemeen afkomstig zijn van een groot aantal verschillende toeleveringsscholen, waardoor het verschil in tijd besteed aan Engels een van de oorzaken is van de grote niveauverschillen aan het eind van de basisschool. Daarom zou het beter zijn als de officieuze richtlijn van minimaal één uur Engels per week een verplicht karakter zou krijgen.

1.7 Engels op de pabo

1.7.1 De opleiding van groepsleerkrachten

Sinds 1995 mogen scholen ook een vakleerkracht voor Engels aanstellen. Er zijn echter zwaarwegende argumenten om het vak te laten geven door groepsleerkrachten. De eigen leerkracht kent de sterke en zwakke kanten van zijn leerlingen en kan daardoor beter differentiëren dan de vakleerkracht die een keer per week langskomt. Verder is de vakleerkracht vaak afkomstig uit het voortgezet onderwijs, waar een ander didactisch en pedagogisch klimaat heerst. Daardoor bestaat het gevaar dat te veel waarde wordt gehecht aan het correctheidsprincipe en minder aan het communicatieve aspect (zie hoofdstuk 3). En ten slotte is de groepsleerkracht beter in staat Engels te geven 'in samenhang met andere vakken' dan een vakleerkracht.

Wel blijft het dan een knelpunt dat veel groepsleerkrachten onvoldoende opgeleid zijn – en dit geldt niet alleen voor de oudere leerkrachten die geen Engels op de pabo hebben gehad. Er bestaan nog steeds grote verschillen in het aanbod van Engels in het basisonderwijs op de pabo's, zowel wat betreft het aantal modules als wat betreft de inhoud van de aangeboden modules. Dit heeft tot gevolg dat er grote niveauverschillen zijn tussen beginnende leerkrachten basisonderwijs. In december 1997 verscheen *Startbekwaamheden leraar primair onderwijs*, waarin voor alle vakgebieden op de pabo wordt beschreven wat beginnende leerkrachten minimaal moeten beheersen. Met ingang van 1 augustus 2006 zijn deze *Startbewaamheden* wettelijk van kracht geworden. Dat schept duidelijkheid, zou je zeggen. Uit een onderzoek, uitgevoerd door De Boer in 2003, blijkt echter dat, hoewel Engels volgens de wet verplicht is op de pabo, het vak op sommige pabo's nog steeds niet of nauwelijks wordt aangeboden. Ook worden zo weinig praktijkopdrachten gegeven dat het niet aannemelijk is dat studenten zich de nodige didactische vaardigheden eigen maken.

1.7.2 Het kerncurriculum

Recente ontwikkelingen bieden oplossingen voor dit aspect van de aansluitingsproblematiek. In december 2010 werd *Kennisbasis Engelse taal op de pabo* (Den Boon et al.) gepubliceerd, waarin beschreven staat wat een pabostudent minimaal zou moeten weten over de didactiek van het vak Engels, terwijl B2 van het ERK het gewenste niveau dient te zijn voor taalvaardigheid. Deze publicatie is de eerste aanzet om te komen tot een verplicht kerncurriculum voor alle pabo's. De Commissie Kennisbasis Pabo is in juni 2011 ingesteld door de HBO-raad om te beoordelen of deze eerste aanzet ook uitvoerbaar zou zijn. Dat bleek niet het geval, omdat alle minimumeisen samen (dat wil zeggen vanuit de verschillende vakgebieden) niet realiseerbaar bleken te zijn binnen een vierjarige opleiding.

In 2012 volgde de publicatie *Een goede basis* (Meijerink et al.), waarin de commissie de volgende adviezen geeft voor alle vakken op de pabo:
1 Stel eisen aan de instroom.
2 Ontwikkel een beperkt kerncurriculum voor alle vakken.
3 Zorg voor landelijke toetsing als extra garantie voor (een deel van) het kerncurriculum.
4 Ontwikkel mogelijkheden tot profilering op een of meer vakken.
5 Stel aanvullende bekwaamheidseisen in de inductieperiode, dat wil zeggen de eerste paar jaar dat de leraar werkzaam is in het basisonderwijs, dus na de initiële opleiding.

Voor het vak Engels betekent dit:
1 Er wordt een verplichte toelatingstoets afgenomen op niveau B1 (eindniveau van de havo); een student krijgt vrijstelling als hij Engels in zijn eindexamenpakket heeft. Als een student de toets onvoldoende maakt, kan hij een module volgen om zijn kennis bij te spijkeren, maar het wegwerken van de deficiënties is niet de taak van de opleiding.
2 In de verplichte kernmodule komt alleen de essentie van de didactiek aan de orde (hoofdstuk 1-11 van dit boek). Deze beperkte vakdidactiek wordt landelijk getoetst, met dezelfde normen.
3 Als studenten Engels kiezen als profilering, kan dat een 'minor' zijn voor vvto of een bovenbouwspecialisatie (hoofdstuk 12-18 van dit boek), in combinatie met een cursus *classroom language* en thematische woordvelden. De kwaliteit van de profilering moet wel aan minimumeisen voldoen.
4 Er zijn ook extra mogelijkheden, zoals het volgen van een nascholingscursus in Groot-Brittannië voor taalvaardigheid en didactiek. Een voorbeeld van een dergelijke nascholingscursus is 'Pilgrims' in Canterbury. Maar er zijn ook opleidingen waarbij studenten stage kunnen lopen op scholen in Nieuw-Zeeland, de Verenigde Staten en Groot-Brittannië. Beurzen zijn aan te vragen bij Comenius, Europees Platform, Haarlem.

Op den duur zal het verplichte kerncurriculum, samen met de landelijke toetsing, de verschillen in kwaliteit tussen de opleidingen grotendeels nivelleren. In bijlage 1 staan de eisen genoemd in *Een goede basis* uit 2012.

In 2012 verscheen eveneens *And yet all different*, een handreiking voor een curriculum Engels op de pabo (Corda et al.). Daarin staat o.a. dat er al negen opleidingen zijn die nauw samenwerken om, samen met EarlyBird en het

Europees Platform, het pabocurriculum voor Engels op elkaar af te stemmen. De onderdelen van het vak waarin zij samenwerken en hoe ze dat doen, komt in hoofdstuk 11 aan bod.

1.7.3 Taalvaardigheid voor Engels in het basisonderwijs

De leraar basisonderwijs beheerst het Engels op niveau B2 van het ERK om alle leerlingen het Engels op niveau A1 te leren beheersen. (...) Wil hij als rolmodel kunnen optreden, dan vormen een positieve attitude en een behoorlijke eigen taalvaardigheid belangrijke voorwaarden.

Hoewel *Een goede basis* alleen een beginniveau van B1 noemt, zijn een bepaald niveau van taalvaardigheid (B2 van het ERK) en een correct gebruik van Engels als instructietaal onontbeerlijk om Engels te kunnen geven op de basisschool. Zoals we al zagen, wordt Engels op sommige pabo's echter niet of nauwelijks aangeboden. Is dit wel het geval, dan wordt in de meeste gevallen alleen minimaal aandacht besteed aan vakdidactiek en is de aandacht voor taalvaardigheid de laatste jaren nog meer in de verdrukking gekomen. De eigen vaardigheid van pabostudenten lijdt hier dermate onder dat er ook voor dit onderdeel van het vakgebied nauwelijks gesproken kan worden van startbekwaamheid. Toch is dit probleem vrij gemakkelijk op te lossen met behulp van een diagnostische toets, het Europees Taalportfolio en nascholingscursussen.

Digitale diagnostische toets taalvaardigheid
Een eerste vereiste is dat aan het begin van de opleiding een diagnostische toets taalvaardigheid Engels wordt afgenomen om het niveau van de studenten vast te stellen. Op sommige opleidingen gebeurt dat al. Hogeschool Rotterdam gebruikt hiervoor bijvoorbeeld 'Cambridge Advanced Exam'. In de beschikbare diagnostische toetsen wordt alleen het niveau voor de schriftelijke taalvaardigheid vastgesteld. Dat uitspraak niet diagnostisch wordt getoetst is een nadeel.

Ervaring met de diagnostische toetsen leert dat meer dan de helft van de voltijdstudenten onder niveau B1 scoort, dat wil zeggen dat zij op of net boven het niveau aan het eind van de basisschool (A1) zitten. Het taalvaardigheidniveau Engels van veel eerstejaarsstudenten op de pabo is dus zorgwekkend.

Het vereiste niveau
Taalvaardigheid Engels op niveau B2 is essentieel voor de uitoefening van het vak, omdat dit niveau de beginnende leerkracht voldoende zelfvertrouwen geeft om Engels als instructietaal te hanteren. Dat dit noodzakelijk is, blijkt ook uit een onderzoek (Edelenbos & De Jong, 2004) waarin werd aangetoond dat het rendement van Engels in het basisonderwijs behalve van de bestede lestijd in grote mate afhankelijk is van het enthousiasme van de leerkracht, dat op zijn beurt weer afhankelijk is van de mate van vertrouwen in de eigen competentie.

De beginnende leraar heeft echter wel een ander soort woordenschat nodig dan die welke beschreven staat bij Productie voor niveau B2, namelijk een uitgebreide kennis van de thema's die bij Engels in het basisonderwijs aan de orde komen. Daarom is het nodig dat, naast minimaal één verplichte module Didactiek voor Engels in het basisonderwijs, één verplichte module Taalvaardigheid voor Engels in het basisonderwijs voor alle studenten in het kernprogramma wordt opgenomen, of dat de specifieke taalvaardigheid – *classroom language* – geïntegreerd wordt in de module(s) voor didactiek. Ook is het mogelijk studenten van de tweedegraadsopleidingen in te schakelen bij het wegwerken van achterstanden bij taalvaardigheid van pabostudenten, of de studenten door middel van zelfstudiepakketten, speciaal bedoeld voor Engels in het basisonderwijs, hun taalvaardigheid op het gewenste peil te laten brengen.

Een goede taalvaardigheid voor Engels is bovendien noodzakelijk om te kunnen deelnemen aan internationale uitwisselingsprogramma's in het kader van internationalisering en bijvoorbeeld om, in het kader van een minor voor vvto, stage in het buitenland te kunnen lopen.

1.7.4 Het Europees Taalportfolio

Het Europees Taalportfolio (bestaande uit een talenpaspoort, een taalbiografie en een persoonlijk dossier) dat in 1.6.2 al ter sprake kwam, kan ook door de pabostudent worden gebruikt voor het maken van het digitale taalportfolio. Het talenpaspoort vermeldt de gegevens over de vooropleiding die de student heeft gehad, welke talen hij beheerst en de behaalde diploma's. De taalbiografie beschrijft de persoonlijke ervaringen met het vak (bijvoorbeeld in de stage), de didactische vaardigheden, en het niveau en de inhoudelijke elementen van de taalvaardigheid die de student heeft bereikt, vastgesteld met behulp van de *can do statements* van het ERK. Het dossier geeft voorbeelden van eigen werk, zoals uitgevoerde stage- of onderzoeksopdrachten, een stage in het buitenland, enzovoort.

Zo biedt het taalportfolio inzicht in de aard en de beheersing van het vak. Dat is belangrijk bij eventuele sollicitaties, maar de meerwaarde van een taalportfolio is ook dat het aanzet tot zelfreflectie tijdens de studie. Het werkt bovendien motiverend, omdat de studenten hun eigen ontwikkeling en attitude met betrekking tot Engels in het basisonderwijs kunnen vastleggen en hun goede prestaties kunnen vermelden, zoals een hoog taalniveau of een geslaagde minor vvto.

Nascholing
Naast de invoering van een verplicht kerncurriculum voor Engels zal ook een structureel aanbod van nascholingscursussen voor die categorie leerkrachten die Engels geeft op een basisschool maar geen Engels op de pabo heeft gehad, de kennis en vaardigheden met betrekking tot Engels in het basisonderwijs vergroten.

1 ▪ Engels in het basisonderwijs

> Voor *classroom phrases* en uitgebreide woordenlijsten met betrekking tot de thema's die aan bod komen bij Engels in het basisonderwijs, zie het boek *Praktische taalvaardigheid voor Engels in het basisonderwijs – Spreekvaardigheid*.

Tot slot: in andere Europese landen kijkt men met verbazing naar de nonchalante houding van Nederland als het gaat om de opleiding voor het vak Engels op de basisschool. In Oostenrijk krijgen studenten bijvoorbeeld drie jaar lang (zes semesters) een intensieve training om het vak te kunnen geven.

1.8 Conclusies en aanbevelingen

Als we nu terugkijken naar 1.1 moeten we helaas constateren dat na meer dan 25 jaar ervaring met Engels in het basisonderwijs tot nu toe slechts een van de vier basisvoorwaarden uit 1981 is gerealiseerd, namelijk verantwoord lesmateriaal. Om aan de andere drie elementaire voorwaarden te voldoen zijn de volgende beleidsmaatregelen nodig:

- een verplicht landelijk kerncurriculum voor Engels in het basisonderwijs op de pabo's met de uitgave *Een goede basis* als uitgangspunt, waardoor de grote verschillen in bekwaamheid voor Engels van de basisschoolleerkrachten op den duur verdwijnen;
- minimaal één kernmodule didactiek voor Engels in het basisonderwijs op de pabo, waarin in ieder geval de in *Een goede basis* genoemde kennis en vaardigheden aan bod komen;
- een kernmodule taalvaardigheid voor Engels in het basisonderwijs met eindniveau B2, waarin in het bijzonder aandacht wordt besteed aan het gebruik van Engels als instructietaal tijdens de lessen Engels;
- een diagnostische instaptoets, gekoppeld aan een kwalitatief goed remediërend (zelfstudie)programma basistaalvaardigheid voor studenten die onder niveau B1 scoren;
- een structureel aanbod van nascholingscursussen;
- samenwerking met lerarenopleidingen voor het voortgezet onderwijs op het gebied van didactiek en taalvaardigheid;
- vastleggen van het eindniveau van de leerlingen voor Engels in het basisonderwijs met behulp van het Europees Referentiekader (niveau A1) door middel van het taalportfolio, de Cito-toets voor Engels in het basisonderwijs of het Angliacertificaat;
- ERK-niveau A1, de kerndoelen, de Cito-toets voor Engels of de Angliatoets als uitgangspunt nemen voor de beginsituatie in de brugklas;
- doorlopende leermiddelen van basisschool naar voortgezet onderwijs, afgestemd op de niveaus A1 en A2 van het ERK en de kerndoelen voor Engels in het basisonderwijs;
- structurele samenwerkingsverbanden tussen basisscholen en het voortgezet onderwijs in dezelfde regio.

1.8 ▪ Conclusies en aanbevelingen

Opdracht 1*
Bespreek met een paar medestudenten je eigen ervaringen met de aansluiting van Engels in het basisonderwijs en het voortgezet onderwijs:
- Waren er grote verschillen met het Engels dat je kreeg op de middelbare school? Zo ja, in welke opzichten?
- Sloten de leerstof en de aanpak aan bij de lessen in de brugklas?
- Hoe was de houding van de leerkracht in de brugklas ten opzichte van het Engels dat je op de basisschool had gehad? Hield de leerkracht daar rekening mee? Zo ja, op welke manier?

Opdracht 2
Ga na welk taalniveau je zelf hebt met behulp van de tabel op bladzijden 32-33.

Opdracht 3
Interview een aantal brugklasdocenten en/of een aantal studenten Engels op een lerarenopleiding voor voortgezet onderwijs over hun houding ten opzichte van de aansluiting Engels in het basisonderwijs en het voortgezet onderwijs. Stel zelf een vragenlijst op.

Opdracht 4*
Doe een onderzoek op je stageschool naar de houding en de werkwijze van het team met betrekking tot Engels. Kijk bijvoorbeeld wat er in het curriculum staat over Engels, welk lespakket wordt gebruikt en hoe dit wordt gebruikt, hoeveel tijd er daadwerkelijk wordt besteed aan Engels, of er vakinhoudelijke contacten zijn met het voortgezet onderwijs, of de leerkrachten speciaal opgeleid zijn voor Engels in het basisonderwijs, enzovoort.

Opdracht 5
Bespreek in groepjes met je medestudenten welke van de aanbevelingen genoemd in 1.8 al (deels) gerealiseerd zijn of waaraan hard gewerkt wordt om deze te realiseren.

Aanbevolen literatuur
Meijerink, H. et al. (2012) *Een goede basis* (pp. 63-66). Den Haag: HBO-raad.

Doelstellingen 2

 De leraar basisonderwijs is op de hoogte van de kerndoelen Engels en handelt ernaar om alle leerlingen het beschreven niveau te laten bereiken.

2.1 Inleiding

The Threshold Level
Om te komen tot duidelijke doelstellingen voor het moderne vreemdetalenonderwijs, die door alle Europese landen zouden moeten worden geaccepteerd en nagestreefd, hebben deskundigen van de Raad van Europa in de jaren zeventig de mogelijkheid onderzocht om een doelstellingenmodel te ontwikkelen voor vreemdetalenonderwijs aan *volwassenen*, die niet voor hun beroep maar voor hun plezier willen communiceren met anderstaligen in alledaagse situaties, over onderwerpen die in de algemene interessesfeer liggen. De doelstelling voor deze doelgroep zou zijn, zo veronderstelde men: zich verstaanbaar maken zowel als toerist in het buitenland als in contacten met buitenlandse bezoekers in eigen land, en sociale contacten kunnen leggen en onderhouden in bovengenoemde situaties. Deze doelstelling werd door J.A. van Ek nader uitgewerkt in een aantal zeer specifiek geformuleerde concrete doelstellingen, toegespitst op de Engelse taal, in zijn boek *The Threshold Level for Modern Language Learning in Schools* (1976).

Deze concrete doelstellingen werden daarna het uitgangspunt om eindtermen voor het vreemdetalenonderwijs in het *voortgezet onderwijs* vast te stellen, die bereikt konden worden na drie uur Engels per week gedurende drie cursusjaren. Het ontwikkelde doelstellingenmodel vormt tegenwoordig de grondslag voor het moderne vreemdetalenonderwijs voor *alle* doelgroepen, niet alleen volwassenen of leerlingen in het voortgezet onderwijs, maar ook in het basisonderwijs.

Taalfuncties en taalnoties
Dit doelstellingenmodel bestaat uit twee componenten die nauw met elkaar verbonden zijn: taalfuncties en taalnoties, die samen 'taalmiddelen' worden genoemd.

Taalfuncties kunnen omschreven worden als communicatieve productdoelen: door middel van taal kunnen we bijvoorbeeld iets meedelen of vra-

47

gen, een bevel geven, tegen iets protesteren, iemand overhalen iets te doen of ergens onze excuses voor aanbieden.

Tegelijkertijd hanteren we ook taalnoties: we delen niet alleen mee of vragen, maar we delen íets mee, vragen íets. Dit 'iets' is een taalnotie.

I   Language functions

1 Imparting and seeking factual information

1.1 identifying: demonstrative pronouns: this, that, these, those + BE + NP(P); demonstrative adjectives: this, that, these, those + N + BE + NP (P); personal pronouns (subject form) + BE + NP (P); declarative sentences (P); short answers: *Yes, he is*, etc. (P).

1.2 reporting (including describing and narrating): declarative sentences (P); head-clause containing verb of saying (to say), thinking, etc. + complement clause (indirect speech) (P).

1.3 correcting: same exponents as above; in addition: no (adverb) (P); negative sentences with not (P); sentences containing the negation-words never, no (adjective), nobody, nothing (P).

1.4 asking: interrogative sentences (yes/no questions) (P); declarative sentences + question intonation (R); question-word sentences with: when, where, why, what (pronoun), which (pronoun), who, what (adjective), which (adjective), how far/much/long/etc. (P); whose (pronoun and adjective) (R); question-tags, type: *You aren't afraid, are you?* (R); tell me + sub-clause (P); about + NP (P).

Voorbeeld van taalfuncties, uit: The Threshold Level

III   Specific notions

2.2 Accommodation, rooms

room (Ger. Zimmer, Fr. pièce): room (P) *We have two ~s on the ground-floor.*
room (=space): room (P) *You have plenty of ~ here.*
kitchen: kitchen (P).
bathroom: bathroom (P).
bedroom: bedroom (P).
living-room: living-room (P).
lavatory: toilet (P); lavatory (R); w.c. (R).
garden: garden (P).
floor (Fr. étage): floor (P) *The bedrooms are on the first ~.*
ground-floor: ground-floor (P).
basement: basement (R).
cellar: cellar (P).
downstairs (=on a lower floor): downstairs (R) *The kitchen is ~.*
downstairs (=to a lower floor): downstairs (R) *Let's go ~ and watch television.*
upstairs (=on a higher floor): upstairs (R) *The bathroom is ~.*
upstairs (=to a higher floor): upstairs (R) *Let's go ~ and go to bed.*
stairs: stairs (P).
lift: lift (P).
door: door (P).
wall: wall (R).
window: window (P).
cupboard: cupboard (R).

Voorbeeld van taalnoties, uit: The Threshold Level

Het drempelniveau in *The Threshold Level* omvat de volgende taalfuncties:
- meedelen van of vragen naar feitelijke informatie;
- een mening uitdrukken of naar de mening van een ander vragen;
- een gevoel uitdrukken of naar gevoelens van anderen vragen;
- situaties willen bewerkstelligen;
- sociale contacten leggen en onderhouden;
- spijt, waardering, goedkeuring uitdrukken.

Het drempelniveau omvat de volgende taalnoties, gerangschikt in woordvelden of thema's:
- persoonlijke gegevens;
- woonomgeving;
- vrije tijd en hobby's;
- eten en drinken;
- de weg vragen en wijzen;
- boodschappen doen;
- het weer;
- kennis van een vreemde taal;
- gezondheid en welzijn
- het dagelijks leven;
- onderwijs en opleiding, beroepen;
- reizen;
- contacten met andere mensen (uitnodigingen en dergelijke).

De eerste zeven woordvelden worden genoemd in de kerndoelen voor Engels in het basisonderwijs van 1993, maar ook de andere woordvelden komen veelvuldig aan bod in de lespakketten die op basisscholen worden gebruikt.

2.2 De kerndoelen voor Engels in het basisonderwijs

Natuurlijk is het onmogelijk en ook niet nodig om deze doelstellingen te realiseren na twee jaar circa één uur per week Engels, het basisonderwijs is immers geen eindonderwijs. Voor Engels in het basisonderwijs gelden dan ook andere doelstellingen, die zijn gebaseerd op *Waystage English* (Van Ek, 1980), een tussenniveau afgeleid van *The Threshold Level*. Deze doelstellingen zijn in eerste instantie aangepast aan de Nederlandse basisschoolsituatie door het SLO en gepresenteerd in de nota *Wegwijs in Engels op de basisschool* (Stoks & Voortman, 1982a) in de vorm van voorlopige minimumdoelstellingen. In mei 1993 zijn de eindtermen, dan 'kerndoelen' genoemd, wettelijk vastgelegd. Daarin werd op advies van de onderwijsinspectie het gespecificeerde karakter van de doelen voor Engels gehandhaafd, mede in verband met het bevorderen van de aansluiting van het basisonderwijs met het voortgezet onderwijs. Deze kerndoelen staan op bladzijden 50-51.

2 ▪ Doelstellingen

Algemene doelstelling
Het onderwijs in Engelse taal is erop gericht, dat de leerlingen:
- vaardigheden ontwikkelen waarmee ze deze taal op een zeer eenvoudig niveau gebruiken als communicatiemiddel in contact met mensen die zich van deze taal bedienen;
- kennis hebben van de rol die de Engelse taal speelt in de Nederlandse samenleving en als internationaal communicatiemiddel.

Per domein zijn de kerndoelen als volgt omschreven:

Domeinen
A Luistervaardigheid

Kerndoelen

1 De leerlingen kunnen hoofdzaken halen uit eenvoudige informatieve en voor hen samengestelde of aangepaste luisterteksten door gebruik te maken van contextgegevens en hun kennis van woorden.

2 De leerlingen kunnen gesprekspartners begrijpen door hun kennis van een voor het onderwerp of de situatie relevante woordenschat in gesprekken over de volgende onderwerpen, of in de volgende situaties:

a persoonlijke gegevens
   - name, first name, surname;
   - hoofdtelwoorden tot en met 100;
   - address, street;
   - old, year;
   - Dutch, English, German, French;
   - Holland, England, Germany, France;
   - brother, sister, father, mother.
b de woonomgeving
   - house, flat, town, village, country;
   - North, South, East, West, middle;
   - room, living-room, bedroom, kitchen, bathroom, toilet;
   - bed, table, chair.
c vrijetijdsbesteding en hobby's
   - football, tennis, basketball, tabletennis, swimming;
   - pet, dog, cat;
   - black, white, green, blue, red, yellow, brown;
   - big, small, thin, tall.
d eten en drinken
   - breakfast, lunch, dinner;
   - coffee, tea, milk, sugar, water;
   - apple, pear, banana, fruit;
   - vegetables, potatoes, salad, soup, dessert.
e tijdsaanduiding
   - evening, afternoon, morning, night;
   - time, hour, minute, o'clock, half (past), quarter, before, after;
   - dagen van de week;
   - maanden van het jaar;
   - birthday.
f beschrijven van personen
   - shirt, jeans, dress, sweater, shoes;
   - hair, eyes, nose, arms, legs, foot, hand;
   - tall, short, fat, thin;
   - wear.
f op straat
   - go, walk, take;
   - left, right, straight on, corner;
   - rangtelwoorden tot en met 10;
   - post-office, bank, shop, police-station;
   - car, bus, train, bike, foot.
h in de winkel
   - pound, penny, pence;
   - postcard, stamp, ticket, letter.
i in de klas
   - pen, pencil, book, workbook, paper;
   - write, listen, open, close, take, come, sit down;
   - door, window, blackboard, table, chair.

2.2 ■ De kerndoelen voor Engels in het basisonderwijs

B Gespreksvaardigheid

3 De leerlingen kunnen een gesprek voeren over de onderwerpen, of in de situaties die hieronder genoemd zijn. Hun uitspraak van het Engels is voor moedertaalsprekers van die taal begrijpelijk.

a Persoonlijke gegevens
   De leerlingen kunnen
   - voor- en achternaam
   - adres en woonplaats
   - leeftijd en nationaliteit
   - gezinssamenstelling noemen en deze informatie aan de gesprekspartner vragen.

b De woonomgeving
   De leerlingen kunnen
   - de stad/het deel van het land waar zij wonen, noemen
   - het huis/de flat en het aantal kamers beschrijven
   - zeggen of zij een eigen kamer hebben of niet en deze informatie aan de gesprekspartner vragen.

c Vrijetijdsbesteding en hobby's
   De leerlingen kunnen
   - hobby's en interesses noemen
   - vragen stellen over hobby's en interesses
   - iemand vragen mee te doen met een spel en reageren op een voorstel om mee te doen
   - zeggen of/dat zij een dier hebben en deze informatie aan de gesprekspartner vragen; zij kennen uitingen die voor het spelen van sporten van hun keuze relevant zijn.

d Eten en drinken
   De leerlingen kunnen
   - zeggen of zij bepaalde etenswaren lekker vinden of niet
   - inlichtingen geven over eetgewoonten in eigen land en soortgelijke inlichtingen over eetgewoonten elders vragen.

e Tijdsaanduiding
   De leerlingen kunnen
   - zeggen hoe laat het is
   - zeggen of iets 's morgens, 's middags of 's avonds plaatsvindt
   - zeggen wanneer zij jarig zijn en soortgelijke informatie aan de gesprekspartner vragen.

f Personen beschrijven
   De leerlingen kunnen
   - zeggen hoe iemand eruitziet aan de hand van kleding
   - iemand beschrijven aan de hand van lichamelijke kenmerken en soortgelijke informatie aan de gesprekspartner vragen.

g Op straat
   De leerlingen kunnen
   - de weg wijzen of zeggen, dat zij dat niet kunnen
   - de weg vragen.

h Winkel, postkantoor, kassa
   De leerlingen kunnen
   - zeggen welke ansichtkaart, postzegel of ticket zij willen hebben
   - vragen hoe duur iets is.

C Leesvaardigheid
4 De leerlingen kunnen hoofdzaken selecteren uit eenvoudige informatieve teksten en uit voor hun geschreven of herschreven verhalende teksten. Zij maken daarbij gebruik van contextgegevens en van hun kennis van woorden.

D Opzoekvaardigheid

5 De leerlingen kunnen
   - de betekenis van een Engels woord
   - de Engelse vertaling voor een Nederlands woord in een alfabetische woordenlijst opzoeken.

De kerndoelen zoals wettelijk vastgelegd in 1993

2.2.1 De vernieuwde kerndoelen van 2005

Om het programma voor het primair onderwijs minder overladen te maken, zijn de uitgebreide kerndoelen van 1993 gesaneerd. Deze herziene kerndoelen zijn in 1998 wettelijk vastgelegd.

In 2004 heeft het ministerie van Onderwijs opnieuw samen met scholen en onderwijsdeskundigen 58 nieuwe kerndoelen voor het basisonderwijs opgesteld en wettelijk vastgelegd (Staatsblad van het Koninkrijk der Nederlanden, 2005). Die zijn in het schooljaar 2005-2006 wettelijk van kracht geworden. Over de vier nieuwe kerndoelen voor Engels zegt de minister het volgende:

> Beheersing van de Engelse taal wordt voor iedereen steeds belangrijker door de toenemende internationalisering, groeiende mobiliteit en de uitbreidende mogelijkheden om te communiceren via nieuwe media. De plaats van Engels in het basisonderwijs wordt gefundeerd door Europees beleid en door het uitgangspunt dat een redelijke beheersing van die taal bereikt wordt wanneer vroeg met het onderwijs in Engels begonnen wordt.
> Het doel van Engels is om een eerste basis te leggen om te kunnen communiceren met moedertaalsprekers of anderen die buiten de school Engels spreken. Die eerste aanzet wordt later, in de periode van de basisvorming, verder ontwikkeld. Op de basisschool wordt het onderwijs in de Engelse taal waar mogelijk in samenhang gebracht met inhouden van andere vakken. Bijvoorbeeld met de inhouden in oriëntatie op jezelf en de wereld. Het gaat dan om eenvoudige alledaagse onderwerpen als 'woonomgeving', 'vrije tijd en hobby's', 'het lichaam' en 'het weer'.
> In het basisonderwijs gaat het bij het onderwijs in de Engelse taal vooral om mondelinge communicatie en om het lezen van eenvoudige teksten. Het schrijven beperkt zich tot het kennismaken met de schrijfwijze van een beperkt aantal vaak voorkomende Engelse woorden. Voorts leren kinderen om woordbetekenissen en schrijfwijzen van woorden op te zoeken met behulp van het woordenboek.

De vier kerndoelen voor Engels (nummer 13-16 van de 58 nieuwe kerndoelen voor het basisonderwijs) zijn:

> 13 De leerlingen leren informatie te verwerven uit eenvoudige gesproken en geschreven Engelse teksten.
>
> 14 De leerlingen leren in het Engels informatie te vragen of geven over eenvoudige onderwerpen en ontwikkelen een attitude waarmee zij zich durven uitdrukken in die taal.
>
> 15 De leerlingen leren de schrijfwijze van enkele eenvoudige woorden over alledaagse onderwerpen.

> **16** De leerlingen leren om woordbetekenissen en schrijfwijzen van Engelse woorden op te zoeken met behulp van het woordenboek.

Verarming
De tendens die in de kerndoelen van 1998 zichtbaar werd, werd voortgezet in de vernieuwde kerndoelen van 2005: in vergelijking met de kerndoelen van 1993 is sprake van een verarming. De formulering is veel minder specifiek, wat een goede aansluiting met de basisvorming in de weg staat (zie 1.6.1) en de tekst is zodanig beperkt dat alleen luistervaardigheid en leesvaardigheid kort worden beschreven in kerndoel 13.

Dit laatste brengt het gevaar met zich mee dat een verantwoorde didactische aanpak niet meer automatisch voortvloeit uit de kerndoelen. Bij het domein Luistervaardigheid bijvoorbeeld verwees het oorspronkelijke kerndoel 1 van 1993 duidelijk naar luisterstrategieën: hoofd- en bijzaken kunnen onderscheiden en gebruikmaken van contextgegevens. Hetzelfde geldt voor kerndoel 4, Leesvaardigheid. In kerndoel 13 van de nieuwe kerndoelen – dat zowel luister- als leesvaardigheid omvat – is daarvan niets terug te vinden. In het domein Gespreksvaardigheid staat in kerndoel 3 van 1993 dat de leerlingen 'een gesprek kunnen voeren over de onderwerpen, of in de situaties die hieronder genoemd zijn', waarna acht (!) duidelijk omschreven onderwerpen volgen. In kerndoel 14 van de nieuwe kerndoelen is dit teruggebracht tot 'informatie kunnen vragen over eenvoudige onderwerpen', die niet nader toegelicht worden. Hier is dus geen sprake meer van specifieke thema's, waardoor de inhoud van het programma Engels zeer vaag is geworden. Waarom 'een gesprek kunnen voeren' is teruggebracht tot 'informatie kunnen vragen' is een raadsel.

De thema's die worden genoemd in de kerndoelen van 1998, namelijk 'persoonlijke gegevens', 'eten en drinken' en 'tijdsaanduiding' zijn in 2005 geruisloos verdwenen en vervangen – ditmaal in een aparte toelichting door de minister – door 'vrije tijd en hobby's', 'het lichaam' en 'het weer', terwijl het thema 'woonomgeving' is gehandhaafd. Van enige willekeur lijkt hier zeker sprake te zijn. Wat echter veel belangrijker is, is het feit dat deze specifieke thema's (hoe willekeurig zij ook geselecteerd mogen zijn) geheel verdwenen zijn uit de officiële kerndoelen. Vager kan het niet: blijkbaar wordt het aan de educatieve uitgevers van lespakketten voor Engels in het basisonderwijs overgelaten de inhoud van de leerstof te bepalen, aangezien de meeste leerkrachten zich over het algemeen strak houden aan de aangeboden leerstof en de didactische aanwijzingen in het lespakket dat zij gebruiken. Dit leidt uiteraard tot meer en grotere aansluitingsproblemen met het vervolgonderwijs (zie 1.6), terwijl de minister zelf in haar toelichting de aansluiting met de basisvorming expliciet noemt! Een reden te meer om de duidelijk omschreven thema's in de kerndoelen van 1993 als basis voor Engels te handhaven.

Verder zijn de belangrijke zinsneden in de 'Algemene doelstelling' van de kerndoelen van 1993, namelijk 'de rol die de Engelse taal speelt in de Nederlandse samenleving en als internationaal communicatiemiddel' geschrapt, terwijl juist deze twee feiten de grondslag vormen voor de lessen Engels in het basisonderwijs (zie hoofdstuk 4 en 6).

Door thema's, functies en noties weg te saneren, is de band verbroken met de functioneel-notionele benadering van *The Threshold Level* waarop de doelstellingen voor het moderne vreemdetalenonderwijs gebaseerd zijn.

Pluspunten

Pluspunten zijn er gelukkig ook. Een daarvan is dat in kerndoel 14 de attitude van de leerlingen ten opzichte van Engels 'waarbij ze zich durven uitdrukken in die taal' wel met name wordt genoemd. Hoe belangrijk dit is en wat de leerkracht kan doen om die attitude te bevorderen, wordt expliciet beschreven in 3.5.5 en komt zowel expliciet als impliciet in alle hoofdstukken van dit boek aan de orde. Het is echter juist het besef dat de leerlingen, zonder dat zij ooit formeel les hebben gehad in Engels, vaak onbewust al heel veel Engelse woorden kennen, waardoor deze attitude vanaf het allereerste begin wordt ontwikkeld. Dat zij al in de beginsituatie zo'n grote Engelse woordenschat hebben, is weer te danken aan het feit dat Engels een internationale taal is die in alle moderne media wordt gebruikt, waardoor er zo veel Engelse leenwoorden in het Nederlands bestaan. Nieuw is ook dat de spelling van Engelse woorden in 2005 extra aandacht krijgt in een apart kerndoel (kerndoel 15), waarschijnlijk naar aanleiding van klachten vanuit het voortgezet onderwijs (zie 1.6.1).

Het feit dat er een apart kerndoel (kerndoel 16) is gewijd aan opzoekvaardigheid lijkt op het eerste gezicht een overbodige luxe, maar dat is het niet. Uit de leerpsychologie weten we dat kinderen woorden beter onthouden als er een zinvol houvast voor bestaat in het geheugen, bijvoorbeeld wanneer ze het associëren met een situatie of een handeling, met andere woorden: *als er iets mee is gedaan*. Woorden opzoeken in een woordenboek kan een aantal interessante 'leermomenten' opleveren, getuige de volgende observatie van een studente die stage loopt in de bovenbouw van een montessorischool:

> Pieter (groep 8), Max (groep 6), Mido (groep 6) en Jan-Joost (groep 7) zitten aan de ronde tafel bij de rusthoek en spelen het spel 'hangman'. De keer daarvoor had ik het spel met de hele groep gespeeld. Pieter neemt de leiding en schrijft de letters op een papiertje: m . . . . e. Een voor een raden ze de letters. Max zegt: 'Excuse me Sir, is there an "n" in it?' Iedereen begint vreselijk te lachen. 'Doe niet zo idioot Max,' zegt Pieter. 'De volgende!' Ik zeg: 'Eigenlijk was het niet zo idioot. Het was erg beleefd en ook nog in het Engels. Ik vind het juist heel goed.' Max zegt (met een stralend gezicht): 'Thank you, Miss.' Ik zeg: 'You're welcome.' Tegen de anderen: 'Max vraagt een letter.' 'Yes,' zegt Max, 'is there an "n" in it?' en langzaam groeien

> de hangman en het te raden woord. Uiteindelijk zegt Jan-Joost: 'Ik weet het: *mountainbike*.' 'Goed,' zegt Pieter. 'Maar,' zegt Jan-Joost, 'dat schrijf je niet zo, die "i" bij *mountain* moet niet.' 'Ja hoor,' zegt Pieter. 'Ja hoor,' zegt Mido, 'dat moet.' Jan-Joost staat op, pakt het Engels-Nederlands woordenboek en zegt: '*mountainbike*, even zoeken.' Met z'n allen hangen ze over het woordenboek. Na veel geblader vinden ze *mount* en *mountain*, *mountainbike* niet. 'Dat staat er niet in.' zegt Jan-Joost. 'Nee sukkel, dat is te nieuw. Dit is een heel oud boek.' Ze willen het boek dichtdoen. Ik help: 'Je kunt wel het woord *mountain* gebruiken. Het gaat er toch om of er wel of geen "i" in zit?' 'Nee, ja,' zegt Jan-Joost. 'O, hij zit er wel in: *mountain* – "berg". Ik heb dus een bergfiets!' Pieter zegt: 'Eigenlijk zeg je *bicycle* en geen *bike*!' Iedereen knikt. Max wil nu een woord kiezen en pakt meteen het woordenboek. Hij begint te zoeken naar een geschikt woord. Op mijn aanraden zoekt hij een woord dat hij zelf ook kent, anders wordt het te moeilijk.

Deze kinderen zullen de spelling en de betekenis van *mountain* niet meer vergeten.

Het SLO gaat bij de interpretatie van kerndoel 13 uit van de bewoording van de kerndoelen van 1993: 'eenvoudige informatieve of voor de leerlingen samengestelde of aangepaste verhalende luisterteksten'. Bij de 'eenvoudige onderwerpen' in kerndoel 14 wordt uitgegaan van de onderwerpen die zowel in de kerndoelen van 1993 als in die van 1998 specifiek genoemd worden: woonomgeving, tijdsaanduiding, vrije tijd/hobby's, het weer, het lichaam en persoonlijke gegevens. Ook het Cito neemt voor de eindtoets Engels *Me2!* een combinatie van de kerndoelen van 1993 en 1998 als uitgangspunt.

> In dit boek is bewust gekozen voor de kerndoelen van 1993 als basis voor de didactiek, aangezien alleen deze kerndoelen duidelijke richtlijnen geven voor de ontwikkeling van een vakconcept.

2.3 De kerndoelen in de lespakketten voor Engels in het basisonderwijs

In deze paragraaf volgt een overzicht van de lespakketten die in het Nederlandse basisonderwijs worden gebruikt. We onderscheiden hierbij drie soorten:
1 lespakketten, uitgegeven door Nederlandse educatieve uitgevers, die bestemd zijn voor de Nederlandse markt (N);
2 Engelstalige lespakketten, uitgegeven door Britse educatieve uitgevers, die bestemd zijn voor de internationale markt, dat wil zeggen voor basisschoolleerlingen die Engels als vreemde taal leren (B).

3 Engelstalige lespakketten die bewerkt zijn voor de Nederlandse markt (B/N).

De lespakketten zijn gericht op verschillende doelgroepen:
1 de onderbouw (vvto, groep 1-4)
2 de midden- en bovenbouw (vto en Eibo, groep 5-8)
3 alle basisschoolleerlingen (groep 1-8)

De laatste categorie heeft dus een *doorlopende leerlijn*, maar er zijn ook combinaties mogelijk van categorie 1 en 2 die op elkaar zijn afgestemd en op die manier ook een doorlopende leerlijn bieden. Een uitzondering is de *Happy*-serie, die bestemd is voor groep 3-8, maar dit lespakket kan wel gecombineerd worden met een lespakket exclusief voor groep 1-2.

Alle lespakketten zijn in meer of mindere mate *functioneel-notioneel* (gericht op communicatie), hoewel sommige *structureel-taalkundige* (grammaticale) elementen bevatten. In de communicatieve functioneel-notionele methode is de leerstof thematisch geordend en leren de kinderen per thema een aantal taalfuncties en taalnoties (zie 2.1).

2.3.1 Lespakketten voor groep 1-8 en groep 5-8

De meest gebruikte lespakketten zijn tegenwoordig (2012):
- *Take it easy* (ThiemeMeulenhoff, 2010); groep 1-8 (N)
- *Real English, let's do it!* (ThiemeMeulenhoff, 2011); groep 5-8 (N)
- *The Team* (Noordhoff, 2007); groep 5-8 (N)
- *Hello World* (Malmberg, 2007); groep 5-8 (N)
- *Backpack Gold* (Pearson, 2011); groep 5-8 (B/N)

Andere lespakketten:
- *Our Discovery Island* (Pearson, 2012); groep 5-8 (B/N)
- *Cool! English at/after school* (Anglia, 2006); groep 1-8 (B)
- *My name is Tom* (Groen Educatief, 2010); groep 1-8 (N)
- *Happy House/Street/Earth* (Oxford University Press, 2009); groep 3-8 (B)
- *Playway to English* (Cambridge University Press, 2009); groep 4/5-8 (B)
- *Join Us for English* (Cambridge University Press, 2006); groep 4/5-8
- *Groove.me* (Blink, 2012); groep 5-8 (popsongs met werkbladen) (N)

Allereerst kunnen we uit het bovenstaande opmaken dat de Nederlandse educatieve uitgevers gehoor hebben gegeven aan de oproep van de minister (zie 1.3) om lesmateriaal te ontwikkelen voor groep 5-6, met het doel scholen te stimuleren al eerder met Engels te beginnen. Ten tweede wordt bij alle lespakketten digitaal materiaal gebruikt. De nieuwste Nederlandse lespakketten voldoen aan de kerndoelen van 1993, 1998 en 2005.

Ten slotte nog dit: een Brits lespakket dat niet aangepast is aan de Nederlandse situatie en dus een handleiding in het Engels bevat, hoeft geen belemmering te zijn. Integendeel, sommige leerkrachten vinden het zelfs prettig om bij de voorbereiding van een les de aanwijzingen in het Engels te krijgen, omdat ze dan al in een 'Engelse sfeer' komen.

> **Opdracht 1***
> Werk in groepjes. Vergelijk een lespakket van een Nederlandse educatieve uitgever met *Backpack Gold* of *Our Discovery Island*. Beantwoorden de Britse lespakketten aan de Nederlandse kerndoelen? Wat zijn de verschillen?

2.3.2 De thema's in de lespakketten voor Engels in het basisonderwijs

De thema's die in de kerndoelen van 1998 en 2005 expliciet genoemd worden, zijn:
- persoonlijke gegevens
- woonomgeving
- tijdsaanduiding
- vrije tijd en hobby's
- het weer
- het lichaam
- eten en drinken

In de Nederlandse lespakketten voor groep 5-8 komen deze thema's allemaal aan de orde, zowel wat betreft de passieve en actieve woordenschat, als de spelling.

> **Opdracht 2***
> Werk in groepjes. Kijk of alle zeven hierboven genoemde thema's in de Britse lespakketten *Backpack Gold*, *Our Discovery Island* en de *Happy*-serie aan bod komen.
>
> **Opdracht 3***
> Vergelijk in tweetallen of in groepjes de bovenstaande woordvelden met het drempelniveau van *The Threshold Level* op bladzijde 49. Welke woordvelden genoemd in het drempelniveau zouden volgens jullie ook aan bod moeten komen bij Engels in het basisonderwijs?

Op bladzijde 58 staat een voorbeeld van de manier waarop de verschillende onderdelen van de leerstof gerangschikt kunnen worden in een leerstofoverzicht, mede ten behoeve van het curriculum. In dit voorbeeld kun je ook zien welke thema's aan bod komen en welke leerdoelen er gesteld worden.

2 ▪ Doelstellingen

Unit	Topic and stories	Main language
1	**Welcome to Happy House!** page 4 Goodbye, Otto! Daisy's breakfast	Hello, I'm...; What's your name? Goodbye. Good morning. Who's this?; It's... Here's a (window).
2	**Pens and pencils** page 12 It's Otto! Polly's magic trick	a bag, a book, a pen, a pencil, a pencil-case, a ruler What's in my bag? There's a (book). What's this? It's (a pencil-case). Yes. / No. Numbers 1–10; How many (pencil)s? (One) and one more is (two).
3	**Come and play!** page 20 Four cakes Daisy's drum	a car, a doll, a drum, a guitar, a plane, a train (three) (doll)s blue, green, orange, pink, red, yellow a (red) (pen) Eight (squares), one (circle), one (triangle).
Culture:	Me and my family page 28	This is my family. mum, dad, sister, brother
4	**Dressing up** page 30 Two red socks Daisy's favourite song	a hat, a jumper, a shoe, a skirt, a sock, a T-shirt black, grey, purple, white Where's my T-shirt? One (red) (sock), two (red) (sock)s Here you are. Thank you. My favourite (T-shirt) is (green). Put on / Take off your (jumper).
5	**Happy birthday!** page 38 A present for Spike The birthday card	a badge, a balloon, a cake, a candle, a card, a present I've got... Is it a (balloon)? How old are you? I'm (seven). Jump!, Dance!, Shake!, Clap!, Stamp your feet!, Freeze!
Culture:	Party time! page 46	a dinosaur, grapes, ice cream, a party bag, sandwiches, stickers, sweets
6	**Bathtime!** page 48 Ruby to the rescue! Daisy has a wash	a duck, a hairbrush, shampoo, soap, a toothbrush, a towel Can you (see me)? Yes, I can. / No, I can't. I wash my (face). I brush my (hair). It's cold / warm / hot.
7	**Animal friends** page 56 Otto and the dog Daisy's rabbit	a bird, a cat, a dog, a mouse, a snake, a tiger There's a (dog) in the house. Do you like (dogs)? Yes, I do. / No, I don't. a crocodile, a rabbit, a shark Where's (Otto)? on, in Where do (tigers) live? On land. In water.
Culture:	Pets page 64	jump, run, sit a goldfish, a hamster
Festivals:	Happy Christmas! page 66	a bell, a Christmas stocking, a Christmas tree, a fairy, a star
Festivals:	Happy Easter! page 68	a basket, a chicken, chocolate, Easter D...

Leerstofoverzicht voor groep 5, uit: *Happy Street* **1**

2.3.3 TULE-leerlijnen voor groep 1-2, 3-4 en 5-6

De kerndoelen zijn officieel alleen einddoelen voor Eibo (groep 7-8). Daarom heeft het SLO op grond van elk van de kerndoelen voor Engels in de publicatie *TULE* onder meer tussendoelen, uitgangspunten en leermaterialen voor groep 1-2, 3-4 en 5-6 beschreven. Deze publicatie geeft ook uitgebreide aanwijzingen voor leerlingactiviteiten en leerkrachtactiviteiten voor elk van de tussendoelen. De genoemde tussendoelen zijn te vinden op tule.slo.nl.

2.4 Kerndoelen voor vroeg vreemdetalenonderwijs (vvto)

Op dit moment zijn er nog geen kerndoelen voor vvto. Dat is ook niet mogelijk omdat de eerste lichting leerlingen die vanaf groep 1 Engels heeft gehad pas in 2011 de basisschool heeft verlaten. Nadat 'standaard Eibo' (groep 7-8) in 1986 startte en de eerste leerlingen die twee jaar Engels hadden gehad in 1988 naar het voortgezet onderwijs gingen, duurde het nog vijf jaar voordat in 1993 de kerndoelen verschenen. Het zal dus ook nog wel enige tijd duren voordat de officiële kerndoelen voor vvto bekend en wettelijk erkend worden.

2.4.1 Startnotitie

Ook al zijn er nu nog grote verschillen in uitstroomniveau, er wordt hard gewerkt aan het formuleren van deze kerndoelen, omdat de komende jaren het aantal vvto-uitstromers dat acht jaar Engels heeft gehad snel zal toenemen.

Het Platform vvto Nederland heeft in 2011 een startnotitie *Naar eindtermen vvto Engels, een eerste verkenning* gepubliceerd met subsidie van de PO-raad (raad voor het Primair Onderwijs) en met wetenschappelijke begeleiding. Deze startnotitie gaat nader in op de factoren die ten grondslag kunnen liggen aan de verschillen in uitstroomniveau van leerlingen die van vvto-scholen komen. Genoemd worden onder meer het verschil in startpunt van de verschillende scholen, de verschillen in onderwijstijd (van 90 uur tot 800 à 900 uur!) en in kwaliteit en aanpak van het vvto-onderwijs dat gegeven wordt: bijvoorbeeld lessen gegeven door native speaking onderwijsassistenten, vakleerkrachten of groepsleerkrachten.

Met het oog op de ontwikkeling van een doorlopende leerlijn Engels wordt aan de hand van het Europees Referentiekader voorlopig uitgegaan van de volgende *streefniveaus*, uitgaande van onderwijs dat:
- is aangeboden vanaf groep 1-2;
- gedurende ten minste 60 minuten per week;
- en voldoet aan de kwaliteitseisen beschreven in de startnotitie *Naar eindtermen vvto Engels, een eerste verkenning* (Platform vvto Nederland, 2011).

2 ▪ Doelstellingen

Niveau Engels na twee jaar voortgezet onderwijs

	vmbo	havo	vwo
Luisteren en begrijpen	A1	A2	A2/B1
Interactie	A1	A2	A2/B1
Lezen en begrijpen	A1	A2	A2
Schrijven	A1	A1/A2	A2

Aangezien de leerlingen na acht jaar vvto in elk geval een hoger niveau hebben dan bij 'standaard Eibo', dat uitgaat van een ERK-niveau van A1, streeft men ernaar dat het ERK-niveau van vvto-uitstromers ongeveer ligt bij de hierboven beschreven niveaus. Dat houdt in dat leerlingen:
- in het Engels kunnen praten over de kernthema's (zie bladzijde 57) en over vakspecifieke onderwerpen, zoals die bij CLIL- en andere projecten aangeboden zijn in de lessen Engels, waardoor hun woordenschat breder en groter is dan bij A1;
- zich goed verstaanbaar kunnen maken in een gesprek en gesprekspartners kunnen vragen om uitleg of om wat langzamer te praten (interactiestrategieën);
- adequaat kunnen spreken over gebeurtenissen en ervaringen in heden, verleden en toekomst.

Acht jaar Engels verhoogt ook de kans op een betere uitspraak en meer spreekdurf. Het voortgezet onderwijs kan er dan ook niet onderuit om uit te gaan van een niveau van A2, in het belang van de vvto-leerlingen. Voor leerlingen die met kennis op A2-niveau beginnen in het voortgezet onderwijs is het bijzonder demotiverend om na twee jaar een voortgangstoets te moeten maken op hetzelfde niveau als waarop ze zijn begonnen.

2.5 Lespakketten en leermiddelen voor groep 1-4

2.5.1 Lespakketten

De meeste lespakketten voor groep 5-8 worden op de markt gebracht door Nederlandse uitgevers (N). *Backpack Gold, Our Discovery Island* en de *Happy*-serie zijn de enige Britse (B) lespakketten voor de bovenbouw. Voor de onderbouw worden vaker Britse lespakketten gebruikt die speciaal bestemd zijn voor leerlingen die Engels als vreemde taal leren. De eerste zes lespakketten vormen een *doorlopende leerlijn* met pakketten voor de middenbouw en bovenbouw en zijn dus bestemd voor groep 1-8:

2.5 • Lespakketten en leermiddelen voor groep 1-4

- *Take it easy* (ThiemeMeulenhoff, 2012); (N)
- *iPockets* (Pearson, 2010); groep 1-4 (B) + *Backpack Gold* of *Our Discovery Island*
- *My name is Tom* (Groen Educatief, 2010); (N)
- *Cool! English at school* (Anglia, 2006); (B)
- *Playtime* (Oxford University Press, 2011); groep 1-2 (B) + de *Happy*-serie
- *Cookie and Friends* (Oxford University Press, 2005); groep 1-2 (B) + de *Happy*-serie
- *Hippo & Friends* (Cambridge University Press, 2006); groep 1-2 (B)
- *Here's Patch the Puppy* (Macmillan Education, 2005); groep 1-2 (B)
- *Playtime Starters* (Oxford University Press, 2011); peutergroepen (B)

Voor groep 1, uit: *Cookie and Friends A*

Lesson D Circle five differences.

Voor peuters, uit: *Playtime Starters, Workbook*

2.5.2 Leermiddelen

Scholen kunnen besluiten of ze in groep 1-4 met een kant-en-klaar lespakket willen werken of dat ze de activiteiten op een andere manier willen vormgeven. In het laatste geval is er veel materiaal beschikbaar om de lessen in te vullen. Hieronder volgt een selectie van wat er allemaal op dit gebied wordt aangeboden:

- liedjesboeken, bijvoorbeeld *Let's Chant, Let's Sing* (Oxford University Press): liedjes om de woordenschat te leren, met cd's, zes delen met oplopende moeilijkheidsgraad
- *nursery rhymes*, bijvoorbeeld *The Big Book of Nursery Rhymes & Children's Songs* (Amsco Publications)
- woordenschatkaarten (flashcards) (Cambridge University Press)
- de *Primary*-reeks (Cambridge University Press):
  - *Primary Curriculum Box*;
  - *Primary Activity Box*;
  - *Primary Music Box*;
  - *Primary Communication Box*;
  - *Primary Reading Box*;
  - *Primary Vocabulary Box*.

2.6 Engels in het basisonderwijs en ICT

Leraren zijn op de hoogte van de mogelijkheden van ICT in het taalleerproces en kunnen deze ook inzetten.

De Raad van Europa pleit behalve voor de invoering van ten minste twee vreemde talen op zeer jonge leeftijd ook voor de *development of digital literacy*, dat wil zeggen kinderen vertrouwd maken met het gebruik van digitaal materiaal.

In Nederland wordt op dat gebied veel gedaan: al vanaf de onderbouw (groep 1/2) leren kinderen hier spelenderwijs omgaan met ICT, en voor veel bovenbouwleerlingen is het een vanzelfsprekend onderdeel van hun leven: ze zijn al vroeg internationaal georiënteerd en zoeken moeiteloos informatie die ze nodig hebben op buitenlandse websites. Daardoor – en door het spelen van computergames – beschikken ze over veel informele kennis van Engelse woorden en zinnen. Ze hebben ook in het Engels internetcontacten met kinderen in het buitenland.

In het onderwijs moeten we inspelen op deze vaardigheden. Diverse scholen zijn in het kader van internationalisering al bezig met correspondentieprojecten via e-mail.

2.6.1 Digitale leermiddelen

Educatieve software kan gebruikt worden voor differentiatie, toetsing, verdieping en verrijking. Het is daarom belangrijk dat (toekomstige) leerkrachten op de hoogte zijn van software en internetmogelijkheden voor Engels in het basisonderwijs en dat ze educatieve software kunnen inzetten op de basisschool.

ICT leent zich goed voor vakoverschrijdende activiteiten. Een voorbeeld hiervan is een serie aardrijkskundige onderwerpen op cd-rom voor de leeftijdsgroep van vier tot negen jaar van de National Geographic Society, uitgegeven door Discis (ISBN 1 55136 106 x).

Voor Engels hebben digitale leermiddelen nog een extra meerwaarde, omdat het de kinderen in staat stelt de Engelse klanken en uitspraak van native speakers niet alleen te horen, maar ook te zien. Dit visuele aspect is belangrijk, omdat het overeenkomt met moedertaalverwerving (zie 3.5.1): de kinderen kijken naar de lipbeweging van de spreker om de klanken te imiteren.

Met behulp van ICT verwerven leerlingen zelfstandig taal en kennis en bovendien is het leren begrijpen van het Engels als instructietaal bij software een voorbeeld van informeel, incidenteel leren (zie 3.5). Dit werkt zeer motiverend, omdat de leerlingen meteen de toepassingsmogelijkheden zien. Kinderen die nog nooit les hebben gehad in Engels blijken een Engelstalige handleiding van een computerspelletje zonder hulp te kunnen ontcijferen, eenvoudig omdat ze het spelletje willen spelen.

Digitale lespakketten

De meeste nieuwe lespakketten zijn voorzien van educatieve software die te gebruiken is met het digibord. De volgende lespakketten zijn zelfs geheel digitaal:

- *Take it easy* (ThiemeMeulenhoff, 2009); groep 1-8
- *iPockets* (Pearson, 2012); groep 1-4
- *Groove.me* (Blink Educatief, 2012); groep 5-8

De computer kan de leerkracht geheel of gedeeltelijk vervangen. Dit is het geval bij *Take it easy*, waarin de native speaking *co-teachers* op het digibord, Master Bond en Miss White, de taak van de groepsleerkracht gedeeltelijk overnemen. Dat is handig als de groepsleerkracht (nog) onzeker is over zijn/haar uitspraak en taalgebruik.

2 ▪ Doelstellingen

Fragment uit een digitale les over de herfst, uit: *Take it easy*

Andere digitale hulpmiddelen
Behalve deze digitale hulpmiddelen uit lespakketten zijn er nog eindeloos veel andere mogelijkheden om digitale middelen voor vvto te gebruiken voor activiteiten in het Engels.

Schooltelevisie
Op schooltelevisie (NTR) zijn twee programma's die speciaal bedoeld zijn voor vvto:
- *Engels met Raaf* (en Raven), waarin Raaf Nederlands spreekt en Raven Engels. Raaf laat kinderen van groep 3-4 luisteren naar Engels en leert hen eenvoudige woorden en zinnetjes. Een voorbeeld: Raaf, de bekende vogel uit *Huisje, Boompje, Beestje*, krijgt zijn neef Raven op bezoek. Hij laat Raven kennismaken met zijn buurmeisje Rose (thema 'kennismaking'). Zij laat Raaf en Raven haar huis (thema 'woonomgeving'), de school (thema 'in de klas') en de dierentuin (thema 'huisdieren', een onderdeel van 'vrije tijd en hobby's') zien. Omdat Raven het anders niet verstaat wordt er alleen maar Engels gesproken. Aan het eind worden alle nieuwe woorden uit de aflevering herhaald. Dit programma is gemaakt in samenwerking met EarlyBird.
- *What's up?*, ook een programma dat gemaakt is in samenwerking met EarlyBird. Het stimuleert de Engelse taalvaardigheid van leerlingen in groep 7-8, door hen taalgebruikssituaties uit het dagelijks leven aan te bieden waarmee zij zich kunnen identificeren, zoals 'een feestje organiseren'.

Spelletjes op www.schooltv.nl
Schooltelevisie biedt op de website www.schooltv.nl ook allerlei spelletjes aan voor Engels in het basisonderwijs, zoals kruiswoordpuzzels, bingo,

woordzoekers en memory, over allerlei onderwerpen: kleuren, restaurant, huis, dierentuin, school, cijfers, afscheid, gesprekjes, stad, bus, klokkijken, het weer, lichaam, familie, groente en fruit en zelfs 'vakantieliefde'.

BBC
Op de BBC worden de programma's van *CBeebies* uitgezonden, die de leerkracht kan opnemen en gebruiken in de lessen.

Voor groep 1-2 zijn er vier heel geschikte programma's van elk tien minuten: *Tinga Tinga Tales, Little Charley Bear, Raa Raa the Noisy Lion* en *Bob the Builder.* Er wordt veel herhaald, en langzaam en duidelijk gesproken en natuurlijk visueel ondersteund. Verder is *Bob the Builder* een bekende figuur voor veel kinderen, omdat zij de Nederlandse versie al kennen.

Voor groep 7-8 is er een website naar aanleiding van actueel BBC-nieuws, met oefeningen, quizzen voor woordenschat en luister- en begripstaken (www.bbc.co.uk/newsround). Leerlingen kunnen ter voorbereiding het BBC-nieuws op televisie kijken. De Engelse ondertiteling kan worden ingeschakeld met behulp van Teletekst 888.

The British Council
The British Council biedt via *Learn English Kids* thematisch gerangschikte *games, songs* en *stories* (learnenglishkids.britishcouncil.org). Er is een aparte site voor leerkrachten (lesideeën) en voor ouders (hulp) (zie bladzijde 66).

YouTube
Op YouTube staat een overvloed aan traditionele liedjes, verhalen, spelletjes en filmpjes die aansluiten bij verschillende leeftijdsgroepen. Die kun je vinden door zoektermen in te voeren als 'fairy tales', 'children's songs', 'games' of 'nursery rhymes'.

Mobiele apparaten (laptop, tablet en mobiele telefoon)

SchooltasApp
Via de SchooltasApp van ThiemeMeulenhoff kunnen leermiddelen gedownload worden op iPad, laptop of pc, bijvoorbeeld *Take it easy*. De voordelen daarvan zijn dat het leermateriaal altijd binnen handbereik is en dat het nieuwe didactische werkvormen mogelijk maakt.

Mobiel Engels Leren
Dit is een onderzoeksproject van een samenwerkingsverband tussen de Universiteit van Amsterdam, de Rijksuniversiteit Groningen, EarlyBird, MLMasters en drie Rotterdamse basisscholen. Onderzocht wordt of een mobiele applicatie bijdraagt aan het leren van Engels op jonge leeftijd. EarlyBird-materiaal is geschikt gemaakt voor een mobiele telefoon en is bedoeld voor leerlingen van acht tot tien jaar. Gekozen is voor het thema 'dieren'. Dit thema komt aan de orde in de vorm van gesproken tekst, filmpjes en spelletjes, die

2 ◾ Doelstellingen

http://www.britishcouncil.org/learnenglish
LearnEnglish Kids
Getting dressed

1. What order do you put on your clothes?! Can you match the sentences with the pictures? There is one example to help you!

1) First, put on your pants and vest.
2) Now pull up your jeans.
3) Zip them up.
4) Now fasten your belt.
5) Put on your socks.
6) Then put on your trainers.
7) Tie the laces.
8) Put on your shirt.
9) Now do up the buttons.
10) Finally, put on your coat and do it up.

2. Now can you match the opposites?

get dressed —————— take off
put on ——————→ get undressed
pull up   undo
zip up   pull down
fasten   unfasten
do up   unzip

Lesmateriaal van The British Council, van: learnenglishkids.britishcouncil.org

66

tegelijk dienstdoen als toetsmateriaal. De mobiele telefoons die de leerlingen krijgen in het kader van het onderzoek mogen ook mee naar huis worden genomen.

Digibord
Op een digibord kun je bijvoorbeeld (gedeeltes van) filmpjes vertonen, bladzijden uit een (prenten)boek, spelletjes, opdrachten uit het digitale lespakket, enzovoort.

2.7 Lespakketten en leermiddelen beoordelen

We hebben in dit hoofdstuk relatief veel aandacht besteed aan lespakketten voor Engels in het basisonderwijs, vooral ook omdat de meeste leerkrachten het lespakket trouw volgen. Maar hoewel het lespakket centraal staat in de onderwijspraktijk van de basisschool, is de invloed ervan op de leerresultaten van de leerlingen vrij klein. Van grote invloed zijn vooral:
- de houding van de leerkracht ten opzichte van het vak;
- het didactisch vakconcept (zie hoofdstuk 5);
- de hoeveelheid tijd die er aan Engels besteed wordt.

Helaas voldoet geen van de Nederlandse lespakketten aan de officieuze norm van 60 minuten per week. De Britse lespakketten *Backpack Gold, Our Discovery Island, iPockets* en de *Happy*-serie besteden daarentegen veel meer dan 60 minuten per week aan Engels.

In dit kader gaan we niet in op de conclusies die uit het onderzoeksmateriaal over de lespakketten te trekken zijn. De student of leerkracht die aan de hand van dit boek kennis heeft genomen van alle facetten van de didactiek, kan door middel van een uitgebreide analyse van lespakketten voor Engels in het basisonderwijs een verantwoorde keuze maken uit het aanbod (zie hoofdstuk 18).

Didactische methoden 3

 Van de vakbekwame leraar wordt verwacht dat hij beschikt over kennis van de belangrijkste (moeder)taal- en vreemdetaalverwervingstheorieën en de daaruit voortvloeiende taalverwervingprincipes en dat hij deze theorieën en principes weet toe te passen in de praktijk.

3.1 Inleiding

De opvattingen over de manier waarop iemand het best een vreemde taal leert, zijn in de loop van de tijd steeds veranderd. Dit heeft te maken met het feit dat ook de doelstellingen voor het leren van een vreemde taal sterk uiteen kunnen lopen: willen we een taal leren om wetenschappelijke of literaire boeken te kunnen lezen of om een gesprek met een buitenlandse zakenrelatie te kunnen voeren en een zakelijke brief te kunnen schrijven, om op vakantie in het buitenland met de autochtone bevolking te kunnen praten of om aldaar de plaatselijke nieuwsberichten te kunnen volgen en een krant te kunnen lezen? Deze verschillende doelstellingen komen ook tot uiting in de inhoud van het lesprogramma voor vreemde talen op school. Leren we een taal het beste door veel te lezen? Of door grammatica en woorden te leren? Door te vertalen of door veel te luisteren en te spreken in de klas? Of moeten we de taal misschien helemaal niet leren op school, maar naar het land zelf gaan en de taal gewoon oppikken? Deze vragen krijgen gestalte in een aantal verschillende taalverwervingstheorieën die in dit hoofdstuk behandeld worden.

3.2 De vier didactische methoden

De belangrijkste opvattingen – vroeger en nu – over de manier waarop leerlingen het beste een vreemde taal leren zijn:

1 **de structurele benadering**
   - de grammatica-vertaalmethode;
   - de audiolinguale methode.

2 de communicatieve benadering
- de functioneel-notionele methode (F-N), ook wel de communicatieve methode genoemd;
- de receptieve methode.

Voordat we de verschillende benaderingen gaan bespreken, volgt hier eerst de verklaring van een aantal termen dat daarbij gebruikt zal worden.

Methode en lespakket
De termen methode en lespakket worden vaak door elkaar gebruikt. Voor de duidelijkheid maken we hier het volgende onderscheid:
- een methode is een didactische aanpak gebaseerd op leerpsychologische of onderwijskundige principes op het gebied van doelstelling, selectie, ordening en overdracht en is een *abstract* begrip;
- een lespakket is de *concrete* invulling is van een methode. Een lespakket kan bijvoorbeeld bestaan uit een leerlingenboek, een werkboek, een handleiding en andere leermiddelen, zoals geluidsmateriaal, digitaal materiaal, posters, flashcards en leesboekjes.

Hieruit volgt, logischerwijs, dat één didactische methode de grondslag kan vormen voor een groot aantal lespakketten.

Receptieve en productieve vaardigheden
Het is gebruikelijk om taalvaardigheid te verdelen in de vier domeinen luisteren, spreken, lezen en schrijven, die kunnen worden gegroepeerd in enerzijds productieve en receptieve vaardigheden en anderzijds mondelinge en schriftelijke vaardigheden. In een schema ziet die groepering er als volgt uit:

	productief	receptief
mondeling	spreken	luisteren
schriftelijk	schrijven	lezen

Mondelinge en receptieve vaardigheden
Er bestaan twee opvattingen ten aanzien van de nadruk die er op bepaalde vaardigheden moet worden gelegd:
- bij de audiolinguale methode en de F-N-methode zijn de mondelinge vaardigheden het belangrijkst;
- bij de grammatica-vertaalmethode (lezen) en de receptieve methode (luisteren en lezen) zijn de receptieve vaardigheden zijn het belangrijkst.

Wat meteen opvalt is dat bij geen van de vier opvattingen schrijfvaardigheid genoemd wordt. Schrijfvaardigheid is echter niet hetzelfde als spelling (woordbeeld). Het houdt bijvoorbeeld in dat je een brief of een verhaal in een vreemde taal kunt schrijven. Aan de spelling van de meest voorkomende woorden dient wel aandacht te worden besteed, want dit onderdeel wordt expliciet genoemd in de kerndoelen en is belangrijk voor de aansluiting met het vervolgonderwijs.

De structurele en de communicatieve aanpak

Deze twee benaderingen verschillen in de manier waarop de leerstof is opgebouwd. De structurele benadering stelt in de lessen een bepaald grammaticaal probleem centraal, bijvoorbeeld de o.t.t., het meervoud of het lidwoord. In de communicatieve benadering staat het overbrengen van de boodschap centraal. De lessen zijn gegroepeerd rond een taalgebruikssituatie, bijvoorbeeld 'boodschappen doen' of 'de weg vragen en wijzen' (zie 2.1 en 2.2). Er wordt geen speciale aandacht geschonken aan de taalstructuur.

3.3 De grammatica-vertaalmethode

De oudste methode, de grammatica-vertaalmethode, is verwant aan de manier waarop men eeuwenlang de klassieke talen leerde, de zogeheten 'dode' talen. Omdat de 'dode' talen niet meer gesproken werden, ging men niet uit van de gesproken taal, maar van de grammatica. De structuur (grammatica) van de taal werd aangeboden door middel van rijtjes vervoegingen van werkwoorden, zelfstandige naamwoorden, bijvoeglijke naamwoorden enzovoort. Daarnaast werd een woordenschat opgebouwd door middel van tweetalige woordenlijsten die gericht waren op het vertalen van teksten, aangezien het procesdoel was dat studenten in staat moesten zijn klassieke literatuur en wetenschappelijke teksten te vertalen naar het Nederlands.

Toen men 'levende' vreemde talen begon aan te bieden, bediende men zich van dezelfde methode. De voertaal tijdens de lessen was Nederlands. Het uitgangspunt was immers niet de gesproken taal leren beheersen, maar kunnen vertalen in en uit de vreemde taal.

Kenmerken

Kenmerkend voor de grammatica-vertaalmethode is de grote nadruk op het uit het hoofd leren van grammaticale regels, op woorden leren met behulp van tweetalige woordenlijsten en op het vertalen van Engelse zinnen naar het Nederlands en omgekeerd.

De nadelen van de grammatica-vertaalmethode

Het grootste bezwaar tegen de grammatica-vertaalmethode is dat kennis van grammaticaregels niet helpt bij communicatie in een vreemde taal. Integendeel, grammaticaregels zijn eerder een belemmering om onbevangen te spreken, omdat je steeds geneigd bent te controleren of je de regels wel correct toepast (zie ook 3.5.3). Het resultaat daarvan kan spreekangst zijn, het tegenovergestelde dus van de functie van taal.

Het taalaanbod van de grammatica-vertaalmethode bestaat uit volslagen nutteloze, moeilijk toepasbare stukjes taal, die er alleen toe dienen om te laten zien hoe de grammatica in elkaar zit. Omdat er nauwelijks aandacht wordt besteed aan spreekvaardigheid, blijken leerlingen zich na vele jaren Engels met deze methode nog steeds niet te kunnen redden in realistische taalsituaties. Deze manier van taal verwerven is ook veel te abstract voor kinderen tot twaalf jaar: de taal wordt niet als organisch geheel aangeboden, maar in kleine segmenten. Basisschoolleerlingen kunnen deze losse grammaticaregels en losse woorden niet integreren, niet imiteren en dus niet toepassen. Daarom is de methode niet geschikt voor Engels in het basisonderwijs.

Lesson one.
Les één.

I am John.
Ik ben Jan (Johan).

I am a boy.
Ik ben een jongen.

meervoud! I am twelve years old.
Ik ben twaalf jaar oud.

I have black hair and brown eyes.
Ik heb zwart haar en bruine ogen.

I have a sister and a little brother.
Ik heb een zusje en een klein broertje.

I have a 'football. [1]
Ik heb een voetbal.

have had = heb gehad. I have had it from my uncle.
Ik heb hem van mijn oom gehad.

I can read an 'English book.
Ik kan lezen een Engels boek.

year — jaar.   eye — oog.
years — jaren.   eyes — ogen.
            book — boek.
            books — boeken.

Regel: In 't Engels vormen we het **meervoud** met een **s**.
Soms spreken we die s uit als een z. Luister maar naar de onderwijzer!

a sister — een zuster.   a boy — een jongen.
an uncle — een oom.   **an** old boy — een oude jongen.
a book — een boek.
an English book — een Engels boek.

Regel: Vóór een *klinker* schrijven we niet **a** maar **an**.

1) De klemtoon komt op de lettergreep, volgend op het teken '.

Een voorbeeld van de grammatica-vertaalmethode

3.3 ■ De grammatica-vertaalmethode

> Dat kennis van de grammatica ook helemaal niet nodig is om te spreken, bewijst de volgende observatie:
>
> > Op een kinderfeestje bewaakt Floor (drieënhalf jaar) angstvallig haar eigendommen en blijft steeds in de buurt van haar moeder. Als deze haar aanmoedigt om met andere kinderen te spelen, zegt ze: 'Als iemand vraagt of-tie met mijn bal mag spelen, zeg ik "Nee!"'
>
> Ze weet niets van grammatica, maar maakt wel een volkomen correcte samengestelde zin met drie persoonsvormen, waaronder 'derde persoon enkelvoud = stam + t'.

Het voorbeeld op bladzijde 72 is duidelijk afkomstig uit een zeer verouderd lespakket. Dat neemt niet weg dat precies dezelfde grammaticale onderwerpen ook in enkele recente lespakketten op vergelijkbare wijze worden aangeboden, zoals te zien is in de volgende voorbeelden.

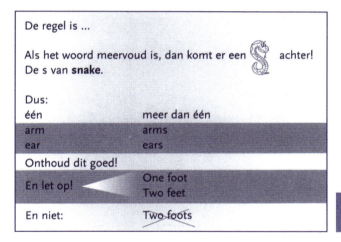

Uit: *Real English, let's do it!*

Uit: *Real English, let's do it!*

3 ▪ Didactische methoden

Uit: *Real English, let's do it!*

Opdracht 1
Hoe kunnen kinderen de grammatica- en uitspraakregels die aangeboden worden in bovenstaande voorbeelden op een andere, meer communicatieve manier leren?

In *Happy Earth* voor groep 7-8 worden in elke les grammaticaregels gegeven, maar de Britse lespakketten gaan ervan uit dat de hoogste twee groepen van de basisschool met Engels begonnen zijn in groep 1-2 of 3-4. De auteurs nemen aan dat de leerlingen dan genoeg impliciete grammatica hebben gehad en al een redelijk hoog taalniveau hebben. De voorbeelden hieronder en op de volgende bladzijde bevatten een aantal expliciete grammaticaregels voor zowel groep 7 als groep 8. Deze regels worden wel toegepast in een communicatieve context.

Groep 7

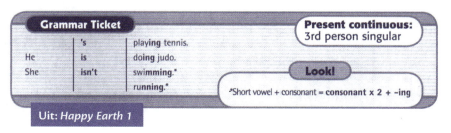

Uit: *Happy Earth 1*

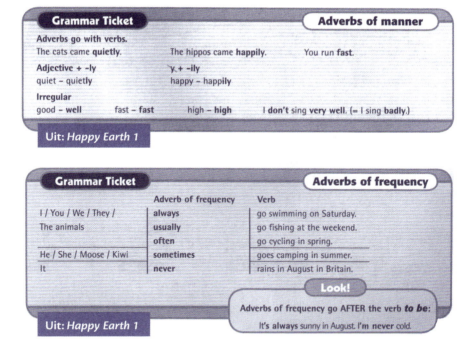

Uit: *Happy Earth 1*

Leerkrachten vallen vaak onbewust terug op de manier waarop zijzelf een vreemde taal hebben geleerd in het voortgezet onderwijs, vooral als ze zich onzeker voelen. Zij laten hun leerlingen dan bijvoorbeeld woordjes uit het hoofd leren, die daarna worden overhoord. Ook stukjes tekst of zinnen vertalen komt in de praktijk vaker voor dan men denkt. In 1.2 was al te zien dat dit weinig vruchten afwerpt bij basisschoolleerlingen. De (beginnende) leerkracht moet zich bewust zijn van de neiging die men heeft om terug te vallen op deze achterhaalde aanpak, zodat hij dit zelf kan vermijden.

3.4 De audiolinguale methode

De audiolinguale methode is ontstaan als reactie op de grammatica-vertaalmethode. Toen eind jaren vijftig de internationale handelsbetrekkingen toenamen en het Engels steeds meer de status kreeg van de internationale taal bij uitstek, ontstond er behoefte aan een meer praktisch gerichte aanpak. Met name de mondelinge vaardigheden dienden een grotere nadruk te krijgen. Bij de audiolinguale methode staan daarom luisteren (audio) en spreken (lingua) centraal, maar de lessen zijn nog steeds gegroepeerd rond een grammaticaal probleem en een aantal nieuwe woorden, net als bij de grammatica-vertaalmethode. Omdat de mondelinge vaardigheden nu echter het belangrijkst werden geacht, werd het proces van de *moedertaalverwerving* als uitgangspunt genomen. De moedertaal wordt immers gesproken en niet alleen gelezen en vertaald. De opvatting dat we een vreemde taal het beste leren zoals we onze moedertaal hebben geleerd, brengt een aantal consequenties met zich mee.

Kenmerken van de audiolinguale methode:
- De audiolinguale methode is ééntalig: het gebruik van het Nederlands wordt zo veel mogelijk vermeden.
- Er worden geen grammaticaregels gegeven: net als bij de moedertaal wordt de grammatica inductief geleerd.
- De eentaligheid van de methode brengt met zich mee dat de woordenschat wordt opgebouwd via omschrijvingen in de vreemde taal en/of door plaatjes.

De volgende kenmerken van de audiolinguale methode komen echter absoluut niet overeen met het proces van moedertaalverwerving:
- Er wordt geoefend door middel van structuuroefeningen of *pattern drills*, omdat het leren van een taal wordt gezien als een mechanisch proces van gewoontevorming (Johnson, 2001). Het idee hierachter is mede gebaseerd op het behaviorisme waarin elke vorm van menselijk gedrag – dus ook taalverwerving – wordt gezien als een reactie (respons) op een prikkel (stimulus). Door correct gedrag te belonen, wordt dit gedrag versterkt (reinforcement): er volgt een nieuwe prikkel om dit gedrag te herhalen, waardoor uiteindelijk het correcte gedrag door gewoontevorming wordt ingeslepen. Met andere woorden: je leert een structuur alleen door hem eindeloos, bijna automatisch, te herhalen (inductief). De grondlegger van de audiolinguale methode is Skinner (1959).
- Er vindt al vanaf het begin taalproductie plaats.

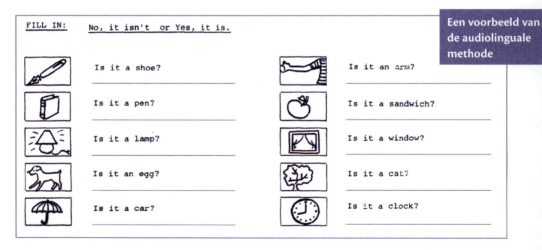

Een voorbeeld van de audiolinguale methode

Hierboven is een voorbeeld te zien van een zogenoemde mechanische structuuroefening of *pattern drill*. Daaruit blijkt dat structuuroefeningen niet in de eerste plaats gericht zijn op communicatie. 'Is it a shoe?' is een onzinvraag,

3.4 ▪ De audiolinguale methode

die niet toepasbaar is in de realiteit, zeker niet als we gaan vragen of de pen op het plaatje een schoen is, of de hond een ei. Hier wordt de vraag-antwoordvorm *geoefend*, niet *gecommuniceerd*. Kinderen zelf beseffen dit wel degelijk, getuige de volgende observatie:

> Commentaar Jonah (negen jaar): Bij zin vijf, dus na *egg*, zegt ze zachtjes: 'Is it a car? Nee, natuurlijk niet. Dat zie je toch zo? Wat een stomme vraag.'

Opdracht 2
Kijk of er bij de taalspelletjes in hoofdstuk 14 een taalspel te vinden is waarin dezelfde structuur op een communicatieve manier geoefend wordt.

Ook in de meest recente lespakketten komen mechanische structuuroefeningen nog voor.

4 Wat doen deze personen niet? Wat doen ze wel? Schrijf dat op naast de plaatjes. Kijk goed naar het voorbeeld. Gebruik **I**, **he**, **she** of **they**.

Voorbeeld:
Is she writing? — *No, she is not writing. She is reading.*

1 *Is she reading?*
2 *Is he drawing a horse?*
3 *Are you drawing a clown?*
4 *Are they playing hockey?*
5 *Is she washing her hair?*
6 *Are they washing their hair?*
7 *Is he washing his hands?*
8 *Are they carrying a tiger?*

Uit: *Real English, let's do it!*

> **Opdracht 3**
> Kijk in 14.4.3 hoe je de duurvorm (-ing-vorm) op een communicatieve manier kunt oefenen.

De nadelen van de audiolinguale methode
- De taal is bij deze aanpak een doel op zichzelf, geen middel tot communicatie: de drill – de belangrijkste leeractiviteit – is saai en demotiverend en niet toepasbaar in een realistische taalsituatie. Kwakernaak (1981) merkt in dit verband op dat het 'geen wonder (is) dat (de leerling) in de praktijk, d.w.z. in contacten met buitenlanders, zeer vaak met zijn mond vol componenten staat.' Blijkbaar kweekt mechanische gewoontevorming nog geen begrip.
- De taal wordt in kleine stukjes stapje voor stapje aangeboden, waardoor het taalaanbod klein is.
- Elke taaluiting moet correct zijn vanwege de gewoontevorming en elke fout wordt meteen verbeterd. Dit verhoogt natuurlijk de kans op spreekangst, terwijl spreken nu juist het voornaamste leerdoel is bij Engels in het basisonderwijs.
- Omdat de leerlingen al vanaf het begin moeten gaan spreken, krijgen ze niet de kans om in een 'stille periode' eerst ongestoord aan de taal te wennen.
- Dialogen zijn niet in de eerste plaats bedoeld om te communiceren, maar om nieuwe woorden en structuren te oefenen. Om fouten te voorkomen worden de dialogen zelfs uit het hoofd geleerd, wat vrij onhandig is als je gesprekspartner in een realistische taalsituatie plotseling iets heel anders zegt dan je in je boek hebt geleerd ...
- De methode gaat voorbij aan de verschillen tussen de verwerving van de moedertaal (T1), de tweede taal (T2) en de vreemde taal (T3).

3.5 Enkele belangrijke taalverwervingstheorieën

De student kan belangrijke kenmerken benoemen van tweede- en vreemdetaalontwikkeling, bij zowel jonge als oudere kinderen.

3.5.1 Moedertaalverwerving (T1) en simultane tweedetaalverwerving

Moedertaalverwerving begint vanaf of zelfs al vóór de geboorte (Koenen, 1993). Het taalleervermogen is aangeboren en het pasgeboren kind beschikt al over een systeem van klankherkenning dat hem in staat stelt onderscheid te maken tussen alle denkbare *speech sounds*. Het kind luistert naar de taal die in zijn omgeving wordt aangeboden en leert de klanken herkennen die bij die specifieke taal horen, die dan worden opgeslagen in het auditief geheugen. De klanken die niet tot zijn moedertaal behoren, verdwijnen op den duur naar de achtergrond.

Creatieve constructie
Opvoeders bevorderen de taalverwerving intuïtief door vanaf de geboorte tegen het kind te praten: zo raakt het vertrouwd met de klanken en de intonatie van de moedertaal. Zodra het kind begint te reageren op de taaluitingen van de opvoeder veranderen die van aard: opvoeders hebben de neiging alle handelingen die ze met en voor het kind uitvoeren duidelijk en eenvoudig onder woorden te brengen. Er is hier dus sprake van een groot receptief authentiek taalaanbod, terwijl het kind zelf actief bezig is om verbanden te leggen tussen bepaalde klanken, begrippen en handelingen. Het is zelfs al bezig met het ontdekken en herkennen van regels in de taalstroom die het hoort, hoewel het zich nog in de zogenoemde 'stille periode' bevindt en zelf nog geen taal produceert. Het is bezig de taal te 'absorberen': het neemt de taal als geheel in zich op en begint taal te imiteren als het daaraan toe is. Dit proces wordt creatieve constructie genoemd (Brown, 1973; Appel & Vermeer, 1996). Taal wordt niet geleerd, maar op een natuurlijke manier verworven: het kind doet het zelf.

Ook in de 'stille periode' laat het kind al zien dat het veel taal begrijpt:

> Wieke is elf maanden en maakt zelf spontaan de bewegingen die horen bij een bepaald liedje ('Klap eens in je handjes ...'). Dat zij reageert op de taal (en de melodie) en niet alleen maar de bewegingen imiteert, blijkt uit het feit dat zij dat ook doet als zij het liedje door de telefoon hoort en de bewegingen dus niet ziet.

Een kind van die leeftijd voert ook al verbale opdrachten uit: 'Zeg maar dag!' en het kind zwaait met zijn handje. In deze situatie is sprake van een *prikkel* (de opdracht), een *respons* (de reactie op de prikkel) en een *reinforcement* (bevestiging) in de vorm van het enthousiasme van de opvoeders en de rest van 'het publiek'. Vanaf ongeveer twaalf maanden kijkt het kind aandachtig hoe de opvoeders bepaalde klanken vormen: 'Waar is mama? Ja, daar is mama! Zeg maar: mmmammma, mmmammma!' Het kind probeert de lipbeweging na te doen. Omstreeks deze tijd gaat het ook een eigen woordenschat opbouwen, waarin woorden met voorwerpen of handelingen worden geassocieerd.

Als het kind eenmaal gaat praten, gaan de opvoeders al luisterend gesprekjes met het kind voeren en niet alleen tegen hem praten. De peuter zal natuurlijk fouten maken, maar in dit stadium is het belangrijk dat er weliswaar eenvoudig en herhalend met het kind gesproken wordt, maar wel correct. De opvoeder mag niet vervallen in kromme 'peutertaal'. Door de taal uit te breiden ('Ofant'. 'Ja, dat is een olifant. Hoe doet de olifant?' 'Pèèèh!' 'Goed zo!'), verbaal te reageren en onopvallend te corrigeren, wordt het taalgebruik van het kind op een niet-nadrukkelijke manier gestimuleerd. Dat gebeurt ook door veel voor te lezen en de plaatjes in het prentenboek aan te wijzen en te benoemen, en door middel van liedjes, versjes en spelletjes.

Simultane tweetaligheid

Meestal is het taalaanbod ééntalig, maar steeds meer kinderen worden vanaf het begin tweetalig opgevoed. Deze kinderen beschikken dus over twee gescheiden systemen van *speech sounds*. De praktijk wijst uit dat zij, als ze eenmaal gaan spreken, moeiteloos van de ene taal naar de andere omschakelen. Hieronder volgt een voorbeeld.

> Yannick is bijna twee, zijn moeder spreekt Frans met hem en zijn vader Nederlands. Op bezoek in Nederland zegt hij enthousiast tegen zijn vader: 'Kijk papa, eend!' en direct daarna: 'Canard, maman!'

Dat het kind zelf de twee simultaan aangeboden talen gescheiden houdt en ze niet, zoals ten onrechte wel eens wordt verondersteld, door elkaar gaat halen, bewijst het volgende voorbeeld.

> Stella is vijftien maanden. Haar vader spreekt consequent Italiaans met haar en haar moeder Duits. Wanneer haar moeder een keer Italiaans tegen haar spreekt, wordt ze nijdig en zegt: 'Nein! Papa!'

Bij tweetaligheid vanaf de geboorte kan niet worden gesproken van 'een tweede taal' (T2). Er worden dan twee moedertalen tegelijk verworven. Een kind blijkt zelfs op jonge leeftijd drie talen te kunnen verwerven.

> Noémi is net drie geworden. Thuis spreekt ze met haar vader Nederlands ('papa's taal') en met haar moeder Duits ('mama's taal'). Een geval van simultane tweedetaalverwerving. Op de peuterspeelzaal wordt echter Frans gesproken. Toch begint ze na een korte 'stille periode' gewoon mee te doen met de activiteiten op school.

Noémi weet nu dat ze op school Frans moet spreken en heeft daar geen enkel probleem mee. Ze heeft de derde taal (Frans) dus niet geleerd, maar zelf verworven, door goed te kijken en te luisteren welke functies en welke noties je blijkbaar in een bepaalde situatie gebruikt. Frans is voor haar nu de 'tweede taal'. Nederlands en Duits zijn haar twee 'moedertalen'. Wat Noémi ondervond was *total immersion* (totale onderdompeling): ze werd meteen in het diepe gegooid.

De gevoelige periode voor de verwerving van een of meerdere talen speelt zich af in de periode van nul tot zeven jaar (Goorhuis-Brouwer, 2006; Neville & Bavelier, 1998).

De student kan belangrijke kenmerken noemen van tweede- en vreemdetaalontwikkeling, bij zowel jonge als oudere kinderen.

De overeenkomsten en de verschillen in taalverwerving tussen T1, T2 en T3

De manier waarop iemand een tweede taal (T2) en zelfs een vreemde taal (T3) verwerft, verloopt in principe hetzelfde als de verwerving van de moedertaal (T1). Bij elk taalleerproces wordt gebruikgemaakt van dezelfde universele strategieën: eerst luistert een kind in een 'stille periode' intensief naar de onbekende taalklanken, de intonatie, de zinsmelodie en daarna gaat het langzamerhand verbanden leggen tussen bepaalde klanken en begrippen.

Taalaanbod

Bij verwerving van de tweede en de vreemde taal op school speelt echter een aantal factoren een rol die het proces doen verschillen van de moedertaalverwerving (Noot, 1993; Paus et al., 2001).

Bij de moedertaal is het taalaanbod optimaal: in de omgeving van het kind wordt uitsluitend de te leren taal gesproken. Bij de tweede taal is het taalaanbod al minder groot. T2 wordt overal gesproken, behalve in de beslotenheid van het gezin, waar de moedertaal wordt gesproken. Bij de vreemde taal is het taalaanbod nog kleiner. Het beperkt zich tot een aantal uren per week op school. Engels neemt in dit opzicht een positie in tussen T2 en T3: het wordt weliswaar niet overal gesproken, maar vormt wel een onderdeel van onze cultuur; het taalaanbod is groter dan bij T3.

Motivatie

De motivatie om de taal te leren is groot bij T1: het is voor het kind van levensbelang om deel uit te maken van de samenleving. De taal is hier een middel en geen doel op zichzelf. Bij T2 is de motivatie ook groot: buiten het gezin is de te leren taal immers ook van levensbelang, omdat het kind (of de volwassene) zich in een omgeving bevindt waarin T2 voertaal is en het zich zonder kennis van T2 niet verstaanbaar kan maken of kan begrijpen wat er gezegd wordt op school en op straat. Dit geldt uiteraard niet voor T3. Hoewel die taal tijdens de les tot 'voertaal' verheven kan worden, is communiceren in die taal niet echt een levensnoodzaak, omdat zowel leerkracht als leerling altijd kunnen terugvallen op de moedertaal. Als er op school bij het aanbieden van T3 uitsluitend in de authentieke doeltaal wordt gesproken en het kind niet kan terugvallen op de moedertaal, is de motivatie vergelijkbaar met die voor T2. Het kind kan de doeltaal dan optimaal absorberen.

Affectieve factoren
Affectieve factoren zijn van grote invloed op het verwervingsproces (Krashen, 1979). Ze bepalen de mate van betrokkenheid bij de communicatie en de durf om te spreken. Bij het verwerven van T1 is de affectieve omgeving optimaal: het kind krijgt veel gerichte aandacht en hulp bij het taalverwervingsproces. De omgeving is veilig: het kind durft te spreken en is niet bang om fouten te maken. Bij T2 vindt de taalverwerving niet binnen de beslotenheid van het gezin plaats: de relatief onveilige situatie buiten het gezin kan leiden tot spreekangst. Daar komt nog bij dat de aandacht van de leerkracht – zowel bij T2 als T3 – verspreid is over de hele groep en nooit zo intensief kan zijn als in de exclusieve opvoeder-kindrelatie.

Ontwikkelingsniveau
Ook het verschil in ontwikkelingsniveau maakt dat het taalleerproces anders verloopt bij T1, T2 en T3: als het kind op school een tweede of vreemde taal gaat leren, heeft het al veel algemene stappen van taalverwerving achter de rug, die niet opnieuw doorlopen hoeven te worden. Daarnaast heeft het kind zich al vaak allerlei vaardigheden eigen gemaakt, zoals lezen en schrijven, die een positieve bijdrage kunnen leveren aan het taalleerproces. Het kan de taal niet alleen al luisterend, kijkend en imiterend leren, maar het kan ook verbanden leggen tussen het geschreven woord en dat wat het ziet en hoort.

De taalverwervingstheorieën die hieronder besproken worden, zijn oorspronkelijk bedoeld voor tweedetaalverwerving en worden ook op grote schaal toegepast bij NT2, maar gelden in dezelfde mate voor het leren van een vreemde taal. Hier is een duidelijke parallel te zien tussen NT2 en Engels in het basisonderwijs.

3.5.2 Natuurlijke taalverwerving

Taal als organisch geheel
De theorie van natuurlijke taalverwerving is afkomstig van Krashen en Terrell (1983) (zie ook Kips, 2006 en Richard & Rodgers, 2001). Dit standaardwerk, *The Natural Approach,* dient nog steeds als basis voor hedendaagse methoden voor vreemdetalenonderwijs, ook voor NT2. *The Natural Approach* gaat ervan uit dat, hoewel er aanzienlijke verschillen zijn tussen het taalverwervingsproces bij de moedertaal en bij de tweede taal, er in beide situaties sprake is van een 'stille periode', die voorafgaat aan het stadium van spreken (Postovsky, 1974; Paus et al., 2001). Bij natuurlijke taalverwerving gaat het, in tegenstelling tot het leren van kleine stukjes taal, om het verwerven van taal als organisch geheel.

> 'Comprehension involves acquisition of an integrated linguistic system rather than acquisition of a single segment of speech.' (Postovsky, 1974)

Analoog met de taalontwikkeling in de moedertaal krijgt de leerling de gelegenheid om in de stille periode intensief te luisteren naar de hem onbekende klanken, intonatie, zinsmelodie en uitspraak. Voorwaarde hiervoor is een groot receptief authentiek taalaanbod, net als bij de moedertaal, zodat creatieve constructie plaats kan vinden. De leerling leidt zelf, zonder tussenkomst van een leerkracht, een aantal structuurkenmerken en begrippen af uit het hem aangeboden taalmateriaal. In de loop van het taalleerproces worden die regels op grond van wat het kind hoort steeds weer bijgesteld. Dit proces kan echter alleen plaatsvinden als er al veel taal beluisterd is.

3.5.3 De monitorfunctie

Het jonge kind leert dus geen taal, maar verwerft die. Volgens Krashen is taal verwerven veel belangrijker dan taal leren (Krashen, 1983). Hij beschrijft het onderscheid tussen verwerven en leren als volgt:

> Taal verwerven is een onbewust proces waarbij we intuïtief aanvoelen hoe de taal die we ons eigen willen maken in elkaar zit. De regels worden opgepikt door informeel, impliciet leren. Taal verwerven doen we in contact met native speakers, waarbij de inhoud van de interactie belangrijker is dan de taalvorm.
> Een taal bewust leren is iets heel anders: het vindt plaats op school; het is een bewust proces, waarbij we formele, expliciete, linguïstische kennis opdoen óver de taal.

Spreekvaardigheid is afhankelijk van de mate waarin we taal hebben verworven: de kennis van grammaticaregels maken ons nog niet spreekvaardig, ze zijn eerder een belemmering om onbevangen te spreken. Dat komt omdat we steeds terugschakelen naar de regels ('Zeg ik dit wel goed?'): de zogenoemde 'monitorfunctie'. Als we terugschakelen, moeten we steeds nadenken over de taal, waardoor het spreken niet meer spontaan is: de monitorfunctie stoort dus de spreekvaardigheid. Ook fouten verbeteren werkt belemmerend op onbevangen spreken, omdat ook dat een beroep doet op de monitorfunctie. We kunnen onze 'monitor' (regels) tijdens een gesprek alleen gebruiken als we én de tijd hebben om na te denken én rationeel staan tegenover het onderwerp. Dat is bij spontaan, onbevangen spreken meestal niet het geval.

3.5.4 De inputhypothese: input voor output

Krashen stelt dat mensen taal verwerven door middel van *begrijpelijk taalaanbod* met de nadruk op *inhoud* (wat) en niet op *vorm* (hoe). *Luistervaardigheid* is van primair belang voor taalverwerving en spreken komt op den duur vanzelf. Onderzoek van Postovsky (1974) heeft aangetoond dat leerlingen die niet geprikkeld worden tot spreken, na het begin van spontane taalproductie uiteindelijk een betere mondelinge beheersing van de taal hebben dan leerlingen die vanaf het begin uitgenodigd worden tot spreken.

> Volgens Krashen vindt taalverwerving plaats als het taalaanbod net iets hoger ligt dan het niveau van de taalverwerver, maar nog niet onbegrijpelijk is. 'Nieuwe' taal begrijp je door middel van de *context en buitentalige informatie*. Ook moet het taalaanbod voor de luisteraar *belangrijke informatie* bevatten: de taal is dan een middel en niet een doel, waardoor de luisteraar gemotiveerd is om de taaluiting te willen begrijpen.

3.5.5 De attitudetheorie

We hebben allemaal wel eens ervaren dat spanning niet erg bevorderlijk is voor taalverwerving en dat mensen met veel zelfvertrouwen en een positief zelfbeeld zich sneller een taal eigen maken. Krashen (1983) stelt dan ook dat *low-anxiety situations* een voorwaarde zijn voor taalverwerving.

Deze voorwaarde wordt zelfs weer met name genoemd in kerndoel 14 van de vernieuwde kerndoelen van 2005. Stimulering van een positieve houding vormt de grondslag van de didactiek voor Engels in het basisonderwijs, omdat *low-anxiety situations* de bekende spreekangst en zelfs een volledig blokkeren helpen voorkomen. Een ontspannen sfeer in de klas, alsook het individuele vertrouwen in eigen kunnen van de leerling, bevorderen het opnemen van de taal.

De voornaamste reden dat vooral jonge kinderen een taal gemakkelijk 'leren' is, zoals we al zagen in 1.2, niet omdat zij daar in principe beter in zijn, maar omdat zij minder angstig staan tegenover het leren van een vreemde taal dan volwassenen. Door deze positieve houding van jonge kinderen optimaal te benutten, wordt de situatie bij het verwerven van de moedertaal het best benaderd.

3.5.6 De Total Physical Response-techniek (TPR)

De TPR-techniek is ontworpen door Asher (1982). Deze uit de Verenigde Staten afkomstige methode wordt onder meer toegepast om immigranten zo snel mogelijk vertrouwd te maken met de Engelse taal. In Nederland wordt TPR veelvuldig gebruikt bij NT2 (Noot, 1993).

TPR komt neer op het geven van simpele opdrachten in de te leren taal, waarop de leerlingen reageren met een handeling zonder zelf gebruik te maken van de vreemde taal. De leerkracht zegt bijvoorbeeld: 'Peter, walk to the door, open the door, touch your nose, close the door, touch your nose and walk to the window, touch John's nose and walk to the door ...', waardoor in korte tijd een groot aantal noties de revue passeert. In het begin van het taalleerproces worden de opdrachten ondersteund door illustraties, of op andere wijze visueel ondersteund, bijvoorbeeld door gebaren.

Parallel met moedertaalverwerving
Ook hier is weer een parallel te zien met moedertaalverwerving. Door deze benadering ervaart het kind (of de volwassene) de taal 'aan den lijve'. De handeling consolideert het begrip en hierdoor – en doordat de taalproductie uitgesteld wordt – maakt men zich de taal gemakkelijk eigen. Daar komt nog bij dat lichamelijk actief zijn voor kinderen een plezierige manier van werken is. Maar ook volwassenen die elkaars taal niet spreken en desondanks met elkaar willen communiceren, proberen altijd instinctief door middel van handelingen bepaalde, ook abstracte, begrippen over te brengen. Een Braziliaanse kennis wilde mij duidelijk maken dat zij zich 'rot' voelde. Toen ik het woord *podre* niet bleek te kennen, pakte zij een appel van de fruitschaal, wees op een beurs plekje, trok een vies gezicht en deponeerde vervolgens de appel in de vuilnisbak. Het was mij geheel duidelijk hoe zij zich voelde.

3.6 De functioneel-notionele (F-N) methode

In de didactiek die in dit boek wordt aangeboden, staat de functioneel-notionele (F-N) methode centraal. De functioneel-notionele methode wordt ook wel dé communicatieve methode genoemd. Dat is niet helemaal juist, want er is nog een methode die onder de categorie 'communicatief' valt. De functioneel-notionele methode is wel de meest gangbare methode in het basisonderwijs.

Deze methode gaat uit van de kerndoelen en is zeer praktisch gericht. De leerlingen krijgen een aantal 'taalfuncties' en 'taalnoties' (zie 2.1) aangeboden die direct in reële taalsituaties toepasbaar zijn, bijvoorbeeld: wat zeg ik als ik in een restaurant iets wil bestellen? Wat zeg ik als ik in een kledingzaak een trui wil passen en kopen? Hoe vraag ik de weg naar het station of waar hier in de buurt een postkantoor is? Een soort 'Engels op reis' als het ware. De leerinhouden zijn ook dienovereenkomstig geordend, dat wil zeggen niet structureel, zoals bij taalkundige methoden, maar thematisch.

3.6.1 Kenmerken

Receptief taalaanbod
Het zal duidelijk zijn dat bij deze methode de mondelinge vaardigheden centraal staan, maar het receptieve taalaanbod is – in tegenstelling tot de audiolinguale methode – veel groter dan het productieve: de leerlingen moeten veel meer kunnen begrijpen dan ze zelf hoeven te kunnen zeggen. Dit receptieve taalaanbod omvat, zij het in mindere mate, naast luisteren ook lezen. Bij de audiolinguale methode speelt lezen nauwelijks een rol.

Aangezien de F-N-methode snel een hoog rendement beoogt, is Engels niet de exclusieve voertaal tijdens de lessen, maar wordt ook gebruikgemaakt van het Nederlands, zeker om nieuwe structuren of taalfuncties uit te leggen.

Op bladzijde 87 bij de luistertekst 'Let's go shopping' staat een voorbeeld van een aantal taalfuncties dat in het Nederlands wordt aangeboden.

Structuren inductief aangeboden

Het voornaamste doel van deze methode is communicatie, dat wil zeggen dat de boodschap van de spreker overkomt bij de gesprekspartner (productief) en omgekeerd, dat de boodschap wordt ontvangen (receptief). Het gaat er dus niet om dat dit alles meteen volkomen correct gebeurt: de *inhoud* is belangrijker dan de *vorm* (zie 3.5.4). De structuren worden in eerste instantie inductief aangeboden, maar regelgeving is niet verboden wanneer daar behoefte aan is. De grammatica staat echter geheel ten dienste van de communicatie: taal wordt gezien als een middel en niet als een doel op zichzelf. Dat er in het voortgezet onderwijs wordt vastgesteld dat er in het basisonderwijs niets aan grammatica wordt gedaan is onterecht: alle belangrijke structuren komen in de meest gangbare lespakketten aan bod, alleen niet via expliciete regels (met uitzondering van *Real English, let's do it!* en sommige Britse leerpakketten), maar inductief, namelijk in de aangeboden functies.

Werkvormen

Verder wordt de F-N-methode gekenmerkt door een grote variatie in werkvormen, zoals werken met de hele groep, in kleine groepjes en in tweetallen, alsmede door een grote variatie in leeractiviteiten, zoals communicatieve drills, rollenspelen, spelletjes, liedjes, luister- en leesteksten, *matching exercises*, enzovoort.

De leerstof binnen een thema wordt zorgvuldig opgebouwd. De taalmiddelen die de leerlingen nodig hebben om te kunnen spreken, worden eerst aangeboden in de receptieve fasen:

> **INPUT VOOR OUTPUT**

De voordelen van de F-N-methode

Een belangrijk voordeel van de F-N-methode is dat de leerlingen al snel iets kunnen zeggen waarvan zij zelf het praktisch nut kunnen inzien, wat motiverend werkt. De methode is ook boeiend voor basisschoolleerlingen, omdat zij afwisselend is door de vele verschillende leeractiviteiten en omdat de taalgebruiksituaties toegesneden zijn op hun ervaringswereld.

Alleen een thematisch geordende methode kan inspelen op de belevingswereld en de eigen inbreng van de leerlingen, omdat bij het leren van grammatica de eigen inbreng van een kind uiteraard nihil is.

Ten slotte is er behalve voor mondelinge vaardigheden ook aandacht voor het lezen en beluisteren van authentieke Engelse teksten, waardoor natuurlijke taalverwerving een kans krijgt.

3.6 ▪ De functioneel-notionele (F-N) methode

Let's go shopping

8 eight

In deze les leer je:
- iets in een winkel kopen
- tellen van 20 tot 100
- iets over Engels geld
- vragen of iemand iets heeft
- zeggen dat je iets wel/niet hebt
- vragen of je iemand kunt helpen.

1   Diane Stevens komt uit Birmingham, een grote stad in Engeland. Diane en haar zusje Patty gaan op een middag naar een kantoorboekhandel bij hen in de buurt, omdat ze een paar dingen voor school nodig hebben. Zo'n winkel heet in het Engels **the stationer's**. Listen, please!

Have you got any pencils?
Yes, I have.
Can I have three pencils, please?
Here you are, love.

Thank you. How much is it?
That's thirty pence.
Here you are.
Thank you.

Have you got sharpeners, too?
I'm sorry, I haven't.

Have you got rulers? Yes, I have.
Have you got calculators, too? Yes, I have.
A ruler and a calculator, please.

One ruler... one calculator...
Here you are.
Thank you.
You're welcome.
How much is it altogether?
Err... exactly ten pounds.
Here you are.
Thank you. Bye, bye!

Voorbeeld van een luistertekst, uit: Real English, let's do it!

87

De nadelen van de F-N-methode

Ondanks de vele voordelen heeft deze methode ook enkele nadelen. Ten eerste is het taalaanbod beperkt, hoewel het receptief groter is dan productief. Daardoor blijven de leerlingen afhankelijk van het beperkte aantal uitdrukkingen dat zij per situatie leren.

Verder is deze methode niet eentalig, wat weliswaar in sommige opzichten efficiënt is, maar nadelig kan zijn voor buitenlandse kinderen. Bovendien is het taalaanbod daardoor kleiner.

Ook is er – in tegenstelling tot de receptieve methode – geen mogelijkheid tot creatieve constructie: de leerling krijgt niet de gelegenheid om met behulp van de veelheid van aangeboden structuren zelf actief te zijn om de regels in de taalstroom die hij hoort te ontdekken. Mühren (1985) verwoordt dit bezwaar als volgt:

> 'Kort gezegd: leren (gaan) *spreken* is iets heel anders dan *leren* spreken. Het eerste is een teken van verwerving; het tweede heeft weinig met verwerving te maken. Het eerste komt na verloop van tijd vanzelf, maar neemt geen (oefen)tijd in beslag; het tweede slokt veel tijd op, maar levert weinig op. In de functioneel-notionele benadering (...) ligt overdreven veel nadruk op het *leren* spreken. Het wordt de leerling niet gegund om te wachten tot het moment, waarop hij zich werkelijk in staat voelt om zich *spontaan* te uiten.' (Mühren, 1985)

Er zijn echter, zoals we zullen zien, wel manieren om dit bezwaar enigszins te compenseren. Op de vorige bladzijde zagen we een voorbeeld van een luistertekst met visuele ondersteuning, waarin een aantal taalfuncties expliciet wordt aangeboden.

3.7 De receptieve methode

De receptieve of lees-luistermethode is een communicatieve methode met alle kenmerken die daaraan verbonden zijn (zie 3.2). Het grootste verschil met de F-N-methode is dat taalproductie hier in eerste instantie een ondergeschikte rol speelt. In tegenstelling tot de F-N-methode gaat de receptieve methode namelijk uit van *natuurlijke taalverwerving* gebaseerd op de theorieën van Krashen en Asher.

In de volgende paragraaf staat hoe deze ideeën gestalte hebben gekregen in het receptieve lespakket dat wordt gebruikt in de bovenbouw (groep 6-8) in het montessoribasisonderwijs. Helaas is dit materiaal niet meer verkrijgbaar. Desondanks wordt het hier toch beschreven, omdat elementen uit deze methode heel geschikt zijn om te gebruiken als aanvulling op de F-N-methode, met name als differentiatiemogelijkheid (zie hoofdstukken 12 en 16) en als *extra input* ten behoeve van natuurlijke taalverwerving.

3.7.1 De toepassing van de receptieve methode

Om de taalontwikkeling bij de moedertaal zo veel mogelijk te benaderen, wordt de vreemde taal uitsluitend verworven door middel van die taal, dus niet door tussenkomst van de moedertaal. Dit betekent in de eerste plaats dat het materiaal geheel eentalig is: alle teksten, maar ook alle instructies zijn in het Engels. Het betekent ook dat er van de leerkracht verwacht wordt dat hij uitsluitend Engels spreekt met de leerling. Bij de interactie tussen leerkracht en leerling heeft het kind de keuze tussen het gebruik van Engels of Nederlands.

Stille periode
De methode begint met een langdurige 'stille periode', waarin de taal in al zijn facetten door middel van luisteren en lezen geabsorbeerd wordt en waarin de innerlijke voorbereiding op het spreken plaatsvindt. In de stille periode is er een groot taalaanbod van gesproken en geschreven Engels: de kinderen beginnen met het individueel lezen van *graded readers*, dat wil zeggen series leesboekjes met opklimmende moeilijkheidsgraad. Door de boekjes te lezen, wordt de taalschat systematisch opgebouwd. Bij elk leesboekje hoort luistermateriaal waarop de gesproken tekst van het boekje staat. De tekst is ingesproken door native speakers. De boekjes moeten altijd samen met het luistermateriaal gelezen worden, omdat het kind anders niet de verbinding tussen woord- en klankbeeld kan leggen en er dus een spellinguitspraak kan ontstaan.

Het kind verwerft zelf taal in de stille periode: er is sprake van creatieve constructie. Het kind wordt niet gedwongen tot taalproductie, maar gaat pas spreken als het daar aan toe is. Taalproductie ontstaat spontaan wanneer het kind genoeg zelfvertrouwen en vertrouwdheid met de taal heeft opgebouwd.

Lesmateriaal
Er hoort ook een groot aantal werkbladen bij de methode: korte luisterteksten alle voorzien van verwerkingsmateriaal in de vorm van opdrachten, eveneens vergezeld van luistermateriaal.

Door veelvuldig opdrachten uit te voeren, dus door middel van fysiek handelen (TPR), bouwt de leerling in relatief korte tijd een grote receptieve woordenschat op, die hij later bij het spreken kan toepassen. Omdat woorden en structuren altijd in de context van een verhaal, dialoog of opdracht worden aangeboden, kan de leerling 'nieuwe' taal begrijpen door middel van context en buitentalige informatie.

Hoewel taalproductie op zich geen onderdeel uitmaakt van de receptieve methode kan het kind wel geprikkeld worden (dus niet gedwongen) om te gaan spreken. Doordat de leerkracht consequent Engels spreekt, wordt het kind uitgenodigd in het Engels te reageren. Uit de praktijk blijkt dat dit vrij snel gebeurt, getuige de stageobservatie in een montessoribovenbouwgroep in hoofdstuk 2. Ook door middel van spelletjes en liedjes wordt de taalproductie op ongedwongen wijze gestimuleerd. Dat taalproductie op een later tijdstip plaatsvindt dan bij de F-N-methode is eerder een voordeel dan een nadeel: volgens Postovsky is spreekvaardigheid immers in een later stadium betrekkelijk gemakkelijk te ontwikkelen en geeft dan zelfs een beter rendement.

Op bladzijden 91-92 staat een voorbeeld van een werkblad uit dit materiaal, dat in alle opzichten beantwoordt aan de theorieën van Krashen en Asher.

3.7.2 De receptieve methode als aanvulling op de F-N-methode

Niet alleen door luisteren, maar ook door lezen vindt natuurlijke taalverwerving plaats. Zoals we hierboven al zagen, kan de leerling 'nieuwe' taal begrijpen door middel van context en buitentalige informatie, omdat woorden en structuren in de context van een verhaal worden aangeboden en illustraties de nodige buitentalige informatie geven.

Om het beperkte taalaanbod (*input*) in de F-N-methode te vergroten, verdient het aanbeveling om in het klaslokaal een 'Engelse hoek' in te richten met Engelse leesboekjes met een opklimmende moeilijkheidsgraad (*graded readers*), voorzien van bijbehorend luistermateriaal, ingesproken door native speakers. Hoe je een dergelijke 'Engelse hoek' zo in kunt richten dat de kinderen er zelfstandig mee kunnen werken, staat beschreven in 16.4. Het aanbod van geschikte boekjes met luistermateriaal is groot, maar het is lastiger om een goede vervanging te vinden voor de werkbladen met opdrachten die onderdeel uitmaken van het receptieve materiaal en waarvan een voorbeeld te zien is op bladzijden 91-92.

3.7 ■ De receptieve methode

instructions   bicycle 1

THE BICYCLE

Step 1

Listen to the following conversation in a bicycle repair-shop.

- Well my boy, what's the matter?
- I've got a flat tyre. And I have a long way to go on my bike to the volley-ball training.
- Let's be quick then and mend it together.
  Can you unscrew the valve and take out the tube?
- Oh yes, I've done it before. Shall I do it now?
- Yes. In the meantime I'll get the repair-set ...
  That's it. Hand me the bicycle pump please. I'll pump it up and you listen if you can hear the air escape from the tyre ...
  Ah yes, can you hear that? That's where the puncture is.
  Put the solution on, wait a moment or two, then put the sticker on and squeeze it together.
  Shall I put the tube back around the wheel?
- Yes please, and I'll pump it up.
- Let's hope the tyre will be alright again.
- I'm sure it will. Good bye and thank you very much.

Step 2

On the tape you'll hear a bicycle-rally.
Try to draw the course on the map. Start by the dot on the left hand side, half way down.

Go left and turn right round the post.
Go straight on to the flag-pole and turn left just before it.
Now go to the little house in the corner and turn left round the house.
From the house go over the bridge.
When you have crossed the bridge, climb the two hills. First, ride over the lower and then over the higher hill.
Then, make a sharp turn to the right and go straight to the finish between the two trees.

instructions   bicycle 2

Step 3

Listen to the following words.
Join each word to the correct picture.

cyclist

air-pilot

truck-driver

captain

astronaut

cowboy

driver

Step 4

Listen to the names of the parts of a bicycle.
Put the numbers in the correct place in the drawing.

1. saddle   6. lamp
2. handle-bar   7. tail-light
3. wheel   8. pedals
4. bell   9. tyre
5. carrier   10. gear-case

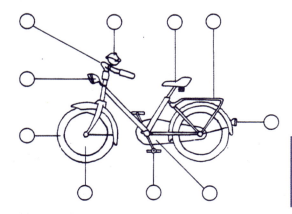

Voorbeeld van een werkblad uit materiaal voor de receptieve methode

3.7 ▪ De receptieve methode

Hier volgt een overzicht van de vier didactische methoden die in dit hoofdstuk behandeld zijn.

METHODEOVERZICHT			
methoden	taalkundig		communicatief
leerdoel	correctheid		boodschap overbrengen

receptief	**grammatica-vertaalmethode**
	voertaal:
	   Nederlands
	taalverwerving:
	   d.m.v. grammatica + woordjes
	leeractiviteiten:
	   vertalen
	grammatica:
	   deductief
	vaardigheden:
	   lezen (schrijven)
	nadelen:
	   saai, frontaal, geen mondelinge vaardigheden, niet praktisch, geen differentiatie
			receptieve methode
			voertaal:
			   Engels
			taalverwerving:
			   d.m.v. lezen en luisteren
			leeractiviteiten:
			   luisteren, meelezen, TPR
			grammatica:
			   inductief
			vaardigheden:
			   luisteren en lezen
			nadelen:
			   geen spreekvaardigheid

productief	**audiolinguale methode**
	voertaal:
	   Engels
	taalverwerving:
	   d.m.v. structuur inslijpen
	leeractiviteiten:
	   drills, opzeggen van dialogen
	grammatica:
	   inductief
	vaardigheden:
	   luisteren en spreken
	nadelen:
	   saai, niet praktisch, naspreken is niet beheersen
			F-N-methode
			voertaal:
			   Engels en Nederlands
			taalverwerving:
			   d.m.v. taalfuncties en -noties
			leeractiviteiten:
			   veel, o.a. rollenspelen, taalspelen, leesteksten
			grammatica:
			   inductief (deductief)
			vaardigheden:
			   luisteren, spreken en lezen
			nadelen:
			   beperkt taalaanbod

Eindopdracht hoofdstuk 1-3

De volgende opdracht is bedoeld om de in de eerste drie hoofdstukken verworven kennis toe te passen in de praktijk. De uitspraken zijn afkomstig uit stageverslagen.

Opdracht*
Reageer op de volgende uitspraken van basisschoolleerkrachten:

1 Ik doe Engels omdat het moet. Het staat nu eenmaal in het curriculum, maar ik besteed er niet veel tijd aan, want ik vind het eigenlijk onzin. Het hoort thuis in het voortgezet onderwijs, het programma op de basisschool is toch al overladen.
2 Ik gebruik de cd's van deze methode nooit. Ik vind het zo'n gedoe en gezoek. Ik lees het gewoon zelf voor of ik sla het over.
3 Dit is een school met veel allochtone kinderen. Nederlands is prioriteit nummer 1. Engels erbij werkt alleen maar verwarrend. Dat doen we dus niet.
4 Woordjes leren vind ik heel belangrijk, want zo bouw je een taalschat op. Ik laat de kinderen de nieuwe woordjes in hun schriftje schrijven en die moeten ze dan voor de volgende keer leren. Ik overhoor ze ook, hoor!

De eerste kennismaking met Engels

Een goed begin is het halve werk (1)

4

In Nederland kan Engels bijna beschouwd worden als een tweede taal omdat Engels overal in de maatschappij aanwezig is en kinderen vanaf zeer jonge leeftijd met Engels in aanraking komen.

De leraar is op de hoogte van de mate van buitenschoolse voorkennis van de leerlingen en kan in de lessen Engels op de basisschool het buitenschoolse taalaanbod inpassen.

4.1 Inleiding

In hoofdstuk 1 hebben we al gezien dat Engels overal om ons heen te zien en te horen is: op straat, in reclame, in tv-programma's en computertaal. Kortom: Engels is een niet meer weg te denken onderdeel geworden van onze samenleving. We zien dat ook terug in de Engelse woordenschat van kinderen die formeel nog nooit met Engels in aanraking zijn geweest.

In dit hoofdstuk wordt een voorbeeld gegeven van een lessencyclus van twee lessen aan de hand van de latente Engelse woordenschat van kinderen die formeel nooit in aanraking zijn geweest met Engels. Door alleen te werken met de buitenschoolse voorkennis van de leerlingen beantwoorden we aan een aantal belangrijke kerndoelen:

- Het geeft het kind zelfvertrouwen, omdat het ondervindt dat het al veel weet van Engels (kerndoel: 'positieve attitude').
- Het maakt het kind enthousiast voor Engels en het prikkelt zijn nieuwsgierigheid naar meer Engels.
- Het gaat vanaf het begin uit van de belevingswereld van het kind.
- Het maakt het kind bewust van het Engels in zijn directe omgeving en legt zo vanaf het begin een verband tussen het Engels dat het buiten school oppikt en het Engels dat het op school aangeboden krijgt.

4.2 De Engelse woordenschat van negenjarigen

Uit onderzoeken uitgevoerd door studenten blijkt dat negenjarigen niet alleen veel Engelse woorden opschrijven, maar zelfs hele zinnen, zoals 'What are you doing here?', 'Let's go dance', 'How are you?' 'I'm fine, thank you' ('Harjoe ijfein tekju'), 'Yes, that's a good idea' ('Yes dets one goudaydire') en 'I love you'. Er is een ontwikkeling te zien van losse woorden naar meerdere, met elkaar verband houdende zinnen: 'Fries jor andararest jou hev rijd toe meen sajlet.' 'Jor deed meed.'

De resultaten van dergelijke onderzoeken zijn natuurlijk op zichzelf al interessant genoeg, maar het geeft ook aan over hoeveel voorkennis kinderen al beschikken. Door bij kinderen die voor het eerst kennismaken met Engels in te spelen op die latente voorkennis, werken we vanaf het allereerste begin aan belangrijke doelstellingen voor Engels in het basisonderwijs (zie 4.1). Het is de beste manier om leerlingen voor het eerst kennis te laten maken met Engels.

Systeemscheiding
Wanneer we vanaf het begin een verband leggen tussen het Engels dat de leerlingen buiten school oppikken en het Engels dat zij op school aangeboden krijgen, voorkomen we dat 'systeemscheiding' optreedt.

Het begrip 'systeem' is afkomstig uit de leerpsychologie en duidt aan dat wij kennis in de hersenen opslaan in aparte compartimenten (systemen), geassocieerd met de situatie waarin wij die kennis hebben opgedaan (Schouten-van Parreren, 1993). Dat wat we bijvoorbeeld in een les geschiedenis hebben geleerd, kunnen we ons niet herinneren tijdens een Engelse literatuurles, terwijl we het in de daaropvolgende geschiedenisles wel weer weten.

Hetzelfde doet zich voor bij Engels op de basisschool. Als we leerlingen vragen of zij al Engelse woorden kennen zonder eerst hun latente – buiten school opgedane – woordenschat te activeren, is hun reactie vaak dat zij niets weten. De kennis zit in een ander 'systeem'. Pas als de leerkracht vraagt wat je zoal in een 'snackbar' (!) kunt eten of welke kledingstukken ze dragen, gaat hen een lichtje op en blijken ze een aanzienlijke Engelse woordenschat te hebben. Het is dus van belang om regelmatig aan de latent aanwezige woordenschat te refereren, ook in latere lessen (zie hoofdstuk 6).

4.3 Een lessencyclus 'Eerste kennismaking': eerste les

In de eerste les van deze lessencyclus vindt een onderzoek plaats naar de woordenschat van leerlingen die nog nooit formeel met Engels in aanraking zijn geweest. Dat kunnen kinderen uit groep 5 of 6 zijn of aan het begin van groep 7. Wanneer al in groep 5 met Engels wordt begonnen, kan het onderzoek gedaan worden aan het begin van groep 5.

Na een korte inleiding van eigen keuze (bijvoorbeeld 'Happy Birthday' zingen als er een kind jarig is) die de rol van de Engelse taal in onze samenleving impliciet duidelijk maakt, vragen we aan de leerlingen om alle Engelse woorden die zij kennen op te schrijven. Dan kunnen we twee reacties verwachten:
- Allereerst zullen de leerlingen zeggen dat ze niet weten hoe je de woorden schrijft. We kunnen hen dan geruststellen door te zeggen dat ze de

woorden mogen opschrijven zoals zij denken dat ze geschreven worden. Op het eerste gezicht lijkt het of hiermee een incorrecte Engelse spelling wordt aangemoedigd, maar in de tweede les van de lessencyclus worden dezelfde woorden aangeboden – nu met de juiste spelling – en worden woordbeeld en klankbeeld gecombineerd.

- Ten tweede kan de angst voor het produceren van een vreemde taal toeslaan in de vorm van 'Ik weet niets!' In 4.2 hebben we al gezien dat we de leerlingen op weg kunnen helpen door enkele categorieën te noemen, zoals kleuren, kleding en dieren. Ook komt het vaak voor dat de leerlingen woorden van elkaar overnemen. Het is dan niet nodig te eisen dat ze 'eigen werk' inleveren – het is immers geen toets! –, want gebleken is dat ze alleen die woorden overnemen die ze zelf ook al kennen: hun latente woordenschat.

Aan het eind van deze korte activiteit kondigen we de tweede les van de lessencyclus aan door te vertellen dat ze dan samen een Engels spel gaan spelen met de woorden die ze daarnet hebben opgeschreven.

De resultaten van de onderzoeken

Op bladzijde 98 is een aantal voorbeelden te zien van de resultaten van een dergelijk onderzoek. Als we de woorden bekijken, vallen al dadelijk enkele zaken op:

- Het is duidelijk dat de kinderen het Engels vaker horen dan dat zij het in geschreven vorm zien: zij schrijven de woorden op zoals zij deze gehoord hebben, dat wil zeggen fonetisch. Dit brengt met zich mee dat de betekenis van de opgeschreven woorden voor de leerkracht dikwijls pas duidelijk wordt als ze hardop worden gelezen. Ook is hieraan te zien dat het goed is vanaf het begin klank- en woordbeeld met elkaar te combineren.
- Ten tweede blijkt hieruit dat deze kinderen Engelse *klanken* beter oppikken dan oudere kinderen en volwassenen, bij wie moedertaalinterferentie en ook het woordbeeld een grotere rol spelen. Door de spelling van het woord 'heavy' (*hewie*) laat het kind zien dat het gehoord heeft dat de Engelse klank /v/ veel weg heeft van de klank die in het Nederlands wordt weergegeven met de letter 'w', terwijl veel Nederlandse sprekers de neiging hebben de /v/ als /f/ uit te spreken. Twee andere voorbeelden van een goed oor zien we in de schrijfwijzen *stap* (stop) en *raidio* (radio), die respectievelijk weergeven dat de Engelse klank /ɒ/ – die gespeld wordt als 'o' – meer open is dan de Nederlandse 'o' en dat de eerste klinker in 'radio' een tweeklank is /ei/, die door Nederlandssprekenden vaak wordt vervangen door de Nederlandse enkelklank /e/.
- Wat ook opvalt is dat allochtone kinderen, zoals hier Mohamed en Karima, een even grote woordenschat hebben als hun autochtone leeftijdgenoten: eindelijk bekleden zij nu eens niet een uitzonderingspositie! Zij zijn dan ook altijd zeer enthousiast als zij op deze manier kennismaken met Engels.

4 ■ De eerste kennismaking met Engels

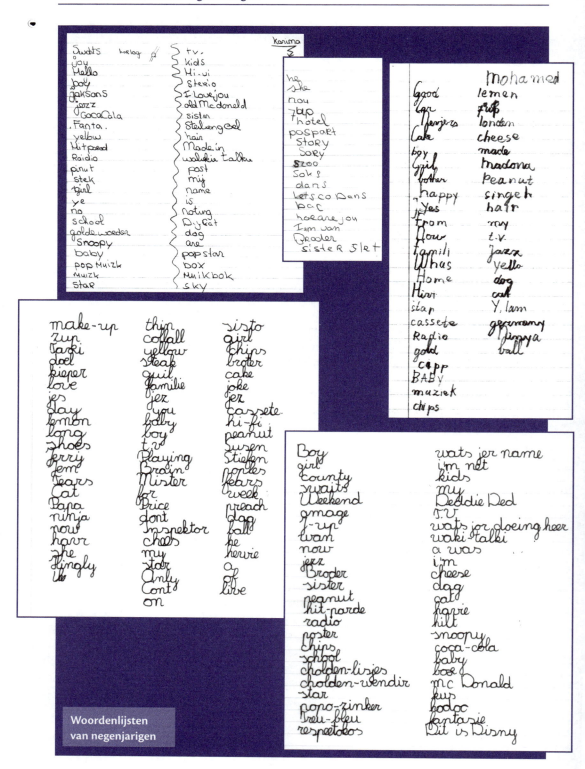

Woordenlijsten van negenjarigen

4.4 De verwerking van de woordenschat tot een spel

Met de woorden die de leerlingen hebben opgeschreven, kan een aantal spelletjes gemaakt worden die daarna in een tweede les met de kinderen gespeeld worden. Aangezien het een beginsituatie betreft, komen alleen spelletjes in aanmerking waarbij gewerkt wordt met afbeeldingen en woorden, zoals 'happy families' (kwartetten), 'make a pair', memory, domino, bingo en lotto.

Uit de keuze voor dit soort spelletjes volgt dat niet alle opgeschreven woorden te gebruiken zijn: van abstracte woorden zijn immers moeilijk afbeeldingen te maken. Toch kunnen met een beetje fantasie ook woorden als *yes* en *no* wel verwerkt worden, maar het is beter voornamelijk concrete zelfstandige naamwoorden te gebruiken, dus géén persoonlijke voornaamwoorden (*I, you*), bijvoeglijke naamwoorden of zinnen.

De vier voorbeeldlijsten, willekeurig gekozen uit een groep 5, leveren na selectie de volgende woorden op: *boy, girl, watch, car, cake, happy, yes, no, family, baby, cassette, radio, chips, music, pop music, lemon, 7-Up, cat, cheese, Madonna, peanut, single, hair, tv, jazz, yellow, dog, Germany, ball, love, kiss, hello, Coca-Cola, hit parade, steak, school, Snoopy, kids, stereo, sister, DJ Cat, box, sky, taxi, keeper, day, shoes, coat, brother, week, socks, sweets, orange, dance, star, one, daddy* en *blue*.

Deze lijst is uiteraard vrij beperkt: zestig woorden van vier leerlingen. Meestal zal de lijst van bruikbare woorden uit circa tachtig woorden bestaan, aangezien veel leerlingen onafhankelijk van elkaar dezelfde woorden opschrijven: de basiswoordenschat. Daarom is het gemaakte spel veelal weer opnieuw met een andere groep te gebruiken.

Rubriceren
Het is aan te raden om voor de verwerking van de geselecteerde woorden te beginnen met systematisch rubriceren naar categorie. Hier volgt de verwerking van de vier voorbeeldlijsten van bladzijde 98:

Greetings	Hello, Happy New Year
Animals	horse, cat, dog, cow
Music	jazz, hit parade, single, cassette, pop star
Pop stars	Madonna
Drinks	Coca-Cola, Fanta, 7-Up, (water), (Pepsi)
Colours	yellow, gold, orange, blue
Food	peanut(s), steak, cake, chips (patat!), lemon, jam, cheese, orange
People	girl, boy, baby, kids
House	tv, stereo, hi-fi, walkie-talkie
Family	sister, brother, daddy, (mother)
Body	hair
Cartoons	DJ Cat, Snoopy
Sky	star

Buildings	hotel, school
Clothes	shoe, socks, coat, (T-shirt)
Transport	car, taxi
Cities	London
Countries	Germany
Toys	ball
Jobs	cowboy, keeper
Names	Susan, Steven
Sports	keeper

Op deze manier kunnen we in één oogopslag zien welke spelletjes mogelijk zijn.

Happy families (kwartetten)
De lijsten van deze vier leerlingen leveren al vijf volledige kwartetten op: *animals, music, colours, food* en *people*.

Het komt dikwijls voor dat een of meer woorden van een categorie ontbreken. Het is dan geen bezwaar om die woorden zelf aan te vullen en aan te bieden voor het spel begint. Dit is bijvoorbeeld mogelijk bij de categorieën *drinks* (+ *water/Pepsi*), *family* (+ *mother*) en *clothes* (+ *T-shirt/sweater*). Kies in dat geval altijd woorden die ingeburgerd zijn in het Nederlands, zoals *T-shirt, sweater* en *Pepsi*, of die lijken op het Nederlandse equivalent, zoals *mother*. Beperk echter het aantal toegevoegde woorden tot een minimum van drie per spel, omdat het anders te moeilijk wordt en de leerdoelen, zoals beschreven in 4.1, niet bereikt worden.

Beperk ook het aantal woorden per spel tot maximaal dertig woorden, anders kost het oefenen zo veel tijd en energie dat de kinderen al moe zijn voor het spel begint. Bij kwartetten komt dat dus neer op acht kwartetten. Voeg zeker geen hele kwartetten toe in de veronderstelling dat de kinderen die ook wel kennen!

De leerlingen schrijven meestal niet alle categorieën op. Die dienen dus aangevuld te worden: in dit geval *animals, colours, food* en *people*. Hou deze categorieën zo kort en eenvoudig mogelijk: dus geen *means of transportation*, maar kortweg *transport* en niet *things for school*, maar *school*, enzovoort. Neem als uitgangspunt dat de vraag die de kinderen straks gaan stellen uit niet meer dan *zes à acht lettergrepen* mag bestaan, anders komen ze niet meer uit hun woorden.

Make a pair
Er zitten altijd op zijn minst tweemaal zo veel woordparen als 'kwartetten' in een collectieve woordenschat. Als de woordenschat niet groot is, kunnen we dus beter besluiten het spel 'make a pair' te spelen, dat ook heel geschikt is om te spelen met een grotere groep. De woordenschat van deze kinderen levert onder meer de volgende *pairs: cat-dog, Coca-Cola-7-Up, tv-stereo, girl-boy, yes-no, yellow-gold, orange-lemon, steak-chips, jam-cheese, sky-star, sister-*

brother, shoes-socks, car-taxi, ball-keeper, love-kiss (abstract, maar goed uit te beelden), *music-jazz, radio-cassette, hit parade-single*.

Bingo
In dit geval is door de vier kinderen slechts één getal opgeschreven: *one*. Meestal is het zo dat, ook al levert het onderzoek om wat voor reden dan ook heel weinig woorden op, de leerlingen altijd wel de getallen van 1 tot 20 opschrijven. Bingo hoort dus vrijwel altijd tot de mogelijkheden. Op bladzijde 106 is een voorbeeld van een bingokaart te zien.

Ook memory, domino, picture bingo en lotto zijn mogelijk: alle concrete zelfstandige naamwoorden uit de lijsten zijn hiervoor te gebruiken. De beschrijvingen van deze taalspelletjes staan in 4.6.

4.5 De lesopbouw voor een spelles

Bij taalspelletjes waarbij taalproductie plaatsvindt, zoals kwartetten en duetten, geldt een strak lesschema:

vijftien minuten:
- woorden op het bord;
- uitspreken en betekenis *vragen*;
- uitspreken en naspreken (*koorwerk*), eventueel herhalen;

- taalfuncties op het bord;
- uitspreken en betekenis *vragen*;
- uitspreken en naspreken (*koorwerk*), eventueel herhalen.

tien minuten:
- *oefenen in tweetallen* met de taalfuncties en -noties op het bord;
- de leerkracht loopt rond en begeleidt waar nodig, tot alle kinderen de zinnen vlot kunnen spreken.

twintig minuten:
- spelen.

Enkele elementen van dit schema verdienen wellicht nog enige toelichting:
- De woordbetekenis wordt gevraagd, niet gegeven, omdat we een beroep doen op de latente voorkennis.
- De belangrijke *functie* van de werkvormen *koorwerk* en *oefenen in tweetallen* wordt beschreven in 8.4. Deze twee onderdelen mogen nooit worden overgeslagen, aangezien het rendement van de spelles er in aanzienlijke mate van afhankelijk is.

- Het is raadzaam om bij het oefenen in tweetallen nog niet het materiaal uit te delen, omdat het oefenmateriaal dan tot een klein aantal woorden beperkt blijft, wat het rendement van deze werkvorm weer verkleint.
- Voor taalspelletjes waarbij in principe geen taalproductie van taalfuncties plaatsvindt, gelden slechts de eerste drie onderdelen van het eerste deel van het schema.

4.6 Taalspelletjes in de tweede les van de lessencyclus

4.6.1 Happy families

Aangezien het maximum aantal aan te bieden kwartetten acht is, is dit spel geschikt voor een of twee kleine groepjes. Om het met een grote groep te spelen, is het nodig de kwartetten te kopiëren, zodat een aantal identieke kwartetspelen ontstaat.

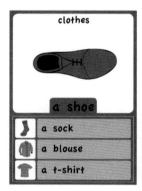   

Voordat het spel gespeeld wordt, schrijft de leerkracht de categorieën met de vier bijbehorende woorden op het bord. De lidwoorden worden, indien nodig, bij de noties op het bord geschreven, niet bij de taalfuncties. Het is niet nodig om aandacht te besteden aan het verschil *a/an*. Ook hoeft de vertaling van de noties niet op het bord te worden geschreven, omdat de illustraties op de kwartetkaarten ondersteunend werken tijdens het spel en omdat we zo weinig mogelijk via het Nederlands werken in verband met allochtone kinderen. Daarna worden de taalfuncties aangeboden die gebruikt worden tijdens het spel:

> Have you got from (colours) (yellow)?
> Yes, I have. – No, I haven't.

Deze zinnen komen op het bord te staan en worden volgens het schema geoefend. Het is wel van belang hier de correcte structuur te gebruiken: bij de antwoorden wordt het hulpwerkwoord van de vraag herhaald.

4.6.2 Make a pair

Voor het spel 'make a pair' worden de woordparen naast elkaar op het bord geschreven, zodat duidelijk is welke woorden bij elkaar horen. Het is ook mogelijk om op de kaartjes zowel het woord dat gezegd als het woord dat gevraagd wordt te schrijven. We oefenen de woorden volgens schema en bieden daarna de taalfuncties aan:

> A: I've got (a cat). B: have you got (a dog)?
> Yes, I have. – No, I haven't.

De zinnen en woorden blijven tijdens de oefenfase op het bord staan.

Het spel wordt in twee teams gespeeld. Groep A krijgt de ene helft van de woordparen: per leerling één kaartje, groep B krijgt de andere helft. De leerlingen weten dat een kind van de andere groep het bijpassende kaartje heeft. Door met behulp van de betreffende taalfuncties vragen te stellen, moeten zij erachter zien te komen wie het bijpassende kaartje heeft. Er zijn dan twee mogelijkheden:
- Is het antwoord op de vraag bevestigend, dan gaat het kaartje naar de groep van de vrager. Deze mag dan de beurt geven aan een groepsgenoot.
- Is het antwoord ontkennend, dan is degene aan wie de vraag gesteld werd aan de beurt.

Het team met de meeste kaartjes aan het eind heeft gewonnen.

Het spel wordt met opzet in teams gespeeld, omdat anders al snel veel leerlingen niet meer meedoen aan het spel, doordat zij hun kaartje hebben moeten afgeven of een *pair* bij elkaar hebben. Zij blijven in het spel door hun teamgenoten te helpen.

Het aantal kaartjes kan uitgebreid worden tot twee per kind, maar mag in totaal nooit meer dan dertig bedragen.

4.6.3 Memory

Dit spel is geschikt om met een beperkt aantal leerlingen te spelen. Het spelverloop zal bekend zijn: kaartjes met afbeelding en woord in duplo worden omgekeerd op tafel gelegd. De leerlingen zoeken de paren bij elkaar. Voordat zij de gevonden paren voor zich neerleggen, spreken zij het woord uit.

Memory:

Variatie 1:

Variatie 2:

Variaties:
Er zijn twee variaties mogelijk:
- Gebruik per paar één kaart met alleen het plaatje en één kaart met alleen het woord. Dit is een tussenvorm qua moeilijkheid: de leerling moet het plaatje met het woord kunnen verbinden, maar heeft steun aan het woordbeeld.
- Gebruik per paar twee kaartjes met alleen plaatjes erop en laat de leerlingen in het Engels het plaatje benoemen. Dit is veel moeilijker dan de

hierboven beschreven manier: de leerling heeft nu geen houvast aan het woordbeeld. Wel staan de woorden op het bord en zijn ze geoefend.

Het is prettig om drie sets kaartjes te hebben om steeds te kunnen variëren: twee plaatjes met woord, twee plaatjes zonder woord en een set kaartjes met alleen het woord. Deze sets zijn ook weer voor andere spelletjes te gebruiken.

4.6.4 Domino

Dit spel is geschikt voor een kleine groep. Gebruik per dominokaart twee plaatjes. Elke leerling krijgt een aantal kaartjes en legt, als hij aan de beurt is en als hij een kaartje heeft met een van de twee plaatjes die op tafel liggen, zijn kaartje aan, na eerst het woord dat op zijn kaartje staat uitgesproken te hebben. Wie het eerst al zijn dominokaarten kwijt is, heeft gewonnen.

Variaties:
Ook hier zijn weer twee variaties mogelijk, namelijk dezelfde die beschreven zijn bij memory. Als de leerlingen voornamelijk getallen hebben opgeschreven, kunnen ook de gebruikelijke dominostenen dienstdoen. Voordat de leerling mag aanleggen, zegt hij het getal.

Domino: Variatie 1:

Domino: Variatie 2:

4.6.5 Bingo

Dit spel kan met een grote groep gespeeld worden. Op het bingovel hiernaast zijn per bingovel twee kaartjes opgenomen om het spel tweemaal te kunnen spelen. De leerling vult in de negen vakjes willekeurig gekozen getallen in tussen 1 en 20. De eerste keer heeft de leerling 'bingo' als hij drie getallen op een rij heeft doorgestreept, de tweede keer als de hele bingokaart vol is.

4.6.6 Picture bingo

Dit spel kan zowel met een grote als een kleine groep gespeeld worden. In plaats van getallen krijgt elke leerling een bingokaart met plaatjes. De leerkracht leest de woorden op die in het spel zitten en de leerlingen strepen de plaatjes door – als ze gekopieerd zijn – of dekken ze af. Wie het eerst zijn bingokaart vol heeft, is de winnaar.

De leerkracht kan de duur en het verloop van het spel beïnvloeden door op een controlekaart de woorden van elke afzonderlijke bingokaart op te schrijven, bijvoorbeeld:

1	cat, dog, girl, bike
2	dog, boy, car, nose

Door de opgenoemde woorden zelf op de controlekaart weg te strepen, kan zij zien welke bingokaart bijna vol is. Zij kan dan wachten met het laatste woord uit te spreken tot in ieder geval elke leerling een aantal woorden op zijn bingokaart heeft kunnen doorstrepen.

Aangezien bij een spel niet meer dan dertig woorden gebruikt mogen worden, zal het duidelijk zijn dat bij een grotere groep een aantal woorden vaker op de kaarten moet voorkomen.

Een bingokaart met alleen woorden is niet mogelijk bij de eerste kennismaking, omdat het geschreven woord op zich de betekenis niet weergeeft. Er moet dus altijd een combinatie plaatje-woord gebruikt worden, hetzij geschreven, hetzij gesproken.

Variaties:
Bij dit spel zijn twee variaties mogelijk: de combinatie plaatje-woord of alleen het plaatje. Het spel kan ook, net als bij bingo, in twee rondes gespeeld worden: eenmaal 'drie op een rij' en eenmaal 'hele bingokaart vol'. Er zijn dan wel negen plaatjes op een kaart nodig.

4.6.7 Lotto

Voor dit spel zijn zowel bingokaarten (zie 4.6.6) nodig als losse kaartjes met dezelfde afbeeldingen die ook op de lotto-/bingokaarten te vinden zijn. Voor de losse kaartjes kan gebruikgemaakt worden van de memorykaartjes (zie 4.6.3). De kaartjes liggen met de plaatjes naar beneden op de stapel. Als een leerling aan de beurt is, pakt hij een kaart van de stapel en als hij hetzelfde plaatje op zijn lottokaart heeft, mag hij het neerleggen, nadat hij het plaatje eerst heeft benoemd. Wie het eerst zijn lottokaart vol heeft, is de winnaar.

Variaties
Ook hier zijn weer vele variaties mogelijk: lottokaarten met en zonder woordjes onder de plaatjes, kleine kaartjes met plaatjes met en zonder woord of zelfs alleen het woord. Ook kunnen lottokaarten met alleen woorden gebruikt worden, maar dan uitsluitend gecombineerd met kleine kaartjes waarop de bijbehorende plaatjes of plaatjes met een woord staan. Op die manier blijft de combinatie plaatje-woord gewaarborgd.

4.7 De leerdoelen van deze lessencyclus

De leerdoelen van deze lessencyclus zijn:
- de eerste woordenschat vergroten en consolideren;
- de spreekvaardigheid bevorderen (kerndoel);
- communicatieve drills toepassen (zie 8.4);
- leerlingen enthousiast maken voor Engels (kerndoel 'positieve attitude');
- leerlingen bewust maken van het feit dat Engels deel uitmaakt van onze samenleving (kerndoel);
- het zelfvertrouwen van leerlingen bevorderen met betrekking tot de nieuwe 'vreemde' taal (kerndoel 'positieve attitude');
- verbanden leggen tussen buitenschools Engels en het Engels waarmee de leerlingen in contact komen via school.

Duidelijk is dat de lessencyclus vanaf het allereerste begin bijdraagt aan de verwezenlijking van de belangrijkste doelstellingen van Engels in het basisonderwijs.

> **Opdracht***
> Doe een onderzoek naar de Engelse woordenschat van leerlingen die formeel nog niet in aanraking zijn geweest met Engels. Verwerk de woorden en kies een geschikt spel. Bied daarna, in de tweede les van de lessencyclus, het spel aan met behulp van zelfgemaakt lesmateriaal.

Omdat door deze lessencyclus de nieuwsgierigheid van de kinderen naar het vak Engels gewekt is, moet er niet te veel tijd verstrijken tussen de lessencyclus en het begin van de formele lessen. Om de belangstelling 'warm' te houden, kan de leerkracht de tussenliggende tijd overbruggen door regelmatig Engelse taalspelletjes met de kinderen te spelen, boekjes te laten lezen in de 'Engelse hoek', Engelse liedjes met de kinderen te zingen of af en toe een les te geven rond een popsong die de kinderen zelf hebben meegebracht (zie 15.4.3).

4.8 Een les taalbeschouwing

In een groep 7 kunnen we als vervolg op de lessencyclus ook een les taalbeschouwing geven. Daarbij kan een aantal aspecten naar voren komen.

Engels is overal om ons heen
Engels is overal om ons heen: op straat, op tv, in muziek, in de computerwereld, in namen van speelgoed en eten, enzovoort. Tijdens een klassengesprek (zie ook hoofdstuk 6) krijgen de leerlingen de gelegenheid zelf woorden aan te dragen. Het is ook mogelijk het feit dat Engels een onderdeel is van onze cultuur te

illustreren door bijvoorbeeld een brochure van het speelgoedconcern Intertoys mee te nemen of een culinair blad als *Allerhande* of welk ander tijdschrift dan ook. De hoeveelheid Engels die daarin te vinden is, is verbazingwekkend. De leerlingen kunnen dan, als verwerking van de inleiding, Engelse woorden opzoeken en een collage maken per onderwerp (speelgoed, kleding, eten).

Voorbeelden van woorden die in het Nederlands ingeburgerd zijn:

service	*country*	air-conditioning	stewardess
print	smartphone	bodybuilding	house party
make-up	scrabble	compact disc	after-shave
racket	hobby	walkie-talkie	*corned beef*
beauty	frisbee	coffeeshop	grapefruit
blues	*sweater*	moon boots	sweatshirt
fan	cracker	candid camera	hairspray
jeans	jogging	*body warmer*	skateboard
steak	smoking	body stocking	video-clip
hi-fi	trainer	business	milkshake
okay	bacon	rock 'n roll	carpooling
buggy	jeep	cornflakes	cocktail
shop	team	sandwich	computer
tram	cup	pullover	skeelers
DJ	corner	hotdog	T-shirt

Voor een aantal woorden is nauwelijks een behoorlijk Nederlands alternatief, uit: *The Team*

Afwijkende uitspraak

Vaak gebruiken we Engelse woorden, maar spreken die anders uit dan Engelstaligen dat doen. De cursief gedrukte woorden op de vorige bladzijde zijn daar voorbeelden van.

Verwante talen

Er zijn ook Engelse woorden die erg op het Nederlands lijken: Engels en Nederlands zijn verwante talen. Voorbeelden zijn:

man	beer	red	table	pen
fork	bear	brown	lamp	mouse
ball	apple	white	plant	tiger
book	pear	green	grass	cat

Toch lijken natuurlijk niet alle woorden op elkaar, sommige woorden zijn juist heel anders:

chair	spoon	wall	skirt	bird
knife	pineapple	pencil	dog	car
flower	black	window	pink	face

Verschillen

Sommige woorden komen oorspronkelijk wel uit het Engels, maar worden in Nederland anders gebruikt dan in Groot-Brittannië:

panty (N)	=	tights (E)
panties (E)	=	slipje (N)
box (N)	=	1. speaker 2. storeroom 3. playpen (E)
pocket (N)	=	paperback (E)
pocket (E)	=	zak (N)
touringcar (N)	=	coach (E)
old-timer (N)	=	vintage car (E)
old-timer (E)	=	oudgediende (N)
chips (N)	=	crisps (E)
chips (E)	=	patat (N)
button N)	=	badge (E)
pick-up (N)	=	record player/stereo (E)
pick-up (E)	=	vrachtwagen met open laadbak (N)

Er zijn vele mogelijkheden om bij deze les verwerkingsmateriaal te (laten) maken. Enkele voorbeelden:

- Laat een collage maken van Engelse woorden uit Nederlandse tijdschriften.
- Laat de leerlingen thuis kijken of ze voorwerpen of artikelen kunnen vinden waar Engels op staat.

- Laat de leerlingen zelf een van de taalspelletjes uit dit hoofdstuk maken, of laat ze een spel maken en spelen met Engelse woorden die in het Nederlands ingeburgerd zijn.

Leerdoelen van een les taalbeschouwing

Deze les taalbeschouwing draagt in het bijzonder bij aan het verwezenlijken van het tweede algemene kerndoel van Engels in het basisonderwijs: 'De leerlingen hebben kennis van de rol die de Engelse taal speelt in de Nederlandse samenleving en als internationaal communicatiemiddel.' Daarnaast legt de les verbanden tussen het Engels dat de kinderen buiten school tegenkomen en het Engels dat ze op school door middel van het lespakket leren.

Het vierfasenmodel en de 'schijf van vijf'

5

De student kan voorbeelden van taalactiviteiten plaatsen in een eenvoudige oefeningentypologie met verschillende fasen van receptief naar productief.

De student kan de principes die ten grondslag liggen aan de communicatieve benadering van vreemdetalenonderwijs beschrijven aan de hand van het model 'schijf van vijf voor het vreemdetalenonderwijs' en de elementen uit dit model illustreren met voorbeelden.

5.1 Inleiding

In tegenstelling tot wat dikwijls wordt gedacht, zijn onderwijsleerfasen voor het vreemdetalenonderwijs niet iets nieuws. Al vanaf het begin van de jaren zeventig van de vorige eeuw zijn er modellen ontworpen die ten doel hebben door een efficiënte volgorde van leeractiviteiten een zo groot mogelijk rendement te krijgen van de lessen.

Input voor output
Het concept dat al deze modellen gemeenschappelijk hebben, is dat de leerling steeds een cyclus doorloopt van *receptieve* oefeningen via *reproductieve* oefeningen naar *productieve* oefeningen (Kwakernaak, 1981), geheel volgens de taalverwervingstheorieën van Krashen, Postovsky en anderen (zie 3.5). Ook hier geldt dus weer: INPUT VOOR OUTPUT.

Het proces is te vergelijken met het gebruik van een keukenmachine, een *food processor*. In de gebruiksaanwijzing daarvan staat bijvoorbeeld dat met een speciaal hulpstuk ook patat gemaakt kan worden. Geen zinnig mens zal denken dat er dan, met een druk op de knop, patat uit de machine komt: er zullen toch eerst aardappelen in gedaan moeten worden! Bij taalverwerving gaat het precies zo: eerst worden de aardappelen (de vreemde taal) in de machine gestopt, daarna wordt de taal geabsorbeerd en geïmiteerd (de machine staat aan en verwerkt de ingrediënten) en pas daarna komt de patat in de vorm van taalproductie eruit. Deze logica is echter vaak ver te zoeken bij het onderwijs in de moderne vreemde talen.

Voor Engels in het basisonderwijs zijn de verschillende leerfasenmodellen door Barneveld en Van der Sanden (1987) vereenvoudigd en teruggebracht tot vier fasen, aangezien de bestaande leerfasenmodellen gericht waren op het voortgezet onderwijs.

Fase	Inhoud
1 **Introductiefase (fase 1): prereceptief** Voorbereiden op thema en de te leren taal. Leren voorspellende strategieën gebruiken.	• het activeren van buitenschoolse voorkennis over het nieuwe thema m.b.v. actieve werkvormen; inventariseren van woorden, zinnen en ervaringen • motiveren van de leerlingen voor het onderwerp en de eindopdracht; opwarmen en voorbereiden input • herhalen uit eerdere lessen
2 **Inputfase (fase 2): receptief** Leren verstaan en begrijpen van de nieuwe taal. Lees-, luister-, kijkstrategieën leren toepassen.	• presenteren van de nieuwe stof/taal; inputdialoog, kerndialoog en nieuwe woorden • input verwerken op inhoud en vorm • controleren of de input duidelijk is voor alle leerlingen
3 **Oefenfase (fase 3): productief** Oefenen van de nieuwe taal. Spreek- en schrijfstrategieën leren gebruiken.	• oefeningen aanbieden over de nieuwe stof in gesloten oefeningen, zowel mondeling als schriftelijk, van receptief naar (re)productief, van gesloten naar minder gesloten
4 **Transferfase (fase 4): productief** Toepassen van de nieuw geleerde taal, samen met de voorkennis. Spreekstrategieën toepassen.	• leerlingen begeleiden om de nieuwe stof samen met de voorkennis in vrijere opdrachten toe te passen, als tussenstap naar het gebruik van Engels buiten school • differentiatiemogelijkheden aanbieden

Uit: A. Corda et al. (2012) *And yet all different*, p. 36

5.2 De leerstofopbouw binnen een thema: het vierfasenmodel

Zoals al eerder is vermeld (in 3.6), is de leerstof bij de F-N-methode thematisch opgebouwd: het taalaanbod is gebaseerd op realistische taalsituaties en deze worden aangeboden binnen thema's die aansluiten bij de belevingswereld van kinderen. De gespecificeerde kerndoelen van 1993 (zie bladzijden 50-51) vermelden in detail welke thema's dat zijn.

De leerstof binnen een thema wordt opgebouwd in vier fasen, de eerste twee zijn receptief (*input*) en de laatste twee productief (*output*).

Receptieve fasen

1 **Introductiefase**
 In de introductiefase wordt de taalschat, die nodig is om later tot taalproductie te komen, binnen het thema opgebouwd vanuit de ervaringswereld van het kind.
2 **Inputfase**
 In de inputfase wordt nieuwe taal aangeboden door middel van filmpjes, luisterteksten of leesteksten waarin een reële taalsituatie over het onderwerp wordt gepresenteerd en verwerkt zonder dat er nog sprake is van taalproductie.

Productieve fasen

3 **Oefenfase**
 In de oefenfase wordt de aangeboden taal geoefend met behulp van een grote variatie aan werkvormen en leeractiviteiten, zowel schriftelijk als mondeling. In deze fase vindt gesloten taalproductie plaats: door in groepjes en tweetallen de taalfuncties en -noties te oefenen, wennen de leerlingen aan de taal die zij later gaan toepassen.
4 **Overdrachtsfase**
 In de overdrachtsfase, ook wel 'transferfase' genoemd, is ten slotte sprake van vrije taalproductie: de leerlingen kunnen nu de geleerde taal, gecombineerd met de eigen taalschat en de taal verworven in eerdere lessenseries, toepassen in de aangeboden taalsituaties binnen het thema. Deze vrije taalproductie is altijd het productdoel van de lessencyclus die opgebouwd is in deze vier fasen.

5.3 De invulling van het vierfasenmodel

De lespakketten voor Engels die op de basisscholen worden gebruikt, gaan niet altijd te werk volgens dit vierfasenmodel. Deels is dat het gevolg van het feit dat een aantal pakketten nog structureel-taalkundige elementen bevat waarmee niet thematisch gewerkt kan worden, dus ook niet volgens het vierfasenmodel. Maar ook communicatieve lespakketten die wel volkomen thematisch gerangschikt zijn, hanteren het vierfasenmodel niet altijd consequent.

Vakconcept staat centraal
Een leerkracht die hiermee wordt geconfronteerd, moet bedenken dat een lespakket niet een soort noodlot is dat hem of haar overkomt, maar dat het slechts een leermiddel is, een hulpmiddel bij het geven van lessen volgens het vakconcept. In hoofdstuk 2 is al besproken dat de houding van de leerkracht, zijn of haar vakconcept en de geïnvesteerde tijd de drie factoren zijn die de leerresultaten bij Engels in het basisonderwijs het meest beïnvloeden,

terwijl het gebruikte lespakket van ondergeschikt belang is. Het vakconcept staat daarom altijd centraal. De leerkracht doet er dan ook goed aan het lespakket niet te beschouwen als een substituut voor het vakconcept, maar bij het gebruik ervan selectief te werk te gaan, namelijk door die onderdelen te gebruiken die binnen het vakconcept passen en onderdelen weg te laten die tegen het vakconcept indruisen. Onderdelen die in het lespakket ontbreken kunnen met behulp van het vakconcept worden aangevuld.

> **VAKCONCEPT VOOR LESPAKKET**

Bestede lestijd per fase
Onder studenten is het een wijdverbreid misverstand te menen dat alle vier fasen binnen één les aan de orde moeten komen. Het vierfasenmodel is echter niet een variatie op het algemene didactische model voor een les (Van Gelder & Peters et al., 1971), maar een bepaalde volgorde van activiteiten binnen een thema, dat vaak zo uitgebreid is dat het minstens drie lessen beslaat. Een introductiefase alleen al kan een hele les in beslag nemen. Denk niet dat daar geen tijd voor is. Ten eerste zijn er in totaal maar acht thema's voor Engels in het basisonderwijs, waarvoor in totaal tachtig uur beschikbaar is, verdeeld over twee jaar. Er is dus tijd genoeg om een thema uit te diepen. Ten tweede geeft het consequent hanteren van de invulling van alle vier fasen een veel groter rendement van de lessen en zullen we het belangrijkste procesdoel, namelijk dat de leerlingen zich zelfstandig kunnen redden in de reële taalsituaties waarin zij terecht kunnen komen, ruimschoots bereiken.

Belang van het productdoel
Als de leerlingen weten waarvoor zij iets 'leren', zal dat hun motivatie versterken. Het is daarom van groot belang dat de leerlingen zich in elke les van de lessencyclus rond een thema bewust zijn van het productdoel ervan (bijvoorbeeld: 'iets kunnen kopen'). De leerkracht bereikt dat door het thema ('in de winkel') steeds centraal te stellen en door met een logische opbouw via de vier fasen naar dat productdoel toe te werken. Meestal wordt het productdoel duidelijk aangegeven in het lespakket, bijvoorbeeld in *Real English, let's do it!* (zie 3.6). Wanneer dit niet het geval is en ook de handleiding daarover geen uitsluitsel geeft, zal de leerkracht dat zelf moeten doen.

Veilig taalverwerven
Communiceren via taal is een wezenlijke behoefte van mensen. Het meest natuurlijke middel daartoe is de moedertaal. Als mensen zich in een vreemde taal 'moeten' uiten, zijn zij letterlijk niet in hun element. Dat kan een frustrerende en angstige situatie zijn (zie ook 3.5.5). Het vierfasenmodel draagt bij tot een veilige manier van taalverwerven: de leerling hoeft nooit taal te produceren die hij niet eerst op vele manieren heeft gehoord en waaraan hij

heeft kunnen wennen, eerst in de twee receptieve fasen en daarna voorzichtig door middel van gesloten spreekoefeningen in de oefenfase. De belangrijkste doelstelling van Engels in het basisonderwijs is dat de leerling een positieve houding blijft houden ten opzichte van het leren van een vreemde taal en zich vol zelfvertrouwen leert te uiten in die taal. Dus altijd: INPUT VOOR OUTPUT.

De vier afzonderlijke fasen komen in de volgende hoofdstukken uitvoerig aan de orde.

> **Opdracht 1***
> Bekijk hoe het thema 'eten en drinken' wordt behandeld in het lespakket dat op je stageschool gebruikt wordt. Aandachtspunten:
> - Is de leerstof in dit thema opgebouwd volgens het vierfasenmodel? Zo niet, welke fase(n) ontbreekt/ontbreken?
> - Hoeveel lessen denk je nodig te hebben om dit thema af te ronden? Wat zegt de handleiding hierover?
>
> **Opdracht 2***
> Werk in tweetallen of in groepjes. Bekijk de titels van de hoofdstukken 7, 9, 12 en 13 van textbook 1 van het lespakket *Real English, let's do it!* in de illustratie hieronder.
> - Welke thema's komen aan de orde in deze hoofdstukken?
> - Zijn deze hoofdstukken opgebouwd volgens het vierfasenmodel, denk je? Motiveer je antwoord.

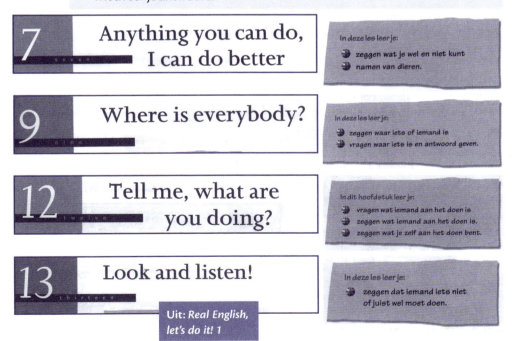

Uit: *Real English, let's do it!* 1

5.4 De 'schijf van vijf'

De student kan de principes die ten grondslag liggen aan een communicatieve benadering van vreemdetalenonderwijs beschrijven aan de hand van het model 'schijf van vijf voor het vreemdetalenonderwijs' en de elementen uit dit model illustreren met voorbeelden.

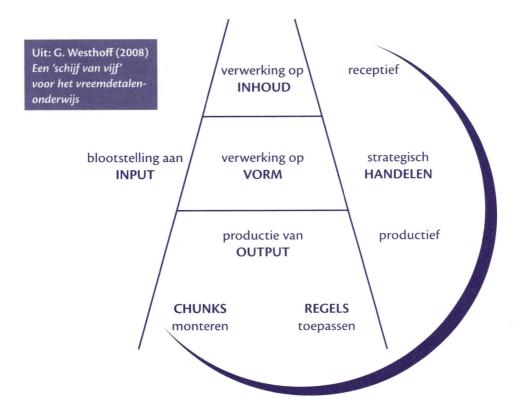

Uit: G. Westhoff (2008) Een 'schijf van vijf' voor het vreemdetalenonderwijs

Deze opbouw van een les of lessencyclus binnen een thema is betrekkelijk nieuw (2008) en voegt enkele elementen toe aan het vierfasenmodel. In de illustratie hierboven zijn in de cirkel vijf segmenten te zien. Westhoff is van mening dat de volgorde van activiteiten niet belangrijk is, zolang alle elementen maar aan bod komen. Dit is dus een groot verschil met de theorie waarop het vierfasenmodel is gebaseerd. Hieronder geven we een korte toelichting op de afzonderlijke segmenten en hoe die zich verhouden tot het vierfasenmodel.

Blootstelling aan input
Dit segment komt overeen met de introductiefase en het begin van de inputfase van het vierfasenmodel. Het niveau van de input moet voldoen aan twee voorwaarden:

- het moet altijd iets hoger ligger dan het niveau van de leerling, maar nog niet onbegrijpelijk zijn (zie 3.5.4);
- het moet voor de leerling belangrijke informatie bevatten.

In het middensegment is de verwerkingsfase weergegeven.

Verwerking op inhoud
In het bovenste deel gaat het erom *wat* er wordt gezegd in de luistertekst of leestekst. De verwerking van de input moet natuurlijk, levensecht, functioneel en attractief zijn.

Verwerking op vorm
Bij verwerking op vorm wordt gekeken naar *hoe* het wordt gezegd. Hier komen met andere woorden taalfuncties en/of structuren aan bod.

Productie van output
De drie inputcomponenten (blootstelling, verwerking op vorm en verwerking op inhoud) moeten samen altijd leiden tot *output* (spreken), dat, volgens Westhoff, uit twee componenten bestaat, namelijk:
- het oefenen van *functies* (*chunks* = taalfragmenten), wat overeenkomt met *gesloten taalproductie* in de oefenfase;
- het toepassen van grammaticaregels.

We hadden al gezien (in 1.2 en 3.5.3) dat dit niet geschikt is voor de basisschool, maar wel aangepast kan worden aan het abstraherend vermogen van de individuele leerling. Door een combinatie van veel input met grammatica stijgt het taalniveau van leerlingen snel. Dit effect is echter gebonden aan de voorwaarde dat de leerlingen al veel Engels hebben gehad.

De overdrachtsfase uit het vierfasenmodel wordt niet apart genoemd in de schijf van vijf, en er wordt evenmin onderscheid gemaakt tussen 'gesloten' en 'open' taalproductie.

Strategisch handelen
In het meest rechtse segment zien we een nieuwe component, *strategisch handelen*, dat wil zeggen manieren om leemtes op te vangen waar je bij het gebruiken van een vreemde taal onvermijdelijk mee wordt geconfronteerd.
Er wordt onderscheid gemaakt tussen:
- *receptieve strategieën* die je kunt inzetten bij het begrijpen van gesproken of geschreven taal;
- *productieve strategieën* die je helpen om bij het spreken en schrijven je boodschap te laten overkomen. Een voorbeeld van zo'n productieve strategie zijn we al eens tegengekomen (zie 3.5.6), toen mijn Braziliaanse vriendin het woord 'rot' uitbeeldde. Ze wist het Nederlandse woord voor *podre* (rot) niet en nam haar toevlucht tot een compenserende strategie (uitbeelden).

Hieronder volgen voorbeelden van receptieve en productieve strategieën.

Voorbeelden van compenserende **receptieve** strategieën:	Voorbeelden van compenserende **productieve** strategieën:
- gebruik van non-verbale communicatie - voorspelvaardigheid - structureren - gebruikmaken van redundantie - voorspellen - raden - herhalen	- gesprekken beginnen en eindigen - om een langzamer spreektempo vragen - om herhaling of uitleg vragen - zelf herhalen wat iemand gezegd heeft - aangeven dat je iets niet begrijpt - gebaren maken en ondersteunende mimiek gebruiken - gebruikmaken van overkoepelende begrippen - gebruikmaken van fysieke eigenschappen - gebruikmaken van omschrijvingen

Uit: A. Corda et al. (2012) *And yet all different*, p. 36

In *Kennisbasis Engelse taal op de pabo* worden beide modellen genoemd, maar het vierfasenmodel wordt aanbevolen omdat het specifiek is ontwikkeld voor het basisonderwijs (Barneveld & Sanden, 1987), terwijl de 'schijf van vijf' voor het hele vreemdetalenonderwijs is bedoeld. Bovendien is het vierfasenmodel eenvoudiger en overzichtelijker. Dat is een voordeel in verband met de beperkte tijd die beschikbaar is op de pabo voor het vak Engels.

In dit boek houden wij ons aan de volgorde beschreven in het vierfasenmodel.

De introductiefase

Een goed begin is het halve werk (2)

 De student kan de rol van Engels in de (internationale) samenleving benoemen en kan de sociaal-culturele dimensie van de taal illustreren met voorbeelden.

 De student kan voor verschillende leeftijdsgroepen een variatie van werkvormen voor het leren van Engels beschrijven.

6.1 Inleiding

Elk lesmodel kent wel een vorm van inleiding, waarin op zijn minst wordt verteld wat er die les gaat gebeuren. In het vierfasenmodel heeft de introductiefase inhoudelijk meer gewicht. Globaal kunnen we zeggen dat deze fase voorbereidt op de luistertekst in de inputfase. Met 'voorbereiden' wordt zeker niet bedoeld dat elk woord en elke structuur of taalfunctie die in de luistertekst voorkomt 'voorgekauwd' moet worden, integendeel. Kwakernaak verwoordt het aldus:

> 'Een van de dingen waar de leerling in het echte leven (dus buiten school) behoefte aan heeft is het vermogen om, wanneer hij iets in een vreemde taal hoort of leest, zelfstandig de betekenis van onbekende woorden en andere structuren af te leiden uit de context. Op school moet hij daar dus systematisch in getraind worden, van het begin af aan.' (Kwakernaak, 1981)

De introductiefase heeft voornamelijk een motiverende functie: de leerling nieuwsgierig maken naar en vertrouwd maken met de nieuwe taal die hem in de inputfase zal worden aangeboden.

Eigen taalschat, belevingswereld en behoeften

Het inhoudelijke gewicht van de introductiefase komt ook tot uiting in het feit dat de leerling niet alleen gemotiveerd wordt voor het nieuwe thema, maar dat zijn eigen taalschat, belevingswereld en behoeften rond het thema centraal staan. De reden hiervoor is dat 'een leerling de neiging heeft alleen dat te onthouden wat hij zelf aan den lijve heeft ondervonden en wat in harmonie is met zijn persoonlijkheid' (Stevick, 1982).

> Voor classroom phrases bij de introductiefase, zie *Praktische taalvaardigheid voor Engels in het basisonderwijs – Spreekvaardigheid*, unit 6.

Het rendement van de leerstofinhoud van het thema is dus voor een groot deel afhankelijk van een juiste invulling van de introductiefase. In dit hoofdstuk komen de concrete mogelijkheden daartoe aan de orde.

6.2 De voorkennis activeren

Met 'voorkennis' wordt niet alleen bedoeld dat wat de kinderen eerder op school geleerd hebben, maar ook de taal die zij buiten school verworven hebben: de latente woordenschat.

In 4.7 hebben we gezien dat uitgaan van de bij de leerlingen latent aanwezige woordenschat bijdraagt tot de verwezenlijking van de belangrijkste doelstellingen voor Engels in het basisonderwijs:
- het bevordert en versterkt de positieve attitude ten aanzien van Engels en versterkt het zelfvertrouwen van het kind om de taal te durven spreken;
- het kind wordt zich bewust van het feit dat Engels overal om hem heen is;
- de belevingswereld van het kind is het uitgangspunt, waardoor de betrokkenheid bij wat het leert en het rendement van wat het gaat leren sterk worden vergroot.

Belangrijke factoren bij het verwerven van taal zijn volgens Krashen motivatie en de hoeveelheid relevant taalaanbod en beide factoren worden vergroot door de taal die het kind zelf heeft verworven bij alle lessen in te schakelen.

Groot relevant taalaanbod
Door niet alleen de woorden te gebruiken die het lespakket aandraagt, wordt de woordenschat die we later in de lessencyclus kunnen gebruiken aanzienlijk groter.

Het rendement van de oefenfase wordt daardoor vergroot: door de grote hoeveelheid 'eigen' woorden kan er bij het werken in tweetallen langer en gemotiveerder geoefend worden (zie 8.4). De woordenschat die de lespakketten leveren, is vaak beperkt. Ook in de overdrachtsfase wordt het rendement vergroot: de gesprekjes die de kinderen dan gaan voeren zijn voor hen levensechter, omdat ze aansluiten bij hun belevingswereld.

Door de woordenschat van de leerlingen te gebruiken, blijven de lessen ook altijd actueel. De belevingswereld van kinderen is natuurlijk aan verandering onderhevig en de woorden die de lespakketten aandragen, sluiten daar niet altijd op aan: lespakketten verouderen!

Motivatie
Uit de PPON-peiling van 2006 naar de kennis en attitude van leerlingen aan het eind van de basisschool kwam onder meer het volgende naar voren: op de vraag waar de leerlingen menen het meeste Engels te leren, op school of daarbuiten, antwoordde een kwart van de kinderen dat zij het meeste Engels

leren van radio en tv en een derde dat zij evenveel Engels leren op school als buiten school. Laten we daar dan ook zo veel mogelijk gebruik van maken!

In hoofdstuk 4 is het onderzoek naar de woordenschat aan de orde geweest van leerlingen die nog nooit Engels hebben 'gehad'. De praktijk wijst uit dat kinderen heel enthousiast reageren als zij op deze manier voor het eerst met Engels in aanraking komen. Een goed begin is het halve werk, maar dit goede begin mag zeker geen eenmalige gebeurtenis zijn: iedere keer wanneer we met een nieuw thema beginnen, nemen we weer opnieuw dat wat de kinderen al weten als basis voor de rest van de lessencyclus.

De rol van de leerkracht

De eigen inbreng van de leerlingen staat altijd centraal. Het lespakket mag niet te bepalend zijn, maar de leerkracht ook niet. Net als bij de eerste lessenserie (zie 4.5) is het beter om niet van tevoren woorden op het bord te schrijven in de veronderstelling dat de kinderen die wel kennen, maar aan hen te vragen wat ze al weten. Op die manier betrekt de leerkracht de leerlingen actief bij het onderwerp.

Voertaal Nederlands

Hoewel de leerkracht tijdens de lessen zo veel mogelijk Engels spreekt, is de voertaal tijdens de introductiefase Nederlands, omdat in deze eerste fase nog geen taalproductie van de leerlingen gevraagd mag worden en ook omdat het gebruik van Nederlands drempelverlagend werkt (zie echter ook 12.2). Als de kinderen al vanaf groep 1 Engels hebben gehad, kan het klassengesprek ook in het Engels plaatsvinden. De leerkracht kan zelf het beste beoordelen of de leerlingen daar aan toe zijn.

Geschikte werkvormen

Om de eigen woordenschat van de leerlingen te activeren is niet steeds weer opnieuw een schriftelijk onderzoekje (zoals in hoofdstuk 4 aan de orde is geweest) nodig. Integendeel, het is belangrijk dat we veel afwisseling brengen in de werkvormen die in deze fase gebruikt worden, zodat we alle kinderen bereiken en betrekken bij het nieuwe thema. In het hoofdstuk over differentiatie wordt hier nog nader op ingegaan.

De volgende werkvormen zijn bruikbaar in de introductiefase.

6.2.1 Het klassengesprek

Als we bijvoorbeeld beginnen met het onderwerp 'kleren kopen', is het zaak niet het lespakket te laten bepalen welke kledingstukken gekocht mogen worden. Het is beter aan de leerlingen te vragen welke namen voor kleren zij al kennen. Dan komen wellicht ook woorden als *body stocking*, *body warmer*, *T-shirt*, *sweater*, *leggings* en *Nike Air* naar voren en zeker niet in de eerste plaats typische 'lespakketwoorden' als *skirt*, *dress* en *scarf*. De leerlingen kunnen dan straks in de overdrachtsfase kleren kopen waar ook echt hun belangstelling

Classroom phrases:
Spreekvaardigheid, unit 6.

naar uitgaat en die zij in een 'echte' taalsituatie ook zouden willen kopen. De kinderen zullen misschien ook de Engelse namen willen weten voor kledingstukken die ze alleen in het Nederlands kennen, zoals 'tuinbroek' (*dungarees*) en 'joggingpak' (*tracksuit*), zodat hun woordenschat ook op een natuurlijke wijze wordt uitgebreid. Ook is het goed om de leerlingen attent te maken op woorden die in het Nederlands en het Engels – en ook vaak in andere talen! – hetzelfde zijn (cognaten), zoals *tennis*, *baby*, *radio*, *T-shirt*, enzovoort.

Niet voor alle kinderen is het klassengesprek een goede werkvorm. Meestal zullen het steeds dezelfde kinderen zijn die hun mond opendoen. Hoewel verlegen leerlingen misschien net zo veel woorden weten, krijgen ze de kans niet om die naar voren te brengen door de assertiviteit van hun meer verbaal begaafde klasgenoten. Het is niet handig om dit probleem op te lossen door kinderen om de beurt iets te laten zeggen: niets is zo eng als wanneer de beurt langzaam naar je toe kruipt. Alles wat in de tussentijd wordt aangedragen, ontgaat je door je fixatie op het moment dat jij aan de beurt bent. De kans dat je dan juist dichtklapt is zeker niet denkbeeldig. Negatieve faalangst is de grootste vijand van taalverwerving en een slecht begin bij een nieuw thema. De volgende werkvormen bieden een goed alternatief.

6.2.2 Woorden en plaatjes uit tijdschriften verzamelen

Laat de kinderen in groepjes Engelse woorden en plaatjes over het thema verzamelen. Door in groepjes te werken, kunnen ook de zwakkere leerlingen hun bijdrage leveren. Deze werkvorm is geschikt voor allerlei thema's: 'personen beschrijven' (modetijdschriften), 'eten en drinken' (culinaire reclamebladen), 'hobby's en vrije tijd' (reclamebladen van sportzaken, speelgoedwinkels, doe-het-zelfzaken), enzovoort. Vooral de passieve woordenschat – Engelse woorden herkennen – wordt hierdoor vergroot. De verzamelde woorden en plaatjes kunnen verwerkt worden tot een aantal collages. Zoals we zien, sluit deze werkvorm weer aan bij de actualiteit.

Collage over 'eten en drinken' gemaakt met illustraties uit een Nederlands tijdschrift

De rol van de leerkracht
Terwijl de kinderen bezig zijn met uitzoeken, knippen en plakken, heeft de leerkracht ruimschoots de tijd om als wandelend woordenboek te fungeren. Haar parate woordkennis moet dan wel voldoende zijn – dit geldt ook voor het klassengesprek –, zowel wat woordbeeld als wat betekenis betreft. Een goede voorbereiding is het van tevoren bestuderen van thematische woordvelden. In *Praktische taalvaardigheid voor Engels in het basisonderwijs – Spreekvaardigheid* (onderdeel 'topics') staan de woordvelden per thema gerangschikt. De uitspraak van onbekende woorden kan met behulp van het fonetisch schrift altijd worden opgezocht in een woordenboek. De laatste bladzijde van het lespakket *Backpack Gold 2* geeft een overzicht van de fonetische symbolen. De leerkracht kan de uitspraak van de woorden ook oefenen op de computer. Via internet zijn er verschillende gratis sites beschikbaar waar de uitspraak beluisterd en geoefend kan worden. Een voorbeeld hiervan is www.dictionary.com.

Het is zeker *niet* de bedoeling dat de leerkracht de woordvelden die betrekking hebben op het thema dat aan de orde is, uit het hoofd leert. Het is bedoeld als naslagwerk en als voorbereiding op een nieuw thema. Je kunt daarnaast de kinderen ook laten zien hoe je woorden kunt opzoeken in een woordenboek. Deze vaardigheid moeten de leerlingen tenslotte ook zelf gaan beheersen (zie kerndoel 16 in 2.2).

De geproduceerde collages kunnen in de volgende fasen steeds weer opnieuw gebruikt worden als praatplaat en geheugensteun.

> **Opdracht 1***
> Loop door de stad en neem foto's van het Engels dat je tegenkomt. Knip reclames en dergelijke uit. Maak daarvan een collage op posterformaat. Deze collage kan onder andere gebruikt worden als startpunt voor een les rond de introductiefase.
>
> **Alternatieve opdracht**
> - Inventariseer met een aantal medestudenten het Engels dat je aantreft in of op bijvoorbeeld: tv-reclame en tv-programma's, reclamefolders, speelgoedcatalogi (Intertoys, Toys'R Us), kleding(merken), etenswaren, winkelnamen en etalages, sport en computertaal. Schrijf de gevonden woorden op een vel papier van posterformaat.
> - Onderstreep de cognaten.

6.2.3 Artikelen en voorwerpen (laten) meenemen

Als we met een nieuw thema gaan beginnen, kunnen we natuurlijk ook zelf voorwerpen of afbeeldingen meenemen die de latente woordenschat van de leerlingen rond het thema activeren. Dit kan bijvoorbeeld een door de leer-

> Classroom phrases:
> *Spreekvaardigheid*, unit 6.

kracht zelf gemaakte collage over het onderwerp zijn, maar door uit te gaan van de eigen ervaringswereld van de leerlingen, creëren we meer betrokkenheid. Er zijn mogelijkheden genoeg. Hier volgt een aantal voorbeelden:
- Vraag de kinderen van tevoren om artikelen en/of voorwerpen waar Engels op staat van huis mee te nemen. De oogst zal groot zijn: het is verbazingwekkend hoeveel etenswaren bijvoorbeeld een Engelse benaming hebben: *cornflakes, crackers, tea for one*, enzovoort. Een tafel vol concrete artikelen, bijvoorbeeld bij het thema 'in de winkel', werkt bijzonder uitnodigend, vooral als zij door de kinderen zelf zijn meegenomen.
- Laat bij het thema 'persoonlijke gegevens' eens een foto meenemen waar familieleden of het hele gezin op staan, in plaats van het 'fotoalbum' uit het lespakket te gebruiken.
- Laat de leerlingen voor het thema 'personen beschrijven' een foto van hun favoriete popster meenemen, in plaats van de tekening in het lespakket als basis te nemen. Door de leerlingen (in het Nederlands) hun idolen te laten beschrijven, komen ook op natuurlijke wijze de voor het thema benodigde taalfuncties naar voren (zie 6.3).
- Laat bij het thema 'woonomgeving' de kinderen een plattegrond maken van hun eigen kamertje of de huiskamer thuis, zodat ze in de overdrachtsfase daar iets over kunnen vertellen en niet uitsluitend hoeven praten over het huis in het leerlingenboek. In plaats van de fictieve plattegrond uit het lespakket (zie bladzijde 147) kan ook een plattegrond van de omgeving van de school of de buurt waarin de leerlingen wonen dienstdoen om elkaar – of buitenlanders – de weg te (leren) wijzen.

Het is belangrijk dat *alle* leerlingen bij het onderwerp betrokken worden, dus ook allochtone leerlingen. Vraag hun daarom ook naar voorwerpen en dergelijke uit hun leefwereld, zoals eten en drinken uit het land van herkomst, zodat bij onder meer het werken met tekstinstructiekaarten (zie 8.7) ook voor hen herkenbare alternatieven gebruikt kunnen worden.

Bovendien leren de kinderen op die manier ook andere culturen kennen. Dit is een van de doelstellingen voor vreemdetalenonderwijs van de Raad van Europa (zie hoofdstuk 17).

6.2.4 Engels in het klaslokaal

De leerkracht kan op eenvoudige wijze de aandacht vestigen op Engels buiten de eigenlijke Engelse lessen door bij de verschillende voorwerpen in het lokaal kaartjes te hangen met de Engelse namen van de voorwerpen. Hierdoor wordt op een natuurlijke manier het klankbeeld aan het woordbeeld gekoppeld bij het gebruik van Engels als instructietaal. Doordat het oog van de leerlingen de hele week valt op het woordbeeld, zal bovendien de spelling ongemerkt inslijpen. Ook bij het spelen van taalspelletjes als 'I spy' en wanneer de kinderen zelf Engels als voertaal gaan gebruiken, vormen de naamkaarten een natuurlijke bron van taal. Hier volgt een aantal voorbeelden van woorden die op dergelijke kaartjes kunnen worden geschreven. Ze kunnen natuurlijk naar behoefte worden uitgebreid en aangepast, afhankelijk van de inrichting van het lokaal. Dit is zinvol vanaf groep 5, wanneer de kinderen al kunnen lezen, en het zal zeker de aandacht trekken.

chair	curtain	wall
table	sink	lamp
drawer	drain	cassettes
blackboard	tap	cassette recorder
chalk	towel	earphones
sponge	tea towel	poster
board duster	cupboard	notice board
socket	bookshelf	bookcase
switch	books	bin
door	plant	watering can
window	flower box	flower pot

Behalve een door leerlingen of leerkracht gemaakte collage over het thema dat aan de orde is, kan ook permanent een tafel in het lokaal staan waar alles over het thema wordt uitgestald, en er kan een waslijn worden opgehangen met thematische vocabulaire. In deze 'Engelse hoek' kunnen ook Engelse posters en/of plaatjes een plaats krijgen. In 16.4.1 staat nog een aantal suggesties voor het inrichten van een Engelse hoek.

6.2.5 Taalspelletjes om de woordenschat te consolideren

Net als in de tweede les van de lessencyclus – beschreven in hoofdstuk 4 – kunnen we, nadat we de voorkennis geactiveerd hebben, spelletjes doen om de woordenschat te oefenen en te consolideren. In deze receptieve fase zijn taalspelletjes waar geen taalproductie bij te pas komt het meest geschikt. Let echter wel op het lesschema (zie 4.5).

In aanmerking komen: memory, bingo, picture bingo, lotto, puzzels en 'letter blocks', alsook TPR-spelletjes als 'Simon says' en 'picture dictation' (zie hoofdstuk 14). Al deze spelletjes zijn ook bruikbaar bij moedertaalverwerving en NT2 in de onderbouw! Op bladzijde 128 zijn enkele voorbeelden te zien van spelletjes die de woordenschat oefenen.

Classroom phrases:
Spreekvaardigheid, unit 6.

6 ▪ De introductiefase

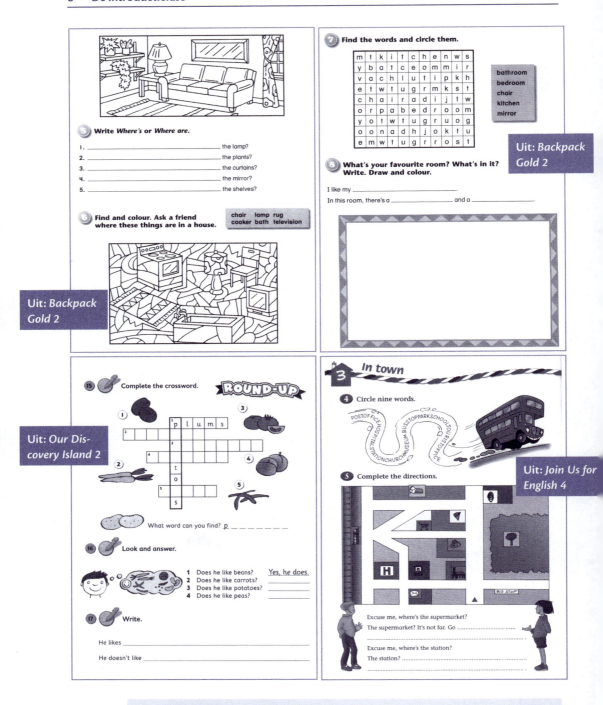

Opdracht 2
Welke van deze spelletjes is/zijn het meest geschikt voor de introductiefase? Motiveer je antwoord.

6.2.6 De introductiefase in de lespakketten

Bij veel lespakketten zal de leerkracht vaak zelf de voorkennis moeten activeren. In de recente communicatieve lespakketten wordt wel gebruikgemaakt van de voorkennis en eigen ervaringen van de leerlingen, maar zeker niet consequent bij elk thema. Bij een aantal van deze lespakketten wordt de voorkennis nooit gepeild, bij andere is het een eenmalige gebeurtenis, vaak aan het begin van het eerste leerjaar (groep 7). Hieronder staat een voorbeeld uit het eerste hoofdstuk (les 2) van *Real English, let's do it!* voor groep 7. In de eerste drie lessen van dit lespakket wordt zowel de actieve als de passieve woordenschat geactiveerd, daarna niet meer.

Voorbeeld activering woordenschat, uit: *Real English, let's do it!* 1

Praatplaat
Ook de mate waarin de eigen ervaringen van de leerlingen worden betrokken bij de lessen, laat bij de meeste pakketten te wensen over. Natuurlijk zijn er ook gunstige uitzonderingen. Bij de lespakketten *Hello World, My name is Tom*, de *Happy*-serie en *iPockets* begint elk nieuw thema met een praatplaat. Een praatplaat, zoals te zien is op bladzijde 130, bevat veel buitentalige informatie en is dus uitermate geschikt om de voorkennis te activeren en in een kringgesprek te bespreken. De plaat kan natuurlijk ook uitvergroot op het digibord geprojecteerd worden. Vaak gaat de praatplaat vergezeld van vragen in het werkboek die bedoeld zijn interesse te wekken bij de kinderen voor het nieuwe onderwerp en hen te motiveren. Ook zijn er in deze pakketten aanwijzingen voor de leerkracht over de invulling van de introductiefase.

Classroom phrases:
Spreekvaardigheid, unit 6.

Voorbeeld van een praatplaat, uit: *iPockets*

Niet thematisch

In sommige lespakketten is af en toe een lessencyclus gewijd aan een grammaticaal onderwerp in plaats van een thema. In dat geval is uiteraard helemaal geen sprake van een introductiefase waarin de voorkennis van de leerlingen rond het thema geactiveerd wordt, omdat de lessencyclus niet thematisch opgezet is.

6.3 Taalfuncties voorbereiden

In de introductiefase activeren we behalve de woordenschat ook die taalfuncties die in de latere fasen aan de orde komen. Bij het thema 'kleren kopen' kunnen we met de leerlingen inventariseren wat je zoal zegt en vraagt in een winkel, zoals vragen of ze iets in een andere kleur en/of maat hebben, of je iets mag passen of ruilen, waar de paskamer is, hoeveel het kost, enzovoort. Laat de leerlingen in eerste instantie zelf bepalen aan welke taalfuncties zij behoefte hebben in deze situatie. Peil opnieuw welke van deze functies zij al kennen, in plaats van deze meteen zelf aan te reiken.

Houd als leerkracht ook rekening met de taal die in de volgende fase door het lespakket aangeboden wordt. In de handleiding wordt dat meestal aangegeven in een leerstofoverzicht (zie bladzijde 58), aan het begin van elke lessencyclus of zelfs bij het begin van elke les. Is dat niet het geval, raadpleeg dan het transcript van de luistertekst of de inhoud van de leestekst die gebruikt wordt in de inputfase.

Ga daarbij zorgvuldig te werk: veel lespakketten werken concentrisch in een lessenserie bij een thema, dat wil zeggen dat de leerstof in elke les iets wordt uitgebreid en de leerlingen in kleine stukjes naar het uiteindelijke leerdoel worden geleid, namelijk een gesprekje kunnen voeren in een realistische taalgebruiksituatie. Elke les opnieuw komt er dan een onderdeel van dat productdoel in een luisterfragment aan de orde. Bereid je de kinderen alleen voor op het eerste fragment, dan hebben ze niet genoeg 'taalbagage' voor het uiteindelijke productdoel.

Als voorbeeld nemen we de lessenserie 'What do you like?' uit deel 1 van *Real English, let's do it!*. In les 1 zijn twee korte *luisterfragmenten* te horen. Het lespakket begint dus met de inputfase en slaat de introductiefase over. De luisterfragmenten zijn naspreekoefeningen van de structuren 'I like (...)' en 'I don't like (...)'; in les 2 komt er opnieuw – naast het liedje 'Old MacDonald' – een korte naspreekoefening met 'I love (...)'.

Opdracht 3
Leg uit waarom het merkwaardig is dat in deze lessenserie het liedje 'Old MacDonald' wordt aangeboden.

In les 3 oefenen de leerlingen bepaalde taalfuncties en -noties door middel van een gesprekje in een restaurant (zie bladzijde 132). Dit is de oefenfase.

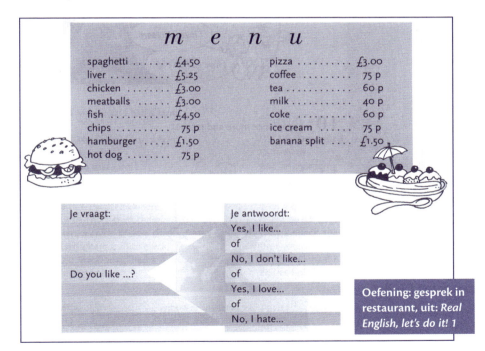

Oefening: gesprek in restaurant, uit: *Real English, let's do it!* 1

De noties staan op de menukaart en de functies staan daar direct onder.

Classroom phrases:
Spreekvaardigheid, unit 6.

6 ▪ De introductiefase

In les 4 zijn we beland in de overdrachtsfase van deze lessenserie. De leerlingen moeten het volgende gesprek in een restaurant gaan voeren:

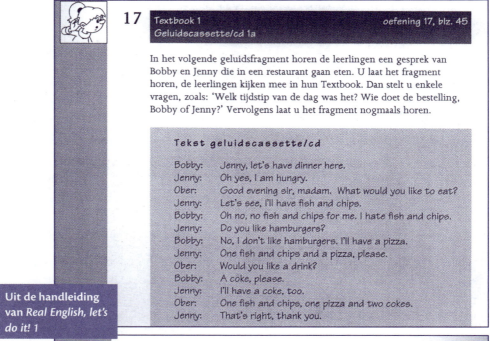

Uit de handleiding van *Real English, let's do it!* 1

In dit gesprek komt een aantal taalfuncties voor die nog niet eerder geïntroduceerd zijn. De opdracht zoals beschreven in onderdeel 18 van de handleiding is daardoor niet goed uitvoerbaar voor de leerlingen. Al in de introductiefase zal de leerkracht dus op de hoogte moeten zijn van het uiteindelijke doel van de lessenserie en daarop moeten inspelen!

Opdracht 4*
- Welke functies moet de leerkracht hier zelf in de introductiefase aanbieden?
- Hoe zou je dat doen?

Alleen als alle taalfuncties bekend zijn, zullen de leerlingen, in plaats van een gevoel van ongerustheid over de onbekende structuren, een gevoel van herkenning hebben als zij deze structuren in de luistertekst tegenkomen.

6.4 De warming-up voor de inputfase

Kwakernaak zegt over het onderwerp 'tekstintroductie' het volgende:

> 'Vaak worden teksten in de klas gepresenteerd met als enige inleiding: "Nemen jullie je boek voor je op bladzij 32", of "Je krijgt nu een tekst te horen, luister goed." De leerlingen protesteren niet, want ze zijn niet beter gewend. In een normale communicatiesituatie (d.w.z. buiten de school) gebeurt het zelden of nooit dat we iets te horen of te lezen krijgen zonder dat we daar van tevoren op voorbereid zijn en een idee hebben waarover het gaat.' (Kwakernaak, 1981)

Globale inhoud van de taalsituatie
Als er van tevoren niets over de inhoud van de luistertekst wordt verteld, raken de leerlingen al bij het begin het spoor volkomen bijster. Voordat de leerkracht de cd aanzet, moeten de leerlingen dus eerst globaal weten waar het over gaat: wie er praten, waar het zich afspeelt en wat er gebeurt.

Houd steeds in gedachten dat het hier geen toetssituatie betreft, maar een onderdeel van een proces van taalverwerving: wat ze straks gaan horen, moet bijdragen tot het verwerven van taal en dit niet belemmeren. Als de leerlingen zich niet hoeven te bekommeren om de globale inhoud van de taalsituatie en zich kunnen concentreren op de belangrijke informatie, zullen ze meer profijt hebben van de luistertekst.

Daarnaast is het niet realistisch om geen enkele informatie te hebben over de situatie waarin je terechtkomt. In de werkelijkheid zie je in de meeste gevallen in welke situatie een dialoog zich afspeelt en hoe de sprekers reageren. Uit deze buitentalige informatie kun je veel opmaken. Luisterteksten op film of dvd zijn daarom het meest geschikt, ook al omdat kinderen vanaf zeven jaar informatie het best onthouden in een combinatie van beelden en gesproken tekst (Brinkhuis, 2007).

Visuele ondersteuning
De nieuwste lespakketten zijn allemaal voorzien van beeldmateriaal. Als op de (stage)school een lespakket gebruikt wordt dat wel luistermateriaal, maar geen beeldmateriaal aanbiedt, zorg dan zelf voor visueel materiaal dat de luistertekst ondersteunt. Een ondersteunende illustratie bij een luistertekst geeft leerlingen, zonder dat zij ook maar iets van de luistertekst hebben gehoord, al veel gedetailleerde informatie over wat zij straks te horen krijgen. De illustratie op de volgende bladzijde bij het gesprek in het restaurant in les 4 van het thema 'What do you like?' uit 6.3 kan zowel in de introductiefase als tijdens het luisteren in de inputfase dienstdoen.

Classroom phrases:
Spreekvaardigheid, unit 6.

17 Jenny en Bobby gaan in een restaurant eten.
Luister en kijk naar de plaatjes. Listen, please.

Illustratie bij het gesprek in het restaurant, uit: *Real English, let's do it!* 1

> **Opdracht 5**
> Welke buitentalige informatie geeft deze illustratie uit *Real English, let's do it!* over het thema?

6.5 De leerdoelen van de introductiefase

Kort samengevat luiden de leerdoelen van de introductiefase als volgt:
- de leerling is gemotiveerd om de te presenteren tekst te beluisteren (of te lezen);
- de leerling is bekend met de betekenis van de woorden en structuren die noodzakelijk zijn om de te presenteren tekst *globaal* te begrijpen;
- de leerling is op de hoogte van de belangrijkste gegevens – met name situatie, onderwerp en rollen – die in de luistertekst voorkomen.

> **Opdracht 6***
> Geef een les op je stageschool waarin de introductiefase centraal staat. Maak gebruik van het lespakket dat op je stageschool gebruikt wordt, maar pas het aan waar dat nodig is. Als de introductiefase niet behandeld wordt in het betreffende lespakket, ontwerp de les dan zelf. Spreek zo veel mogelijk Engels tijdens je les.

> Zie *Praktische taalvaardigheid voor Engels in het basisonderwijs – Spreekvaardigheid*:
> - voor classroom phrases bij de introductiefase, zie unit 6;
> - voor het woordveld 'eten en drinken', zie topic 4;
> - voor het woordveld 'kleding', zie topic 6;
> - voor het woordveld 'vrijetijdsbesteding en hobby's', zie topic 3.

De input- en verwerkingsfase

7

Een beslissende voorwaarde voor het verwerven van een vreemde taal is uitvoerige blootstelling aan de doeltaal (de 'input').

De student kan verschillende communicatieve strategieën voor het ontwikkelen van receptieve en productieve vaardigheden beschrijven.

7.1 Inleiding

In de inputfase wordt nieuwe taal met betrekking tot het thema aangeboden. Een gedeelte hiervan zullen de leerlingen gaan gebruiken als zij gaan spreken in de volgende twee fasen – de productieve fasen. De receptieve taalschat is altijd groter dan de productieve: we kunnen altijd veel meer begrijpen dan we kunnen zeggen.

Verschil tussen luisterteksten en lees-luisterteksten

De lespakketten bieden in de inputfase zowel luisterteksten als lees-luisterteksten aan. Beide soorten teksten bieden de noodzakelijke *input* (aardappelen) om tot spreken (patat) te komen. We moeten echter een duidelijk onderscheid maken tussen de aard en de functie van deze twee vormen van input.

- Een luistertekst is bedoeld om de luistervaardigheid te trainen. De leerlingen luisteren alleen naar de gesproken tekst. Een luistertekst mee laten lezen getuigt niet van veel realiteitszin. In de werkelijkheid zal immers nooit bij elk gesproken woord ook meteen de geschreven tekst worden bijgeleverd. Bovendien zullen veel leerlingen zich concentreren op het lezen van de tekst en vergeten te luisteren. Wat natuurlijk wel kan is, nadat de kinderen de luistertekst gehoord én verwerkt hebben, de tekst nog een keer te laten horen en hem dan te laten meelezen. Op die manier komen de kinderen op een natuurlijke manier in aanraking met het woordbeeld. Een luistertekst vertalen gaat echter volledig voorbij aan de doelstelling van de inputfase.
- Een lees-luistertekst is bedoeld om de leesvaardigheid te trainen met ondersteuning van het klankbeeld. Bij lees-luisterteksten moet de geschreven tekst altijd samen met de gesproken tekst worden aangeboden, om een spellinguitspraak te vermijden. Deze vorm van input heeft als voordelen dat de teksten langer kunnen zijn, wat het taalaanbod aanzienlijk

> Voor classroom phrases bij de input- en verwerkingsfase, zie *Praktische taalvaardigheid voor Engels in het basisonderwijs – Spreekvaardigheid*, unit 7.

vergroot, en dat het woordbeeld aan het klankbeeld wordt gekoppeld. De luistervaardigheid wordt met lees-luisterteksten niet getraind. Lees-luisterteksten zijn slechts bedoeld als extra input, naast de luisterteksten.

In dit hoofdstuk ligt het accent op luisterteksten, aangezien die het beste voorbereiden op spreken. Aan leesvaardigheid wordt een apart hoofdstuk gewijd (hoofdstuk 16).

7.2 De luistertekst

Het trainen van luistervaardigheid is in de eerste plaats van belang omdat de inhoud van de luistertekst de *input* vormt die de leerlingen nodig hebben om straks te kunnen gaan spreken. Maar het begrijpen van gesproken taal is natuurlijk behalve een middel ook een belangrijk doel op zich. We bevinden ons immers veel vaker in situaties waarin we naar een vreemde taal luisteren dan dat we de taal zelf spreken. We moeten niet alleen in een gesprek begrijpen wat er tegen ons gezegd wordt, maar ook televisie- of radioprogramma's kunnen volgen en omroepberichten kunnen begrijpen op een station of in een supermarkt. Wanneer we in het buitenland zijn, kan het van groot belang zijn dat we dat soort mededelingen begrijpen. Het audioscript op bladzijde 137 geeft voorbeelden van dergelijke realistische taalgebruiksituaties.

In de kerndoelen worden voor luistervaardigheid inhoudelijk de volgende eisen gesteld:
1 De leerlingen kunnen hoofdzaken halen uit eenvoudige informatieve en voor hen samengestelde of aangepaste luisterteksten door gebruik te maken van contextgegevens en hun kennis van woorden.
2 De leerlingen kunnen gesprekspartners begrijpen door hun kennis van een voor het onderwerp of de situatie relevante woordenschat in gesprekken over de bekende Eibo-onderwerpen bij in realistische taalsituaties.

Door de leerlingen te trainen in het begrijpen van de onder 1 genoemde luisterteksten bereiden we hen voor op de realiteit. Een belangrijke voorwaarde hiervoor is dat de luistertekst een grote hoeveelheid natuurlijke spreektaal bevat.

7.2.1 Een groot aanbod van natuurlijke spreektaal

In het taalverwervingsproces binnen het thema bevinden we ons nog steeds in de receptieve fase, waarin het kind door intensief naar een grote hoeveelheid authentieke spreektaal te luisteren zelf taal verwerft (zie 3.5.4). Hoe meer *input* hoe beter: als de kinderen in de overdrachtsfase de aangeboden taal zelf gaan gebruiken, hebben ze veel meer taal tot hun beschikking. Op deze manier wordt het nadeel van de F-N-methode (zie 3.6) tot een minimum beperkt en krijgt ook natuurlijke taalverwerving een kans.

7.2 ■ De luistertekst

Audioscript van de luistertekst 'Pocket Money', uit de handleiding van *Junior*

Dialogue 5	Shopkeeper	Good morning, young man.
	Lou	Morning.
	Shopkeeper	How can I help you?
	Lou	My mom wants a *Sunday Times*, please.
	Shopkeeper	*Sunday Times*... yes, here you are...
	Lou	And my dad wants a *Sunday Telegraph*, please. Hey, that's a lot of newspapers!
	Ali	Finished! Phew!
	Lou	Hi, Ali! What are you doing here so early?
	Ali	Paper round. And the papers are very heavy on Sundays! Phew!
	Shopkeeper	Is that all?
	Lou	Yes, thanks.
	Shopkeeper	That's £2 altogether then, please.
	Lou	Oh, and how much is this *Computer Weekly*?
	Shopkeeper	That's £1.95.
	Lou	OK, that too. And a Mars bar, please.
	Shopkeeper	That's £4.30 then... thank you, ten pounds... and here's your change...
	Lou	Thank you very much. Bye.
	Shopkeeper	Goodbye.
	Ali	I'm coming too. See you, Mr Patel.
	Shopkeeper	OK. Don't be late tomorrow.
	Ali	Don't be late. Do this. Do that. All for £12 a week.
	Lou	Is that all? Why do you do it?
	Ali	For the money of course. I only get £5 a week pocket money.
	Lou	My parents give me £10 a week.
	Ali	Huh! You're lucky! Can I read your *Computer Weekly* after you?
	Lou	Sure. Any time. Five pounds a week, eh? That's only ten dollars. Wow, that sure is mean...

Pocket money
LESSON 3

10 Now listen 🔊48
Lees eerst de vragen door.
Luister naar *dialogue 5*.
Lou en Ali komen elkaar tegen bij de *news agent's*.

a Waarom is Lou bij de *news agent's*?

_____

b Waarom is Ali bij de *news agent's*?

_____

11 Listen again 🔊48
Lees eerst de opdracht en de vragen.
Luister daarna nog een keer naar *dialogue 5*.

A Kruis aan wat Lou koopt.

☐ Mars bar   ☐ Sunday Telegraph
☐ Sunday Times   ☐ bacon crisps
☐ Woman's Weekly   ☐ Computer Weekly

B
1 Hoeveel geld kan Ali in totaal per week besteden?

_____

2 Wat vindt Lou van de hoeveelheid zakgeld die Ali krijgt?

Bijbehorende vragen uit het werkboek van *Junior*

Classroom phrases:
Spreekvaardigheid, unit 7.

Volgens Krashen moet het taalaanbod begrijpelijk zijn, maar moet het niveau iets hoger liggen dan dat van de taalverwerver. Door middel van buitentalige gegevens, context en voorkennis vindt dan taalverwerving plaats. Het taalaanbod moet voor de luisteraar bovendien belangrijke informatie bevatten, zodat taal een middel wordt en geen doel op zichzelf. Dit alles pleit voor het gebruik van realistische luisterteksten in plaats van 'schooltaal' die aangepast is aan het niveau van de leerling, of sterk vereenvoudigde luisterteksten. Een luistertekst is realistisch als:

- er natuurlijke spreektaal wordt gebruikt;
- de taal meteen toegepast kan worden in de praktijk;
- het functies en noties bevat die vaak gebruikt worden.

Als voorbeeld nemen we het thema 'shopping' uit het lespakket *Junior* (zie bladzijde 137). Het taalaanbod is bijzonder groot. Het bevat maar liefst vijf luisterteksten en vier lees-luisterteksten en is uitermate geschikt als basis voor het spreken in de oefen- en overdrachtsfase. In de inputfase worden de belangrijkste, relevante taalfuncties in de luisterteksten en lees-luisterteksten impliciet in een communicatieve context aangeboden. In de oefenfase worden ze nogmaals expliciet aangeboden en geoefend en uiteindelijk gaan de kinderen in de overdrachtsfase het rollenspel uitvoeren, waar ze uitvoerig op voorbereid zijn.

Natuurlijk taalgebruik
Tot zover de hoeveelheid taalaanbod, maar is het ook 'realistisch'? Het moet in alle opzichten 'echte', natuurlijke spreektaal zijn.

Niet alleen vanuit het oogpunt van taalverwerving is het belangrijk om veel natuurlijke spreektaal aan te bieden, maar ook omdat leerlingen buiten school (tv, popsongs) alleen maar in aanraking komen met 'echt' Engels. Als het Engels dat ze op school leren daar te veel van afwijkt, zullen ze snel hun motivatie verliezen.

Natuurlijk taalgebruik is ook te prefereren met het oog op differentiatie: de leerlingen zullen merken dat er, naast keurige volzinnen, ook vele andere legitieme manieren zijn om iets te zeggen, die vaak veel 'normaler' en ook nog eenvoudiger zijn. Hierdoor krijgen ook zwakkere leerlingen de kans die taaluitingen te imiteren (zie hoofdstuk 12).

Redundantie
Een kenmerk van realistisch, natuurlijk taalgebruik is de zogenoemde 'overtolligheid' (redundantie): herhalingen ('Ik zeg tegen 'm, ik zeg ...'), nutteloze toevoegingen ('Snap je wat ik bedoel?', 'en dan heb ik zoiets van'), stopwoordjes ('kijk', 'dus', 'weet je wel'), aarzelingen ('eh ...'), enzovoort. Zulke overtollige taalfragmenten (*fillers*) zijn slechts ogenschijnlijk nutteloos: ze geven de spreker tijd om te formuleren en geven de luisteraar tijd om informatie te verwerken. In de twee teksten op bladzijde 137 is dat inderdaad het geval. Behalve de aarzelingen zien we ook *stop gaps* als 'Hey', 'Phew!', 'Oh', 'Huh?',

'Wow', half afgemaakte zinnen als 'Finished!', 'Paper round' en het Amerikaanse 'that sure is mean ...'

Spreektempo en intonatie
Niet alleen het taalgebruik, maar ook het spreektempo en de intonatie moeten natuurlijk zijn, dus niet 'natuurlijke' spreektaal die langzaam, duidelijk en nadrukkelijk wordt voorgelezen.

Achtergrondgeluiden
Achtergrondgeluiden kunnen storend werken, maar kunnen ook buitentalige informatie bevatten en bijdragen tot het benaderen van de realiteit. De luisteroefening hieronder uit *Engels basisonderwijs*, les 3.1, over het thema 'tijdsaanduiding' is hiervan een voorbeeld. De leerlingen zoeken in een zogenoemde *matching exercise* de luisterfragmenten bij de plaatjes. Niet alleen geven de plaatjes visuele ondersteuning, ook de achtergrondgeluiden geven informatie: nog voordat er iets gezegd wordt, geven geluiden die te horen zijn op een vliegveld (opstijgende vliegtuigen), een station (vertrekkende treinen), een afspraak bij de dokter (telefoongerinkel), bij een radio-uitzending (het slaan van de Big Ben) en in een winkel (geroezemoes) al genoeg informatie om tot een keuze te komen.

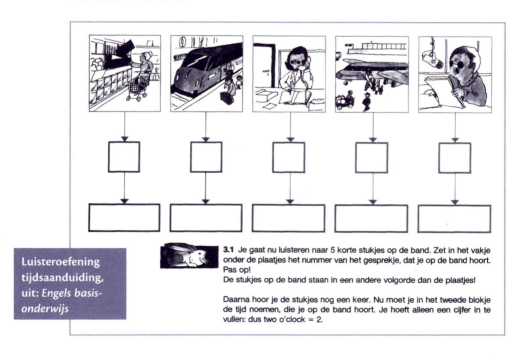

Luisteroefening tijdsaanduiding, uit: *Engels basisonderwijs*

3.1 Je gaat nu luisteren naar 5 korte stukjes op de band. Zet in het vakje onder de plaatjes het nummer van het gesprekje, dat je op de band hoort.
Pas op!
De stukjes op de band staan in een andere volgorde dan de plaatjes!

Daarna hoor je de stukjes nog een keer. Nu moet je in het tweede blokje de tijd noemen, die je op de band hoort. Je hoeft alleen een cijfer in te vullen: dus two o'clock = 2.

band	number one:	Your attention, please, flight KL 321 from London will arrive at eleven o'clock (vliegveld)
	number two:	You're listening to the BBC. Our next programme will be the News, read to you by David Ashfield: piep, piep ... BBC - Worldservice - it's now eight o'clock (radio)
	number three:	Ladies and Gentlemen, it's nearly six o'clock. We're closing now. You are kindly requested to leave the shop. You're welcome again tomorrow at 9 (winkelsluiting).
	number four:	Attention, please. The intercity from London to Glasgow will arrive at 4 o'clock, at platform 14 (station).
	number five:	Good afternoon. This is Mrs. Shark speaking. I'd like to make an appointment for tomorrow morning. Just a minute, please. Yes, Mrs. Shark the doctor can see you tomorrow morning at 9 o'clock. Is that allright? Yes, thank you very much, bye, bye (afspraak voor de dokter).

Audioscript bij de luisteroefening uit: Engels basisonderwijs

Variatie in stemsoorten en accenten
Om de leerlingen voor te bereiden op de realiteit moet er ook een ruime variatie in stemsoorten zijn – van mannen, vrouwen, kinderen, jongens en meisjes – en moeten de leerlingen kunnen kennismaken met allerlei varianten van het Engels, zoals Amerikaans, Schots, Australisch, enzovoort. Dit laatste is al het geval als zij veel naar televisieseries kijken.

Variatie in tekstsoorten
Leerlingen moeten niet alleen luisteren naar modeldialogen, het is goed als ze ook wennen aan allerlei andere tekstsoorten, zoals omroepberichten op een vliegveld, een station of in een winkel, telefoongesprekken, sportuitslagen, weerberichten, (route)beschrijvingen, popsongs en instructies.

7.2.2 Luisterstrategieën

Natuurlijk taalgebruik met een normaal spreektempo, achtergrondgeluiden, niet afgemaakte zinnen, mensen die door elkaar spreken, enzovoort is uiteraard veel moeilijker te volgen dan een beschrijvende tekst die langzaam en nadrukkelijk wordt voorgelezen. Echt authentieke teksten zijn daarom niet altijd te gebruiken als leermateriaal. Er is echter wel een compromis mogelijk in de vorm van weliswaar authentieke, maar korte, eenvoudige teksten die aansluiten bij de belevingswereld van kinderen.

We kunnen ook voorkomen dat kinderen in paniek raken door een goede voorbereiding in de introductiefase, namelijk door de voorkennis te activeren, globale informatie over de inhoud van de tekst te verschaffen en de tekst te visualiseren (receptieve strategie).

Selectief luisteren door middel van richtvragen vooraf

Het is niet de bedoeling dat de leerlingen de tekst woord voor woord begrijpen: ze moeten leren selectief te luisteren. Door richtvragen vooraf leren ze relevante informatie uit een tekst te halen, omdat ze zich kunnen concentreren op de antwoorden die in de tekst te vinden zijn en op die manier belangrijke van onbelangrijke informatie leren scheiden. Moeilijke woorden en/of structuren die geen nuttige informatie verschaffen kunnen op die manier genegeerd worden, zodat leerlingen niet hoeven te schrikken als ze niet alles begrijpen (receptieve strategie).

In *Kennisbasis Engelse taal op de pabo* staat expliciet vermeld dat een leerkracht aandacht dient te besteden aan de ontwikkeling van luisterstrategieën bij de leerlingen. Soms geeft de handleiding van een lespakket aanwijzingen hoe deze vaardigheid ontwikkeld kan worden, zoals in onderstaand voorbeeld.

> **Uit:** *Happy Earth, Teacher's Book*
>
> **Teaching note**
> Before playing the audio, explain that Ss don't have to understand every word and that they only need the information to complete the sentences.

Is dit niet het geval, dan zal de leerkracht de luisterstrategie zelf aan moeten bieden.

Veel leraren hebben de neiging alle moeilijke woorden in een tekst te verklaren. Dat kan goedbedoeld zijn, maar werkt om verschillende redenen alleen maar contraproductief:

- Ten eerste wordt daardoor juist de aandacht op deze woorden gevestigd en krijgen de leerlingen de indruk dat zij zonder hulp de luistertekst niet kunnen begrijpen. Ze blijven daardoor afhankelijk van de begeleiding van de leerkracht en zijn dus niet goed voorbereid op de werkelijkheid. Het is beter de leerlingen te leren die woorden juist te negeren, omdat deze niet belangrijk zijn voor de essentiële informatie. Op die manier ontwikkelen ze hun zelfvertrouwen waardoor ze zich, als het erop aankomt, goed kunnen redden.
- In onze moedertaal luisteren we – onbewust – ook selectief. Het zou veel te vermoeiend zijn om naar alles even intensief te luisteren en het is ook niet nodig: juist de mate van 'overtolligheid' in spreektaal maakt dat we niet aan elk woord aandacht hoeven te besteden. Om dezelfde reden is het ook niet juist om eerst een luistertekst te laten horen en daarna pas te vragen waar het ongeveer over ging. Dit test niet zozeer het inhoudelijk begrip als wel het geheugen.
- De leerlingen moeten leren de betekenis van nieuwe woorden af te leiden uit de context. Kijk nogmaals naar de luisteroefening op bladzijden 139-140. De leerlingen hebben nog maar kort Engelse les (unit 3, groep 7).

Classroom phrases:
Spreekvaardigheid, unit 7.

Toch kunnen ze de opdracht wel aan, hoewel de taal niet vereenvoudigd is, omdat er per opdracht maar één richtvraag vooraf gesteld is, zodat ze weten waar ze op moeten letten: de eerste keer de locatie en de tweede keer het tijdstip. Op deze manier is het niet nodig om woorden of uitdrukkingen als 'appointment', 'platform' en 'kindly requested' – die zowel nieuw als moeilijk zijn – te begrijpen om de relevante informatie uit de tekst te halen, terwijl praktische uitdrukkingen als 'This is ... speaking. I'd like to make an appointment ...' toch zijdelings geregistreerd worden. Een groot voordeel van deze werkwijze is ook dat kinderen de woorden die ze op deze manier 'incidenteel' geleerd hebben veel beter onthouden. Dit aspect komt nog nader aan de orde in hoofdstuk 16.

7.3 Verwerking van de informatie

In deze fase van de lessencyclus geldt weer de regel INPUT VOOR OUTPUT. We bevinden ons immers nog steeds in een receptieve fase, waarbij taalproductie nog niet aan de orde is. Toch is het noodzakelijk om te peilen of de leerlingen de luistertekst begrepen hebben. We zullen dus verwerkingsopdrachten moeten selecteren of ontwerpen waarbij niet in het Engels geschreven of gesproken hoeft te worden. Het mag ook niet zo zijn dat de leerlingen voor het beantwoorden van de vraag eerst een flinke hoeveelheid Engels in de vraagstelling moeten lezen. Dat maakt de luisteroefening nodeloos gecompliceerd. Op die manier toetsen we niet alleen de luistervaardigheid, maar ook spreek-, lees-, en schrijfvaardigheid. Hierdoor zou het kunnen gebeuren dat de leerlingen een tekst wel in zijn essentie begrijpen, maar de opdracht niet kunnen uitvoeren omdat ze de taalmiddelen daartoe missen. Het is ook niet nodig. Er zijn vele andere manieren om erachter te komen of de leerlingen een tekst begrepen hebben. Voor de luisteroefening op bladzijde 139 hoeft alleen het nummer van de gesprekjes bij de bijbehorende plaatjes ingevuld te worden (*matching exercise*). Daarna, als het fragment nogmaals is afgespeeld, is er gelegenheid ook het tijdstip in te vullen. In deze oefening ligt de nadruk geheel op het luisteren en worden geen andere vaardigheden verlangd.

> **Opdracht 1***
> - Bekijk de vier verwerkingsopdrachten op bladzijden 143-144 en besluit welke te gebruiken zijn en welke niet. Motiveer je keuze.
> - Verander de opdrachten die niet aan de eisen voldoen zodanig dat ze beter te gebruiken zijn.

7.3 ▪ Verwerking van de informatie

3 Audio script

Presenter: Unit 8, Listening 19. Class Book page 57.
Listen and read.

Miss Davis: Jumpers...shoes...socks...dear, dear!

Miss Davis: Now, this is Polly's jumper. Here you are, Polly.
Polly: Thank you, Miss Davis!
Miss Davis: And this is Greg's shoe!
Greg: Thank you, Miss Davis!
Miss Davis: And whose hat is this? Jack?
Jack: I don't know!
Mr Potter: Oh good! There's my hat! Thank you, Miss Davis!
Jack: It's Mr Potter's hat!

Teacher tip!

Oxford iTools — You can also present the story on an interactive whiteboard using the iTools disk.

Uit: *Happy Street 1*

3 Listening

- Make sure the children all have coloured pencils / pens in the following colours: red, green, blue, and black.
- Say to the class *Open your Activity Books at page 70,* and demonstrate your instruction. Look at the first activity.
- Hold up your book and point to the picture of Jack and Polly. Ask the class *What is Jack wearing? What is Polly wearing?* to review the clothes words.
- Play the CD with pens and pencils down. Say to the class *Listen. What colour is Jack's jumper?* Play the first sentence and invite a volunteer to answer. Do the same for each of the examples.
- Play the listening again, pausing to give the children time to colour the picture.

3 Audio script

Presenter: Unit 8, Listening 20. Activity Book page 70.
Listen and colour.

Mum: Jack's jumper is red and black.
Dad: Polly's jumper is green.
Mum: Polly's hat is blue and black.
Dad: Jack's shoes are black.
Mum: Jack's trousers are green.

Dad: Polly's shoes are red.
Mum: Polly's trousers are blue.
Dad: Jack's hat is green.

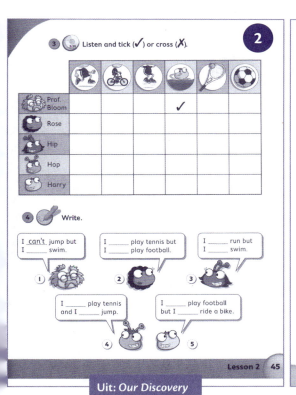

Uit: *Our Discovery Island 2*

Uit: *Backpack Gold, Workbook*

Classroom phrases:
Spreekvaardigheid, unit 7.

143

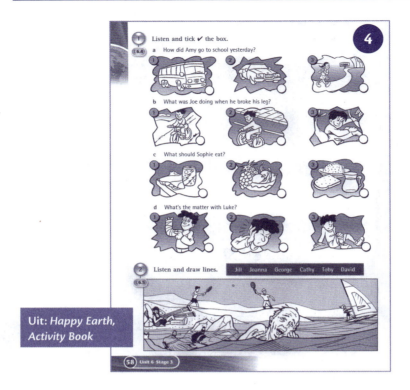

Uit: *Happy Earth, Activity Book*

Geschikte manieren om een luistertekst te verwerken zijn:
1 een serie plaatjes die betrekking hebben op de tekst in de juiste volgorde leggen;
2 een samenvatting van de tekst in het Nederlands met behulp van plaatjes of foto's;
3 *matching exercises*;
4 *true/false*-vragen: de vragen worden gesteld in de vorm van opmerkingen, waarbij alleen T of F (of een 'vinkje' of kruisje) hoeft te worden ingevuld;
5 meerkeuzevragen;
6 vragen gesteld in het Nederlands waarop een kort antwoord mogelijk is (zie echter 10.2);
7 matrixoefeningen: vragen gesteld met behulp van een schema met sleutelwoorden – een *grid* – (zie verwerkingsopdracht 2 op bladzijde 143, uit *Our Discovery Island*);
8 vragen gesteld in het Engels, mits de taalinput voldoende is geweest en een kort antwoord mogelijk is dat besloten ligt in de vraag, bijvoorbeeld: 'Has Nathalie got a brother?' 'Yes, (she has).' Deze verwerkingsmogelijkheid sluit naadloos aan bij het begin van de oefenfase.

7.3.1 Oefenen is niet toetsen

Het is al eerder ter sprake gekomen, maar het kan niet genoeg gezegd worden: de leerkracht dient zich er in de verwerkingsfase voortdurend van bewust te zijn dat de leerlingen niet bezig zijn met een toets, maar dat zij bezig zijn met taal verwerven en daartoe alle gelegenheid moeten krijgen in een *low-anxiety situation*. Hieronder volgen een paar aanwijzingen hoe een leerkracht een 'veilige' leeromgeving kan creëren:

- Laat een tekst desnoods twee- of zelfs driemaal horen, als daardoor ook de zwakkere leerlingen de opdracht kunnen uitvoeren.
- Herhaal relevante tekstfragmenten.
- Geef niet te veel opdrachten tegelijk: stel liever luisterrondes in, zodat de informatie stapsgewijs verwerkt kan worden, liefst tijdens of vlak na de verkregen informatie. Voorbeelden van luisterrondes waren te zien op bladzijde 137 ('Pocket money'), bladzijde 139 (*matching exercise*) en bladzijde 143 (verwerkingsopdracht uit *Happy Street 1*).
- Soms is het spreektempo van een beschrijvende luistertekst erg hoog. In dat geval kan de leerkracht besluiten de tekst zelf voor te lezen.
- Bij fragmenten waarbij tussendoor iets moet worden ingevuld, is het aan te bevelen de pauzeknop van de cd-speler in te drukken. Soms is de pauze op de cd beslist te kort om de opdracht uit te voeren.
- Kies waar mogelijk verwerkingsopdrachten waarbij met concrete beelden wordt gewerkt in plaats van met abstracte zinnen.

Opdracht 2*
Maak zelf richtvragen bij de luistertekst 'Let's go shopping' uit *Real English, let's do it!* (zie 3.6). Kies tussen verwerkingsmogelijkheid 3, 4, 5 of 7. Lak de teksten weg en voeg eventueel luisterrondes in.

Opdracht 3*
Inventariseer met een aantal medestudenten wat de voor- en de nadelen zijn van het gebruik van de eigen stem in vergelijking met de cd en omgekeerd.

Opdracht 4*
Dikwijls laten leerkrachten leerlingen een luister- of leestekst voorlezen om hun uitspraak te beoordelen. Noem een aantal redenen waarom deze werkwijze sterk is af te raden.

Classroom phrases:
Spreekvaardigheid, unit 7.

7.4 Andere leeractiviteiten om luistervaardigheid te trainen

Naast het stellen van richtvragen naar aanleiding van een tekst op cd zijn er nog talloze andere manieren om luistervaardigheid te oefenen, bijvoorbeeld:
- door het invullen van de ontbrekende woorden in een (lied)tekst (zie 14.4.2);
- door middel van een luistertocht: de leerlingen volgen een route op een plattegrond aan de hand van instructies (zie het voorbeeld op bladzijde 147 uit *The Team*);
- door spelletjes te spelen uit de categorie TPR (14.4.4), zoals 'Simon says', 'picture dictation' en 'mime dictation'.

Regelmatig gebruik van deze leeractiviteiten in de inputfase biedt een welkome afwisseling. Vooral spelletjes mogen zich verheugen in een grote populariteit bij de leerlingen en zijn bovendien bijzonder leerzaam.

Voorbeeld van een luistertocht uit *The Team*

De kinderen zijn in de introductiefase goed voorbereid op de luistertocht 'How to get there?' Desondanks mogen ze meelezen en wordt er, nadat ze de tekst hebben beluisterd, één algemene vraag gesteld: 'Wat gebeurt er?' ('Susan was lost. A man showed her the way.') Daarna volgen ze de routeaanwijzingen in het workbook om te weten te komen hoe ze van *Manor Road* naar school moeten lopen. Dit is een typisch voorbeeld van 'vragen naar de bekende weg': op de kaart (die ze erbij mogen houden) is duidelijk te zien hoe je van Manor Road bij de school kunt komen.

In werkelijkheid vraag je de weg als je geen kaart hebt of als het gebouw dat je zoekt er niet (duidelijk) op staat. Er is dan sprake van een *information gap*, een informatiekloof: de vraag die je stelt is een echte informatieve vraag waar je graag antwoord op wilt hebben. Raadspelletjes zijn bij uitstek communicatieve *information gap*-oefeningen.

> **Opdracht 5**
> - Bedenk twee manieren om een echte *information gap* bij deze luisteroefening in te bouwen, waardoor deze 'spannend' wordt en de taal tegelijkertijd een middel is en geen doel op zichzelf.
> - Je kunt ook nog een 'controle van de fout' toevoegen door op elke plaats van bestemming een letter te plaatsen. Als alle aanwijzingen goed zijn opgevolgd, vormen alle letters samen een woord dat past in het thema.

7.4 ■ Andere leeractiviteiten om luistervaardigheid te trainen

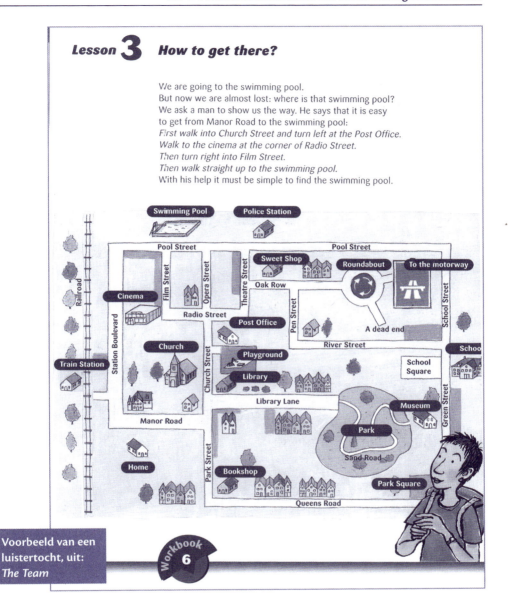

Lesson 3 How to get there?

We are going to the swimming pool.
But now we are almost lost: where is that swimming pool?
We ask a man to show us the way. He says that it is easy
to get from Manor Road to the swimming pool:
*First walk into Church Street and turn left at the Post Office.
Walk to the cinema at the corner of Radio Street.
Then turn right into Film Street.
Then walk straight up to the swimming pool.*
With his help it must be simple to find the swimming pool.

Voorbeeld van een luistertocht, uit: *The Team*

Workbook 6

Classroom phrases: *Spreekvaardigheid*, unit 7.

7.5 Leerdoelen van de inputfase

- De leerlingen zijn in staat een luistertekst globaal te begrijpen.
- De leerlingen kunnen de betekenis van nieuwe woorden opmaken uit de context.
- De leerlingen zijn in staat om in een luistertekst de belangrijke van de onbelangrijke informatie te scheiden.

Zie *Praktische taalvaardigheid voor Engels in het basisonderwijs – Spreekvaardigheid*:
- voor classroom phrases bij de input- en verwerkingsfase, zie unit 7;
- voor classroom phrases bij het thema 'asking and showing the way', zie topic 7.

De oefenfase 8

De student kan voor verschillende leeftijdsgroepen een variatie aan werkvormen voor het leren van Engels beschrijven.

Engels wordt situationeel aangeboden i.e. in kant en klare, direct toepasbare taal in een duidelijke betekenisvolle, realistische context.

8.1 Inleiding

In de eerste twee fasen heeft de leerling de gelegenheid gekregen om taal rond het onderwerp te absorberen en te verwerken in de 'stille periode':
- In de introductiefase is hij zich ervan bewust geworden dat hij al heel wat weet van het onderwerp en van de taalmiddelen die hij nodig heeft om te gaan spreken.
- In de inputfase heeft hij een aantal voorbeelden gehoord van wat je kunt zeggen en hoe je dat zegt.

Ook door middel van richtvragen is de leerling voorbereid op spreken. Door de richtvragen bij de luistertekst is in de inputfase de aandacht gevestigd op de belangrijke informatie uit de tekst. Die woorden en zinnen vormen de input voor de gesloten taalproductie. Met die taalmiddelen kan de leerling nu aan de slag.

8.2 De voorbereiding in de inputfase

In 3.6 hebben we gezien hoe het lespakket *Real English, let's do it!* de kinderen in de inputfase voorbereidt op de taalsituatie 'shopping': in de luistertekst worden twee manieren aangeboden om naar een artikel in de winkel te vragen, namelijk door de functies:
- vragen of iets verkrijgbaar is ('Have you got (...)?' en 'Can I have (...)?');
- vragen hoeveel iets kost en de prijzen in Engels geld.

> Voor classroom phrases bij de oefenfase, zie *Praktische taalvaardigheid voor Engels in het basisonderwijs – Spreekvaardigheid*, unit 8.

8 ▪ De oefenfase

Verder werden de uitdrukkingen 'Here you are' en 'Thank you' aangeboden.

Aan het begin van de oefenfase werd het gebruik van de taalfunctie 'Have you got?' nogmaals uitgelegd.

Het voorbeeld laat ook zien dat er geen abstracte grammaticaregels worden gegeven, omdat de grammatica altijd in dienst staat van de taalfunctie en niet omgekeerd.

Dit gesprekje (ook wel 'kerndialoog' genoemd) vormt de basis voor de gesloten taalproductie.

8.3 Gesloten taalproductie

Functies liggen vast, noties variëren

Bij gesloten taalproductie liggen de taalfuncties vast en worden alleen de taalnoties (woorden) ingevuld. Een paar taalnoties waren al te horen in de luistertekst, namelijk 'pencils', 'a sharpener', 'a ruler' en 'a calculator'. Deze noties variëren, terwijl de functies steeds hetzelfde blijven. Als de leerlingen zelf gaan oefenen, zijn de variatiemogelijkheden iets uitgebreid:

---

2 Listen once more and repeat.

3

Zo vraag je of iemand iets heeft:	Zo antwoord je:
Have you got (a pencil)?	Yes, I have. No, I haven't.

4 Speel de gesprekjes na met je buurman of buurvrouw, maar vraag nu om andere dingen. Maak eerst een lijstje van vijf dingen (gebruik daarvoor een woordenboek) die je in een kantoorboekhandel kunt kopen.

5 Leg eens drie dingen op je tafel waarvan je de woorden in het Engels kent. Zorg ervoor dat je buurman of buurvrouw ze niet te zien krijgt. Vraag elkaar om beurten wat de ander op z'n tafeltje heeft liggen. Is het antwoord 'Yes, I have', dan scoor je een punt. Wie heeft het eerst drie punten?

Voorbeeld gesloten taalproductie, uit: Real English, let's do it!

Toch blijven de variatiemogelijkheden vrij beperkt. Nu wordt ook duidelijk dat het rendement voor deze fase veel groter kan zijn als in de introductiefase met de eigen inbreng van de leerlingen gewerkt zou zijn. Nu zijn ze met respectievelijk vijf en drie artikelen snel uitgepraat, wat niet erg motiverend werkt.

Doordat de taalfuncties vastliggen, hoeven de leerlingen niet zelf een keuze te maken uit het grotere taalaanbod in de inputfase, iets wat bij moedertaalverwerving en de receptieve methode (zie 3.7) wel het geval is. Het beginnen met spreken wordt hierdoor versneld, maar een nadeel is dat de taalschat beperkt blijft.

Automatiseren

Door de constante herhaling van de vaste elementen in een zin worden de taalfuncties ingeslepen, terwijl door de grotere variatie in noties de oefening toch aantrekkelijk blijft.

Deze reproductieve fase is bedoeld om de taalmiddelen te automatiseren, zodat ze later bij het vrije spreken als vanzelf gebruikt kunnen worden, zonder er verder iedere keer bij na te hoeven denken. We doen in wezen hetzelfde als wanneer we leren autorijden: eerst moeten de noodzakelijke vaardigheden – zoals gas geven, schakelen, remmen en sturen – een automatisme worden. Als we daar steeds bij na zouden moeten denken, zouden we niet op de verkeerssituatie kunnen letten.

In dit stadium wordt slechts een beperkte hoeveelheid taal geoefend, de 'kerndialoog', waardoor alle kinderen de spreekopdrachten aankunnen. De door oefening ingeslepen taalfuncties dienen direct toepasbaar te zijn in realistische taalsituaties. Het oefenen zelf verloopt volgens een vast schema.

8.4   De lesopbouw voor gesloten taalproductie

De lesopbouw voor gesloten taalproductie is al te zien geweest in de spelles (zie 4.5). Het schema geldt voor elke les waarin gesloten taalproductie plaatsvindt:
- woorden op het bord;
- koorwerk;
- taalfuncties op het bord;
- koorwerk;
- oefenen in tweetallen; de leerkracht loopt rond en begeleidt;
- uitvoeren van de spreekopdracht.

8.4.1   Koorwerk

Koorwerk is belangrijk. Ook de dialoog in de kantoorboekhandel uit 8.2 werd eerst in koor geoefend. Sla deze activiteit nooit over, hoe de aanwijzingen in de handleiding van het lespakket ook mogen luiden. Als de leerlingen de dialoog alleen maar gehoord hebben in de inputfase, kunnen ze hem nog niet meteen naspelen. Vergelijk het met kinderen die een instructiefilm hebben gezien over zwemmen: die kunnen daarna nog niet meteen het diepe in, daar gaat eerst een lange periode in het oefenbad aan vooraf.

Voordelen
Koorwerk is belangrijk om de volgende redenen:
- het is nodig om te wennen aan het produceren van de (vreemde) klanken en de intonatie;
- het is een veilige werkvorm, omdat het individuele kind houvast heeft aan de groep en de taalproductie nog anoniem is;
- het is een efficiënte werkvorm, omdat het weinig tijd vergt en alle kinderen kunnen meedoen;
- het speelt in op het grote imitatievermogen van deze leeftijdsgroep;
- het geeft de leerkracht de kans om klassikaal te corrigeren, wat niet zo confronterend werkt als wanneer dat individueel gebeurt.

Koorwerk heeft alleen zin als al het taalmateriaal bekend is.
Vermijd het geven van individuele beurten: het kost veel tijd, niet alle kinderen komen aan bod en het kan bedreigend zijn.

Eigen inbreng
Een functioneel-notioneel lespakket zal de benodigde taalfuncties geven en een aantal noties, maar geen enkel lespakket kan inspelen op de eigen inbreng van een bepaalde groep kinderen. De 'eigen' woorden die in de introductiefase zijn geïnventariseerd, komen nu op het bord te staan en worden door de leerkracht uitgesproken en door de leerlingen nagesproken. Hierdoor worden ook woordbeeld en klankbeeld aan elkaar gekoppeld. Daarna kan eventueel nog een *listen and repeat*-oefening met het geluidsmateriaal volgen.

8.4.2 Oefenen in tweetallen

Na het koorwerk volgt het werken in tweetallen.

Werkwijze
De woorden en taalfuncties blijven op het bord staan als geheugensteun. Op die manier is er genoeg oefenmateriaal om de leerlingen langere tijd te laten oefenen met hun eigen woorden. Dit is zeker nodig om straks de overdrachtsfase goed te laten verlopen. Eén keer naspreken bij koorwerk is niet genoeg om je de taalfunctie eigen te maken, zoals één keer een zwembeweging maken niet voldoende is om te kunnen zwemmen en één keer schakelen niet genoeg om ontspannen te kunnen autorijden.

8.4 ▪ De lesopbouw voor gesloten taalproductie

Voordelen
De voordelen van oefenen in tweetallen zijn duidelijk:
- De taalproductie is hoog (50 procent), elk kind krijgt ruimschoots de gelegenheid om te oefenen zonder dat de kinderen elkaar storen.
- Het is een veilige werkvorm: omdat niet de hele klas meeluistert hoeft er geen angst te zijn om fouten te maken.
- Door de constante herhaling worden de taalmiddelen die toegepast gaan worden in de overdrachtsfase gememoriseerd.
- De leerkracht krijgt de kans om bij elk tweetal langs te gaan en te begeleiden en eventueel te corrigeren zonder dat dit bedreigend is.

Aandachtspunten
- Als de leerkracht slechts enkele leerlingen de dialoog laat toepassen, kan hij niet controleren of de rest van de groep de taalfunctie(s), de woordkeuze, de uitspraak en de intonatie van de aangeboden taal beheerst. Een ander nadeel is dat de rest van de groep inactief blijft, wat de motivatie niet ten goede komt.
- Het is aan te raden aan dit onderdeel veel tijd te besteden. Achteraf bijsturen, dus *na* de overdrachtsfase, is veel minder constructief dan de oefenfase zodanig te verlengen dat elke leerling straks een succeservaring kan hebben.
- Als we de kinderen aanmoedigen om vooral de eigen woordenschat te gebruiken, blijft deze werkvorm ook voor de snellere leerlingen aantrekkelijk.
- Pas als we ervan overtuigd zijn dat alle leerlingen de taalmiddelen hebben om met een redelijke kans op succes aan de volgende fase te beginnen, kunnen we besluiten om de dialoog te laten uitvoeren.
- Veel leerkrachten hebben een hekel aan werken in groepjes en tweetallen, omdat ze deze werkvorm rommelig vinden en er vaak lawaai ontstaat. In een onderzoek is gekeken hoe lawaai en onrust ontstaat bij deze manier van werken (Westhoff, 2003). Het bleek te wijten te zijn aan:
  - gebrek aan duidelijkheid over wat de leerlingen precies moesten doen;
  - het feit dat de opdracht te moeilijk of te makkelijk was.

Leg dus altijd heel goed uit *waarom* je anders werkt dan anders en blijf zelf actief: ga niet zitten of iets anders doen, maar loop rond en help daar waar het nodig is. Maak van tevoren afspraken over het geluidsniveau en blijf dat tijdens de uitvoering goed bewaken. Zorg ervoor dat de moeilijkheidsgraad aansluit bij wat de leerlingen kunnen (zie 8.7.4).

Classroom phrases:
Spreekvaardigheid, unit 8.

Opdracht 1
Waarom is de werkvorm die hier gehanteerd wordt niet erg efficiënt?

Voorbereiding

Een greep uit de zak. Stop klaslokaalobjecten zoals een potlood, gummetje, viltstift, liniaal, pen, kleurkrijtje, klein boek, paper clips en een plakstift in een papieren zak. Vraag leerlingen om hun hand in de zak te steken, een object te voelen en vervolgens te zeggen *It's a (crayon)* of *They're (paper clips)*. Vraag alle leerlingen om deel te nemen.

Uit: *Backpack Gold*

8.4.3 Fouten corrigeren

De oefenfase is ook het stadium waarin eventuele fouten kunnen worden verbeterd. De situatie is nog vrij veilig, er wordt nog geen echte prestatie verlangd. Het is te vergelijken met de repetities voor een toneelstuk, waarin de regisseur de spelers nog individueel kan begeleiden en hun spelprestaties kan verbeteren zonder publiek.

De uitspraak kan de leerkracht het best verbeteren door een woord nog eens uit te spreken en het te laten herhalen. Voor een fout gebruik van de taalfunctie kan nog eens op het bord gewezen worden.

Ook is het mogelijk om allerlei fouten die zijn gesignaleerd tijdens het rondlopen te onthouden of te noteren en aan het eind van het oefenen aan een of twee veelgemaakte fouten nog eens klassikaal aandacht te besteden.

8.5 Oefenen in reële taalsituaties

De eerste doelstelling voor Engels in het basisonderwijs is dat de leerlingen zich kunnen redden in reële taalsituaties met Engelssprekenden. Het is zaak deze doelstelling altijd voor ogen te houden wanneer we oefenmateriaal kiezen. Het moet voor de leerlingen in elk stadium van de lessencyclus duidelijk zijn met welk doel zij iets leren: ook de oefenstof moet een inhoudelijke betekenis hebben.

8.5.1 Communicatieve drills

Bij activiteiten tijdens de les moet het accent liggen op zinvolle, realistische en toepasbare opdrachten. Oefeningen zoals bij een plaatje van een jurk de vraag stellen 'Is it a scarf or a dress?' zijn onzinnig (zie bijlage 2, methode 2). Zo'n vraag stel je nooit, tenzij je beide kledingstukken voor je verjaardag hebt gevraagd en het pakje nog niet hebt opengemaakt. Wanneer je in het werkelijke leven aan voorbijgangers op straat vragen stelt in de trant van: 'Have you got a yellow cow?', 'Have you got a green horse?', 'Have you got a blue hen?', dan zullen ze niet keurig 'No, I haven't' zeggen, maar ofwel schichtig wegkijken en doorlopen ofwel de GGD bellen om een ambulance te sturen. Het zal duidelijk zijn dat dit soort oefenstof niet toepasbaar is in de realiteit. Zoals we al gezien hebben in 3.4.1, tref je desondanks dergelijk oefenmateriaal ook aan in recente communicatieve lespakketten.

Taalspelletjes als oefenmateriaal met inhoudelijke focus

Taalspelletjes vormen een ideale communicatieve manier van oefenen. Voor elke structuur die geoefend wordt door middel van een onzinnige drill is ook wel een spelletje te vinden waarmee dezelfde structuur geoefend wordt, met inhoudelijke focus. De structuur 'Is it (...)?' 'Yes, it is / No, it isn't' kan bijvoorbeeld ook geoefend worden door middel van het spel 'I spy with my little eye (something beginning with a B)', waarbij de kinderen vragen: 'Is it a *b*ag? Is it the *b*lackboard? Is it a *b*ook?' en de leerkracht antwoordt met 'Yes, it is / No, it isn't'.

Het verschil is nu dat er een reële taalsituatie is ontstaan: de kinderen vragen echt iets om antwoord te krijgen en niet omdat het boek of de leerkracht zegt dat ze dat moeten doen. De focus is verlegd van de structuur naar het oplossen van een 'probleem'. Steeds dezelfde vraag stellen is nu functioneel geworden, maar als oefenstof werkt het net zo inslijpend als non-communicatieve drills.

Dat de structuur 'Have you got (...)?' 'Yes, I have / No, I haven't' ook op een zinnige manier geoefend kan worden, hebben we gezien in hoofdstuk 4: zowel het kwartetspel als 'make a pair' oefenen deze structuur. De taal is nu echter geen doel op zichzelf, maar een middel om het spel te spelen en eventueel te winnen. Daardoor vergeten kinderen dat zij een taal aan het leren zijn en op die manier gaat het oefenen niet snel vervelen.

Opdracht 2*

Kijk nogmaals naar het voorbeeld uit *Real English, let's do it!* op bladzijde 77. Hier wordt de duurvorm op een non-communicatieve manier geoefend. Bedenk een spel waarbij de duurvorm – 'What is she/he doing?' 'She/he is ...ing' en 'What are they doing?' 'They are ...ing' – op een communicatieve manier geoefend wordt.

8.5.2 Flashcards

Flashcards zijn een bruikbaar hulpmiddel om taalsituaties of nieuwe woorden te visualiseren. Het gebruik van visuele hulpmiddelen, zoals flashcards, posters, foto's, tijdschriften en voorwerpen, werkt prima. Lessen worden er concreter en interessanter door, maar het is niet altijd een garantie voor een communicatieve manier van werken.

Flashcards zijn kaarten (meestal op A5-formaat) waarop een afbeelding te zien is die als visuele ondersteuning van een drill kan dienen. We kunnen

8 ▪ De oefenfase

bijvoorbeeld flashcards met een afbeelding van een activiteit gebruiken om de duurvorm (to be + -ing) te oefenen. Om een dergelijke flashcard te maken, kun je heel goed de pictogrammen van hobby's uit het textbook van *Real English, let's do it! 2* gebruiken. Veel nieuwe lespakketten leveren flashcards bij het materiaal.

Pictogrammen van hobby's, uit: *Real English, let's do it! 2*

Bij een flashcard met de activiteit 'swimming' moet de leerkracht vragen: 'Is she cycling?' De leerlingen moeten dan antwoorden: 'No, she isn't' of zelfs 'No, she is not swimming, she is cycling'. Ook kunnen we vragen: 'Is she swimming or is she drinking milk?' Het antwoord luidt, verrassend genoeg: 'She is swimming'. Dit is dus *niet* communicatief. Een spel waarbij de duurvorm kan worden geoefend door middel van flashcards is te vinden in 14.4.1 (bladzijden 264-265).

8.5.3 De substitutietabel

Een substitutietabel of *switchboard* is een manier om door middel van een vast raamwerk met daarbinnen variatiemogelijkheden een bepaalde zinsbouw in te slijpen. Hieronder zie je twee voorbeelden van een substitutietabel.

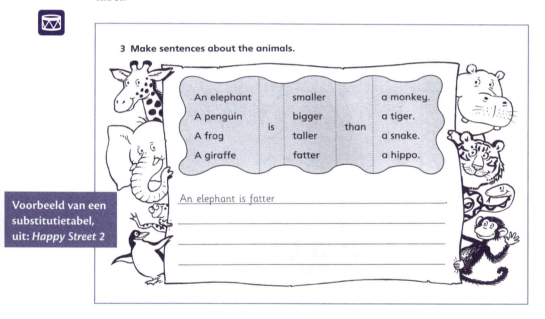

Voorbeeld van een substitutietabel, uit: *Happy Street 2*

Voorbeeld van een substitutietabel, uit: *Happy Street 2*

Classroom phrases:
Spreekvaardigheid, unit 8.

De voordelen van een dergelijke tabel zijn meteen duidelijk: er zijn heel wat variatiemogelijkheden en de zinsconstructie is gevisualiseerd, dus in één oogopslag duidelijk. Er kleven echter ook nadelen aan werken met substitutietabellen. In de eerste plaats moet de tabel zo geconstrueerd zijn dat de leerlingen geen fouten kunnen maken: elke combinatie dient een grammaticaal juiste zin op te leveren. Dit is belangrijk, omdat het gaat om een soort drill die, als hij fout wordt ingeslepen, slechts met veel moeite weer te corrigeren is. Een tweede nadeel is dat bij substitutietabellen de gemaakte zinnen vaak absurd worden, niet toepasbaar zijn en dus niet thuishoren in een communicatief lespakket.

> **Opdracht 3**
> Beantwoorden deze tabellen aan de hierboven genoemde voorwaarden voor een goede substitutietabel? Motiveer je antwoord.

8.5.4 Oefeningen met een *information gap*

De oefenstof uit *Backpack Gold* op bladzijde 159 is zeker communicatief, dat wil zeggen toepasbaar in de realiteit.

Toch kan het nog zinvoller. Ten eerste kan er bij deze oefening slechts gekozen worden uit vijf winkels. Ten tweede weet het meisje aan wie de vraag wordt gesteld blijkbaar altijd waar de winkel zich bevindt. In werkelijkheid is dat natuurlijk niet altijd zo.

Door de mogelijkheid in te bouwen dat degene aan wie je de vraag stelt niet weet waar de winkel is, creëren we een *information gap*. Dit is eenvoudig te realiseren door de klas op te delen in twee groepen. In groep 1 hebben de leerlingen allemaal individueel een lijst gemaakt van winkels waar ze naartoe willen. In groep 2 heeft iedereen – ook weer individueel – een lijst gemaakt van winkels die zij kennen en waarvan ze weten waar die zijn. De leerling uit groep 1 weet nu niet wat de ander gaat antwoorden en moet bij een negatief antwoord ('I'm sorry, I don't know') aan iemand anders van groep 2 de vraag stellen, waardoor zijn vraag reëel wordt. Deze aanpak maakt het oefenen spannender en zinvoller.

Nog realistischer wordt het als van tevoren een plattegrond wordt gemaakt van een winkelstraat in de buurt van de school waarop de namen van de echte winkels staan aangegeven. Dit is veel spannender, omdat het dan een reële taalgebruikssituatie wordt. Deze oefening is te combineren met het thema 'de weg vragen en wijzen' uit de kerndoelen. Aangezien het hier een groep 8 betreft, is de kans bijzonder groot dat dit thema al bekend is. De leerkracht kan dan de route naar het winkelcentrum ('shopping centre' of 'shopping mall') of de winkelstraat met de leerlingen herhalen. Functies en noties als 'Go right/left', 'Go straight on', 'Cross the bridge', 'It's on the left', 'It's next to (the pet shop)', 'Thank you so much!' en 'Bye!' komen dan op een functionele

8.5 ■ Oefenen in reële taalsituaties

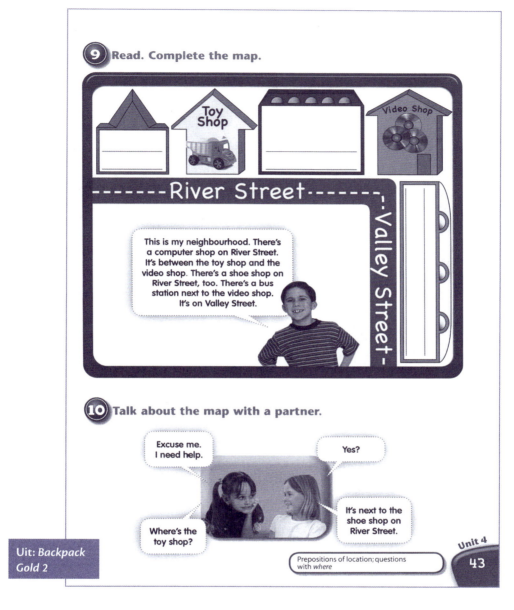

manier opnieuw aan de orde. Als het thema nog niet aan de orde is geweest dan kan bij de ingang van het winkelcentrum eenvoudig een bord getekend worden met 'You are here'.

Werkvormen met een natuurlijke information gap
Alle raadspelletjes hebben van nature een ingebouwde *information gap* en lenen zich daarom goed als oefenstof. Ook enquêtes en interviews, bijvoorbeeld over welke hobby's of huisdieren het meest populair zijn in de klas, zijn nut-

Classroom phrases:
Spreekvaardigheid, unit 8.

tige *information gap*-oefeningen. De antwoorden staan niet vast en het geheel leidt tot een zinnige uitwisseling van informatie.

Informatieve vragen
Toch is zelfs een *information gap*-oefening geen garantie voor reële communicatie. Een informatiekloof op zich maakt een oefening of activiteit niet communicatief. Er moet ook een goede reden zijn om die kloof te overbruggen.

Uit: *Backpack Gold 2*

Voor de dialoog hierboven hoeft leerling 2 alleen maar te kunnen tellen of te lezen, want het antwoord staat erbij. Dat is voor groep 8 niet echt spannend. Hier is taal een doel, geen middel. Er is hier geen sprake van een inhoudelijke focus, want beide leerlingen kunnen zien hoeveel potloden er in de 'backpack' zitten. Als je een *information gap* inbouwt, wordt de vraag naar de hoeveelheid schoolartikelen een echte informatieve vraag. De taalsituatie wordt nog realistischer als er een reden is waarom de ene leerling steeds weer opnieuw dezelfde vraag stelt. Dan is de taal echt een communicatiemiddel en niet slechts een trucje om de taalfunctie in te slijpen.

> **Opdracht 4**
> - Bedenk twee manieren hoe je bij deze activiteit een *information gap* kunt inbouwen.
> - Geef de *information gap* nu een inhoudelijke focus, zodat de dialoog ook werkelijk spannend wordt. Tip: maak er een wedstrijdje van.

8.6 De oefenfase in de lespakketten

De oefenfase is buitengewoon goed vertegenwoordigd in de lespakketten. Elk pakket biedt een keur aan mondelinge en schriftelijke oefeningen, zoals:
- naspreekoefeningen;
- uitspraakoefeningen;
- drills, al dan niet communicatief;
- spelletjes;
- liedjes;
- puzzels;
- *true/false*-oefeningen;
- *matching exercises*;
- oefeningen met een *information gap*;
- invuloefeningen;
- spellingsoefeningen;
- rollenspelen/dialogen (zie 8.7).

Op deze en de volgende twee bladzijden vind je enkele voorbeelden.

Uit: *Happy Earth 2*

Classroom phrases:
Spreekvaardigheid, unit 8.

8 ▪ De oefenfase

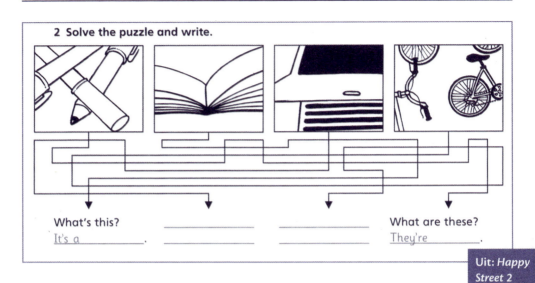

Uit: *Happy Street 2*

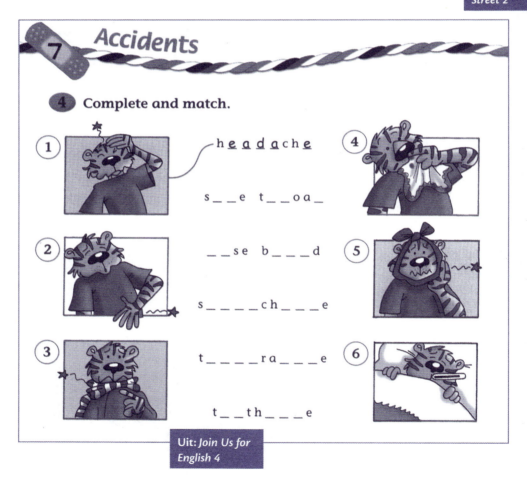

Uit: *Join Us for English 4*

8.6 ■ De oefenfase in de lespakketten

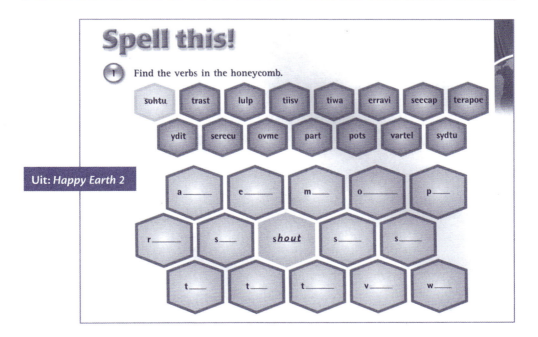

Uit: *Happy Earth 2*

Het is aan de leerkracht om een keuze te maken uit de grote hoeveelheid oefenmateriaal. Kort samengevat dient de oefenstof in de oefenfase aan de volgende voorwaarden te voldoen:

- de oefeningen moeten passen binnen het thema dat aan de orde is;
- de taal die geoefend wordt moet al in de inputfase aangeboden en verwerkt zijn;
- de oefeningen moeten communicatief en realistisch zijn en een inhoudelijke focus hebben;
- de oefeningen moeten een bijdrage leveren aan het productdoel van de lessencyclus.

8.6.1 Spellingsoefeningen

Aangezien spelling expliciet genoemd wordt in de herziene kerndoelen van 2005 (kerndoel 15) besteden we er hier apart aandacht aan. In de recente lespakketten komt deze vaardigheid voldoende aan de orde.

Van receptief via reproductief naar productief

Net als bij het leerfasenmodel voor een lessenserie rond een thema doorloopt de ontwikkeling van het woordbeeld ook een cyclus van receptief via reproductief, naar productief.

Met receptief wordt bedoeld dat leerlingen de spelling van bepaalde woorden kunnen herkennen, zoals in een 'letter block' (zie 6.2.5) en in 'scrambled words' (woorden maken met letters die door elkaar staan). Bij deze oefeningen hoeft de leerling de spelling van de woorden dus niet nog niet actief te beheer-

Classroom phrases:
Spreekvaardigheid, unit 8.

sen, maar zij dragen wel bij aan het woordbeeld. Door middel van *matching exercises* (plaatje-woord) oefenen kinderen niet alleen de woordbetekenis, maar ook de ontwikkeling van het woordbeeld. Ook door middel van leesteksten absorberen de leerlingen de spelling van woorden (zie hoofdstuk 16).

De invuloefening uit *Join Us for English* (zie bladzijde 162) is *reproductief*: de oefening houdt het midden tussen actief en passief beheersen van de spelling. Door leerlingen woorden te laten opschrijven, onthouden ze die beter: door de handeling 'beklijft' het woord.

In de oefening uit *Happy Street* (zie bladzijde 162) wordt de spelling actief, oftewel *productief* geoefend: de leerling moet het woord nu zelf kunnen spellen. Ook een schriftelijke drill van een functie kan leiden tot het sneller automatiseren van de taalmiddelen die nodig zijn om het productdoel te bereiken: een gesprekje voeren over het onderwerp dat in de lessencyclus aan de orde is.

8.7 Rollenspelen

Het rollenspel is bij uitstek de werkvorm waarbij leerlingen kunnen ervaren dat zij het Engels dat zij leren ook concreet kunnen toepassen. Al doende krijgen zij durf om te proberen dat wat zij *zelf* willen zeggen in het Engels te formuleren. Basisschoolkinderen willen graag Engels spreken – Engels heeft bij hen een hoge status – en rollenspelen verschaffen hun een kader om die wens vorm te geven.

8.7 ▪ Rollenspelen

Bij Engels in het basisonderwijs onderscheiden we vijf soorten rollenspelen, variërend van volledig gesloten naar volledig open:
1. uit het hoofd geleerde gesprekjes;
2. gesprekjes met variatiemogelijkheden;
3. rollenkaarten met tekstinstructie;
4. rollenspelen met situatiebeschrijving;
5. kleine toneelstukjes.

Alleen de eerste drie soorten zijn geschikt voor de oefenfase. De laatste twee zijn daarvoor te open en horen dus thuis in de overdrachtsfase. Overigens is de scheidslijn tussen de oefenfase (geleide transfer) en de overdrachtsfase (vrije transfer) niet gemakkelijk te trekken.

8.7.1 Uit het hoofd geleerde gesprekjes

Uit: *Real English, let's do it! 1*

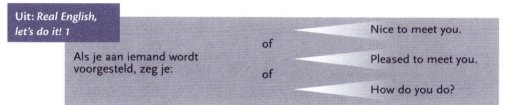

Als je aan iemand wordt voorgesteld, zeg je: Nice to meet you. of Pleased to meet you. of How do you do?

Uit het hoofd geleerde gesprekjes zijn volkomen gesloten, alle elementen liggen vast. Zulke dialoogjes met een vast patroon zijn prettig om te memoriseren en altijd bij de hand te hebben. Het zijn bij uitstek de taalmiddelen om eerste contacten te leggen en daarop te reageren.

8.7.2 Gesprekjes met variatiemogelijkheden

Uit: *Real English, let's do it! 1*

The classroom shop
Met een groepje van vier richt je eerst een winkel in met spullen die je op school goed kunt gebruiken. Daarna verdeel je de rollen: twee van jullie zijn verkopers, de andere twee zijn klanten. Je bent pas klaar als je alle vier een keer zowel klant als verkoper geweest bent.

Gebruik de volgende zinnen:

- Hello, good morning/good afternoon.
- Can I help you?
- Can I have ..., please?
- How much is it?
- It's ... (fifty pence, two pounds etc.)
- Here you are.
- Thanks/thank you.
- You're welcome.

Classroom phrases:
Spreekvaardigheid, unit 8.

De inbreng van de leerlingen blijft beperkt tot het invullen van de noties. Het gesprekje op bladzijde 165, hoe eenvoudig ook, bereidt de kinderen voor op het productdoel; de taalmiddelen waren al aangeboden in de inputfase.

In bijlage 2 staat een dialoog uit *Ready, Steady, Go!*, een voorbeeld van een audiolinguaal lespakket. Deze dialoog dient slechts om bepaalde structuren en woorden te oefenen. Hij staat niet in het kader van een bepaald thema, maar bestaat uit een aantal losse elementen die aan elkaar zijn geplakt. Hier wordt wel gesproken, maar niet echt gecommuniceerd.

8.7.3 Rollenkaarten met tekstinstructie

Dit type rollenspel biedt optimale mogelijkheden om te *differentiëren* in de oefenfase. Ze zijn ook door hun relatief open karakter een goede voorbereiding op de overdrachtsfase. Rollenkaarten komen alleen voor in Nederlandse lespakketten. De tekstinstructies worden dan in het Nederlands gegeven in de indirecte rede. Ze zijn weliswaar gesloten, maar er zijn – zoals altijd met taal – verschillende manieren om iets te zeggen. De leerlingen hebben hier dus al een flinke eigen inbreng (geleide transfer), want ze moeten zelf bedenken hoe je zoiets zou kunnen zeggen. Relatief veel scholen (vooral vvto- en vto-scholen) werken echter vaak met Britse lespakketten, die dit type rollenspel niet aanbieden omdat de exclusieve voertaal Engels is. Als we deze – op zich goede – manier om een taalgebruiksituatie door de leerlingen te laten spelen, toch willen gebruiken, zullen we zelf rollenkaarten moeten maken of de eventueel aanwezige Nederlandse rollenkaarten moeten aanpassen. Doe dat als volgt:

1 Kijk naar de rollenkaarten op bladzijde 167. De Nederlandse instructies zijn al vervangen door Engelse. Dat geeft de leerlingen de nodige taalsteun, omdat in de instructie vraag en antwoord vaak al besloten liggen. De eigen inbreng wordt bepaald door de verschillende manieren om iets te zeggen en de variatiemogelijkheden. De onzekere leerling kan de Engelse dialoog op de achterkant raadplegen.
2 De snellere leerling kan op vele manieren de eigen inbreng nog verder vergroten:
   • door gebruik te maken van de variatiemogelijkheden die in de balkjes onderaan op de kaartjes staan vermeld;
   • door de taalfuncties en -noties te gebruiken die in de introductiefase zijn geactiveerd;
   • door de incidenteel verworven taal in de praktijk te brengen die is gepresenteerd in de luisterteksten in de inputfase;
   • door buitenschools verworven taal te gebruiken.

8.7 ▪ Rollenspelen

Voorkant (tekstinstructiekaart A):

Customer	Shop assistant
1 Greet the shop assistant.	1 Greet the customer.
2 Say what you want to buy.	2 Show it to the customer.
3 Ask how much it is.	3 Answer the customer.
4 Give the money.	4 Thank the customer and give change.
5 Thank the shop assistant.	5 React politely and say goodbye.
	2 Say that they are sold out.
2a Ask for something else.	**2b Say that you still have a lot of them.**

Achterkant:

Customer	Shop assistant
1 Hello.	1 Hello, can I help you?
2 Can I have (a pen), please?	2 Of course. Here you are.
3 How much is it?	3 (One pound.)
4 Here you are.	4 Thank you. Here's your change.
5 Thank you.	5 You're welcome! Bye bye!

Er zijn eindeloos veel alternatieven denkbaar: de klant vraagt of de verkoper het artikel ook in een andere kleur heeft; de verkoper noemt alle kleuren op die hij heeft; de klant kiest een bepaalde kleur en vraagt daarna weer hoeveel het kost, enzovoort.

Er zijn dus voor differentiatie drie variaties mogelijk:
- kaarten met alleen instructies in het Engels;
- kaarten met Engelse instructies en op de achterkant de Engelse dialoog;
- kaarten die ook nog alternatieve suggesties geven.

Classroom phrases:
Spreekvaardigheid, unit 8.

Tekstinstructiekaart B

Opdracht 5
Maak van tekstinstructiekaart B een kaart zoals in voorbeeld A op bladzijde 167.

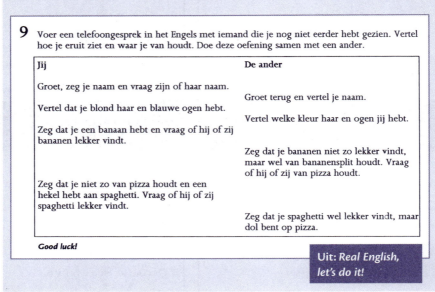

In de vormgeving is ook nog enige variatie mogelijk:
- de spelers krijgen elk een kaart met alleen de eigen instructies (zie voorbeeld A op bladzijde 167);
- de spelers krijgen elk een kaart met de eigen instructies waarop ook staat aangegeven wanneer de ander iets gaat zeggen, maar niet wat;
- de spelers krijgen identieke kaarten, waarop ook de instructies voor de partner staan afgedrukt (zie voorbeeld B op bladzijde 168).

Deze laatste vorm veroorzaakt de minste verwarring. Bij de eerste twee soorten kan verwarring ontstaan over wanneer de ander iets gaat zeggen en wanneer hij uitgesproken is.

Dergelijke tekstinstructiekaarten worden *flowcharts* genoemd: gesprekken waarvan het verloop gevisualiseerd wordt.

In de praktijk is gebleken dat tekstinstructiekaarten uitstekend voldoen in de oefenfase bij het oefenen in tweetallen. Het is aan te raden om er veel mee te werken. Het zelf maken van de kaarten bij elk thema lijkt veel werk, maar ze zijn altijd weer opnieuw te gebruiken, mits ze geplastificeerd zijn.

8.7.4 Zelf dialogen schrijven

Hoewel alle lespakketten voor Engels gesloten spreekoefeningen met variatiemogelijkheden geven, zijn deze niet altijd even zinnig en toepasbaar. Ze beantwoorden niet allemaal aan de eisen die aan een goede dialoog gesteld worden, noch zijn ze altijd in iedere oefenfase aanwezig. In zulke gevallen kan de leerkracht besluiten zelf dialogen te schrijven. Die moeten dan voldoen aan de volgende eisen:
- ze moeten altijd binnen het thema passen;
- de taalfuncties en -noties moeten bekend zijn;
- er moet sprake zijn van een reële taalsituatie;
- de zinnen mogen niet te lang zijn: maximaal zes tot acht lettergrepen;
- de dialogen mogen niet te lang zijn: maximaal drie tot vier zinnen per kind.

De laatste twee eisen kunnen iets soepeler gehanteerd worden naarmate de leerlingen meer Engels hebben gehad, maar moeten altijd binnen redelijke grenzen blijven.

> **Opdracht 6**
> Aan welke van de bovengenoemde voorwaarden voldoet de rollenkaart met tekstinstructie B op bladzijde 168 niet?

Er resten nu nog twee soorten rollenspelen: rollenspelen met situatiebeschrijving en kleine toneelstukjes. Dit zijn open taalproductieactiviteiten en horen als zodanig thuis in de overdrachtsfase. Zij worden in het volgende hoofdstuk behandeld.

8.8 Leerdoel van de oefenfase

De leerlingen kunnen bepaalde taalfuncties en -noties in gesloten oefensituaties gebruiken.

Voor classroom phrases bij de oefenfase, zie *Praktische taalvaardigheid voor Engels in het basisonderwijs – Spreekvaardigheid*, unit 8.

De overdrachtsfase

 De leraar weet hoe hij de leerlingen moet begeleiden om de nieuwe stof samen met de voorkennis in vrijere opdrachten toe te passen, als tussenstap naar het gebruik van Engels buiten school.
De leraar kan daarbij differentiatiemogelijkheden aanbieden.

9.1 Inleiding

De doelstelling van de overdrachtsfase luidt dat de leerling in staat is bepaalde taalfuncties en -noties die hij in de oefenfase gericht geoefend heeft, te gebruiken in relatief vrije communicatiesituaties.

De overdrachtsfase is dus de fase waarin zowel het productdoel van de lessencyclus wordt verwezenlijkt alsook kerndoel 14. Daarom dient in de overdrachtsfase een situatie geschapen te worden waarin deze doelstelling wordt gerealiseerd, dat wil zeggen waarin gesprekjes worden gevoerd waarbij de woorden en zinnen niet precies vastliggen, zoals in de oefenfase. Deze doelstelling zal eerder worden bereikt wanneer in de oefenfase al op een communicatieve manier geoefend is en de eigen inbreng van de leerlingen, bijvoorbeeld door het gebruik van veel alternatieve taalfuncties en -noties bij tekstinstructie, al relatief groot is aan het eind van de oefenfase, waardoor de overgang naar de overdrachtsfase soepel verloopt.

Open opdrachten
In de overdrachtsfase wordt de werkelijkheid het meest benaderd: de leerlingen worden nu voorbereid op een taalsituatie waarin ze in werkelijkheid terecht kunnen komen en waar ze zich zullen moeten zien te redden *zonder* leerkracht. Het is dus van belang dat er werkelijk *open* opdrachten worden gegeven, waarin de kinderen verschillende soorten kennis met betrekking tot het thema kunnen integreren: de eigen voorkennis, kennis verworven in de vorige drie fasen en eerder verworven kennis uit vorige thema's.

Vakconcept vóór lespakket
Helaas wordt niet in alle lespakketten elk thema afgesloten met een vrije spreekactiviteit. Net als aan de introductiefase wordt aan de overdrachtsfa-

> Voor classroom phrases bij de overdrachtsfase, zie *Praktische taalvaardigheid voor Engels in het basisonderwijs – Spreekvaardigheid*, unit 9.

se dikwijls weinig aandacht besteed, terwijl het juist voor zowel de leerlingen als de leerkracht erg belangrijk is om regelmatig de verworven kennis in praktijk te brengen. Dan zien de leerlingen immers het resultaat van wat ze geleerd hebben, waardoor hun motivatie wordt vergroot en de leerkracht kan zien of het geleerde ook inderdaad door de leerlingen wordt toegepast, of dat een en ander nog remediërende activiteiten behoeft.

De overdrachtsfase is altijd het productdoel van een lessencyclus rond een thema. Als een thema niet wordt afgesloten met een vrije spreekactiviteit, krijgen de leerlingen niet de kans om toe te passen wat zij in al die lessen hebben geleerd. Zo'n lessencyclus gaat dan als een nachtkaars uit: het is alsof je hebt leren zwemmen en niet mag afzwemmen, of wekenlang hebt gerepeteerd voor een toneelstuk en er komt geen première. Als het lespakket niet in de behoefte aan transfer voorziet, is het aan de leerkracht om dit tekort aan te vullen.

> **VAKCONCEPT VOOR LESPAKKET**

9.2 Geschikte leeractiviteiten in de overdrachtsfase

De lespakketten die spreekactiviteiten voor de overdrachtsfase aanbieden, beperken zich meestal tot open rollenspelen. Toch is er meer variatie mogelijk en nodig.

De volgende leeractiviteiten zijn, naast de open rollenspelen, geschikt voor de overdrachtsfase:
- open spelvormen;
- enquêtes en interviews, bijvoorbeeld over hobby's of dagindeling;
- kleine presentaties, bijvoorbeeld een modeshow met een *ladyspeaker*;
- een *car boot sale* (rommelmarkt) bij het thema 'shopping';
- een taaldorp (zie de illustratie op bladzijde 251).

Op bladzijde 173 zie je een voorbeeld van een enquête uit *The Team*.

De leerkracht kan de open spreekopdracht die zich afspeelt in de lunchroom (zie de open spreekopdracht op bladzijde 173) uitdagender en afwisselender maken door de leerlingen erop te wijzen dat zij daarbij ook de functies 'What do you like?', 'I like ...', 'I don't like ...', 'I love ...' en 'I hate ...' kunnen gebruiken. Niet alleen kunnen deze twee thema's dus uitstekend gecombineerd worden, maar de kinderen leren ook spelenderwijs het verschil tussen 'What *do* you like?' en 'What *would* you like?', terwijl de uitleg van de grammaticale regel nodeloos ingewikkeld zou zijn.

Alle open opdrachten in de overdrachtsfase moeten aan een aantal voorwaarden voldoen:
- ze moeten goed voorbereid zijn door voldoende input en oefening;

9.2 ■ Geschikte leeractiviteiten in de overdrachtsfase

Team Task

b Favourite programme
Schrijf van ieder teamlid het lievelingsprogramma op.
What is your favourite programme?

Team member	Favourite programme

c Why do you like it?
Vraag waarom iedereen dat programma zo leuk vindt.
Why do you like it so much?

Team member	likes this programme so much, because...

d Most favourite
Maak een topdrie van de best bekeken programma's.
What is the favourite programme in your team?

1. _____
2. _____
3. _____

Voorbeeld van een enquête, uit: *The Team*

---

12 What would you like?
Je gaat nu een toneelstukje maken. Het speelt zich af in een lunchroom. Een ober (waiter) vraagt aan twee of drie klanten wat ze willen hebben. Hier is de menukaart:

Ham sandwich	£ 1.20	Coke	80 p
Cheese sandwich	£ 1.20	Fruit juice	80 p
Egg sandwich	£ 1.40	Coffee	70 p
Chips	£ 1.00	Tea	60 p
Hamburger	£ 1.80	Milk	60 p
Cheeseburger	£ 1.80	Milkshake	£ 1.00
Hot dog	£ 1.50	Ice cream	80 p
Pizza	£ 2.50		

Open spreek-opdracht, uit: *Real English, let's do it! 1*

Gebruik de volgende uitdrukkingen:

- What would you like?
- I would like...
- How much is...?
- It is... (£ 1.50).
- Yes, please.

- No, thank you.
- Waiter!!!
- Here you are.
- Thank you.

Classroom phrases:
Spreekvaardigheid, unit 9.

173

- het moeten voor de kinderen zinnige en interessante opdrachten zijn met een inhoudelijke focus;
- ze moeten binnen het kader vallen van het thema dat aan de orde is geweest.

Geen verrijkingsfase
De overdrachtsfase is geen verkapte 'verrijkingsfase' voor de betere leerlingen. *Alle* kinderen moeten de gelegenheid krijgen hun nieuw verworven kennis toe te passen. Dat is mogelijk met behulp van differentiatie: bij de spreekopdracht uit *Real English, let's do it!* op bladzijde 173 hebben de leerlingen de keuze om wel of niet de bijbehorende functies bij de hand te houden als geheugensteuntje. (Zie voor differentiatie ook hoofdstuk 12.)

Discussies niet geschikt
Discussies in het Engels zijn uiteraard niet haalbaar – hoewel hierbij zeker sprake is van open taalproductie –, aangezien het verloop onvoorspelbaar is en de leerlingen dus niet kunnen worden voorbereid. Ze missen de taalmiddelen om een discussie te voeren zonder in 'steenkolenengels' te vervallen of over te gaan op het Nederlands.

9.3 Open rollenspelen: vrije transfer

9.3.1 Rollenspelen met situatiebeschrijving

Het principe hiervan is hetzelfde als bij de rollenkaarten met tekstinstructie. De instructie bestaat nu uit een korte beschrijving in het Nederlands van de rol die de leerling in een bepaalde situatie moet gaan vervullen. Een situatiebeschrijving houdt in ieder geval in:
- setting;
- rollen;
- onderwerp.

> **Opdracht 1***
> Kijk nogmaals naar de spreekopdracht uit *Real English, let's do it!* op bladzijde 173. Wat is hier de setting, wat zijn de rollen en wat is het onderwerp?

Behalve de drie bovengenoemde elementen ligt bij dit rollenspel met situatiebeschrijving niets vast. De leerlingen moeten nu improviseren en hebben een maximale eigen inbreng binnen dit kader.

Mocht de leerkracht besluiten zelf een rollenspel met situatiebeschrijving te maken, dan dient hij zich ervan te vergewissen dat er voldoende input en oefening is geweest in de drie voorafgaande fasen om het rollenspel goed te laten verlopen.

9.3.2 Kleine toneelstukjes

Over het algemeen is deze meest open vorm van rollenspelen *niet* geschikt voor het basisonderwijs. Geheel zelfstandig een taalsituatie invullen met setting, rollen en onderwerp is veel te vaag.

Opdracht 2*
Raadpleeg eerst de voorwaarden voor vrije spreekopdrachten in 9.2. Bespreek vervolgens in groepjes of de volgende opdrachten aan de voorwaarden voldoen en of ze uit te voeren zijn. Motiveer je antwoord. Zouden deze opdrachten, indien nodig, eventueel aangepast kunnen worden? Zo ja, hoe?

Uit: *The Team, Workbook*

Uit: *Real English, let's do it! 2*

Classroom phrases:
Spreekvaardigheid, unit 9.

9.4 Open spelvormen

Bij gesloten taalspelletjes wordt maar één taalfunctie of structuur gebruikt, bijvoorbeeld 'Have you got?', 'Does she like?', 'Is it?' Bij open taalspelletjes liggen de taalfuncties niet vast. Voor deze vorm van taalspelletjes geldt hetzelfde als voor de open rollenspelen: de taalmiddelen moeten ooit al eens aangeboden zijn geweest. Het is aan te bevelen een aantal mogelijke functies op het bord te schrijven en kort te herhalen.

Voorbeelden van open taalspelen zijn: 'I'm thinking of' (14.4.1), 'spelling bee' (14.4.3) en 'the cocktail party' (14.4.2).

9.5 De realistische taalsituatie

De in 9.2 genoemde leeractiviteiten benaderen de werkelijkheid en zijn daarop een goede voorbereiding. Beter nog is het om een situatie te scheppen waarin de kinderen écht kunnen toetsen of zij zich verstaanbaar kunnen maken en Engels kunnen begrijpen in contact met Engelssprekenden. Daarvoor is het tegenwoordig niet nodig om met een klas naar Groot-Brittannië te gaan.

Een goed voorbeeld van een dergelijke realistische taalsituatie (en van CLIL!) is een les bewegingsonderwijs die werd verzorgd door een student met contacten in de sportwereld. Hij nodigde twee Amerikaanse basketbalprofs uit om een les te geven aan een bovenbouwgroep. Hij vertelde dat het hem had verbaasd hoe goed de kinderen de basketballers begrepen.

Een dergelijke les beantwoordt aan een aantal procesdoelen tegelijk:
- Om met de basketballers te communiceren, moesten de leerlingen zelf ook durven spreken en niet bang zijn om fouten te maken. De praktijk leert dat ze dat ook niet zijn. Het accent ligt in deze situatie immers niet op het *hoe*, maar op het *wat*: als de taalinhoud voor het kind van belang is, verwerft het zich de taal die het nodig heeft veel sneller. De focus in deze situatie is inhoudelijk en probleemoplossend: hier is de taal een middel om te leren basketballen.
- Engels wordt hier in samenhang met andere vakken gegeven.
- Deze bovenbouwgroep beseft na deze les natuurlijk heel goed dat Engels een internationale taal is.
- Er is hier alle ruimte voor *natuurlijke differentiatie*. De ene leerling vraagt misschien 'Can you show me how to do that?', terwijl een ander zegt 'Show me (please)' en evenveel bereikt.

De realistische taalsituatie kan ook op een natuurlijke manier uit de schoolsituatie voortvloeien, getuige dit stageverslag:

> Op de 2e Daltonschool komen regelmatig buitenlanders op bezoek, zoals vorige week twee keer elf Denen. Het is de gewoonte dat na een introductie over het daltononderwijs leerlingen uit de achtste groep deze gasten rondleiden door de school. Zij doen dit dan in het Engels. Dit lijkt mij een goede transfer.

9.6 Een realistische taalsituatie in de klas: Engels als instructietaal

Om de blootstelling aan (kwalitatieve) input tijdens de Engelse les zo groot mogelijk te laten zijn maakt de startbekwame leraar gebruik van het doeltaal-voertaalprincipe. Tijdens de lessen spreekt de leraar zo veel mogelijk Engels met de leerlingen.

Veel leerkrachten gebruiken het Nederlands als voertaal tijdens de Engelse les, speciaal voor sociale interactie, aanwijzingen en instructies. Zij laten dan wel een unieke kans liggen om de input van de vreemde taal te vergroten en op een natuurlijke manier een realistische taalsituatie te scheppen. Ook geeft de leerkracht hiermee impliciet aan dat Engels niet geschikt is als communicatiemiddel in praktische situaties.

9.6.1 Argumenten voor het gebruik van *classroom language*

Taalaanbod
Volgens Krashen (zie 3.5.4) is de mate van taalverwerving grotendeels afhankelijk van de hoeveelheid begrijpelijke input met een inhoudelijke focus en hij is dan ook van mening dat in de klas uitsluitend de doeltaal moet worden gebruikt. Door veel naar een vreemde taal te luisteren, verwerven leerlingen woorden en structuren zonder daar extra moeite voor te hoeven doen (incidenteel leren).

Incidenteel leren
Daar komt nog bij dat basisschoolleerlingen veeleer taalverwervers zijn dan taalleerders (zie 1.2), zodat zij optimaal kunnen profiteren van een groot aanbod van informele taal. Uit het PPON-onderzoek van 2006 blijkt dat de luistervaardigheid voor Engels van basisschoolleerlingen hoog is. Zij zullen dus weinig moeite hebben aanwijzingen en dergelijke te volgen die de leerkracht in het Engels geeft.

Productieve taalschat
Door zelf zo veel mogelijk Engels te spreken, verhogen we niet alleen de receptieve, maar ook de productieve taalschat van de leerlingen: op een bepaald moment zullen de kinderen de verworven taal ook willen gaan gebruiken. Ze hebben daarvoor meer taal tot hun beschikking dan alleen de taal die via het lespakket wordt aangeboden. Bovendien zijn allerlei uitdrukkingen die in de

Classroom phrases:
Spreekvaardigheid, unit 9.

klas gebruikt worden ook weer buiten de klas toepasbaar, zoals 'Wait a moment', 'Here you are', 'Thank you', 'What's the matter?', 'I see'. Na een tijdje wordt Engels in de klas door de leerlingen als iets vanzelfsprekends ervaren.

Aanvulling op het taalaanbod in Nederlandse lespakketten
Nog een argument voor het gebruik van *classroom language* is dat het Engelse taalaanbod in sommige Nederlandse lespakketten relatief klein is, bijvoorbeeld bij instructies, informatie en uitleg. *Classroom language* is dus een noodzakelijke aanvulling op het taalaanbod dat door het lespakket wordt aangereikt (zie het voorbeeld op bladzijde 150).

Realistische taalsituatie
Naast het vergroten van de input scheppen we door *classroom language* ook een realistische taalsituatie in de klas. De taalsituatie wordt in de klas niet nagespeeld, zoals bij een rollenspel, de klas *is* een taalgebruiksituatie, met een setting (klas), rollen (leerkracht, leerlingen) en een onderwerp (een taal leren). Leerlingen zien daardoor dat ze Engels ook daadwerkelijk kunnen gebruiken als communicatiemiddel, wat zeer motiverend werkt.

Contextgegevens
In plaats van over te gaan op het Nederlands als de leerlingen er blijk van geven een instructie niet meteen te begrijpen is het beter de instructie uit te breiden of nog eens op een andere manier te zeggen, getuige het volgende lesverslag (zie 14.4.4 voor uitleg over het spel 'picture dictation'):

> Bij 'picture dictation' leverde het woord 'chimney' problemen op. De studente vroeg de kinderen even te wachten en voegde er toen aan toe: 'Smoke is coming out of the chimney', waardoor iedereen de betekenis van 'chimney' uit de context kon afleiden.

Zoals bekend onthouden leerlingen woorden die zij zelf uit de context hebben afgeleid beter dan woorden die zij uit het hoofd hebben moeten leren.

Meertalige leerlingen
Het is eveneens van belang zo veel mogelijk eentalig te werken ten behoeve van meertalige leerlingen (zie 12.2).

9.6.2 Visualiseren

Het allerbelangrijkste is alle *classroom language* visueel te ondersteunen met *gebarentaal*. Door deze buitentalige informatie en door de context wordt veel nieuwe taal begrepen. Als we onze instructies op het moment *zelf* uitvoeren, kan elk kind *zien* wat we bedoelen. Dit is een voorbeeld van natuurlijk gebruik van de TPR-techniek (zie 3.5.6) in de klas. Juist door instructies in de vreemde taal te krijgen en uit te voeren, waarbij taal vergezeld gaat van handelingen, maken leerlingen zich in korte tijd taal eigen.

9.7 Fouten corrigeren in de overdrachtsfase

'The performance criterion for pronunciation and grammatical accuracy should not be so high (...) that students come to feel that the only purpose of speaking is to avoid making mistakes.' (Blair, 1982)

Positieve houding

De in 9.5 genoemde taalsituaties dragen bij tot het tweede deel van kerndoel 14, namelijk een positieve houding ten opzichte van Engels. Ten eerste worden de kinderen gestimuleerd Engels te spreken en ten tweede om niet bang te zijn om fouten te maken. Dat er fouten gemaakt zullen worden is duidelijk: het is tenslotte een open situatie. Hoe de leerkracht hierop reageert is heel belangrijk.

Spreekangst voorkomen

Spreekangst met betrekking tot een vreemde taal, die we vooral bij volwassenen aantreffen, wordt veroorzaakt door het correctheidsprincipe waarbij elke fout die gemaakt wordt, wordt afgestraft. Het logische gevolg is dat mensen hun mond niet meer open durven te doen, omdat zij bang zijn om fouten te maken, terwijl taal toch in de eerste plaats een communicatiemiddel is. Een voortdurende correctie van fouten heeft dus een averechts effect.

Basisschoolleerlingen kennen deze angst (nog) niet. Zij staan onbevangen tegenover het spreken. Daarom moet in de overdrachtsfase de nadruk liggen op de mate waarin het kind zich kan redden. Het mag best fouten maken, zolang deze fouten de communicatie niet in de weg staan. De leerkracht heeft hier als voornaamste taak de positieve houding te bevorderen. Hoe je dat het beste kunt doen, komt aan de orde in hoofdstuk 13.

Voor classroom phrases bij de overdrachtsfase, zie *Praktische taalvaardigheid voor Engels in het basisonderwijs – Spreekvaardigheid*, unit 9.

Eindopdrachten vierfasenmodel

De beginnende leraar kan, uitgaande van een duidelijk vakconcept, kritisch met een methode werken.

Het vierfasenmodel is nu uitgebreid behandeld in de hoofdstukken 5 tot en met 9. Hieronder staan twee opdrachten die bedoeld zijn om je kennis van het vierfasenmodel in praktijk te brengen. Veel succes!

Opdracht 1*
- Ontwerp een lessencyclus rond een van de thema's van Engels in het basisonderwijs volgens het vierfasenmodel met behulp van het lespakket dat op je stageschool wordt gebruikt.
- Geef ten minste twee aaneengesloten lessen van deze lessencyclus.
- Spreek Engels tijdens de lessen.

Opdracht 2*
- Evalueer in tweetallen de opbouw van unit 8 uit *Real English, let's do it!* deel 1, aan de hand van het vierfasenmodel. Gebruik daarbij zowel het textbook als het workbook.
- Hoeveel lessen denk je nodig te hebben om dit thema af te ronden? Aandachtspunten:
  - Komen alle vier fasen voldoende aan de orde?
  - Voeg eventueel onderdelen toe die ontbreken.
  - Vervang of verwijder onderdelen die volgens jullie niet binnen het thema passen.
  - Verwijder onderdelen die volgens jullie overbodig zijn.
  - Verander eventueel de volgorde van de leeractiviteiten.

Content and Language Integrated Learning 10

 De student kan voorbeelden geven van de toepassing van Engelstalige bronnen uit andere vakcontexten.

10.1 Inleiding

CLIL (Content and Language Integrated Learning) is de achterliggende didactische methode van tweetalig onderwijs. Het houdt in dat een gedeelte van de zaakvakken, bijvoorbeeld aardrijkskunde, geschiedenis en biologie (Content), in een andere dan de moedertaal (Language) wordt aangeboden. Op die manier worden dus twee vakken geïntegreerd (Integrated) en twee vakinhouden geleerd (Learning). Tijdens de tto-lessen en bij activiteiten in het kader van internationalisatie (versterkt vreemdetalenonderwijs) spreken de docenten geen Nederlands, maar een vreemde taal. Engels is de vreemde taal die bij tweetalig onderwijs het meest als exclusieve voertaal gebruikt wordt. CLIL wordt vaak gezien als een nieuw fenomeen. Dat is het echter niet: al sinds 1989 bestaat tweetalig onderwijs (tto) in Nederland en wel in het voortgezet onderwijs, maar pas sinds de eeuwwisseling wordt het ook op de vvto-scholen toegepast.

De twee belangrijke doelen die het tto hiermee nastreeft zijn:
- het vergroten van de taalbeheersing van leerlingen;
- het verkrijgen van een internationale oriëntatie (Den Boon et al, 2010).

Daarnaast heeft CLIL nog een aantal andere doelen:
- opbouw van interculturele kennis en begrip;
- ontwikkeling van interculturele communicatieve vaardigheden;
- verbetering van zowel actieve als passieve taalvaardigheden;
- meer contact met de doeltaal zonder dat er extra uren ingezet worden;
- diversiteit binnen de lesmethoden in de klas;
- verbeterde motivatie van de leerling door extra bevestiging van taalvaardigheden.

Uit een enquête onder leerkrachten die betrokken zijn bij vvto (zie 1.3) blijkt dat deze doelstellingen in de praktijk inderdaad bereikt worden. Op deze manier gebruiken leerlingen Engels om de wereld te verkennen, en door de wereld te verkennen, verbeteren ze hun Engels!

De CLIL-methode is geen apart vakgebied, maar wordt naast het vak Engels gebruikt. Wat de leerlingen geleerd hebben tijdens het vak Engels wordt toegepast in de CLIL-lessen.

10.2 Taalverwerving door middel van CLIL

10.2.1 Connectionisme

Als je twee vakken tegelijk aanbiedt die op zich niets met elkaar te maken hebben, levert dat in ieder geval tijdwinst op: 1+1=2, maar in het geval van CLIL is 1+1 veel meer dan 2, misschien zelfs wel 4 of 5. Er gebeurt namelijk iets wonderlijks in de hersenen waardoor de leerlingen bij twee vakken tegelijk meer leren dan bij elk vak afzonderlijk. Dat gaat zo: de hersenen bevatten netwerken van zenuwcellen. Als twee afzonderlijke netwerken tegelijk geprikkeld worden en die prikkels elk uit een andere categorie komen, worden verbindingen gelegd tussen die twee netwerken. Door het activeren van een aantal elementen tegelijk, worden de neurale netwerken in de hersenen versterkt. Dat heeft tot gevolg dat zowel het leervermogen als het geheugen aanzienlijk vooruitgaan. Dit wonderlijke proces functioneert het best als de hersencellen veel uiteenlopende elementen moeten verwerken (een soort *multitasking*) en dat dit vaak en met korte tussenpozen gebeurt, zodat de verbindingen eraan gaan wennen. Door regelmatig dezelfde twee elementen gelijktijdig aan te bieden (bijvoorbeeld aardrijkskunde en Engels), worden de verbindingen in de hersencellen steeds sneller gelegd.

Westhoff noemt dit verschijnsel 'connectionisme' en zegt er het volgende over:

> 'De term "connectionisme" wordt meestal gebruikt om de hersenactiviteit te beschrijven bij de neurale netwerken in het menselijk brein. Baby's worden met deze netwerken geboren, die geactiveerd worden door cognitieve (en andere soorten) prikkels. De verbindingen worden ofwel versterkt door veelvuldig gebruik, of ze sterven af door gebrek aan prikkels. Dit is gekoppeld aan "leren" en "geheugen".' (Westhoff, 2004)

Een voorbeeld maakt duidelijk wat CLIL aan leeropbrengsten oplevert.

> Een groep Engelse leerlingen heeft het hele voorgaande cursusjaar aardrijkskunde in het Frans gehad. Hier volgen hun antwoorden op de vraag of ze nu meer of minder leren bij aardrijkskunde:
>
> **Leerling 1:** 'Toen we vorig jaar begonnen, begrepen we er niets van. *Nu gaat het beter.*'
> **Leerling 2:** 'Bij Frans leer je alleen maar over dieren en zo, maar bij aardrijkskunde moet je iets leren over de wereld. Omdat we aardrijkskunde in het Frans doen, hebben we een *hoger niveau.*'
> **Leerling 3:** '*Het ene vak helpt het andere.* Het is makkelijker om de Franse lessen te begrijpen, omdat je aardrijkskunde in het Frans doet.'
> **Leerling 4:** '*Je moet beter opletten* bij Franse aardrijkskunde. Bij Frans hoef je je niet echt te concentreren.'

Hier zie je dat deze leerlingen een *hoger niveau* bereiken in de voertaal (door de grote input), dat ze zich meer moeten *concentreren,* waardoor ze meer opnemen, en dat de leerstof (aardrijkskunde én Frans) inhoudelijk *interessanter* is dan bij de gewone lessen Frans. De conclusie die we kunnen trekken is dat 1+1 hier 5 is. Een hoog rendement, kun je wel stellen.

10.2.2 Natuurlijke taalverwerving

CLIL levert van alle didactische methoden verreweg het meeste rendement op. Dat is niet verwonderlijk, omdat het gebaseerd is op natuurlijke taalverwerving. De taal wordt niet geleerd, maar *verworven* en is bovendien geen doel op zich maar een middel om de aangeboden leerstof (geschiedenis, aardrijkskunde, biologie) te begrijpen. Het beantwoordt daarmee het meest van alle didactische methoden aan de voorwaarden die Krashen (1983) aan taalverwerving stelt (zie 3.5.2-3.5.5):
- de hoeveelheid 'input' is optimaal, Engels is de voertaal voor de leerkracht en de leerlingen;
- de focus ligt op het vak dat aangeboden wordt, niet op de taal, waardoor de 'input' belangrijke informatie bevat voor de leerling;
- de taalsituatie is realistisch, uitdagend en interessant;
- taalverwerving vindt plaats als het niveau van de 'input' iets hoger ligt dan het taalniveau van de leerling, maar nog niet onbegrijpelijk is (n+1);
- nieuwe taal (+1) kun je afleiden uit de context en buitentalige informatie, zoals filmpjes, illustraties en dergelijke.

De leerkracht dient ervoor te zorgen dat de nieuwe input die betrekking heeft op het vakspecifieke onderwerp (bijvoorbeeld geschiedenis) niet onbegrijpelijk is. Dat kan door de inhoud zo veel mogelijk te visualiseren (buitentalige informatie) door te werken met mimiek, gebaren, voorwerpen, aanwijzen, plaatjes (of ander beeldmateriaal) en context.

10.3 CLIL in de praktijk

Een CLIL-project is in grote lijnen te vergelijken met een lessenserie rond een thema: de leerstof wordt opgebouwd in vier fasen, van receptief naar productief. Verderop kun je aan de hand van het CLIL-project 'Knights and Castles' van EarlyBird zien hoe dat in de praktijk gestalte krijgt.

EarlyBird heeft voor de hoogste groepen van het basisonderwijs een aanzienlijk aantal CLIL-projecten geschreven die relateren aan de kerndoelen van de zaakvakken. De onderwerpen van deze projecten zijn heel divers en aantrekkelijk voor deze leeftijdsgroep. Ze zijn vaak ook actueel, zoals het project 'Olympic Games' – een combinatie van de onderwerpen 'sport' en 'geschiedenis' – en het project 'EK Football'.
    Daarnaast zijn er projecten die op elk gewenst tijdstip uitgevoerd kunnen worden, zoals 'Zoo Animals', 'Earth and Space', 'Knights and Castles' en 'Pop Music'.
    De projecten zijn geschikt voor scholen waar kinderen al een paar jaar Engels hebben gehad en voor scholen met plusklassen of plusleerlingen. Ze staan op de portal van de website van EarlyBird: www.earlybirdie.nl. Scholen die abonnee zijn van EarlyBird, kunnen van deze portal gebruikmaken.

We nemen het project 'Knights and Castles' (Kelly &Feuerstake, 2012) om de verschillende aspecten van leren met de CLIL-methode, namelijk leerdoelen, differentiatie, werkvormen, leeromgeving, leerstofopbouw en de drie soorten taal die bij CLIL gebruikt worden, te illustreren.

10.3.1 Leerdoelen en werkvormen

Content
Alle CLIL-projecten van EarlyBird gaan uit van de kerndoelen. Bij het project 'Knights and Castles' zijn dat:

51: De leerlingen leren gebruik te maken van eenvoudige historische bronnen, aanduidingen van tijd en tijdsindeling.

52: De leerlingen leren over kenmerkende aspecten van de volgende tijdvakken: jagers en boeren, Grieken en Romeinen, monniken en ridders, steden en staten, ontdekkers en hervormers, regenten en vorsten, pruiken en revoluties, burgers en stoommachines, wereldoorlogen en Holocaust, televisie en computer.

54: De leerlingen leren beelden, taal, muziek en beweging te gebruiken om er gevoelens en ervaringen mee uit te drukken en om ermee te communiceren.

Specifieke leerdoelen:
- De leerlingen verzamelen zo veel mogelijk informatie over ridders.
- De leerlingen leren samen te werken en bij een groepsopdracht tot een gemeenschappelijke oplossing te komen.

> **Opdracht 1**
> Bij welk van de bovenstaande leerdoelen van het vakgebied 'geschiedenis' sluit het CLIL-project 'Olympic Games' aan? Motiveer je antwoord.

Language
Het doel is de woordenschat systematisch te vergroten en tot productief taalgebruik te komen.

Werkvormen
Er wordt in heterogene groepjes, tweetallen en de hele groep gewerkt. Films, liedjes, knutselopdrachten, quizzen, spelletjes, puzzels, boekjes en onderzoeksopdrachten maken deel uit van het project.

Differentiatie
Het materiaal en de activiteiten zijn afgestemd op verschillen in niveau, leerstijl en soort intelligentie, zoals 'word smart', 'body smart', 'people smart' en 'self smart' (Gardner, 1999).

Leeromgeving
De leeromgeving is digitaal. De leerlingen kunnen een groot aantal onderwerpen door middel van digitale links bestuderen, zoals: The design of a castle, King Arthur story, Information about life in the Middles Ages, Origin of the word 'castle', Famous castles, Design your own coat of arms, A virtual castle tour.

10.4 Leerstofopbouw en de drie soorten taal van CLIL

Het project bestaat uit vijf stappen: de bekende vier fasen (hoofdstuk 5) en een afsluitingsles. In deze paragraaf werken we elk van deze vijf stappen uit.

10.4.1 De introductiefase

De introductiefase bestaat uit twee lessen (2 x 45 minuten).

Les 1

a *Voorkennis activeren*

In de eerste les wordt nog Nederlands gesproken. In deze fase komt de vakspecifieke taal aan de orde: de leerkracht activeert de voorkennis van de leerlingen met betrekking tot de onbekende vakspecifieke termen, de 'kernwoorden' (*key words*):

- knight(s), helmet, visor, sword, lance, shield, suit of armour;
- castle(s), battlement, moat, drawbridge, portcullis, chain mail, windows (of arrow slits), great hall, keep;
- lord, lady, nobility, clergy, peasants, Middle Ages.

Deze kernwoorden vormen de taal die je nodig hebt om de vakinhoud te begrijpen (TAAL VAN LEREN).

De leerkracht activeert de voorkennis door middel van een multiplechoice-quiz in het Nederlands (10 minuten). De vragen staan op kaartjes. De kinderen werken in groepjes van vier. Elke groep krijgt een aantal quizkaartjes en 10 seconden om tot een gezamenlijk antwoord op een vraag te komen. Van elk groepje mag steeds een ander kind het antwoord geven. De groep die de meeste antwoorden goed heeft, heeft gewonnen.

Project 'Knights and Castles', uit: *EarlyBird*

Welke drie standen waren er in de Middeleeuwen?	Waarvoor zijn de smalle spleten in kasteeltorens?
1. Boeren, paupers, ridders 2. Monniken, kloosterlingen, boeren 3. Boeren, geestelijken, adel	1. Om de vijand aan te zien komen. 2. Om pijlen door te kunnen schieten zonder zelf geraakt te worden. 3. Om licht door te laten

De tweede activiteit is het maken van een *wordweb* per groepje van vier (15 minuten). Binnen één minuut schrijft elke leerling afzonderlijk zo veel mogelijk woorden op een blaadje die met ridders en kastelen te maken hebben. Het groepje overlegt welke woorden die elk kind heeft opgeschreven, op het groepsblad komen te staan, zodat ze per groep een *wordweb* hebben. Van de verschillende *wordwebs* wordt nu op het digibord of op een vel papier op posterformaat één *wordweb* gemaakt. Dit klassikale *wordweb* wordt gedurende het hele project bewaard. De leerkracht controleert of de kinderen de betekenis van de Nederlandse woorden kennen.

b *Voorbereiding op de inputfase*

Vanaf dit moment is Engels de voertaal voor de leerkracht en de leerlingen. Om de inputfase voor te bereiden krijgen de leerlingen een *worksheet* met de omschrijving van de kernwoorden in het Engels. Hier volgen er drie:

10.4 ▪ Leerstofopbouw en de drie soorten taal van CLIL

> **Visor:** A part of the helmet which protects your face.
> **Portcullis:** A heavy iron gate that can be lowered to stop enemies coming into the castle.
> **Chain mail:** A sort of coat made of metal. The knight wore it under his suit of armour.

Om een spellinguitspraak te voorkomen, leest de leerkracht de woorden en omschrijvingen voor en de kinderen zeggen haar in koor na.

Daarna volgt een *matching exercise*: de leerlingen moeten in homogene tweetallen onder de illustraties het juiste kernwoord (over)schrijven. Dit is tegelijkertijd een spellingsoefening.

Hierna volgt nogmaals de naspreekoefening om de uitspraak te oefenen, en de *matching exercise* wordt zowel klassikaal als individueel nagekeken door een woord te noemen en het bijbehorende plaatje aan te laten wijzen.

Nu kan in het klassikale *wordweb* een aantal woorden samen met de leerlingen vervangen worden door de Engelse equivalenten (15 minuten). Het *wordweb* blijft bewaard.

De eerste les van de introductiefase wordt afgesloten met het luisteren en kijken naar het liedje 'I'm a knight' (5 minuten).

Project 'Knights and Castles', uit: *EarlyBird*

Les 2

In de tweede les van de introductiefase wordt de tekst van het liedje in koor nagesproken. Eventuele onbekende woorden worden in het Engels verklaard. Indien nodig gebruiken de leerkracht en de leerlingen productieve strategieën. De kinderen zingen het liedje met beeldondersteuning (film) mee.

Er wordt verder gewerkt met het *wordweb*. De al opgeschreven Engelse woorden worden nu klassikaal nagesproken en de quiz van de eerste les wordt kort herhaald. De kinderen krijgen nu in tweetallen de opdracht de overgebleven Nederlandse woorden van het *wordweb* op te zoeken, hetzij in een woordenboek (kerndoel 16), hetzij op internet: een *webquest*. Een *webquest* is een taak waarbij de leerlingen informatie over het onderwerp opzoeken en verzamelen op internet.

De kinderen maken nu een eigen *wordweb* met de Engelse woorden die zij gevonden hebben. De woorden moeten foutloos gespeld zijn. Ten slotte worden de Engelse woorden in het klassikale *wordweb* op het digibord (of de poster) ingevuld. De rest van de tijd wordt besteed aan het bekijken van een kort filmpje, *The design of a castle*, en de kinderen lossen de puzzel *Word search* op. Door deze twee activiteiten worden de woordenschat, en de uitspraak en de spelling van de woordenschat geconsolideerd.

Word search
Find these words:

knights	helmet	visor
sword	lance	shield
suit of armour	castle	battlement
moat	drawbridge	portcullis
arrow slits	great hall	keep
lord	lady	nobility
clergy	peasants	Middle Ages

Knights and castles

```
G M N Q P O R T C U L L I S H O U R R E
Z J Z G L M O G P G P J Y Y B A C Z C C
G D S E G A E L D D I M M I O O H H O A
M I L X Q T J X X T K L L A H T A E R G
L Q J E T F N T Q E L W O D G A I B W P
I E J G I H A E D Z Y T X L Q O N U L Z
B U V F E H J R M P E E K R H M M D L G
S Y I L E J S U K E E R E U C T A U L G
R R M C G S A I Y G L Q E O A V I V Y H
V E M N W V I R D A W T Z M P B L C P T
T S K S Z S H I R W M F T R Y P O X E G
Q S L N S P R N G O X S L A I A R Z A X
T P U A I B S S W R W Y N F B V D V S G
J K A B W G Q H Y E M S C O V L A F A V
L U J A R B H G L U F C L T X T K H N I
X J R G O H R T S G J A A I U W B E T S
L D V N C E S B S W N V D U T I O L S O
A Y U F L A T X C C O C Y S V S R U P R
N H Y C C N D N E W O R Y T I L I B O N
G J A R K J Z Q L N F D D Y L S E H G B
```

Project 'Knights and Castles', uit: *EarlyBird*

10.4.2 De input- en verwerkingsfase: de lees- of luistertekst

In de input- en verwerkingsfase worden het onderwerp (Content) en de taal (Language) geïntegreerd (Integrated) aangeboden door in homogene tweetallen Engelse boekjes (de input) te lezen (30 minuten).

Differentiatie
De boekjes hebben een oplopende moeilijkheidsgraad, zowel qua inhoud als qua taal. Dit biedt de mogelijkheid rekening te houden met het verschil in taalniveau, de inhoud (het vakgebied) en het verschil in leerstijl. Bij ieder boekje hoort een opdrachtenblad (Learning). Ook bij de verwerkingsopdrachten – richtvragen over gedeeltes of bladzijden van het boek – wordt gedifferentieerd gewerkt.

Voorbereiding van de inhoud van de lees- of luistertekst
In 6.4 heb je kunnen lezen dat de leerlingen al in de introductiefase globale informatie moeten krijgen over de inhoud van de lees- of luistertekst: 'waar gaat het over?' Hier doen de leerlingen dat zelf. Een van de opdrachten, voordat ze beginnen te lezen, is:

> Take your book and leaf through it.
> Answer this question: what is it about?

Zelfwerkzaamheid
Als een leerling een bepaald woord in de tekst niet begrijpt, kan hij zijn partner of de leerkracht om uitleg vragen. Naast het boek kunnen de kinderen ook gebruikmaken van bronnen op internet. Daarvoor krijgen de leerlingen een lijst met internetlinks over het vakspecifieke onderwerp. De leerkracht kan een tweetal ook een *webquest* laten doen.

10.4.3 De oefenfase

Interviews
Door het beantwoorden van de richtvragen af te wisselen met *interviews*, gaat de inputfase geleidelijk over in de oefenfase. Bij het interview is de ene leerling de journalist en stelt vragen aan zijn partner, die de rol heeft van 'hoofdpersoon' in het boek, over wat er gebeurd is in het verhaal. De werkvorm 'interview' wordt tweemaal gedaan, de tweede keer over een ander fragment van het verhaal. Nu kunnen de rollen worden omgedraaid, want alleen de leerling die geïnterviewd wordt, produceert zelfstandig taal. De vragen staan namelijk al op het werkblad, de antwoorden moet de 'hoofdpersoon' zelf produceren. Daar heb je taalmiddelen voor nodig. Daar komt nog bij dat er veel in tweetallen en groepjes wordt gewerkt, en bij deze werkvorm zullen de leerlingen met elkaar moeten overleggen in het Engels. Ook daar heb je

taalmiddelen voor nodig (TAAL VOOR LEREN). Op deze twee soorten taal, TAAL VAN LEREN (de kernwoorden) en TAAL VOOR LEREN, moet de leerkracht zich zorgvuldig voorbereiden. Tijdens het leerproces kunnen zich echter situaties voordoen waarin leerlingen spontaan op de leerstof willen reageren, maar de taalmiddelen niet hebben om dit te doen. Deze taal komt dus voort uit het leerproces zelf (TAAL DOOR LEREN).

De woordenschat en de structuren die daarvoor nodig zijn kan de leerkracht niet van tevoren incalculeren. Wat zij wel kan doen is voortbouwen op de taalschat die de leerlingen zich in de jaren daarvoor al eigen gemaakt hebben en de TAAL DOOR LEREN zo concreet mogelijk te houden. Hoe je dat kunt doen komt later aan de orde.

> Er zijn dus drie soorten taal waar we mee te maken hebben bij CLIL:
> 1 TAAL VAN LEREN (de kernwoorden);
> 2 TAAL VOOR LEREN (taal voor interactie);
> 3 TAAL DOOR LEREN (de taalvraag die ontstaat tijdens het leerproces).

Door alle drie soorten taal wordt de woordenschat vergroot en de spreekvaardigheid gestimuleerd: door de interactie leren de kinderen met elkaar over het onderwerp te spreken.

Schriftelijke opdracht
Na het beantwoorden van de richtvragen en de interviews over de inhoud van de boekjes, krijgen de leerlingen ter afwisseling een concrete opdracht: zij moeten individueel een schild maken. Het schild is verdeeld in vier vakken met respectievelijk een wapen, een dier, de koning en het kasteel waar de ridder woont. Over hun zelfgemaakte schild schrijven de leerlingen een stukje tekst. De schriftelijke opdracht heeft eveneens een oplopende moeilijkheidsgraad. Hoe hoger het niveau, hoe meer er geschreven moet worden. Om de kinderen op weg te helpen, kun je hen per niveaugroep een zin aan laten vullen op een werkblad dat aan hun niveau is aangepast. Dit onderdeel van de oefenfase duurt 60 minuten.

Differentiatie
Deze activiteit is weer een voorbeeld van differentiatie. Sommige kinderen werken graag met hun handen of zijn van nature creatief, terwijl anderen meer cognitief ingesteld zijn; zo komen de verschillende intelligenties aan bod (Gardner, 1999)!

10.4.4 De overdrachtsfase

In de overdrachtsfase geven de kinderen een presentatie van één minuut over hun persoonlijk ontworpen en vormgegeven schild. De werkvorm is niet klassikaal frontaal: de leerlingen opereren in steeds wisselende tweetallen (*mix-*

pair-share), zodat de leerlingen aan verschillende kinderen hun schild kunnen presenteren (20-30 minuten).

De ridders- en kastelenquiz, die de leerlingen tijdens de introductiefase in het Nederlands gespeeld hadden, doen zij nu opnieuw, maar nu in het Engels. Na de quiz luisteren de kinderen als afsluiting naar een verhaal over King Arthur (40 minuten). Om het verhaal visueel te ondersteunen is er een PowerPointpresentatie bij gemaakt. Een dergelijke afsluiting kan ook bestaan uit een film over het onderwerp.

Het is een goed idee om aan het eind van het project een wandfries te maken van alle schilden. Aan elk schild hangt een envelop met de naam van de leerling en zijn geschreven tekst. Dit kan dan enige tijd in de klas blijven hangen, zodat ook andere kinderen over het schild van hun klasgenootjes kunnen lezen. Zo wordt de woordenschat steeds opnieuw geconsolideerd.

10.4.5 De doelstelling

De doelstelling in 10.3.1 luidde: de woordenschat systematisch vergroten en tot productief taalgebruik komen. Aan het eind van het project is dit leerdoel volledig bereikt:
- De leerlingen kennen de vakspecifieke 'kernwoorden' passief en kunnen deze woorden ook actief gebruiken, dat wil zeggen ze kunnen deze woorden verstaan, uitspreken, lezen en schrijven.
- Door de veelvuldige interactie, samenwerking en vele verschillende werkvormen (Kagan, 1994) komen de leerlingen tot *productief taalgebruik* en zijn zij, met betrekking tot dit onderdeel van het vakgebied, communicatief vaardig.

10.5 CLIL en het vakgebied

De leerkracht zal, behalve een goede beheersing van het Engels (B2-niveau), ook voldoende kennis moeten hebben van het vakgebied dat aan de orde is.

Deskundigheid in het voortgezet onderwijs
In het voortgezet onderwijs wordt tweetalig onderwijs aangeboden door een vakleerkracht, in dit geval de geschiedenisleraar, die een speciale cursus heeft gevolgd op het gebied van zowel de eigen taalbeheersing (C1+) als de didactiek van CLIL. Als de leraar bijvoorbeeld de introductiefase overslaat en de leerlingen de 'kernwoorden' niet heeft aangeboden en heeft laten verwerken, dan is de hele les niet meer te volgen.

Deskundigheid in het vvto
In het vvto zal de groepsleerkracht die een CLIL-project wil aanbieden over het vak 'geschiedenis' in ieder geval moeten weten wat de kerndoelen zijn van het vakgebied (zie 10.3.1). Maar de leerkracht moet ook goed geïnformeerd

zijn over het specifieke onderwerp. Bij een CLIL-project van EarlyBird is daarom een lijst van internetlinks bijgesloten voor de leerkracht waarmee zij haar vakspecifieke kennis en woordenschat kan vergroten. Wordt er geen gebruikgemaakt van een geheel uitgewerkt CLIL-project, dan zal de leerkracht zelf een bronnenonderzoek moeten doen, zelf omschrijvingen of synoniemen moeten vinden voor de 'kernwoorden' en zich moeten voorbereiden op twee soorten taal die in de les voorkomen, namelijk DAT en CAT.

10.5.1 DAT en CAT

DAT is Dagelijks Algemeen Taalgebruik, dat wil zeggen de informele omgangstaal ofwel *classroom language*, zoals *work in pairs, work in groups of four, read the worksheet together*. Bij DAT kunnen de leerlingen de betekenis van woorden opmaken uit de context en buitentalige informatie: illustraties en ander beeldmateriaal, voorwerpen, uitbeeldingen, enzovoort.

CAT is Cognitief Academische Taalvaardigheid. Dit is de vaktaal, de formele abstracte taal. Daaronder vallen de 'kernwoorden', de uitleg van de vakinhoud door de leerkracht en het begrijpen van de vakinhoud door de leerlingen. Onder CAT vallen de drie soorten vaktaal die hierboven al genoemd zijn: TAAL VAN LEREN, TAAL VOOR LEREN en TAAL DOOR LEREN.

Vakinhoudelijke kennis

Zoals we al zagen in het CLIL-project 'Knights and Castles', is TAAL DOOR LEREN voor de leerkracht van de drie soorten CAT de meest onvoorspelbare. Stel dat een leerling plotseling wil weten *waarom* de ridders voor hun koning vochten. Dan zul je iets over het 'feodale stelsel' moeten vertellen. Het begrip 'feodaal stelsel' is op zich al abstract, je kunt dus niet eenvoudig een plaatje laten zien of het uitbeelden. Wat de leerkracht wel kan doen is zeggen dat zij de volgende les de vraag zal beantwoorden en zich in de tussenliggende tijd verdiepen in het begrip *feudal system*. Naast de vakinhoudelijke kennis moet zij ervoor zorgen dat zij zelf de taalmiddelen heeft om het abstracte begrip toch op een eenvoudige, begrijpelijke manier uit te leggen.

In dit geval kan zij de klas vertellen dat zij de 'koning' is en een paar leerlingen uitkiezen die de 'ridders' zijn. De koning vertelt dat het vijandelijke leger het land wil binnentrekken en dat het oorlog is. De koning roept nu al zijn ridders met hun helpers bij elkaar om het land te verdedigen. Als zij samen de vijand verslaan, krijgen de ridders een beloning, namelijk een kasteel met een stuk land, want de koning bezit het hele land en kan stukken ervan weggeven. De ridders doen het dus niet voor niets! Zij krijgen het land niet cadeau, maar te leen (vandaar het woord 'leenstelsel') en de koning kan het weer terugeisen als de ridder hem niet trouw is. Zo kun je dus een abstract begrip als *feudal system* concreet maken. Het zal duidelijk zijn dat dit niet gemakkelijk is voor iemand die geen native speaker is. Een ERK-niveau van minstens B2 is nodig om CLIL-lessen te geven. Om het taalniveau Engels van basisschoolleerkrachten te verhogen bestaan er nascholingscursussen voor zowel de didactiek van CLIL als de eigen taalvaardigheid. Bedenk wel dat ook de vakleraren in het voortgezet onderwijs niet zomaar CLIL-lessen kunnen geven, maar ook een nascholingscursus moeten volgen!

10.5.2 Nascholing voor CLIL

Er zijn zowel nascholingscursussen mogelijk in Nederland, als in Groot-Brittannië zelf. Beide nascholingstrajecten worden gesubsidieerd door Comenius, een onderdeel van het Europees Platform. De Hogeschool Rotterdam biedt, in samenwerking met EarlyBird, de cursus 'Classroom English Advanced' aan, die volledig gekoppeld is aan CLIL. Voor CLIL-workshops in Nederland en aanvraagformulieren voor cursussen in binnen- en buitenland zie www.europeesplatform.nl.

Sommige nascholingscursussen in Groot-Brittannië bieden een combinatie van de verbetering van het eigen taalniveau en speciale CLIL-cursussen of didactiekcursussen voor het jonge kind (vvto). Van de diverse mogelijkheden is 'Pilgrims' in Canterbury het meest in trek (www.pilgrimsnederland.nl), maar de volgende Britse instituten bieden eveneens *Teacher Training Courses* aan voor CLIL:
- Oxford University (www.englishinoxford.com);
- Hilderstone in Broadstairs aan de zuidoostkust (www.hilderstone.ac.uk);
- Norwich University (www.nile-elt.com).

10.6 Wat is CLIL en wat is het niet?

Er bestaat enige verwarring over wat nu precies onder CLIL verstaan wordt en wat niet. Dat is begrijpelijk, omdat de scheidslijn soms enigszins vaag is. Allereerst een paar voorbeelden van wat authentieke CLIL-methodiek is.

In de *Primary Curriculum Box* (zie 2.5.2) staan uitgewerkte CLIL-lessen, met instructies, kernwoorden en taalmiddelen voor de leerkracht en werkbladen voor de leerlingen. Ze zijn te gebruiken vanaf groep 5. Een voorbeeld vind je op bladzijden 194-195.

10 ▪ Content and Language Integrated Learning

Try this cross-curricular science lesson with your class, taken from *Primary Curriculum Box*.

SCIENCE

Primary Curriculum Box
Animal movement games

CONTENT FOCUS
learning about ways animals move
recognising animal words in context

COMMUNICATION
making statements
asking questions

COGNITION
matching
classifying

LEVEL 1

AGE RANGE
6–8

TIME
30 minutes

LEARN ABOUT SCIENCE
Animals move in different ways. They swim, crawl, slither, hop and jump, run or fly.

WORD BOX
bee, butterfly, fish, frog, kangaroo, parrot, penguin, rabbit, snail, snake, whale, worm
fly, hop, jump, slither, swim

SENTENCE BOX
Butterflies can fly.
Fish can swim.
Kangaroos can hop and jump.
Worms can slither.
We've got a parrot.
Who's got a butterfly?

Before class
Photocopy **worksheet 1.4(A)**, one per pair of pupils. Copy and cut up **worksheet 1.4(B)** for the class.

In class
1. **Finding out** Write *animals* on the board and ask pupils to say the names of different animals. When they suggest an animal, say *Stand up. Show me how they move.*

2. Say *swim, fly, hop, jump* and *slither*. Mime the actions and ask the pupils to copy you. Say *Tell me an animal that can swim* (e.g. *a fish*), *Tell me an animal that can fly* (e.g. *a bird*), *Tell me an animal that can hop and jump* (e.g. *a kangaroo*), *Tell me an animal that can slither* (e.g. *a snake*).

3. Put pupils into pairs. Give out worksheet 1.4(A) and tell the pairs to decide which animal they are going to mime. Point to the animals on the worksheet. Say *Don't tell anyone*. If there are more than 24 pupils, put some in groups of three. Then ask the pupils to stand up and move around the classroom in their pairs miming the movement of their animal (flying, swimming, hopping and jumping or slithering). After a few minutes say *Stop! Look at other pupils and join a group which moves like you*. The pupils find another pair doing the same movements. Continue until the pupils have formed the four movement groups (flying, swimming, hopping and jumping, slithering). Ask pupils to say the names of their animals and how they move. They can show the rest of the class their movements.

4. Tell pupils to sit down and match the animals to the movements on the worksheet. Explain that some animals can do more than one movement.
Key 1 slither 2 slither 3 fly 4 hop/jump and swim 5 fly 6 hop/jump 7 swim 8 swim 9 fly and hop/jump 10 swim 11 slither and swim 12 hop/jump

5. Put the pupils into nine groups. Give out a card from worksheet 1.4(B) to each group. Demonstrate with the group who have the parrot picture on their card. Tell them to say what the animal is (*We've got a parrot*). Next, they ask the question at the bottom (*Who's got a butterfly?*). The group with the butterfly picture hold up their card, and repeat the process. Continue until the last group asks *Who's got a parrot?* and the first group says *We have!*

6. **Round up** Draw two Venn diagrams on the board. Ask pupils to tell you animals to write in the different circles (e.g. *bees can fly, frogs can hop and jump, fish can swim, snails can slither*). Some animals can do more than one movement (e.g. *parrots can fly and hop/jump, snakes can swim and slither*). Write these animals in the space where the circles overlap.

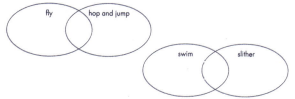

Follow up
Use the cards like dominoes. Pupils can take turns to put them in a circle on the floor or stick them onto the board in order.

Uit: *Primary Curriculum Box*

10.6 ▪ Wat is CLIL en wat is het niet?

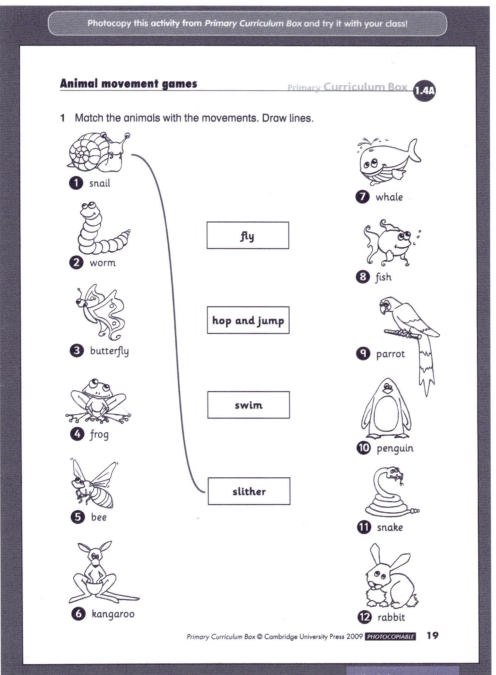

Uit: *Primary Curriculum Box*

Elke zesde les van het lespakket *Our Discovery Island* is een CLIL-les. Op bladzijde 199 zie je een CLIL-les uit dit lespakket.

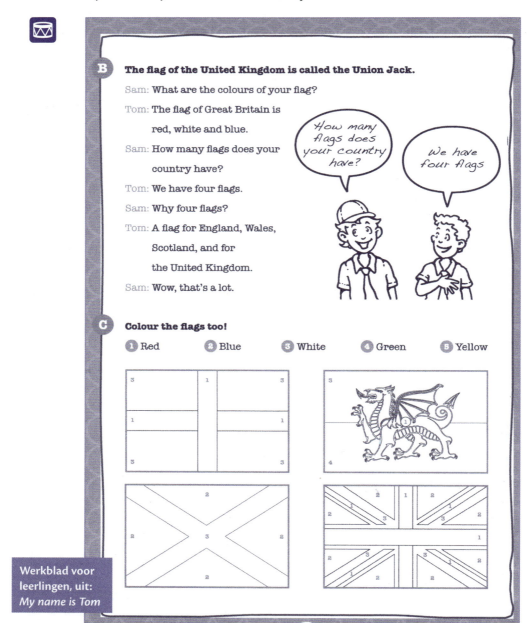

Werkblad voor leerlingen, uit: *My name is Tom*

Hierboven zie je een gedeelte van een les uit *My name is Tom*. Er is een instructieblad voor de leerkracht en een werkblad voor de leerlingen. Alleen het werkblad voor de leerlingen is afgebeeld. Deze les heeft duidelijk te ma-

10.6 ▪ Wat is CLIL en wat is het niet?

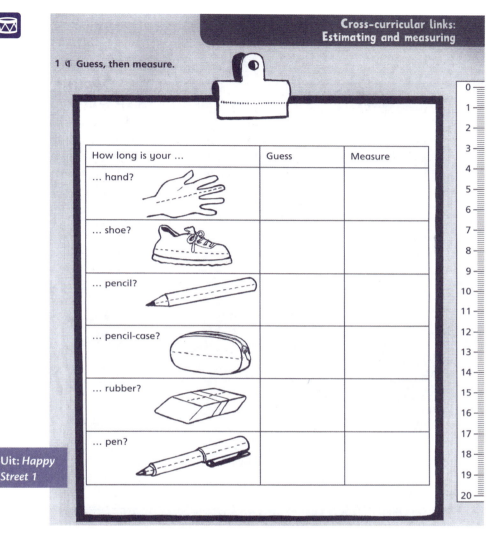

Uit: *Happy Street 1*

ken met aardrijkskunde, maar je kunt het geen CLIL noemen, omdat het maar weinig informatie over Groot-Brittannië bevat, namelijk dat het bestaat uit vier landen – Engeland, Wales, Schotland en Noord-Ierland – die alle vier een eigen vlag hebben, die de kinderen moeten kleuren. Als het echter uitgebreid zou worden met een les of lessenserie over Groot-Brittannië die beantwoordt aan (een van) de kerndoelen voor het vak aardrijkskunde, dan valt het wel onder CLIL. Een criterium is dus dat het vakgebied het uitgangspunt vormt en dat de Engelse taal een middel is om het vakgebied te verkennen.

Veel Britse lespakketten bieden *cross-curricular activities* (vakoverschrijdende activiteiten) aan, die ook duidelijk worden aangegeven. Alles wat de leerkracht daarvoor nodig heeft (kernwoorden, kernfuncties, *classroom langu-*

age, leerdoelen, achtergrondinformatie, enzovoort) staat in de handleiding. Net als bij de CLIL-projecten van EarlyBird wordt de leerkracht dus intensief begeleid.

Iedereen kent wel het verhaal van Rupsje Nooitgenoeg. In de loop van het verhaal passeren de dagen van de week, getallen en etenswaren de revue. Tegelijkertijd komt de ontwikkeling van rups tot vlinder aan de orde. De kleuters hebben een rupsje (chenilledraadje) in hun hand en een plaatje met een gaatje uit het boek van bijvoorbeeld *apple, pear* of *orange* (zie hieronder). De leerkracht leest het verhaal voor en laat steeds haar 'rupsje' met een smakgeluidje door een gaatje kruipen om te visualiseren hoe het rupsje zich door de vruchten, etenswaren en een groen blaadje vreet. Daarna leest de leerkracht het verhaal nog eens voor. Als zij het woord voorleest dat een van de kinderen voor zich heeft, mag het kind ook met een smakgeluidje zijn rupsje door het plaatje halen.

Uit: *The Very Hungry Caterpillar*

Op zich is het voorlezen van het verhaal in het prentenboek geen CLIL-activiteit, maar het kan daarvoor wel een aanleiding vormen. Als je kijkt naar de illustratie van de levenscyclus van rups tot vlinder en van kikkerdril tot kikker (zie bladzijde 199), dan kun je van het verhaal ook een CLIL-activiteit maken. Hoewel deze informatie bedoeld is voor groep 5, is het ook te gebruiken in groep 1-2, als je maar genoeg visualiseert. Je kunt het nog concreter maken door de kinderen de verschillende fasen van de levenscyclus te laten uitbeelden. Gebruik je fantasie om deze activiteit vorm te geven.

Opdracht 2*
Werk in groepjes van vier en bespreek hoe je de levenscyclus van een rups door de kinderen kunt laten uitbeelden.

10.6 ■ Wat is CLIL en wat is het niet?

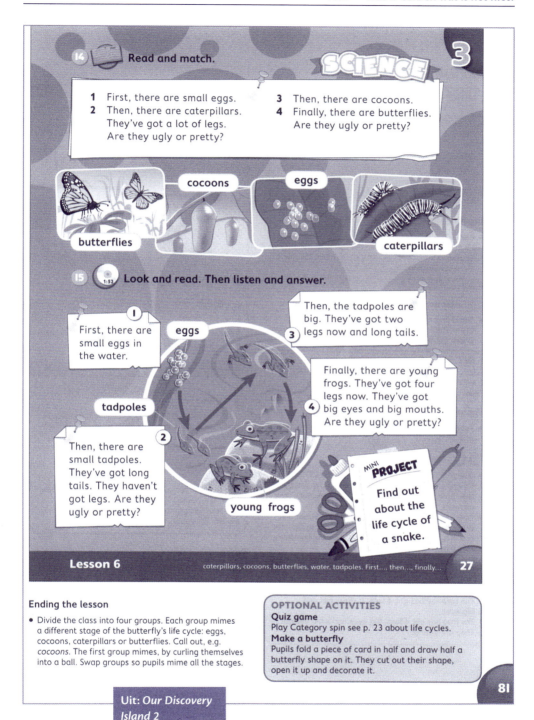

Uit: *Our Discovery Island 2*

Didactiek voor vroeg vreemdetalenonderwijs (vvto) 11

'Hoe vroeger, hoe beter.' (Van Hell, 2011)

11.1 Vroeg vreemdetalenonderwijs in de praktijk

We beginnen dit hoofdstuk met een aantal voorbeelden uit de praktijk. De auteur bezocht twee basisscholen en observeerde een aantal lessen in de onderbouw. De volgorde van de leeftijdsgroepen was afhankelijk van het tijdstip waarop de lessen Engels plaatsvonden.

Basisschool De Hoeksteen
Op basisschool De Hoeksteen zijn ze aan het begin van het cursusjaar 2011-2012 begonnen met vvto. Alle groepen, met uitzondering van groep 7-8, hebben nu een halfjaar Engels. De groepsleerkrachten geven zelf Engels, maar geen van hen heeft ooit een opleiding gevolgd om het vak te geven. Wel is de directeur van plan het hele team het volgend cursusjaar een nascholingscursus *classroom language* te laten volgen. De school gebruikt alleen een lespakket in de groepen 7-8.

Groep 4
Toen ik binnenkwam, stelde ik me in het Engels voor (wijzend op mezelf) en vroeg een kind (wijzend op haar) naar haar naam, die ze prompt zei. Daarna legde ik uit waarvoor ik kwam, alles in het Engels, met gebarentaal: 'I'm here to watch (ogen) you speak (mond) English. I'm going to sit (aanwijzen) at the back and I'll be very quiet (vinger op mond), OK?' Ze begrepen het allemaal en riepen: 'Yes!' en 'OK!'

De opbouw van de les (30 minuten):
- De leerkracht begint in het Nederlands de kleuren en kleren te herhalen en vraagt vertalingen.
- De leerlingen kijken naar het programma *Engels met Raaf* van Schooltelevisie (NTR, zie 2.6.1). In elke aflevering komt een liedje terug dat wekelijks herhaald en aangevuld wordt met nieuwe Engelse woorden. Iedereen zingt mee!

- Een spelletje op het digibord, memory in het Engels; twee kinderen komen naar voren en spelen het spel en de groep geeft enthousiast aanwijzingen, in het Nederlands: 'Nee, dáár, dáár!'
- De leerkracht draagt een veelkleurige rok en vraagt de kinderen, wijzend op een van de vele kleuren, welke kleur dat is. Dit wordt een aantal malen herhaald. De leerkracht spreekt nu alleen nog maar Engels: 'Who is wearing red? (blue, green, yellow, pink, purple)', later gecombineerd met TPR: 'Everyone who is wearing blue, stand up, please.'
- De kinderen hangen kleurenkaartjes bij voorwerpen in de klas. Het woord staat op het kaartje. Dit is een voorbeeld van visualiseren en klankbeeld en woordbeeld koppelen.
- Tot slot tellen de kinderen hoeveel kinderen een broek aan hebben (getallen en kledingstukken herhalen). Dit wordt uitgebreid met andere kledingstukken.

Groep 2
De opbouw van de les (25 minuten):
- Eerst weer 'colours': de leerkracht houdt kleurenkaarten omhoog en de kinderen zeggen in koor welke kleur het is.
- Een aflevering van *Engels met Raaf*. Dit programma is eigenlijk bedoeld voor groep 3-4, maar de kinderen lijken het wel te begrijpen. De juf laat het bekende liedje niet horen, waarop een kind de opmerking maakt: 'Met muziek is leuker.'
- De kleuren komen op het digibord en kinderen komen naar voren om de kleuren aan te wijzen, als deze genoemd worden. Desondanks laat de leerkracht de kleuren toch nog vertalen. Zij spreekt af en toe Engels, maar niet veel.

Basisschool De Clipper

Basisschool De Clipper is een montessorischool in Rotterdam-Zuid, met veel allochtone kinderen. De school heeft al jarenlang ervaring met vvto.

Twee groepsleerkrachten verzorgen het onderwijs Engels, een voor de onderbouw en een voor de bovenbouw. Ze werken met het Britse lespakket *Happy House* (groep 3-4), *Happy Street* (groep 5-6) en *Happy Earth* (groep 7-8). Het is een doorlopende leerlijn voor groep 3-8 en de titels van de drie delen geven aan dat de wereld van de kinderen steeds groter wordt. De leerkracht voor de onderbouw is een doorgewinterde 'kleuterjuf' van de oude stempel: in pedagogisch en didactisch opzicht hoeft men haar niets meer te leren. Ook is zij een *near*-native speaker: haar taalvaardigheid en uitspraak zijn vergelijkbaar met die van een native speaker. Zij heeft samen met haar collega voor de bovenbouw een cursus voor EFL ('English as a Foreign Language') voor het jonge kind gevolgd in Canterbury ('Pilgrims') en ze gaan elk jaar op herhaling. Ze is het levende bewijs van de uitspraak van een projectleider vvto aan een hogeschool: 'Een creatieve kleuterjuf kan best Engels geven' (Stegenga-Burgers, 2010). Zij spreekt uitsluitend Engels met de kinderen en heeft een eigen lokaal waar de kinderen naartoe komen.

Groep 1-2
Als ik binnenkom stel ik mij voor en de leerkracht (Lenny) legt uit waarom ik gekomen ben. De opbouw van de les (45 minuten):
- Lenny legt grote geplastificeerde kaarten in de vorm van ballonnen met diverse kleuren op de grond en een kind begint meteen 'The Rainbow Song' te zingen. Lenny zegt dat ze dat vandaag niet gaan doen. Als een kind in het Nederlands antwoordt op een vraag, corrigeert ze door het Engelse woord te herhalen. De kleuren worden benoemd. Veel leerlingen uit groep 1 zijn wat stil, maar die uit groep 2 reageren in het Engels op de gebeurtenissen.
- Zes kinderen moeten op de grond gaan zitten en de anderen blijven op hun stoel; een kind doet het licht uit. Alle instructies in het Engels worden moeiteloos uitgevoerd. Lenny gaat een prentenboek voorlezen, waarbij de bladzijden (voornamelijk bestaand uit grote illustraties) te zien zijn op het digibord. Lenny is een meester in het voorlezen, met een geweldige mimiek en geluidsimitatie. Ze wijst alle dieren en voorwerpen aan op het digibord. Slechts eenmaal wordt een woord in het Nederlands vertaald, niet door Lenny, maar door een van de leerlingen. Als er een kuikentje geboren wordt, vraagt ze hoe dat heet in het Engels. Er komen verschillende antwoorden: 'a small chicken', 'a little chicken', ze geeft zelf het officiële antwoord: 'it's called a chick'. De kinderen herhalen het nieuwe woord spontaan.
- Tot slot volgt er een bewegingsliedje, even ontspannen.

Groep 1-2
Dezelfde introductie. De opbouw van de les:
- Eerst heeft Lenny het over de nieuwe maand, 'April' en vraagt naar de namen van de voorafgaande maanden. Op het bord staan de dagen van de week en hangen de kaartjes 'today', 'tomorrow' en 'yesterday'. Een kind komt naar voren en hangt de kaartjes bij de juiste dagen van de week. Als ze de dagen hierbij nog eens uitspreekt, herhalen de kinderen ze spontaan (koorwerk). Daarna volgt een lied met de dagen van de week op de melodie van 'The Adams' Family', de kinderen zingen luidkeels mee.
- De kinderen krijgen een geplastificeerde kaart met een voorwerp erop, ze leggen het met de blanco achterkant naar boven op hun schoot. Elk kind draait zijn kaart om en benoemt het voorwerp ('apple') en de kleur ('green'). Lenny prijst elk antwoord uitbundig en vraagt af en toe naar het gebruik van het voorwerp, 'tandenborstel' bijvoorbeeld, 'What do you do with it? Yes, you brush your teeth with it! Well done!' Zo leren kinderen en passant twee nieuwe woorden erbij, geduid door de handeling (tandenpoetsen) te verrichten.
- Er komen vier kaarten op de grond te liggen met een 'classroom' (plaatje is een 'teacher'), 'a bathroom', 'a coloured balloon' en 'food'. Nu gaan de kin-

deren categoriseren: 'toothbrush' bij 'bathroom', enzovoort. Het materiaal is allemaal zelfgemaakt (kan aansluiten bij de spelletjes van hoofdstuk 4). Een lied over de 'classroom' wordt afgespeeld met de cd-speler en wordt meegezongen. Daarna volgt een liedje over 'food'. Eerst zingt de hele groep het mee en daarna komen twee meisjes voor de klas en zingen het lied samen. Ze hebben totaal geen last van schaamtegevoelens.
- Daarna volgt een liedje over 'bathroom', waarbij ook bewegingen worden gemaakt: 'get up', kinderen rekken zich uit, 'jump', kinderen springen (goed om even stoom af te blazen), 'bend your knees', enzovoort. Kinderen worden niet gedwongen mee te doen, een paar van groep 1 kijken nog de kat uit de boom. Ook een voorbeeld van TPR.
- Nu komt voorlezen aan bod volgens dezelfde procedure en uit hetzelfde boek als in de vorige groep. De vorige keer heeft deze groep het verhaal *The Wolf and the Lamb* gehoord en nu is *The Cow That Laid an Egg* aan de beurt. 'Marjorie the cow is very sad, because she isn't special.' De kinderen volgen het verhaal aandachtig. Lenny vertelt het iets uitgebreider en wijst meer voorwerpen en dieren aan.
- Dan is het tijd. De kinderen reageren op mijn 'Bye bye!'

Groep 3-4
Deze groep werkt met *Happy Street*. Een kind komt binnen en zegt dat ze haar zwemdiploma heeft gehaald. Ze laat het trots zien. Lenny reageert in het Engels: 'Oh, that's great! Now you can swim in a swimming pool! That's very, very good!'
De opbouw van de les:
- De les gaat over lichaamsdelen. De woorden worden herhaald met behulp van een plaat op het digibord. Elk van de lichaamsdelen wordt getoond in het water van een ... 'swimming pool'! Dat komt even mooi uit! Er hoort een *chant* (gescandeerd versje) bij:

> My feet are in the water,
> And I'm feeling brave and bold,
> My feet are in the water,
> But the water's very cold! (Brrrr!)

Lenny begeleidt de *chant* met bewegingen. Zo passeren de diverse lichaamsdelen de revue, terwijl Lenny ze aanwijst. Daarna doet iedereen de ogen dicht en dekt Lenny een van de afbeeldingen van lichaamsdelen, die ze op de grond heeft gelegd, af. Ze vraagt: 'What's missing?' Dat herhaalt ze een paar maal. Weer doet iedereen de ogen dicht en er volgt een combinatie van raden en memory: alle kaarten worden op de grond omgekeerd neergelegd, door elkaar, en de kinderen moeten raden wat de plaatjes eronder zijn. Lenny wil dat de kinderen in hele zinnen antwoorden, dus niet 'a foot', maar 'it's a foot'. Als een kind antwoordt met alleen het woord, vraagt ze: 'Can you say it in a different way?' Als er dan niets komt, vraagt ze het aan een ander kind in de groep.

- Luistervaardigheid, visueel ondersteund. Lenny toont een filmpje over een mobieltje dat in het zwembad valt. Een kind duikt het water in en vindt de mobiel. De vader is dolblij en probeert of hij het nog doet. Hij doet het nog! Lenny stelt vragen over wat er gebeurt in het verhaal. De kinderen antwoorden in het Engels, met behulp van visuele ondersteuning.
- De kinderen krijgen een 'worksheet' met lichaamsdelen en voorwerpen uit de 'classroom': 'pen', 'pencil', 'book', 'leg', 'arm', 'head', enzovoort. Onder de voorwerpen staan hokjes waar ze een cijfer in moeten vullen in de volgorde waarin de leerkracht de voorwerpen/lichaamsdelen opnoemt: opnieuw luistervaardigheid dus. Bij nummer 3 vraagt ze: 'What's the next number?' Een kind antwoordt: 'Number 4'. Tegen een van de kinderen zegt Lenny: 'I can't see anything if you write with white!' Het woord 'rubber' komt nu functioneel ter sprake. De kinderen maken de oefening aan tafeltjes. Daarna wordt er teruggevraagd: 'What was number 3?' enzovoort. Lenny legt veel nadruk op het verschil tussen 'AN arm' en 'A leg'.
- Het is tijd; de kinderen verlaten het lokaal.

> **Opdracht 1**
> Werk in groepjes. Geef commentaar op deze lessen. Zou jij bepaalde dingen anders doen? Motiveer je antwoord. Wat zijn de verschillen en wat de overeenkomsten?

11.1.1 Spelenderwijs leren door een gevarieerd aanbod van taal en activiteiten

Uit de bovenstaande verslagen kun je opmaken dat de leerlingen de taal *spelenderwijs* leren. Het gaat nooit vervelen, omdat de taal wordt aangeboden door middel van steeds wisselende, korte en stimulerende activiteiten. Deze activiteiten zijn ook boeiend en uitdagend volgens het principe van Krashens 'input-theorie' (zie hoofdstuk 3). De activiteiten die we gezien hebben zijn:
- kijken en luisteren naar filmbeelden;
- liedjes en *chants* zingen, bewegen op muziek;
- spelletjes doen (memory, 'Kim's game');
- TPR: het opvolgen van instructies, zonder zelf taal te hoeven gebruiken;
- voorwerpen, kleuren en lichaamsdelen benoemen, zowel klassikaal (koorwerk is veilig!) als individueel;
- werken met flashcards;
- *matching exercises* ('make a pair');
- categoriseren;
- luisteren naar een kort verhaal en dit daarna verwerken (opdrachten op een werkblad);
- en, *last but not least*, prentenboeken voorlezen.

De illustratie uit *Playtime A* hieronder is bestemd voor groep 1 en is een voorbeeld van TPR.

Uit: Playtime A

Lesson A Circle five differences.

11.1.2 Prentenboeken voorlezen

Voorlezen is bij uitstek een middel om taalverwerving van peuters en kleuters te stimuleren, ook bij de moedertaal. Als kinderen regelmatig thuis worden voorgelezen, zal hun interesse voor boeken en taal toenemen. Ze krijgen er nooit genoeg van en willen vaak dat je elke keer weer hetzelfde boekje voorleest.

Veel herhaling
De reden is dat kinderen leren van herhaling en zelfs weten wanneer de bladzijde moet worden omgeslagen! Verder wordt 'voorlezen' door kinderen geassocieerd met 'intimiteit': bij de ouder/opvoeder op schoot, of tegen de voorlezer aan zitten, arm om het kind heen geslagen, veiligheid en exclusieve aandacht van de ouder/opvoeder. Eenmaal in groep 1, valt deze intimiteit natuurlijk weg, maar kinderen blijven voorlezen associëren met 'iets fijns'.

Positieve attitude

Voorlezen veroorzaakt een *low-anxiety situation* en een positieve attitude ten opzichte van de Engelse taal. Een ander voordeel van prentenboeken op zich is dat de meeste grote illustraties bevatten en weinig taal (spanningsboog!). Ook wordt er in de meeste prentenboeken voor de allerkleinsten veel herhaald, wat sowieso een voorwaarde is voor taalverwerving. In de illustratie hieronder uit het prentenboek *We're Going on a Bear Hunt* worden de volgende zinnen steeds herhaald:

> We're going on a bear hunt.
> We're going to catch a big one.
> What a beautiful day!
> We're not scared.

De variatie bestaat uit de verschillende lastige situaties waarin ze terechtkomen. Die worden gevolgd door weer vier zinnen, die steeds terugkomen (herkenning):

> We can't go over it.
> We can't go under it.
> Oh no!
> We've got to go through it!

Het is een spannend verhaal dat niet moeilijk te volgen is, natuurlijk taalgebruik bevat en belangrijke informatie. Hiermee is aan alle voorwaarden voor taalverwerving voldaan. Als je, zoals Lenny, het verhaal ondersteunt door *mimiek en aanwijzen*, wordt de woordenschat van de kinderen spelenderwijs snel groter.

Uit: *We're Going on a Bear Hunt*

Geschikte prentenboeken
Er zijn zo veel geschikte prentenboeken dat de rest van dit boek ermee te vullen zou zijn. Onderstaande prentenboeken zijn slechts een greep uit een schat aan materiaal. Engelse prentenboeken zijn onder meer te vinden in The English Bookshop en Waterstones.
- *The Very Hungry Caterpillar*, Eric Carle;
- *Brown Bear, Brown Bear, What Do You See?*, Eric Carle;
- *We're Going on a Bear Hunt*, Michael Rosen e.a., met cd, oefeningen en spelletjes;
- *Up and Down*, Oliver Jeffers, met cd;
- *A Bit Lost*, Chris Haughton;
- *Who Are You, Stripy Horse?*, Jim Hellmore en Karen Wall, met cd, spelletjes en songs;
- *The Cow That Laid an Egg*, Andy Cutbill en Russell Ayto.

11.1.3 Werken met een handpop

Als het lespakket werkt met een handpop, kan de leerkracht duidelijk maken dat de Engelse activiteiten gaan beginnen door de pop uit de Engelse hoek te halen. De pop komt uit Engeland en is een native speaker. Hij verstaat geen Nederlands. De meeste kinderen zijn gewend aan knuffeldieren en praten ook met hen. De handpop kan de functie van knuffeldier vervullen, waardoor hij voor de kinderen laagdrempelig is. De kinderen zijn eerder geneigd om met de handpop te praten dan met de leerkracht, omdat de pop geen prestatie van hen verwacht, juist omdat hij zelf geen Nederlands spreekt. Je kunt de pop wel of niet Engels laten spreken. In het laatste geval fluistert hij de leerkracht iets in het oor, die de kinderen vertelt wat hij tegen haar heeft gezegd, bijvoorbeeld dat hij een kind, dat iets in het Nederlands tegen hem heeft gezegd, niet verstaan heeft. De leerkracht kan het dan voor hem vertalen in het Engels. Je hoeft geen gek stemmetje te gebruiken: de kinderen weten dat hij niet echt is, maar fantasie.

Al met al is de pop een perfecte taalassistent die vele functies kan vervullen, vooral als hij een rugzakje of een tas bij zich heeft:
- Als hij voor het eerst 'op bezoek' komt, stel je hem voor aan de kinderen en laat de kinderen zichzelf ook aan hem voorstellen. Je kunt hem de klas rond laten gaan, zodat elk kind hem kan aanraken en knuffelen. Dat maakt hem tot een echt vriendje. Misschien wil een kind zich wel zachtjes aan hem voorstellen, als zij hem geknuffeld heeft.
- Hij kan een nieuw thema aankondigen door voorwerpen of dieren die met het thema te maken hebben uit zijn tas te halen ('clothes', 'food').
- De kinderen kunnen ook met hem spelen in de Engelse hoek, maar moeten er altijd van doordrongen zijn dat hij alleen Engels verstaat.

- Hij kan instructies van de leerkracht opvolgen en daardoor een modelfunctie hebben: 'Close your eyes!' en de handpop doet zijn hand voor zijn ogen.
- Hij zingt mee met een liedje, doet de bewegingen die bij het liedje horen, klapt in zijn handen of kiest het liedje dat ze gaan zingen. Hij danst als hij vrolijk is of kruipt weg bij de leerkracht als hij verlegen is. Zo kan hij veel nieuwe woorden introduceren.
- Je kunt de kinderen dingen voor hem laten pakken.
- Je kunt hem gebruiken voor spelletjes.

De lijst zou nog veel langer kunnen zijn, dit zijn maar een paar voorbeelden. Gebruik je fantasie en je zult steeds meer mogelijkheden ontdekken voor activiteiten waarin de handpop een rol speelt.

Illustratie van handpoppen, uit: *iPockets*

11.2 De pedagogische en didactische basisvoorwaarden voor vvto

Regelmatige en vaste tijdstippen
De Engelse activiteiten dienen op regelmatige en vaste tijden en door steeds dezelfde persoon aangeboden te worden. Je kunt niet zomaar tussendoor een lesje Engels geven, omdat de twee talen die de kleuters nog simultaan verwerven, duidelijk gescheiden moeten worden. Denk aan kinderen die twee moedertalen tegelijk verwerven. Die houden instinctief de beide talen 'uit elkaar', letterlijk en figuurlijk. Ze weten tegen wie ze de twee verschillende talen moeten spreken ('papa's taal' en 'mama's taal').

Duidelijk begin en eind van de les
Het moet duidelijk zijn voor de leerlingen wanneer de Engels les begint en eindigt. Dat kan op verschillende manieren:
- De groepskracht gaat de klas uit en komt terug met een Engelse hoed op of een Engelse sjaal om. Vanaf dat moment verstaat zij geen Nederlands meer en spreekt zij uitsluitend Engels.
- Er kan ook een Engels vlaggetje gebruikt worden: wanneer de groepsleerkracht zegt: 'Het is tijd voor Engels!', pakt een leerling de vlag, zet die op tafel en vanaf dat moment is Engels de voertaal.
- Door middel van een handpop (zie 11.1.3). Als de leerkracht de handpop tevoorschijn haalt, zingen de kinderen de 'Hello song' en begint de les. Als zij hem weer op zijn plek zet, zingen de kinderen de 'Goodbye song' en is de les afgelopen
- Als een vakleerkracht of een native speaker Engels geeft, dan is het niet moeilijk. Op het moment dat zij binnenkomt is Engels de voertaal.
- Als de vakleerkracht over een eigen lokaal beschikt, gaan de kinderen van hun eigen groepslokaal naar het 'Engelse lokaal'. Op het moment dat ze het lokaal binnenkomen, zijn ze in 'Engeland' en de juf verwelkomt hen in het Engels. Dat was het geval op De Clipper.

Een veilige omgeving
Er moet een *low-anxiety situation* in de klas zijn. Het verschil met het leren van de moedertaal is dat het kind zich nu niet in zijn eigen veilige omgeving bevindt. Daarom moet de leerkracht zo veel mogelijk proberen te reageren als een liefhebbende ouder dat zou doen.

Zoals we al zagen in 3.5.1, herhaalt de ouder/opvoeder het foute woord correct, breidt het onopvallend uit en prijst het kind. *Er kan nooit genoeg geprezen worden.* EarlyBird heeft een lijst met: 'A hundred ways to praise a child' en dat is niet voor niets! Het lespakket *Cookie and Friends* (groep 1-2) heeft 'beloningsstickers'. Dit is natuurlijk eindeloos uit te breiden met stempeltjes, sterretjes, prinsesjes, Walt Disneyfiguren en ga zo maar door.

Afwisseling
Vaak wordt gezegd dat je beter korte lesjes kunt geven van 10 à 15 minuten, omdat de spanningsboog van kleuters nog kort is. Bij de lessen in 11.1 heb je kunnen zien dat de eerste basisschool 30 minuten lesgaf en de tweede zelfs 45 minuten. De tijdsduur blijkt dus niet veel uit te maken, want de kinderen verveelden zich geen moment. Wat wel belangrijk is, is dat de werkvormen en activiteiten niet te lang duren, dat de les dus afwisselend is en daardoor de aandacht van de kinderen vasthoudt. Om die reden is het ook belangrijk dat het verhaal in het prentenboek dat je voor gaat lezen niet te lang is.

11.3 Parallellen met moedertaalverwerving

Aangezien de optimale leeftijd om een taal te verwerven tussen nul en zeven jaar ligt, zijn wij eigenlijk altijd te laat begonnen. Nederland was vroeger een hekkensluiter in Europa wat vvto betreft, nu zijn wij koplopers. Het belang van vroeger beginnen met een vreemde taal dan op twaalfjarige leeftijd, is al genoemd in 1.2. Dezelfde argumenten gelden in nog veel grotere mate voor beginnen in de kleuterfase. Baby's en peuters leren een vreemde taal zoals ze hun moedertaal leren: eerst een lange 'stille periode', waarin de taal wordt geabsorbeerd, daarna komen de een-woordzinnen ('Uit!'), de twee-woordenzinnen ('Mama weg') en de drie-woordzinnen ('Papa zitten hier'). De peuter leert door te luisteren en te imiteren. Net zoals de moedertaal niet 'geleerd' wordt, maar 'verworven', zo leert de kleuter ook een vreemde taal. Ze zijn op die leeftijd nog druk bezig hun Nederlandse woordenschat en taalstructuur uit te breiden, wat betekent dat ze met vier jaar dus twee talen tegelijk verwerven. Daarom is de meest aangewezen methode, net als bij moedertaalverwerving, *total immersion* ofwel 'totale onderdompeling'. Thuis wordt meestal uitsluitend de moedertaal gesproken, maar we hebben al gezien dat kinderen ook moeiteloos in staat zijn twee talen tegelijk te verwerven (zie hoofdstuk 3). Door de grote hoeveelheid taal die wordt aangeboden, vindt er 'creatieve constructie' plaats, dat wil zeggen dat de peuter zelf de structuur van de taal oppikt en op grond van wat het hoort steeds weer bijstelt.

Er zijn nog vele andere redenen om al op kleuterleeftijd te beginnen, we hebben er enkele in hoofdstuk 1 (1.2) genoemd voor kinderen van tien tot twaalf jaar, maar voor kleuters gelden deze voordelen in nog grotere mate:
- Kleuters hebben een perfect oor voor klanken, wat leidt tot een betere uitspraak.
- Kleuters staan, meer nog dan tien- tot twaalfjarigen, onbevangen tegenover de vreemde taal en hebben geen spreekangst.
- Hoe langer en intensiever de leerlingen zijn blootgesteld aan de doeltaal, hoe meer ervaring zij daarmee opdoen en hoe hoger het taalniveau zal zijn aan het eind van de basisschool.
- De algemene taalgevoeligheid en het cognitief vermogen nemen toe; leerlingen van vvto-scholen scoren bijvoorbeeld hoger bij rekenen.
- Het kind krijgt meer zelfvertrouwen.
- Meertalige kinderen beginnen op hetzelfde niveau als Nederlandse kinderen.

11.3.1 De stille periode

Hoewel het uiteindelijk de bedoeling is dat de kinderen gaan spreken in de vreemde taal, mag een leerkracht een kind nooit dwingen om bijvoorbeeld in het Engels te antwoorden op een vraag, tenzij zij zeker weet dat het kind genoeg Engels 'in huis' heeft om tot spreken te komen.

Vooral in groep 1-2 kijken de kinderen uit groep 1 eerst de kat uit de boom: ze zijn nog in de 'stille periode'. Dat wil absoluut niet zeggen dat zij niets leren. Door te luisteren en te kijken naar wat andere kinderen doen, kunnen ze al heel snel eenvoudige instructies opvolgen ('Sit down, please', 'Raise your hand', 'Close the door', 'Sit on the floor', en dergelijke), zonder dat ze daarbij hoeven spreken.

Geef een kind alle tijd die het nodig heeft om aan de nieuwe klanken en de nieuwe taal te wennen. Denk vooral aan de parallellen met moedertaalverwerving: het ene kind spreekt al met één jaar, het andere kind begint pas als hij twee is.

De illustratie hieronder, uit *Patch the Puppy*, is bestemd voor groep 2.

Uit: *Patch the Puppy 2*

11.4 Engels als voertaal in de klas

Tijdens de Engelse activiteiten spreekt de leerkracht uitsluitend Engels. *Classroom language* van de leerkracht moet echter aan enkele kenmerken voldoen.

Correct en begrijpelijk
Het taalgebruik van de leerkracht moet natuurlijk correct zijn, maar ook begrijpelijk. Kenmerken van begrijpelijk taalaanbod zijn:

- een rustig tempo;
- duidelijke articulatie;
- korte maar grammaticaal juiste zinnen en eenvoudige taal.

Geen peutertaal
Het taalaanbod mag geen onnodig moeilijke woorden bevatten, maar mag ook niet nodeloos worden vereenvoudigd, waardoor het zijn natuurlijke karakter verliest en niet toepasbaar is. Het is tenslotte ook beter om correct Nederlands te spreken met een peuter die zijn moedertaal leert en zelf niet te vervallen in 'peutertaal'.

Uitdagend
Houd altijd de inputhypothese in gedachten: het taalaanbod moet begrijpelijk zijn en een belangrijke boodschap bevatten, maar moet ook uitdagend zijn. Het taalaanbod moet altijd net iets hoger liggen dan het niveau dat het kind beheerst (n+1). Als er niets te leren valt, komt het kind ook niet verder.

11.4.1 Visuele ondersteuning

Het allerbelangrijkste is echter alle *classroom language* visueel te ondersteunen met gebarentaal en door alles voor te doen.

Een verhaal voorlezen
Als je een verhaal gaat voorlezen, zeg je: 'Today we are going to read a story' (je pakt het prentenboek), 'It is a story about a cow' (je wijst de grote illustratie van de koe op de kaft aan), 'Her name is Marjory. Marjory is very sad' (je kijkt heel verdrietig), 'Now listen carefully' (je wijst op je oor).

Tijdens het voorlezen wijs je alles aan. Daarom is het belangrijk dat het prentenboek grote illustraties en weinig tekst bevat. Ook is het vanuit het gezichtspunt van taalverwerving heel handig dat prentenboeken vaak veel herhalingen bevatten. De bladzijden van het boek kunnen ook op het digibord getoond worden. Als er dieren in het boek voorkomen, wat vaak het geval is, imiteer je de geluiden die de dieren maken zo natuurgetrouw mogelijk en gebruik je veel mimiek. Gooi je hele toneelrepertoire in de strijd!

Natuurlijk gebruik van TPR-techniek
Door deze buitentalige informatie en door de context begrijpen de kinderen veel nieuwe taal. Als we zeggen 'Open your books ...' en we doen daadwerkelijk zelf ons boek open, '... at page 12' en '12' komt op het bord te staan, zal elk kind begrijpen wat we bedoelen. Dit is een voorbeeld van natuurlijk gebruik van de TPR-techniek (zie 3.5.6) in de klas. Juist door instructies in de vreemde taal te krijgen en uit te voeren, waarbij taal vergezeld gaat van handelingen, maken leerlingen zich in korte tijd taal eigen. Als de kinderen de getallen nog niet kennen, zeg je het niet in het Nederlands, maar breid je de instructie uit door te laten zien wat er op bladzijde 12 staat en te zeggen: 'Look at the pic-

ture of Tom. It's on page 12.' Als leerlingen de instructie niet begrijpen, kunnen ze altijd hun toevlucht nemen tot een compenserende receptieve taalstrategie: ze kijken wat de anderen doen en doen hetzelfde. Wat ook helpt is dat groep 1-2 een heterogene groep is. Je kunt dus vragen aan een kind uit groep 2 haar jongere klasgenootje te helpen. Je prijst uitbundig.

11.5 Groepsleerkracht, native speaker of vakleerkracht?

> 'Gebleken is dat een goede taalvaardigheid van de leerkracht van invloed is op de prestaties van de leerlingen.' (Zonneveld, 1986)

Het zal duidelijk zijn dat het veel vraagt van een groepsleerkracht om gedurende een hele les of activiteit Engels te spreken. Een tweede is of haar taalbeheersing voldoende is voor een begrijpelijk taalaanbod, een van de voorwaarden voor taalverwerving. Leerlingen hebben de neiging om niet zozeer de uitspraak van de native speakers op het digibordmateriaal of luistermateriaal over te nemen als wel de uitspraak van de leerkracht, omdat zij een persoonlijke relatie met de leerkracht hebben en niet met het digibord. Het voordeel van digibordmateriaal is natuurlijk dat de taal wordt gesproken door native speakers, maar het nadeel, ook bij beeldmateriaal, is dat de leerlingen sterk letten op de mond van de leerkracht om de klanken te vormen. Bij beeld- en luistermateriaal kunnen ze de mond die de klanken vormt niet (goed) zien.

De leerkracht heeft dus een belangrijke modelfunctie. Het is daarom bij twijfel over de taalvaardigheid aan te raden een speciale nascholingscursus te volgen (zie voor mogelijkheden www.europeesplatform.nl), vooral ook omdat er een correlatie bestaat tussen de mate van taalvaardigheid van de leerkracht en haar didactische bekwaamheden (Zonneveld, 1986). Dit is begrijpelijk als we beseffen dat ook voor de leerkracht de 'attitudetheorie' opgaat: als de leerkracht zich onzeker voelt, is de Engelse les voor hem/haar een *high-anxiety situation* (zie 3.5.5), waardoor de motivatie om het vak te geven kan afnemen.

We zullen een paar mogelijkheden bespreken om dit probleem te ondervangen.

Classroom language in de lespakketten

Als de leerkracht zich onzeker voelt over haar taalvaardigheid, is er één grote troost: bijna alle lespakketten (zeker de Britse!) geven bij elke activiteit de bijbehorende *classroom language* erbij. De leerkracht wordt stap voor stap begeleid, er *kan* bijna niets misgaan! Het lespakket *iPockets* maakt zelfs gebruik van instructietaal die digitaal te beluisteren is door de leerkracht (en de leerlingen). Maar natuurlijk voelt de leerkracht zich het meest ontspannen als zij zelf het Engels goed beheerst. Dat blijft dus wel het streven!

Nascholing

Als de nascholingscursus in Groot-Brittannië plaatsvindt, bevindt de leerkracht zich, net als de leerlingen, in een *total immersion*-situatie en haar uitspraak en taalgebruik zal met sprongen vooruitgaan. Omdat de cursussen ook altijd een inhoudelijk aspect hebben (didactiek van CLIL of vvto) is dit nog meer bevorderlijk voor taalverwerving dan alleen een talencursus of een cursus over *classroom language*. Het is dan een realistische taalsituatie geworden die belangrijke informatie bevat voor de taalleerder.

Een- of tweemaal een cursus in Groot-Brittannië volgen is natuurlijk prachtig, maar de eigen taalvaardigheid moet ook bijgehouden worden. Een leerkracht vertelde dat het team daarvoor iedere twee weken, samen met een native speaker, werkt aan hun taalvaardigheid.

Lespakketten met co-teachers

Om aan het probleem dat de groepsleerkracht onzeker is over haar taalvaardigheid tegemoet te komen, maakt het lespakket *Take it easy* gebruik van *co-teachers*. Co-teachers zijn native speakers die op het bijbehorende beeldmateriaal de functie van de leerkracht overnemen.

Bij *Take it easy* zijn dat Miss White voor groep 1-2, Master Bond voor groep 3-4, de robot 'Easy' en de schoonmaakster Mrs. Sparkle. In de filmpjes wordt uitsluitend Engels gesproken, ook door de kinderen.

De co-teachers lezen ook voor in de filmpjes, maar hoewel zij alles in het prentenboek aanwijzen, zijn de illustraties niet te zien. Dit is natuurlijk wat vreemd, en daarom kan de leerkracht er ook voor kiezen de co-teacher wel te laten voorlezen, maar hem niet in beeld te laten komen. De leerkracht krijgt dan alle gelegenheid de figuren of voorwerpen in het boek aan te wijzen. Ook de *classroom phrases* die de co-teachers gebruiken, krijgen de kinderen te horen en te zien op het digibord.

Uit: *Take it easy*

Co-teachers kunnen handig zijn, maar de leerkracht blijft de spilfiguur voor de kinderen. Het is daarom veel natuurlijker en realistischer als de leerkracht dit en alle andere activiteiten voor haar rekening neemt. Bovendien kan zij ingaan op de eventuele reacties van de kinderen op wat er zich in het filmpje afspeelt. Als kinderen bijvoorbeeld onrustig worden, moet zij toch echt zelf *classroom language* gebruiken: 'Be quiet!' (vinger op de mond), 'Raymondo, sit on your chair, please!' De co-teacher kan dat vanzelfsprekend niet.

Native speakers
Een school kan ook besluiten een native speaker aan te trekken, die alle lessen Engels op school verzorgt. Een groot voordeel is dat het taalaanbod met de juiste uitspraak en correct taalgebruik wordt aangeboden. Het is wel noodzakelijk dat deze nieuwe leerkracht in het team het Nederlands enigszins beheerst, op de hoogte is van het Nederlandse schoolsysteem en zelf een onderwijsbevoegdheid heeft. Zij moet ook regelmatig besprekingen houden met het team om hen op de hoogte te brengen van de inhoud van de lessen en de vorderingen van de leerlingen.

Wat niet handig is, is dat de groepsleerkracht tijdens de Engelse activiteiten in de klas blijft en, als de kinderen de instructies van de native speaker – bijvoorbeeld voor een spel – niet kunnen volgen, deze instructies gaat vertalen naar het Nederlands.

> **Opdracht 2**
> Overleg in groepjes waarom de laatste situatie vermeden dient te worden. Er zijn verschillende redenen. Motiveer je antwoord.

De aanwezigheid van de groepsleerkracht tijdens de Engelse les kan echter ook positief werken, bijvoorbeeld als de groepsleerkracht met de kinderen meedoet en ook Engels met de *native speaking* leerkracht spreekt, als rolmodel voor de kinderen.

Vakleerkrachten met een specialisatie voor vvto
Er zijn ook scholen die met Nederlandse vakleerkrachten voor Engels werken. Deze vakleerkrachten hebben bijvoorbeeld op de pabo een 'minor' vvto (zie 11.6) gevolgd of ze zijn tweedegraads bevoegd docent Engels. Ze zijn *near*-native speakers, dat wil zeggen dat hun Engelse taalvaardigheid niet of nauwelijks van een native speaker te onderscheiden is. Een voordeel van vakleerkrachten binnen het schoolteam is dat zij geen vreemden zijn die een of twee keer per week langskomen. Ze kennen de kinderen ook beter dan een vakleerkracht van buitenaf en kunnen zodoende efficiënter differentiëren.

De tweedegraads bevoegd docent, die opgeleid is voor de onderbouw van het voortgezet onderwijs, moet zich in ieder geval de didactiek voor Engels in het basisonderwijs en speciaal die voor vvto eigen maken.

Taalassistenten
Via het programma 'Comenius Assistentschappen' van het Europees Platform kan een school een Europese taalassistent aanvragen die helpt bij het talenonderwijs Engels of een andere taal. De taalassistenten zijn studenten of pas afgestudeerden aan een Europese lerarenopleiding, die graag enkele maanden onderwijservaring in Nederland willen opdoen. Het grote nadeel hiervan is wel dat de assistenten, die vanzelfsprekend uit Groot-Brittannië afkomstig moeten zijn, betrekkelijk kort blijven, waardoor zij de kinderen niet goed leren kennen en omgekeerd.

11.6 De minor vvto

Een aantal pabo's biedt een minor vvto aan. Dit is een specialisatieprogramma voor vroeg vreemdetalenonderwijs. Het is een relatief nieuw fenomeen en is voortgekomen uit de gebleken behoefte van scholen die vroeg vreemdetalenonderwijs aanbieden aan goed opgeleide leerkrachten. Dit probleem kun je, zoals we al zagen, oplossen door leerkrachten die al op een basisschool werken nascholing te geven, maar je kunt het probleem ook vóór zijn door pabostudenten de mogelijkheid te bieden zich op dat gebied te specialiseren. De pabo's van de Hogeschool Windesheim, Christelijke Hogeschool Ede, Hogeschool van Rotterdam en Hogeschool Utrecht vormen samen de 'Pabo kenniscentra vvto' en werken samen met het Europees Platform en EarlyBird. Deze kenniscentra ontwikkelen onder meer landelijke standaarden en einddoelen voor vvto Engels, minorprogramma's en nascholingspakketten voor leerkrachten van basisscholen.

In 2011 hebben de kenniscentra vvto afgesproken dat een minor vvto, bestaande uit 30 studiepunten (ECT's), aan een aantal minimumkwaliteitseisen moet voldoen (Corda et al., 2012). 70 procent van de minor moet bestaan uit de volgende onderwerpen:
- eigen taalvaardigheid Engels: B2-niveau op alle vaardigheden, behalve schrijven (B1);
- didactiek, waaronder CLIL en TPR;
- stage: minimaal 60 uur op een basisschool met vvto-gerelateerde activiteiten.

De gehanteerde theoretische kaders, didactiek en materialen in de verschillende minorprogramma's van de kenniscentra blijken niet veel van elkaar te verschillen. Het is de *stage*, waarin de samenhang tussen theorie en praktijk duidelijk wordt, die de minor belangrijk en effectief maakt. De stage in Nederland kan op veel manieren worden ingevuld: onderzoek op vvto-scholen, begeleiding van vvto-scholen (vvto op maat) of gewoon veel lesgeven en de theorie aan de praktijk toetsen. Studenten geven aan dat zij het meest leren tijdens de stage.

Als de minor op de pabo geheel in het Engels wordt aangeboden, heeft dat een positief effect op het taalniveau van de student: veel authentiek taalaanbod, met een belangrijke boodschap (didactiek) en 'n+1'.

11.6.1 Stage in het buitenland

De stage kan in Nederland plaatsvinden, maar ook het buitenland. Alle vier pabo's bieden de studenten de mogelijkheid een stage in het buitenland te volgen. De studenten van Hogeschool Windesheim kunnen kiezen tussen een stage op een Maori/English-school in Nieuw-Zeeland of een *dual immersion*-school (Spaans/Engels) in Los Angeles. Een studente van de Christelijke Hogeschool Ede heeft stage gelopen op een school in Namibië en heeft een uitwisselingsproject tussen een school in Nederland en een school in Namibië opgezet en uitgevoerd. De Hogeschool van Rotterdam heeft de buitenlandse stage verplicht gesteld: studenten geven, gedurende drie maanden, vijf dagen in de week les op een basisschool in Nottingham. In alle gevallen heeft de student baat bij het feit dat zij zich maandenlang in een *total immersion*-situatie bevindt en daarbij haar Engelse taalvaardigheid niet als doel op zich ervaart, maar als een communicatiemiddel om les te kunnen geven of een project te organiseren.

11.7 Verschillen en overeenkomsten tussen vvto en CLIL

Het is een misverstand te denken dat vroeg vreemdetalenonderwijs in groep 1-4 een soort 'kleuter-CLIL' is, namelijk de integratie van taalonderwijs en vakinhoud.

Zoals je in 11.1 hebt kunnen zien, kun je bij kleuters nog niet spreken van 'vakinhoud'. Zij nemen deel aan de geijkte kleuteractiviteiten, zoals luisteren naar muziek, filmkijken, liedjes (leren) zingen, luisteren naar een verhaal, naspelen van een verhaal, spelletjes doen enzovoort, net als de activiteiten in de geobserveerde groepen. Kleuters leren spelenderwijs, zonder zich ervan bewust te zijn dat ze iets 'leren'. Op bepaalde momenten van de dag of de week is de voertaal op een vvto-school tijdens deze dagelijkse activiteiten uitsluitend Engels, maar er wordt geen 'zaakvak' aangeboden.

Het feit dat er op bepaalde tijden exclusief Engels wordt gesproken, is dus een overeenkomst tussen CLIL en vvto. Het feit dat er geen 'zaakvak' wordt aangeboden is een verschil.

Het feit alleen dat de voertaal Engels is, is niet genoeg om te spreken van CLIL-activiteiten of *cross-curricular activities*, zoals ze ook wel genoemd worden. Pas als er sprake is van 'kernwoorden' en verwerkingsopdrachten voor vakken met eigen tussendoelen, genoemd in *TULE*, kun je spreken van 'kleuter-CLIL'. Voorbeelden van en suggesties voor CLIL-activiteiten zijn gegeven in hoofdstuk 10.

11.7 ▪ Verschillen en overeenkomsten tussen vvto en CLIL

Hieronder en op de volgende bladzijde vind je een aantal voorbeelden van activiteiten voor de onderbouw.

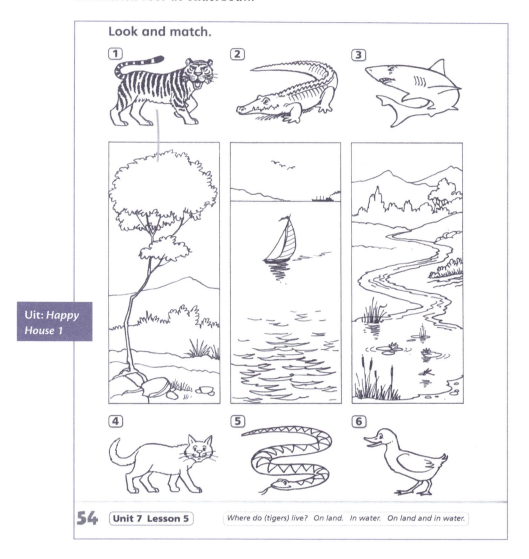

Uit: *Happy House 1*

11 ▪ Didactiek voor vroeg vreemdetalenonderwijs

Uit: *Cookie and Friends B*

Uit: *Playtime B*

Opdracht 3*
Werk in groepjes. Bekijk de vier voorbeelden van activiteiten voor de onderbouw op bladzijden hierboven en op de vorige bladzijde. Besluit welke van deze activiteiten een CLIL-activiteit is en welke niet. Motiveer je antwoord.

DEEL II

Uitbreiding en verdieping

Differentiatie 12

 De leraar houdt rekening met de verschillen tussen leerlingen wat betreft cognitieve en verbale intelligentie, leerstijl en meertaligheid door te differentiëren in de manier waarop de leerstof aangeboden wordt.

12.1 Inleiding

De belangrijkste doelstelling voor Engels in het basisonderwijs is dat alle leerlingen, ongeacht hun begaafdheid, aanleg of interesses, zich aan het eind van de basisschool in de meest voorkomende taalsituaties mondeling kunnen redden. Om dit te bereiken, zullen we moeten differentiëren op drie belangrijke punten: interesse, cognitieve begaafdheid en leerstijl (Gardner, 1999).

Interesse
De motivatie om te spreken is mede afhankelijk van de betrokkenheid van de leerlingen bij het onderwerp. Een thematische methode, zoals de F-N-methode, is daarom de enig bruikbare. Het is ondoenlijk te differentiëren naar individuele interesse bij grammaticale onderwerpen.

Hoe we de leerlingen bij het onderwerp kunnen betrekken, hebben we kunnen zien in hoofdstuk 4 en 6. De leerkracht dient altijd gebruik te maken van de voorkennis en uit te gaan van de eigen belevings- en ervaringswereld van de leerlingen, zodat het onderwerp hen persoonlijk aanspreekt. De relevantie van het onderwerp moet door de hele lessencyclus heen, in alle fasen, herkenbaar zijn voor de kinderen. Dat bereiken we door het productdoel – 'wat kan ik in deze situatie zeggen of vragen of antwoorden' – in elke fase als uitgangspunt te nemen.

Cognitieve begaafdheid
Een communicatieve methode schept ook de mogelijkheid om te differentiëren naar begaafdheid, aangezien bij deze methode niet het correctheidsprincipe geldt, maar of de boodschap overkomt. Er zijn vele manieren om iets duidelijk te maken en dikwijls is het zo dat de meer eenvoudige taaluiting ook de meest natuurlijke is, zodat ook de zwakkere leerlingen zich verstaanbaar kunnen maken zonder de taal geweld aan te doen. Als we bijvoorbeeld aan iemand vragen wat zijn favoriete hobby is, kunnen we eerder het antwoord 'Zwemmen!' verwachten dan 'Mijn favoriete hobby is zwemmen.' Het is daar-

om aan te raden het eventuele didactische advies in de handleiding van het lespakket om de leerlingen in hele zinnen te laten antwoorden, te negeren. Geef het eventueel slechts als keuzemogelijkheid. Op deze manier kunnen *alle* kinderen succeservaringen hebben, wat noodzakelijk is om hun positieve houding te behouden.

12.2 Differentiatie met betrekking tot meertalige leerlingen

In 1.5 werd gesteld dat er verschillen zijn tussen allochtone en autochtone leerlingen wat betreft beginsituatie, taalverwervingstrategieën en de mate van extra belasting, maar dat er geen reden is meertalige leerlingen uit te sluiten van Engels in het basisonderwijs als er rekening gehouden wordt met hun specifieke behoeften en kennis.

Als we het element voorkennis buiten beschouwing laten, kunnen we stellen dat de beginsituatie gelijk is, als tenminste aan de voorwaarde wordt voldaan dat het Engels zo veel mogelijk eentalig aangeboden wordt. Speciaal voor deze kinderen is het belangrijk dat Engels de voertaal is tijdens de Engelse lessen.

Engels als instructietaal in de lespakketten

De gangbare Nederlandse functioneel-notionele lespakketten houden echter meestal geen rekening met deze specifieke behoefte van meertalige kinderen: sommige lespakketten bevatten meer Nederlands dan Engels, met alle extra belasting voor allochtone kinderen van dien.

Een lespakket dat niet alle instructies, uitleg en aanwijzingen in het Nederlands geeft, draagt daarom bij aan een voor hen gunstige situatie. Dat kan een argument zijn om voor een eentalig lespakket te kiezen. Als dat niet mogelijk is, kunnen we het lespakket zodanig aanpassen dat er rekening gehouden wordt met de specifieke situatie van meertalige kinderen. Hier volgt een aantal suggesties:

- In de introductiefase zal een klassengesprek voor meertalige kinderen minder geschikt zijn dan bijvoorbeeld het maken van collages in kleine groepen.
- In de inputfase kunnen we beter geen vragen stellen in het Nederlands, maar een van de vele andere verwerkingsvormen kiezen.
- In de oefenfase leveren tekstinstructiekaarten in het Nederlands soms problemen op. Die problemen kunnen we ondervangen door eentalige instructiekaarten te maken (zie 8.7) of de tekst bij een luisteroefening weg te lakken (zie 3.6), zodat de oefening dienst kan doen als basis voor een rollenspel.

De receptieve methode

Deze methode is geheel eentalig (zie 3.7) en is voor meertalige kinderen het meest geschikt. Niet alleen de eentaligheid van deze aanpak is voor hen voordelig, maar ook het feit dat deze aanpak inspeelt op hun specifieke *taalverwervingstrategieën*, met name hun beter ontwikkelde analytische houding met betrekking tot een vreemde taal:

> 'Het (tweetalige kind) zoekt zelf actief naar patronen in het materiaal dat hem aangeboden wordt (...). Dit extra materiaal maakt het ook mogelijk deze kinderen met wat meer complexe structuren te confronteren dan in de cursus voorkomen. Dit kan het zelf zoeken naar patronen prikkelen.' (Sanders & Meijers, 1986)

De receptieve methode benadert dus de manier van taal verwerven waar allochtone kinderen vertrouwd mee zijn. Door individueel leesmateriaal in te schakelen – boekjes met bijbehorend luistermateriaal – kunnen we gebruikmaken van deze specifieke vaardigheid van meertalige kinderen.

Werken in kleine groepen

Naast het gebruik van aanvullend lees-luistermateriaal kunnen we ook op andere manieren inspelen op de speciale behoeften van deze leerlingen. Bijvoorbeeld door veel met kleine groepen te werken, aangezien meertalige kinderen dit vaak als een prettige werkvorm ervaren. In de eigen cultuur van een deel van deze groep leerlingen ligt immers niet zozeer het accent op de individuele ontplooiing en prestatie als wel op het gegeven dat zij deel uitmaken van een groep – de familie – en daarbinnen een functie hebben (Nabantoğlu, 1982). Daarom vinden zij het vaak niet prettig om in het middelpunt van de belangstelling te staan, zoals het geval is bij het opvoeren van dialogen voor de klas.

Rekening houden met ervaringswereld

Naast rekening houden met het feit dat Nederlands niet de moedertaal is van deze leerlingen, moeten we ons ook bewust zijn van de verschillen in ervaringswereld. Instructies als 'vraag aan je partner wat hij/zij eet als ontbijt en zeg dat je zelf altijd twee boterhammen met kaas eet' kunnen vervreemdend werken door het verschil in cultuur en zijn daarom minder interessant om te (leren) zeggen. Uitgaan van de eigen ervaringswereld in de introductiefase betekent ook dat voedsel uit het land van herkomst, hun woonomgeving en gezinssituatie, en specifieke gebruiksvoorwerpen aan de orde dienen te komen, zodat zij in de oefen- en overdrachtsfase met voor hen herkenbare alternatieven kunnen werken.

Culturele differentiatie

Ten slotte is het belangrijk om, wanneer in het kader van de 'sociaal-culturele dimensie' (SCD) (zie hoofdstuk 17) de Angelsaksische cultuur vergeleken wordt met de Nederlandse, ook – en misschien wel speciaal – de eigen cultuur van deze leerlingen daarbij te betrekken. Daarmee wordt niet alleen ingespeeld op hun ervaringswereld, maar wordt ook gewerkt in een sfeer van intercultureel onderwijs, waarin niet altijd automatisch de Nederlandse cultuur centraal staat. De SCD-lessen worden op die manier veel interessanter en leerzamer voor alle kinderen in de groep.

12.3 Differentiatie door middel van extensief lezen en ICT

Graded readers

Wanneer we, zoals bij de receptieve methode, gebruikmaken van cd-spelers, computers en *earphones* in de klas, is het individueel of in groepjes lezen van *graded readers* (zie 16.4) een uitstekende manier om te differentiëren naar tempo, niveau en belangstelling. Vooral meertalige leerlingen zullen veel baat hebben bij deze differentiatiemogelijkheid.

Als de leerlingen het eenvoudige coderingssysteem kennen, kunnen ze ook in pauzes en zelfs voor en na schooltijd geheel zelfstandig Engelse kinderboeken lezen. Deze kunnen, mits voorzien van cd's, ook uitgeleend worden in de schoolbibliotheek. Het kind moet dan wel thuis de mogelijkheid hebben om de cd af te spelen. De leerkracht kan ook vragen of de leerlingen zelf hun mp3-speler, iPod, iPad of e-reader mee naar school nemen om op hun plaats of in de Engelse hoek te lezen.

Het inrichten van een Engelse hoek, een tafel met twee cd-spelers, twee laptops, alle voorzien van *earphones*, aangekleed met voorwerpen uit Engelssprekende landen, (beeld)woordenboeken, posters en (door de leerlingen zelfgemaakte) collages, draagt bij aan de mogelijkheid en de motivatie om zelfstandig Engels te lezen. De verwerking van de inhoud van de readers kan plaatsvinden door middel van leescontrolekaarten, waarvan een voorbeeld te vinden is op bladzijde 312. Aan leesvaardigheid en alles wat daarbij komt kijken (codering, rapportage e.d.), wordt een apart hoofdstuk gewijd (hoofdstuk 16).

ICT

ICT biedt de mogelijkheid om te differentiëren naar tempo, niveau en belangstelling. Het verhoogt het authentieke taalaanbod (zie 2.6.4 over digitale middelen). Elk recent lespakket heeft bijbehorend softwaremateriaal met remediërende en uitbreidende activiteiten, waarmee kinderen zelfstandig kunnen werken en directe feedback krijgen, zodat ze meteen inzicht krijgen in hun vorderingen.

Voorbeelden hiervan zijn woordenboekprogramma's, programma's voor het oefenen van de uitspraak en software voor het consolideren of uitbreiden van de woordenschat. Maar ook het gebruik van internet om *webquests* uit te voeren, dingen op te zoeken voor CLIL-projecten of contacten te leggen met scholen in het buitenland via e-mail, Facebook of Skype, behoort tot de mogelijkheden. Dit laatste aspect van ICT komt nader aan de orde in hoofdstuk 17, bij 'internationalisering'.

12.4 Differentiatie in de verschillende fasen

Bij het bespreken van het vierfasenmodel is het onderwerp differentiatie al een aantal malen aan de orde geweest. In de volgende paragrafen geven we een overzicht van de mogelijkheden en enige aanvullende informatie.

12.4.1 Differentiatie in de introductiefase

Variatie in werkvormen en leeractiviteiten
In de introductiefase kunnen we differentiëren door de werkvormen en activiteiten te variëren. Naast het klassengesprek – waarin vooral de verbaal begaafde kinderen aan bod komen – kunnen kinderen ook in groepjes plaatjes en woorden uit tijdschriften verzamelen, voorwerpen en artikelen meebrengen en taalspelletjes doen. Bij deze leeractiviteiten spelen ook andere dan cognitieve en verbale factoren een rol: bij spelletjes bijvoorbeeld een zekere mate van geluk, een bepaald soort slimheid of een visueel geheugen, waardoor steeds andere kinderen succeservaringen kunnen hebben.

Werken in heterogene groepjes
Leerlingen in qua cognitief niveau heterogene groepjes aan een opdracht laten werken, bijvoorbeeld een collage maken, bevordert niet alleen hun vermogen tot samenwerken, maar geeft ook leerlingen die niet uitblinken de kans om bij het onderwerp betrokken te blijven. Dat in groepjes werken en de taken verdelen belangrijke manieren zijn om te differentiëren, komt ook naar voren bij de behandeling van de volgende drie fasen.

Persoonlijke belevingswereld
Door in de introductiefase consequent de persoonlijke belevingswereld van de kinderen bij het onderwerp te betrekken, kan elke leerling ook in dit opzicht tot zijn recht komen. Mogelijkheden zijn: foto's van huisdieren, familie of popsterren laten meenemen, een plattegrond van het eigen kamertje laten tekenen, enzovoort.

12.4.2 Differentiatie in de inputfase

In 7.3 is al een aantal manieren beschreven om te differentiëren bij het afdraaien van de luistertekst in de inputfase: we kunnen luisterrondes inlassen, belangrijke informatie in de tekst isoleren, pauzes inlassen en besluiten het spreektempo aan te passen door de tekst zelf te lezen in plaats van de band te gebruiken.

Voorts zijn er in de verwerkingsfase nog twee belangrijke uitgangspunten voor differentiatie: differentiatie in taak en differentiatie in taal. Deze vormen van differentiatie komen ook weer terug in de oefen- en de overdrachtsfase.

Differentiatie in taak

Als bij de verwerking van een luistertekst een aantal richtvragen wordt gesteld, zal de ene leerling in staat zijn alle vragen te beantwoorden, terwijl een andere misschien maar een klein deel van de antwoorden kan opsporen. Verlangen we van elke leerling een even grote prestatie, dan zal een aantal kinderen de opdracht waarschijnlijk niet volledig kunnen uitvoeren. Als we echter de leerlingen *in groepjes* laten werken, zorgen we ervoor dat ook de zwakkere leerlingen bij de verwerking betrokken blijven door binnen de groepjes de taken te verdelen. Per groepje kunnen de individuele leerlingen op één bepaald aspect in de tekst letten, zodat ze als groepje uiteindelijk samen alle vragen kunnen beantwoorden. Niets belet de begaafdere leerling om te proberen alle vragen te beantwoorden. Op deze manier kan elke leerling op zijn eigen niveau werken. Deze werkvorm heeft nog een voordeel: de luistertekst hoeft niet zo vaak afgespeeld te worden als wanneer de eis gesteld wordt dat alle leerlingen alle vragen moeten kunnen beantwoorden.

> **Opdracht 1***
> Kijk naar de luistertekst met verwerkingsopdracht 'Pocket money' op bladzijde 137 in 7.2.1. Geef aan hoe je bij deze luisteropdracht de taken kunt verdelen.

Differentiatie in taal

Behalve in hoeveelheid te verwerken informatie (wat), kunnen we ook differentiëren in de manier waarop antwoord wordt gegeven op de vraag (hoe). Bij de luistertekst 'Pocket money' (bladzijde 137) is op de vraag 'How much is a *Sunday Times*?' een aantal antwoorden mogelijk, variërend van 'A *Sunday Times* is one pound', 'It's one pound', tot 'One pound!' Zelfs als het antwoord gedeeltelijk in het Nederlands gegeven wordt – 'Een pound!' –, is het duidelijk dat de leerling de belangrijke informatie uit de tekst heeft kunnen halen. Als elke leerling met een Engelse volzin moet antwoorden, is het niet ondenkbaar dat iemand wel het antwoord op de vraag weet, maar het niet kan verwoorden, waardoor het onduidelijk blijft of deze leerling de tekst begrepen heeft.

Door de leerlingen te laten merken dat je op veel verschillende manieren iets kunt zeggen en dat de ene manier niet 'beter' is dan de andere – zolang de boodschap maar overkomt – verhogen we het zelfvertrouwen en de durf om te spreken, ook bij kinderen met faalangst.

12.4.3 Differentiatie in de oefenfase

In de oefenfase zijn er mogelijkheden te over om te differentiëren. In de eerste plaats bieden de lespakketten een keur aan gevarieerde oefenstof, die de leerkracht zelf kan uitsplitsen in basisstof en verrijkingsstof. Bij het oefenen van gesloten taalproductie bestaat weer de mogelijkheid tot differentiatie in taal en differentiatie in taak.

Differentiatie in taal

Bij de dialogen met variatiemogelijkheden kunnen de snellere leerlingen de hoeveelheid oefenstof vergroten door gebruik te maken van de eigen woordenschat bij het invullen van de noties.

Hoewel de taalfuncties bij gesloten taalproductie niet variabel zijn, kunnen deze wel vereenvoudigd worden om ook de zwakkere leerlingen de kans te geven zich deze oefenstof eigen te maken. Willen we onze doelstelling bereiken met alle leerlingen, dan moeten we te allen tijde voorkomen dat deze leerlingen afhaken omdat het te moeilijk voor hen wordt.

In 12.4.2 was te zien hoe taalfuncties aan het niveau van de individuele leerling aangepast kunnen worden.

> **Opdracht 2***
> In bijlage 2 ('Twee verschillende methoden') staat de dialoog met variatiemogelijkheden tussen Ronnie en zijn gesprekspartner uit het lespakket *Ready, Steady, Go!* Vereenvoudig de taalfuncties zodanig dat ook de zwakkere leerling deze opdracht met succes kan uitvoeren.

Rollenkaarten met tekstinstructie (zie 8.7.3) bieden de beste mogelijkheden tot differentiatie in de oefenfase:

- De gemiddelde leerling vult de gevraagde taalfuncties en -noties zelf in.
- De zwakkere leerling heeft steun aan de voorbeelddialoog op de achterkant.
- De snellere leerling kan gebruikmaken van de gegeven variatiemogelijkheden en/of zelf allerlei variaties bedenken met behulp van voorkennis die is geactiveerd in de introductiefase.

Differentiatie in taak

In elk rollenspel zijn er rollen met veel en met weinig taalproductie, zeker als bij een van beide rollen de taalfuncties vereenvoudigd zijn. Dit schept de mogelijkheid om te differentiëren in taak. De zwakkere leerling kan nu de kleinere rol vervullen en de leerling die al op een wat hoger niveau zit de rol die een grotere taalproductie met zich meebrengt.

12.4.4 Differentiatie in de overdrachtsfase

Differentiatie in taal

Ook in de overdrachtsfase kunnen we weer differentiëren in taal en in taak. Een voorbeeld van differentiatie in taal was te zien in de spreekopdracht uit *Real English, let's do it!* op bladzijde 173. Weliswaar kan deze situatiebeschrijving naar eigen goeddunken worden ingevuld, maar de wat angstige leerling kan de functies uit oefening 14 raadplegen, terwijl de snellere leerling kan besluiten dit niet te doen. Verder kunnen we natuurlijk allerlei verschillende soorten taaluitingen toestaan, van complex tot eenvoudig, zodat elk kind op zijn eigen niveau aan de activiteiten in de overdrachtsfase kan deelnemen.

Differentiatie in taak
Door de taken bij het uitvoeren van de rollenspelen of andersoortige overdrachtsactiviteiten zo te verdelen dat de snellere leerling een grotere hoeveelheid taal te produceren krijgt, verhogen we de kans op een succesvol verloop van deze fase, waarin elke leerling zijn of haar eigen aandeel heeft.

12.5 Differentiatie door middel van variatie in werkvormen en taken

Hierboven hebben we al gezien dat je kunt differentiëren in *taal* en in *taak*. Nu volgen nog een paar tips om zo veel mogelijk variatie te brengen in je lessen.

'Numbered heads'
Werk in tweetallen of groepjes van vier. Voor je een vraag stelt, krijgt elk kind een nummer. Als je de vraag stelt, laat de groepjes dan samen het antwoord bedenken. Na een bepaalde tijd (1 à 2 minuten) zeg je: 'Alle nummers 3 geven het antwoord.' Je loopt rond om de antwoorden te 'verzamelen'. Bij de volgende vraag geven de nummers 4 het antwoord van hun groepje. Dit bevordert het sociale aspect van leren en de minder cognitief ingestelde leerlingen blijven bij de lesstof betrokken.

'Think, Pair, Share'
Ook bij deze werkvorm staat samenwerking centraal. De kinderen zitten weer in groepjes van vier. Je vraagt aan de klas welke woorden ze nog weten van het thema waar je mee bezig bent, bijvoorbeeld 'kleren'. De leerlingen werken individueel. Leerlingen uit groep 5-8 kunnen de woorden ook opschrijven. Ze krijgen 1 minuut de tijd. Daarna vergelijken ze hun lijst met die van hun buurman en maken samen een grotere lijst. Daarvoor krijgen ze 2 minuten. Als de tijd om is, worden de twee lijsten bij elkaar gevoegd, zodat een nog langere lijst ontstaat. Deze werkvorm levert duidelijk meer rendement op en minder concurrentie dan wanneer je de kinderen individueel laat antwoorden.

Varieer de groepjes
Als je altijd met dezelfde partner(s) werkt, krijg je ook altijd dezelfde interactie en taakverdeling. Bij wisselende coöperatieve werkvormen stimuleren we de leerlingen om positieve 'leerrelaties' te vormen. Met andere woorden: de leerlingen beseffen dat je allemaal van elkaar kunt leren en dat niemand buiten de boot valt. We spreken dan van 'sociaal constructivistisch leren'.

12.4 ■ Differentiatie door middel van variatie in werkvormen en taken

Keuzemogelijkheden bij opdrachten: 'Tic-Tac-Toe'

Activity A	Activity B	Activity C
Activity D	Activity E	Activity F
Activity G	Activity H	Activity I

Uit: Kagan (1994)

In plaats van alle leerlingen, ongeacht hun persoonlijke aanleg (*multiple intelligences*), dezelfde opdracht uit het werkboek te laten maken, kun je ook ieder kind drie verschillende opdrachten laten kiezen uit negen opdrachten, volgens het principe van 'boter-kaas-en-eieren' (Kagan, 1994).

Hier volgt een concreet voorbeeld uit *Backpack Gold 1* (groep 5).

Tic-Tac-Toe Board

Choose 3 boxes to form a tic-tac-toe. (3 in a row).

Theme: Head to Toes (Backpack Gold 1)

1. Workbook	2. Just a minute	3. Make a chant
Do exercises 4 and 5 in your workbook on pages 24 and 25.	Make a list of all the body parts you can remember in one minute. Ask a friend to time you. Then ask your friend to make a list. How many words can you say?	Listen to http://www.youtube.com/watch?v=qYL5e1B7aKU Can you make a chant using the body words? Share your chant with a friend.
4. Make a word search	**5. Ask questions**	**6. Draw a monster**
Design a word search puzzle using the body words.	Look at the Giant on page 30 in your textbook. Think of questions to ask him about his • eyes • feet • hands	Draw a monster. Tell a friend about your monster. Now, ask them to draw your monster! Sit back to back. Tell your friend what to draw (My monster's got 4 arms, a big head, 5 eyes…)
7. Song	**8. Vocabulary Practice**	**9. Play a game.**
Listen to the song on page 26. Act out the song with a friend.	Play memory on the computer: http://learnenglishkids.britishcouncil.org/en/language-games/find-the-pairs/human-body	Play the game you can see on page 37. Ask your teacher for a copy of the cards on page 131.

The boxes I choose are ……………, ……………… and ……………..

My Signature, ……………………… Class ……………… Date ………………………

Teacher's signature…………………………………………………………………………………

Uit: *Backpack Gold*

De leerlingen mogen niet zomaar drie opdrachten kiezen, maar doen dat altijd in een rechte lijn, horizontaal, verticaal of diagonaal.

12.6 Differentiatie en het jonge kind

12.6.1 Groep 1-2

In *Kennisbasis Engelse taal op de pabo* wordt met betrekking tot differentiatie gezegd dat we rekening dienen te houden met 'de verschillen tussen leerlingen wat betreft cognitieve en verbale intelligentie, leerstijl en meertaligheid door te differentiëren in de manier waarop de leerstof aangeboden wordt'.

Voor het jonge kind gaat dit niet echt op:
- Op deze leeftijd zijn alleen eventuele culturele verschillen van belang, niet de cognitieve. Er wordt immers nog geen prestatie van hem verwacht bij het leren van een vreemde taal. Het kind hoeft alleen te luisteren – met visuele ondersteuning (plaatjes) – en opdrachten uit te voeren. Bij de laatste activiteit kan een onzeker kind altijd kijken wat andere kinderen doen en dit nadoen.
- Er wordt wel taal geproduceerd als er een Engels liedje wordt gezongen, maar ook deze activiteit hoeft niet bedreigend te zijn, want het kind zingt samen met de groep, of luistert alleen. Het belangrijkste is dat het kind aan de Engelse les plezier beleeft.
- Van 'sterke' en 'zwakke' leerlingen is geen sprake, wel van jongere en oudere: de meeste onderbouwgroepen zijn heterogeen en bestaan uit een combinatie van groep 1 en groep 2. In een gezin leert het jongere kind veel van het oudere, in de klas vindt hetzelfde proces plaats.

Rekening houden met de 'stille periode'
Sommige kinderen zullen bij de interactie tussen leerkracht en leerling spontaan gaan spreken, andere niet. De (beginnende) leerkracht moet zich er altijd van bewust zijn dat bij het jonge kind de verwerving van een vreemde taal parallel loopt met de moedertaalverwerving. Geen zinnig mens zal druk uitoefenen op een peuter om zijn moedertaal te gaan spreken, laat staan te gaan lezen of schrijven als hij daar nog niet aan toe is. Wel kunnen we het kind op een speelse en ontspannen manier prikkelen door middel van spelletjes en liedjes, opdrachten die in het werkboek staan, bijvoorbeeld het inkleuren van een voorwerp of dier en het kind zo veel mogelijk taal aanbieden. Het is verbazend hoe snel kinderen de vreemde taal oppikken als we het een omgeving bieden die 'veilig' is.

Van de oudere kinderen in groep 2 kunnen we wel meer vragen, want de kans is groot dat die groep niet meer in de 'stille periode' zit. Een voorbeeld hiervan is het antwoorden met 'Yes' en 'No' op een eenvoudige vraag. Als je vraagt wat iets is in het Engels, kun je weer differentiëren in taal: 'It's a balloon', 'It's a red balloon', of al blij zijn als een kind antwoordt met 'Balloon'. Als een kind in het Nederlands antwoordt, zeg je 'Yes, a balloon'. Als je verbetert, begin dan altijd met 'Yes' en zeg niet 'No, it's a balloon'. Beginnen met 'Yes!' bevordert een positieve attitude bij de leerlingen.

12.6.2 Groep 3-4

Hieronder zie je de visuele ondersteuning, in de vorm van een strip met tekst, bij een luistertekst voor groep 3.

Uit: *Happy Street 1*

Opdracht 3*

- Differentieer in 'taal' en in 'taak' bij de dialoog op bladzijde 233.
- Lees de Engelse handleiding bij de luistertekst (zie hieronder) nauwkeurig. Wat is je mening over de toepassing van de leerstofopbouw binnen een thema (vierfasenmodel)?

2 Listening

- Ask the class *Do you like pizzas?* Ask them to tell you (L1) what you might have on a pizza (cheese, tomatoes, etc.).
- Ask e.g. *What's on pizza number three?* (*Mushrooms, peppers, and olives*). Repeat with several examples so that the children understand that each of the pizzas is different.
- Point to each of the characters and ask *Who's this?* Say *Listen to Jack and Polly*, and play the CD.
- Ask *What does Polly want on her pizza?* Invite two volunteers to come to the front and choose what Polly wants on her pizza by ticking the correct items on the board. Play the CD again, this time with books closed, stopping before Jack says *You want...*
- Tell the class to look at the pizzas in their books and choose the correct one. Ask *What number is it?*
- Repeat the CD for the children to follow the text in their books. Invite volunteers to take the parts of Jack and Polly and read the dialogue aloud for the class.
- In pairs, children practise the dialogue.

 Audio script

Presenter:	Unit 4, Listening 8. Class Book page 27. Listen and repeat.
Jack:	Do you like mushrooms?
Polly:	Yes!
Jack:	Do you like olives?
Polly:	No!
Jack:	Do you like peppers?
Polly:	Yes!
Jack:	You want pizza number 2!
Polly:	Yes!

Uit: *Happy Street 1*

In deze dialoog zie je dat het korte antwoord 'Yes' en 'No' prima functioneert. Later kan alsnog 'Yes, I do' en 'No, I don't' aangeboden worden.

Dit is eveneens een goed voorbeeld van een *information gap* met inhoudelijke focus: Jack heeft een goede reden om te vragen wat Polly lekker vindt en wat niet, want dan weet hij welke pizza hij voor haar moet bestellen. In de volgende les wordt het onderwerp 'Engels geld' behandeld (zie bladzijde 235). Als je de volgorde van deze twee lessen omkeert, kun je Jack ook laten afrekenen, met echt Engels geld. Je kunt een 'menu' maken met de prijzen erop en Jack laten kijken of hij genoeg geld bij zich heeft voor de keuze die ze hebben gemaakt.

12.4 ■ Differentiatie en het jonge kind

Uit: Happy Street 1

Aanbevolen literatuur
Kagan, S. (1994) *Cooperative Learning*. San Clemente, CA: Kagan Publishing.

Fouten verbeteren, toetsen en evaluatie 13

 Voor een goede afstemming van de lessen Engels en om te kunnen nagaan of de lesdoelen en uiteindelijk de kerndoelen daadwerkelijk worden behaald dient de leraar basisonderwijs de leerlingen te toetsen en evalueren op hun communicatieve Engelse vaardigheid.

13.1 Inleiding

Spreekangst

> 'There is no evidence which shows that the correction of speech errors is necessary or even helpful in language acquisition. Most agree that the correction of speech errors is negative in terms of motivation, attitude, embarrassment, and so forth, even when done in the best of situations.' (Krashen & Terrell, 1983)

In voorgaande hoofdstukken is het onderwerp 'emotionele veiligheid' in de klas al een aantal malen aangeroerd. Als we ons in een vreemde taal moeten uitdrukken, missen we de vaste basis van het ons bekende communicatiemiddel: onze moedertaal. Dat kan gevoelens van angst en minderwaardigheid veroorzaken (3.5.5), die tot uiting komen in *spreekangst*. We zwijgen liever dan betrapt te worden op fouten, of zoals Littlewood zegt:

> 'Many learners will prefer to keep a "low profile" in the hope that they will not be called upon to participate openly.' (Littlewood, 1981)

Of leerlingen wel of niet speekangst ontwikkelen heeft alles te maken met de manier waarop de leerkracht omgaat met de fouten die de leerlingen maken. Beschouwt de leerkracht deze als een volkomen normaal verschijnsel in de ontwikkeling van communicatieve vaardigheden, dan zullen de leerlingen niet bang zijn om fouten te maken en onbevangen tegenover het spreken (blijven) staan. Volgens Terrell (Krashen & Terrell, 1983) is het zelfs helemaal niet nodig om fouten te verbeteren: het doet meer kwaad dan goed, maar leerkrachten hebben duidelijk moeite met een dergelijke houding:

> 'To many teachers this might appear to conflict with their pedagogical role which has *traditionally* required them to evaluate *all* learners' errors according to clearly defined criteria.' (Littlewood, 1981)

Bij een communicatieve benadering moet deze traditionele rol van de leerkracht bijgesteld worden, aangezien de durf om te spreken bij deze methode belangrijker is dan of dat volkomen correct gebeurt. Als een leerkracht elke taaluiting van leerlingen onder een vergrootglas legt en elke fout corrigeert, zullen hun positieve houding en hun plezier in het spreken verdwijnen als sneeuw voor de zon.

Dat wil echter niet zeggen dat we alles wat leerlingen zeggen mooi en prachtig moeten vinden: we moeten kinderen wel serieus nemen als taalverwervers. In de eerste plaats zullen we de vrije taalproductie in de overdrachtsfase, waarin de kans op fouten het grootst is, goed moeten voorbereiden. Als de kinderen de taalmiddelen hebben gekregen om zich te uiten, is de kans op fouten al aanzienlijk gereduceerd. Een succeservaring (*reinforcement*!) is altijd meer bevorderlijk voor de durf om te spreken dan negatieve feedback.

Selectief corrigeren

Toch zullen er altijd fouten worden gemaakt. Als we deze besluiten te corrigeren, zullen we selectief te werk moeten gaan. We zullen nu aandacht besteden aan *welke* fouten verbeterd moeten worden, *wanneer* deze verbeterd moeten worden en *hoe* we dat het beste kunnen doen.

13.2 Welke fouten verbeteren?

Fouten die de communicatie storen

Allereerst verbeteren we uiteraard die fouten die de communicatie storen, dat wil zeggen als een native speaker niet meer begrijpt wat er gezegd wordt. De vraag 'What is there on the hand?' zal niet begrepen worden, net zomin als de opmerking 'Please!' als we iemand iets geven. Ook uitspraakfouten kunnen aanleiding geven tot verwarring, zoals de spellinguitspraak /ti:/ in plaats van /tai/ voor 'tie' (stropdas), terwijl het stemloos maken van de stemhebbende slotmedeklinker in een woord als 'dog', uitgesproken als 'dok', de communicatie niet in de weg hoeft te staan, omdat een native speaker uit de context wel kan opmaken wat er bedoeld wordt.

Niet-bestaande Engelse woorden

Een ander criterium voor het corrigeren van fouten is of woorden überhaupt wel bestaan in het Engels of dat het verkapte Nederlandse woorden zijn, zoals 'pindacheese' in plaats van 'peanut butter'. Ook de overgang op het Nederlands of het gebruik van Nederlandse woorden tijdens een gesprekje dient de leerkracht te corrigeren.

Structuurfouten
Er zijn echter ook (structuur)fouten die weliswaar de communicatie niet storen, maar die, als zij door veel leerlingen regelmatig gemaakt worden zonder dat daar iets van wordt gezegd, langzaam inslijpen. Voorbeelden zijn: 'mine sister' in plaats van 'my sister' en 'I going' in plaats van 'I'm going'. Deze fouten moeten wel besproken of geremedieerd worden (zie 13.4).

Dat is ook het geval met veelvoorkomende structuurfouten, zoals '*Do* you have ...? Yes, I *have*.' Bij het antwoord op een vraag wordt het hulpwerkwoord in de vraag herhaald, dus in dit geval wordt het antwoord op '*Do* you have ...?' 'Yes, I *do*.' 'Yes, I *have*' is het antwoord op de vraag '*Have* you got ...?' Deze abstracte regel uitleggen heeft geen zin, maar de fout moet wel meteen in de oefenfase al verbeterd worden.

Differentiatie
Het is vanzelfsprekend dat we bij het corrigeren van fouten ook differentiëren. Een waarderende opmerking bij een gesprekje dat gevoerd wordt door een zwakkere leerling is veel constructiever en geeft meer resultaat dan het hanteren van dezelfde criteria als bij een begaafde leerling.

Als de leerlingen in het stadium zijn beland dat zij spontaan in het Engels gaan reageren op *classroom language*, is het ook vanzelfsprekend dat we terughoudend zijn met verbeteren. Het feit dat de leerlingen reageren is een positief resultaat en belangrijker dan de vorm waarin dit gebeurt.

13.3 Hoeveel fouten verbeteren?

Of de leerkracht bepaalde fouten moet verbeteren hangt behalve van het soort fout ook af van de hoeveelheid fouten die per activiteit gecorrigeerd kan worden.

Als er een groot aantal fouten wordt gemaakt bij de vrije spreekactiviteit, kan dat uiteraard niet alleen aan de leerlingen liggen. Waarschijnlijk is deze activiteit in de vorige fasen niet goed voorbereid. Dan zullen we terug moeten naar de oefenfase, of de belangrijkste fouten in een van de volgende lessen opnieuw aan de orde moeten laten komen door middel van een remediërende activiteit. Op deze laatste mogelijkheid komen we in dit hoofdstuk nog terug. Maar ook als er niet zo veel fouten worden gemaakt, gaan we selectief te werk. Een lijst maken van alle fouten die we gehoord hebben en deze allemaal bespreken, werkt erg ontmoedigend en zal de onbevangenheid van de kinderen aantasten. Beter is het om een of twee van de belangrijkste fouten te selecteren en deze te bespreken. De bekende angst van leerkrachten dat er dan fouten 'blijven liggen' is ongegrond: er komt ongetwijfeld een volgende gelegenheid om deze fouten aan te pakken.

13.4 Hoe fouten verbeteren?

Onopvallend verbeteren
Eigenlijk kunnen we de instinctieve manier waarop opvoeders peuters verbeteren die hun moedertaal gaan spreken als veilig uitgangspunt nemen bij de vraag op welke manier we het beste kunnen verbeteren. De situatie is immers vergelijkbaar. Als een peuter zegt: 'Dat heb ik van oma gekrijgd', zal de opvoeder zeggen: 'Ja, hè? Dat heb je van oma gekregen!' en niet: 'Het is niet "gekrijgd", het is "gekregen"!' We verbeteren dus zo opbouwend mogelijk en leggen niet de nadruk op de fout, maar corrigeren deze door het woord of de taalfunctie onopvallend maar correct te herhalen.

Collectief verbeteren
Ook is het beter om collectief te verbeteren dan een leerling ten overstaan van medeleerlingen persoonlijk op een gemaakte fout aan te spreken.

Remediërende activiteiten
Als veel leerlingen steeds dezelfde fout maken, kunnen we besluiten een remediërende activiteit in te lassen.

Taalspelletjes
Taalspelletjes vormen een bron van extra en remediërend oefenmateriaal. Bij de veelvoorkomende fout 'he going' bijvoorbeeld, waarbij het hulpwerkwoord 'is' wordt weggelaten, kan de leerkracht besluiten een spel te doen waarin leerlingen een activiteit uitbeelden die andere kinderen moeten raden (zie 14.4.1, 'guess the activity'). Bij het raden van de activiteiten moet nu, door – indien nodig – op het bord te wijzen, wel de eis gesteld worden dat de kinderen in hele zinnen antwoorden en niet alleen met het tegenwoordig deelwoord ('reading'). Dit lijkt in tegenspraak met wat er gezegd is in hoofdstuk 12 over differentiatie, maar is het niet. De leerlingen die dat (nog) te moeilijk vinden, kunnen de kat eerst uit de boom kijken voor ze zelf willen reageren. De vraag moet dus algemeen blijven en niet gesteld worden aan een bepaalde leerling. Wat remediërende activiteiten betreft geldt weer dat voor elke structuur wel een taalspel voorhanden of te bedenken is.

TPR-activiteiten
Ook TPR-activiteiten kunnen een remediërende functie hebben: door de oefening met handelingen te combineren, wordt de leerstof beter geconsolideerd. Om bijvoorbeeld het gebruik van het bezittelijk voornaamwoord 'my' (in plaats van 'mine') duidelijk te maken, wordt de structuur 'This is *my* (book)!' eerst weer op het bord geschreven met 'my' in een andere kleur of onderstreept. De leerkracht pakt nu een voorwerp (een boek, pen of kledingstuk) van zichzelf, wijst erop en zegt: 'This is *my* (pen)!' met veel nadruk op 'my' en met overdreven mimiek. Om de betekenis van de structuur te versterken, zegt de leerkracht: 'Nobody can have it. It belongs to me! It is *my* pen!!' De beste

leidraad voor dergelijke activiteiten is de manier waarop je iemand die jouw taal niet spreekt duidelijk wilt maken wat je wilt zeggen: dat gaat instinctief altijd gepaard met handelingen en visualisatie, het bekende 'handen- en voetenwerk' (productieve strategie). Om de structuur te consolideren, kunnen de leerlingen daarna in tweetallen voorwerpen van elkaar pakken en zeggen: 'This is my pen!' De ander zegt dan: 'No, it's *my* pen!!'

Op dezelfde manier, maar dan in drietallen, kunnen de bezittelijke voornaamwoorden 'his' en 'her' geoefend worden.

13.5 Wanneer fouten verbeteren?

13.5.1 Verbeteren in de receptieve fasen

In de twee receptieve fasen – de introductiefase en de inputfase – vindt weliswaar officieel geen taalproductie plaats, maar er zal toch af en toe wel Engels gesproken worden: in de introductiefase zullen de leerlingen bijvoorbeeld Engelse woorden aandragen, behorend bij het thema. Als een leerling bij het onderwerp 'huisdieren' het woord 'dog' inbrengt, maar dit uitspreekt als 'dok', herhaalt de leerkracht het woord met een correcte uitspraak en schrijft het daarna op het bord. Hetzelfde gebeurt in het overgangsstadium tussen de verwerkingsfase en de oefenfase, wanneer er wellicht al in het Engels geantwoord wordt op de richtvragen.

13.5.2 Verbeteren in de oefenfase

De oefenfase is het meest geschikte tijdstip om fouten te verbeteren.

Uitspraakfouten
Na het koorwerk kunnen uitspraakfouten collectief verbeterd worden. Laat de hele groep de correcte uitspraak van een woord of taalfunctie herhalen.

Het werken in tweetallen leent zich het beste voor individueel corrigeren. Dit kan gebeuren door het fout uitgesproken woord correct uit te spreken en te laten herhalen.

Taalfuncties
Bij een fout gebruik van de taalfunctie tijdens het werken in tweetallen wijst de leerkracht naar de functie die op het bord staat. De leerkracht spreekt de functie opnieuw uit, waarna de leerling de functie herhaalt. Door de veiligheid van de situatie zal dit niet confronterend werken. Een kind wil ook graag iets goed leren!

Collectief of individueel verbeteren?
Behalve individueel corrigeren tijdens het werken in tweetallen kan de leerkracht ook rondlopen, een aantal fouten noteren en collectief bespreken,

maar individuele aandacht doet wonderen bij het leren van een vreemde taal. Corrigeer dus niet uitsluitend collectief, maar combineer dit zo veel mogelijk met individuele begeleiding.

13.5.3 Verbeteren in de overdrachtsfase

In de overdrachtsfase niet meer corrigeren
Tijdens de overdrachtsfase verbeteren we principieel *niet*. Het is heel hinderlijk als een gesprekje steeds onderbroken wordt en het heeft een averechts effect. Wel kunnen we een of twee fouten noteren en achteraf collectief bespreken. De situatie is te vergelijken met de première van een toneelstuk: de regisseur zal het niet in zijn hoofd halen om tijdens de première steeds het toneel op te rennen om de acteerprestaties van de spelers te verbeteren!

Vaardigheid belangrijker dan correctheid
Fungeert de vrije spreekactiviteit als een toets, dan zullen we twee dingen tegen elkaar moeten afwegen: de correctheid en de vaardigheid, waarbij de vaardigheid om de boodschap onbevangen over te brengen meer gewicht krijgt dan de grammaticale correctheid of een mooie uitspraak.

13.6 Toetsen

Niet alle lespakketten zijn voorzien van toetsmateriaal. Het is ook de vraag of het toetsen voor een cijfer wel thuishoort bij Engels in het basisonderwijs. Slechte cijfers werken altijd ontmoedigend en zullen de spreekangst alleen maar verhogen. Ook lenen vooral grammaticale kennis en woordkennis zich ertoe om (schriftelijk) getoetst te worden en dat zijn nu juist de aspecten waar we in het basisonderwijs niet de nadruk op willen leggen.

Aan de andere kant verhoogt het geven van cijfers de status van het vak, zowel bij ouders als bij docenten in het voortgezet onderwijs. Mocht het schoolteam besluiten op gezette tijden, bijvoorbeeld als een thema is afgerond, na een aantal hoofdstukken of aan het eind van het jaar, de vorderingen van de leerlingen te toetsen, dan is de eerste stap om te beslissen welke vaardigheid of vaardigheden getoetst gaan worden: luistervaardigheid, spreekvaardigheid, leesvaardigheid, spelling?

Als dat eenmaal duidelijk is, zijn er veel verschillende toetsmogelijkheden:
- voortgangstoetsen (summatief);
- toetsen uit het lespakket;
- zelfgemaakte toetsen;
- evaluatie;
- vorderingen vastleggen in het digitale Europees Taalportfolio;
- zelfevaluatie;
- geschreven rapporten;

- digitaal leerlingvolgsysteem, zoals in *My name is Tom*;
- eindtoetsen (formatief);
- toetsen van het Anglianetwerk (A1/2);
- toetsen van Cito (*Me2!*) voor groep 7 en (halverwege) groep 8 (zie hoofdstuk 1);
- taaldorp;
- eindmusical.

13.6.1 Voortgangstoetsen

Toetsen uit het lespakket
Wanneer we besluiten de toetsen van het lespakket te gebruiken, is een kritische houding op zijn plaats: sommige toetsen zijn niet echt communicatief te noemen.

> **Opdracht 1***
> - Bekijk de toetsfragmenten hieronder. Bespreek met een aantal medestudenten welke toetsen je wel en welke je niet geschikt vindt om op de basisschool te gebruiken. Motiveer je antwoord.
> - Vier van deze toetsfragmenten zijn afkomstig uit het katern 'Toetsen' – uit de reeks *Engels in het basisonderwijs in de praktijk* – dat dateert uit 1986. Welke toetsfragmenten zijn dat, denk je? Het antwoord op deze vraag is te vinden aan het eind van dit hoofdstuk.

1

Kruis het goede antwoord aan!

Situatie:
Op een camping in Denemarken zie je 's morgens een paar kinderen spelen; je wilt graag meedoen en je gaat naar één van de kinderen (een meisje) toe.

1. Jij zegt:
   A ☐ Cheerio.
   B ☐ Goodbye.
   C ☐ Hi.

2. Het meisje antwoordt:
   A ☐ Oh, I see.
   B ☐ Okay.
   C ☐ Good Morning.

3. Vraag hoe het meisje heet:
   A ☐ What's your name?
   B ☐ How are you?
   C ☐ What's my name?

4. Het meisje antwoordt:
   A ☐ I'm Dutch.
   B ☐ I'm all right.
   C ☐ I'm Alice.

13 ▪ Fouten verbeteren, toetsen en evaluatie

2

4 Hoe zeg je deze zinnen in het Nederlands?

1 Dad likes football. ....
2 Uncle John is a bus driver. ....
3 His brother has got six rabbits. ....
4 I've got five hot dogs. ....
5 This is your belly. ....
6 I like to clap my hands. ....

5 Schrijf de Engelse namen bij de lichaamsdelen.

1 .... 2 .... 3 .... 4 ....

5 .... 6 .... 7 .... 8 ....

3

a. Vul in: "am" of "is" of "are".

1. She . . . . . looking for a pair of shoes.

2. We . . . . . going to the third floor of the department store.

3. . . . . . you buying a new T-shirt?

4. He . . . . . thinking of an animal.

5. I . . . . . wearing my sister's favourite pullover.

Vul in: "it" of "they" of "them".

1. How much is this sweater?
   £ 2.
   Can I try . . . . . on?

2. I'm looking for a pair of shoes.
   How much are . . . . . ?

3. How much are these socks?
   £ 1.-
   O.K. I'll take . . . . . .

4. I'm looking for a pair of trousers.
   How much are . . . . . ?

5. This is a nice tie.
   Can I try . . . . . on?

244

4

6 Vertaal de Nederlandse woorden in het Engels.

1 voet .... voeten ....

2 oor .... oren ....

3 hand .... handen ....

4 vinger .... vingers ....

5

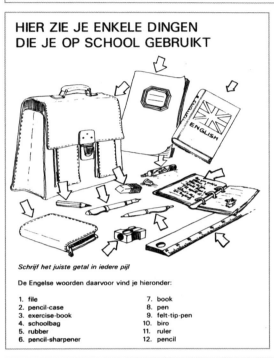

HIER ZIE JE ENKELE DINGEN DIE JE OP SCHOOL GEBRUIKT

Schrijf het juiste getal in iedere pijl

De Engelse woorden daarvoor vind je hieronder:

1. file
2. pencil-case
3. exercise-book
4. schoolbag
5. rubber
6. pencil-sharpener
7. book
8. pen
9. felt-tip-pen
10. biro
11. ruler
12. pencil

6

1 Beantwoord de vragen, in het Engels, in een hele zin.

1 *What's your name?*

....

2 *How old are you?*

....

3 *Where are you from?*

....

4 *What are your hobbies?*

....

5 *Do you have brothers or sisters?*

....

13 ▪ Fouten verbeteren, toetsen en evaluatie

7

1 *Fill in the missing letters.*

1. h a p p .
2. n u m b e .
3. t . d a y
4. t h i . t e e n
5. . r o n g
6. c . m i c
7. h i s t o r .
8. f i . s t
9. f o r t y - o . e
10. g e o . r a . . y
11. r . y m e
12. m a t . e m a t i . s
13. E n g l i . .
14. c o u n . . y
15. t e a . . e r

2 *Try to find the word.*

1. ncotruy ....
2. mbenur ....
3. ienscec ....
4. chaco ....
5. rofeign ....
6. ymrhe ....
7. tac ....
8. pyhap ....
9. ntspaer ....
10. usimc ....

8

c. *Omcirkel wat er niet bij hoort*

a. orange
b. meat
c. pear

a. salad
b. vegetables
c. spaghetti

a. yoghurt
b. cheese
c. jam

a. lunch
b. menu
c. dinner

a. steak
b. ham
c. fish

a. sugar
b. pepper
c. salt

Ook de meest recente en gangbare lespakketten voor Engels in het basisonderwijs leveren soms toetsen waarin vertaald moet worden van het Nederlands naar het Engels en omgekeerd en waarin bij elke toets een woorddictee hoort. Neem dus niet klakkeloos de toetsen uit het lespakket over!

13.6 ■ Toetsen

Zelfgemaakte toetsen

Voor het zelf maken van toetsen gelden de volgende richtlijnen:
- Toets woordkennis altijd binnen de context van een zin of een verhaal.
- Vraag geen Nederlandse vertalingen, maar maak gebruik van andere mogelijkheden, zoals *matching exercises*, meerkeuzevragen, afbeeldingen benoemen, *odd man out* en dergelijke.
- Vermijd grammaticatoetsen of het vertalen van Engelse zinnen en uitdrukkingen in het Nederlands en omgekeerd.
- Toets zo veel mogelijk en bij voorkeur uitsluitend communicatieve vaardigheden.
- Toets alleen de leerstof die de kinderen gehad hebben.

Opdracht 2
Bespreek de toets hieronder met je medestudenten.

Toets Engels woensdag 22 februari

Schrijf de zin in het Nederlands:
- Some animals fly in the air
- A monkey can climb in a tree
- A parrot lives in the rainforest

Schrijf de zin in het Engels:
- Een hert leeft in het bos
- Een kameel leeft in de woestijn
- Een haai leeft in de zee

Als je een dier zou mogen zijn, wat zou je dan zijn? (opschrijven in het Engels natuurlijk!)
Ik wil een .... zijn, omdat .... (ook invullen!)

Vertaal de volgende zinnen van het Nederlands naar het Engels:
- Laten we voetballen
- Laten we naar een feestje gaan
- Wat zullen we doen op zondag?
- Ik vraag me af
- Mijn huiswerk maken
- Ik vraag me af
- Wat kan jij doen?
- Ik kan niet vliegen
- Ik kan snel rennen!
- Kan een slang zijn ogen dichtdoen?

Vertaal
- Feeling
- Tonight
- I wonder
- Whale
- Saturday
- Watch television
- Play outside
- A kangaroo can jump
- A snake can't walk
- A camel can't sweat

Answer the questions with can or can't
- Can camels live in the snow? Yes No
- Can monkeys climb trees? Yes No
- Can a whale live in the desert? Yes No
- Can a shark grow new teeth? Yes No
- Can a giraffe clean its own ears? Yes No
- Can one bird live in the mouth of a crocodile? Yes No
- Can a deer climb in a tree? Yes No
- Can you go shopping at night? Yes No
- Can a penguin run fast? Yes No
- Can an ostrich live in the sea? Yes No

Zelfgemaakte toets voor groep 7

13.6.2 Evaluatie

Vorderingen vastleggen in het digitale Europees Taalportfolio
Met het digitale Europees Taalportfolio leren de leerlingen, net als bij zelfevaluatie, hun taalvaardigheid zelf in te schatten en een planning te maken om hun zwakke punten te verbeteren.

Een bijkomend voordeel van het taalportfolio is dat het als rapportage kan dienen voor de aansluiting bij het vervolgonderwijs. Als het voortgezet onderwijs ook gebruikmaakt van het digitale taalportfolio, verloopt de aansluiting moeiteloos.

Zelfevaluatie
Zelfevaluatie is bedoeld om de leerling bewust te maken van:
- wat hij al geleerd heeft;
- de onderdelen waarvan hij zelf vindt dat hij er nog aan moet werken.

Hij wordt zich op die manier bewust van zijn eigen leerproces en hij voelt zich daar ook zelf verantwoordelijk voor.

Deze zelfevaluatie moet regelmatig plaatsvinden, zodat de leerling duidelijk ziet dat hij vooruitgaat of dat hij misschien remediërende oefeningen moet doen. Innerlijke motivatie levert altijd meer resultaat op dan externe motivatie.

Dat zelfevaluatie niet veel tijd hoeft te kosten is te zien in de voorbeelden uit *Happy Street* (groep 6) en *Happy Earth* (groep 8) hieronder.

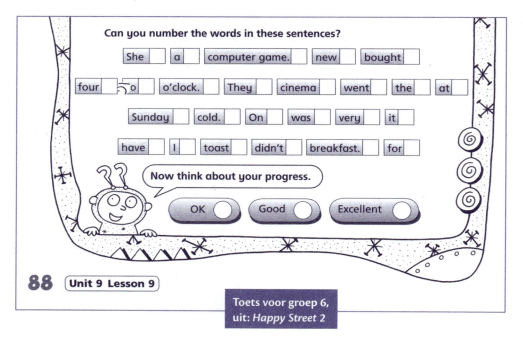

Toets voor groep 6, uit: *Happy Street 2*

13.6 ▪ Toetsen

HAPPY EARTH 2/Unit 2/My work.doc

My favourite page:

My favourite new words: _____ and _____

My _____ was better this unit.

I must work on my _____.

My work: Fantastic / Good / OK

Zelfevaluatie voor groep 8, uit Happy Earth 2

Geschreven rapporten

Hieonder zie je een voorbeeld van een rapport in matrixvorm, voor de bovenbouw.

EarlyBird report card   Name: _____

earlybird

Group: _____   School year: _____

Participation	1	2	3
Enjoys the lessons	☐ Seldom ☐ Sometimes ☐ Often	☐ Seldom ☐ Sometimes ☐ Often	☐ Seldom ☐ Sometimes ☐ Often
Speaks English	☐ Seldom ☐ Sometimes ☐ Often	☐ Seldom ☐ Sometimes ☐ Often	☐ Seldom ☐ Sometimes ☐ Often
Participates in the lessons	☐ Seldom ☐ Sometimes ☐ Often	☐ Seldom ☐ Sometimes ☐ Often	☐ Seldom ☐ Sometimes ☐ Often
Comprehension	**1**	**2**	**3**
Understands spoken English	☐ Seldom ☐ Sometimes ☐ Often	☐ Seldom ☐ Sometimes ☐ Often	☐ Seldom ☐ Sometimes ☐ Often
Understands written English	☐ Seldom ☐ Sometimes ☐ Often	☐ Seldom ☐ Sometimes ☐ Often	☐ Seldom ☐ Sometimes ☐ Often
Speaks in sentences	☐ Seldom ☐ Sometimes ☐ Often	☐ Seldom ☐ Sometimes ☐ Often	☐ Seldom ☐ Sometimes ☐ Often
Does well in the (written) tests	☐ Seldom ☐ Sometimes ☐ Often	☐ Seldom ☐ Sometimes ☐ Often	☐ Seldom ☐ Sometimes ☐ Often

Further remarks:
_____
_____
_____
_____
_____
_____
_____

Een rapportage aan de ouders (EarlyBird, 2008)

Digitaal leerlingvolgsysteem
Bij het lespakket *My name is Tom* maakt het jonge kind bij elk thema een digitale toets. Deze bestaat uit het aanklikken van de plaatjes na het horen van een woord of het slepen van een persoon of voorwerp naar een bijbehorend plaatje. In het leerkrachtgedeelte van het computerprogramma kan de leerkracht zien hoe de taalontwikkeling van het kind verloopt. Als een leerling 80 procent van een oefening correct heeft uitgevoerd, wordt de oefening als 'voldoende' beoordeeld in het leerlingvolgsysteem. Als een kind onvoldoende scoort, kan hij extra oefenstof maken. De eerstvolgende keer dat de leerling inlogt, krijgt hij eerst de herhalingsoefeningen te zien en daarna gaat het programma verder met waar het kind was gestopt.

13.6.3 Eindtoetsen

Aan het eind van de basisschool is er een aantal mogelijkheden om het taalniveau van een leerling te evalueren:
- toetsen van het Anglianetwerk (A1/2);
- toetsen van Cito (*Me2!*) voor groep 7 en halverwege groep 8;
- het digitale Europees Taalportfolio;
- een taaldorp;
- een eindmusical.

Bij de laatste twee vormen geven we hieronder een toelichting.

Het taaldorp
Een taaldorp is een alternatief voor schriftelijke of mondelinge toetsing van communicatieve vaardigheden. Voor een taaldorp zetten we een aantal tafeltjes neer in het lokaal, waarbij elk tafeltje een taalgebruiksituatie binnen de thema's voor Engels voorstelt. Op de tafeltjes staan bordjes met bijvoorbeeld 'Post office', 'At the hospital', 'In the street', 'At the snackbar', enzovoort en bijbehorende voorwerpen (postzegels, witte jas en stethoscoop, kaart van de omgeving, etenswaren). Een of twee leerlingen zitten achter de tafeltjes en de andere leerlingen doen de ronde langs de diverse 'taalsituaties', waar ze een gesprekje gaan voeren. Zij krijgen hiervoor tekstinstructiekaarten mee of rollenkaarten met een situatiebeschrijving. Ook de kinderen achter de tafeltjes hebben dergelijke kaarten. De leerkracht loopt rond en beoordeelt de prestaties, wel of niet met behulp van een toetskaart. Op de volgende bladzijde is te zien hoe een taaldorp is opgezet in *Hello World* en vind je een voorbeeld van een tekstinstructiekaart en een toetskaart voor de leerkracht. Deze manier van toetsen is veel natuurgetrouwer dan individuele gesprekjes en kost veel minder tijd.

13.6 ■ Toetsen

LESSON FOUR A VISIT TO SEVENOAKS

Een taaldorp, uit: *Hello World*

Tekstinstructiekaart

Groet
–
Bestel een milkshake
–
Bestel een zakje chips
–
Zeg dat je helaas alleen maar een briefje van £ 50 hebt
–
Geef beleefd het geld
–
Bedank en groet

Toetskaart voor de leerkracht

BEOORDELING	V/O
1 IN DE BUS	
2 BIJ DE BUSHALTE	
3 DE SNACKBAR	
4 HET MUSEUM	
5 SOUVENIRSHOP IN EEN MUSEUM	
6 ENQUETE	
7 BIJ DE DIERENARTS	
8 EEN KADO KOPEN	
9 GA NAAR HARRY	
10 GA NAAR SUSAN	
11 HET INTERVIEW	
12 DE WEG VRAGEN	
13 BIJ DE DOKTER	

Het is sterk aan te raden de Nederlandse tekst in de instructiekaart op bladzijde 251 te veranderen in Engels.

Het taaldorp is geschikt als toetsing nadat een aantal thema's is afgesloten, maar vooral als evaluatie aan het eind van groep 7 en groep 8. Er kan zelfs gedifferentieerd gewerkt worden met een *time-out zone*, waar de leerlingen functies en noties kunnen opzoeken.

De individuele prestaties kunnen bijgesloten worden in het persoonlijke dossier Engels van een leerling als rapportage aan de brugklasdocent. Dat hoeft echter niet het einde te betekenen van het taaldorp. Ook in de basisvorming is het een uitstekende toetsvorm die voor alle vreemde talen te gebruiken is. De aansluiting van Engels in het basisonderwijs op Engels in het voortgezet onderwijs is hier dus eveneens bij gebaat.

> **Opdracht 3**
> - Zet een taaldorp op met je medestudenten en gebruik het om je eigen taalvaardigheid met betrekking tot de leerstof voor Engels in het basisonderwijs te toetsen. Als je aan een Educatieve Faculteit studeert, kun je dit ook doen in samenwerking met studenten Engels aan de lerarenopleiding voor voortgezet onderwijs.
> - Voer als de mogelijkheid bestaat deze opdracht ook uit op je stageschool.

De eindmusical
De eindmusical is een goed voorbeeld van een vakoverstijgende activiteit aan het eind van groep 8. Het vakoverstijgende aspect bestaat onder andere uit decors bouwen, muziek uitzoeken en kostuums naaien. Bij deze elementen kunnen ook ouders een bijdrage leveren aan de totstandkoming van de musical.

Op internet vind je Engelstalige musicals voor de basisschool, maar het meest populair is de kant-en-klare musical *Wish upon a star*, speciaal ontwikkeld voor Engels in het basisonderwijs, met bijbehorende lessen. Het niveau van deze musical is A1 van het ERK. Alle in de kerndoelen genoemde vaardigheden komen op dit niveau aan bod en het is typisch een voorbeeld van 'spelenderwijs leren'. Dit geldt dus niet alleen voor groep 1-2! Het hele kant-en-klare pakket – tekst, muziek, aanwijzingen, bijbehorende lessen, enzovoort – van de musical *Wish upon a star* is naar iedere pabo gestuurd.

13.6.4 Toetsen in het vvto

De kinderen maken de toetsen in de digitale lespakketten net zo 'spelenderwijs' als de leerstof wordt aangeboden. Vaak zijn het *matching exercises,* waarbij na een gesproken woord het plaatje moet worden aangeklikt, of een plaatje 'gesleept' moet worden naar een ander, bijbehorend plaatje (koe – melk). Ze vinden meestal aan het eind van een thema plaats. Met deze werkwijze wordt alleen de passieve woordenschat getoetst. Bij jonge kinderen verdient het de voorkeur om te observeren met behulp van een observatieformulier, omdat dan meerdere vaardigheden en ook de attitude van het kind beoordeeld worden. Het lespakket *iPockets* werkt zowel met een digitaal toetsingssysteem als met een observatieformulier (zie hieronder).

Observation list Earlybird - Very young learners

Date: Pupils:	Months of English in nursery	Participation				Comprehension		
		Shows interest	Repeats words	Participates if encouraged	Participates voluntarily	Listens and recognizes familiar language	Follows simple directions	Tries to speak English

Rating Scale: 1 = Seldom 2 = Sometimes 3 = Often

Observatieformulier bij iPockets

Andere evaluatievormen die zich lenen voor onder- en middenbouw zijn:
- het portfolio;
- geschreven rapporten;
- het digitale leerlingvolgsysteem;
- spelletjes als 'food memory', 'clothes bingo' of 'hobby lotto', dat wil zeggen: alle spelletjes waarbij het geschreven woord geen rol speelt. Suggestie: bij 'hobby lotto' kunnen de pictogrammen gebruikt worden uit 8.5.2.

Taalspelletjes 14

 De student kan voor verschillende leeftijdsgroepen een variatie van werkvormen voor het leren van Engels beschrijven.

14.1 Inleiding

'Games are enjoyable. The essence of many games lies in outstripping, in friendly fashion, someone else's performance, or (…) in bettering one's own, as in the world of sport. The *goal* is visible and stimulating: outdoing others, and improving on oneself, are by and large enjoyable pursuits. Enjoyable is also the active *cooperation* with one's fellows. In a group or team activity, rivalry and co-operation go hand in hand.' (Lee, 1979)

In het verleden werd het gebruik van spelletjes in het taalonderwijs gezien als 'iets extra's': een beloning voor goed werk, een leuke weekafsluiting, iets voor de laatste les voor de vakantie of een lesopvulling als er tijd over was. Deze visie is zeker met betrekking tot het basisonderwijs volstrekt achterhaald. In voorafgaande hoofdstukken zijn taalspelletjes al dikwijls aan de orde geweest als volwaardige leeractiviteit, bijvoorbeeld:
- om de geactiveerde woordenschat te consolideren;
- om luistervaardigheid te oefenen;
- als communicatieve drill.

Niet alleen zijn taalspelletjes een volwaardige leeractiviteit, zij zijn door hun duidelijke voordelen zelfs te prefereren boven vele andere leeractiviteiten in het vreemdetalenonderwijs. Het is daarom aan te bevelen zo veel mogelijk gebruik te maken van deze activiteit in de les.

Taalspelletjes dienen echter wel een duidelijke functie te hebben binnen het onderwerp en de fase van de betreffende les. Zomaar een willekeurig spelletje inlassen is wel aardig – spelletjes slaan altijd aan –, maar niet erg productief. De leerkracht doet er derhalve goed aan het lespakket in dit opzicht kritisch en selectief te gebruiken door te kijken of de taalspelletjes die worden aangeboden, bijdragen tot het productdoel. Is dat niet het geval, dan kan

> Voor classroom phrases bij de taalspelletjes, zie *Praktische taalvaardigheid voor Engels in het basisonderwijs – Spreekvaardigheid*, unit 10.

geput worden uit het arsenaal van taalspelletjes dat in dit hoofdstuk wordt aangeboden.

14.2 De voordelen van taalspelletjes in het vreemdetalenonderwijs

Motivatie
In de eerste plaats reageren kinderen heel enthousiast op taalspelletjes. Het spelelement werkt motiverend en bevordert de positieve houding ten opzichte van het vak.

Positieve houding
Het doen van spelletjes schept – meestal – ook een plezierige, informele en ontspannen sfeer in de klas die gunstig is voor taalverwerving: een *low-anxiety situation* (zie 3.5.5).

Spreekvaardigheid
Het sociale element bevordert op natuurlijke wijze de spreekvaardigheid: er is een innerlijke motivatie om te spreken teneinde aan het spel te kunnen deelnemen. Dit draagt ook weer bij tot de positieve houding (durven spreken).

Organisch geheel
De taal wordt als organisch geheel aangeboden en toegepast, niet in een combinatie van betekenisloze onderdelen, zoals klanken, woorden, structuren en functies. Dus niet 'Have you got a yellow cow?', maar 'Have you got from "animals" a lion?'

Inhoudelijke focus
Taal is een middel en geen doel op zichzelf. Het doel is het spelen – en eventueel winnen – van een spel. De taal die daarvoor nodig is, wordt ongemerkt geoefend doordat de focus inhoudelijk is. Ook dit schept een *low-anxiety situation*.

Realistische taalsituatie
Taal wordt gebruikt in een reële, dat wil zeggen niet gespeelde situatie. In tegenstelling tot bijvoorbeeld rollenspelen, speel je bij spelletjes een taalsituatie niet na, het *is* een taalsituatie!

Leerpsychologie
Het gebruik van taalspelletjes vindt steun in de leerpsychologie: een goede manier om iets te leren is door het te doen.

Multiple intelligences
Spelletjes doen niet uitsluitend een beroep op cognitieve vaardigheden, waardoor ook leerlingen met andere dan alleen cognitieve talenten (*multiple intelligences*) succeservaringen kunnen hebben (Gardner, 1999).

Differentiatie
Taalspelletjes bieden ook de mogelijkheid tot differentiatie, zowel in *taal* – bij communicatieve drills – als in *taak*. Door leerlingen niet altijd als individuen, maar ook in kleine groepjes of tweetallen aan een spel te laten deelnemen, krijgen zij de kans om elkaar te helpen, wat de participatie verhoogt. Een voorbeeld hiervan is 'spelling bee' (14.4.3).

Veilige werkvorm
Spelletjes zijn een veilige werkvorm, omdat leerlingen wel uitgenodigd worden tot spreken of anderszins deelnemen, maar niet gedwongen worden tot taalproductie. Door alleen te kijken en te luisteren wordt ook taal verworven! Dikwijls willen leerlingen die in eerste instantie een 'passieve' rol verkiezen boven deelname, bij een tweede ronde wel actief deelnemen.

Ingebouwde herhaling
Ten slotte bevatten bepaalde soorten spelletjes, zoals raad- en gezelschapsspelletjes, een ingebouwde herhaling die kan fungeren als communicatieve drill.

14.3 Het gebruik van taalspelletjes in de vier fasen

Introductiefase
Algemeen gesproken zijn die taalspelletjes waarbij geen taalproductie plaatsvindt en waarbij een bepaald woordveld (thema) aan de orde komt, geschikt voor de introductiefase, zoals memory, domino of lotto.

Inputfase
Taalspelletjes die de luistervaardigheid trainen, zijn bij uitstek geschikt voor de inputfase, zoals TPR-spelletjes en de diverse soorten bingospelen.

Oefenfase
Spelletjes waarbij sprake is van gesloten taalproductie, zoals 'happy families' (kwartetten) en 'make a pair', horen thuis in de oefenfase.

Overdrachtsfase
In de overdrachtsfase ten slotte kunnen die taalspelletjes gebruikt worden waarbij meerdere structuren tegelijk aan bod komen en waarbij de leerlingen zelfstandig taalmiddelen moeten toepassen die zij zich over een langere pe-

---

Classroom phrases:
Spreekvaardigheid, unit 10.

riode hebben eigen gemaakt, of die in de loop van een lessencyclus over een thema aangeboden zijn.

Wanneer de leerlingen al wat langer met Engels bezig zijn, kan deze strakke indeling wel iets soepeler worden gehanteerd: als bijvoorbeeld al vaker een kwartetspel in het Engels is gespeeld en de taalfunctie dus bekend is, kan het spel zonder gevaar ook in de introductiefase dienstdoen, zoals een kwartetspel over woonomgeving.

Taalspelletjes zijn te gebruiken in alle vier de fasen. Als we een spel laten aansluiten bij het thema dat aan de orde is en we het gebruiken in de juiste fase, is het niet nodig de taalproductie die het spel eventueel vereist nog eens apart voor te bereiden in vier fasen. De benodigde woorden en structuren dienen wel al eerder in de cyclus te zijn uitgesproken (koorwerk) en geoefend. De volgende paragraaf laat een voorbeeld zien van de manier waarop taalspelletjes geïntegreerd kunnen worden in een lessencyclus.

14.3.1   Een lessencyclus over het Engelse alfabet

De basis van een aantal taalspelletjes wordt gevormd door de kennis van het Engelse alfabet. Ook het Engelse alfabet kan aangeleerd worden in vier fasen.

Introductiefase
Bespreek met de kinderen in welke situaties het nodig is je naam te kunnen spellen. Zo worden vanaf het begin het leerdoel en de toepasbaarheid in de praktijk duidelijk.

Om de latente woordenschat te activeren, vraag je daarna welke Engelse afkortingen de kinderen al kennen. Dit kan ook door middel van de lijsten op bladzijde 259. Vul dit voorbeeld regelmatig aan met actuele afkortingen, ook met behulp van de kinderen. Wijs in dit verband op het verschil in uitspraak van de letter Z in het Amerikaans /zi:/ (ZZ Top) en het Engels /zed/.
Bied het volledige abc aan met behulp van het alfabet op bladzijde 260. Gebruik deze ook als visuele ondersteuning bij het voorlezen, na laten spreken en toepassen van het abc in de oefenfase.

Consolideer het abc door middel van 'alfabet memory', 'alfabet domino' of 'alfabet lotto'.

14.3 ▪ Het gebruik van taalspelletjes in de vier fasen

A	USA			
B	BBC			
C	CNN			
D	DJ			
E	ET			
F	FBI			
G	GI Joe			
H	?			
I	'I ♥ …'-stickers, iPhone			
J	DJ, J Lo			
K	OK, UK			
L	XL			
M	MTV			
N	CNN			
O	SOS			
P	10p (pence)			
Q	Q here			
R	Toys"R"Us			
S	SOS			
T	T-shirt			
U	U2, USA			
V	MTV			
W	TWA			
X	XXL			
Y	YMCA			
Z	ZZ Top			

Afkortingenalfabet

Alligators all around

A	alligators all around
B	bursting balloons
C	catching colds
D	doing dishes
E	entertaining elephants
F	forever fooling
G	getting giggles
H	having headaches
I	imitating Indians
J	juggling jellybeans
K	keeping kangaroos
L	looking like lions
M	making macaroni
N	never napping
O	ordering oatmeal
P	pushing people
Q	quite quarrelsome
R	riding reindeer
S	shockingly spoiled
T	throwing tantrums
U	usually upside down
V	very vain
W	wearing wigs
X	x-ing x's
Y	yackety yacking
Z	zippety zound

Alfabet in een song

Classroom phrases:
Spreekvaardigheid, unit 10.

14 ▪ Taalspelletjes

Alfabet uit: *Real English, let's do it!*

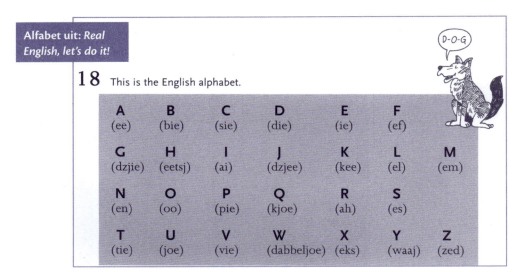

Uit: *Real English* (1985)

Inputfase
Voor de inputfase hebben we een aantal mogelijkheden. We kunnen een lied laten horen, bijvoorbeeld 'The ABC song' hierboven, maar we kunnen ook de song 'Alligators all around' van Carole King (van de cd *Really Rosie*) afspelen, dat zal de kinderen nog meer aanspreken. De tekst van deze song staat naast de bekende afkortingen die besproken zijn in de introductiefase. Bij deze songtekst wordt de volgende richtvraag gesteld: 'Welke letter spreekt Carole King anders uit dan op het voorbeeld van het Engelse alfabet staat?'

Het gaat hier om de letter Z, die in het Amerikaans anders wordt uitgesproken dan in het Britse Engels. Als de leerkracht besluit deze songtekst te gebruiken voor de inputfase, moet zij het verschil tussen de uitspraak van Z pas *na* het beantwoorden van de richtvraag aan de orde stellen. Het komt prachtig uit dat het toevallig de laatste letter van het alfabet is, want de kinderen luisteren heel aandachtig naar het hele lied voordat zij het antwoord op de vraag gevonden hebben. Dit is altijd een groot succes.

Als afsluiting van de inputfase kan 'alphabet bingo' (14.4.2) gespeeld worden.

Oefenfase
Voor deze fase zijn twee taalspelletjes te gebruiken, namelijk: 'I spy' (14.4.1) en 'hangman' (14.4.1). Bij 'I spy' wordt steeds één letter geconsolideerd door middel van alle woorden die beginnen met deze letter. Bij 'hangman' worden meerdere letters een voor een geoefend.

Ter voorbereiding op de overdrachtsfase deelt de leerkracht nu plaatjes van bekende voorwerpen (zie hoofdstuk 4) uit, die de kinderen vervolgens in groepjes benoemen. Ze besluiten daarna samen hoe deze woorden geschreven worden.

Overdrachtsfase
Speel het spel 'spelling bee' (14.4.3), waarbij woorden in het Engels gespeld moeten worden.

Het uiteindelijke productdoel van deze lessencyclus is dat de leerlingen hun naam en adres kunnen spellen. Neem de proef op de som door vóór de overdrachtsfase aan individuele leerlingen te vragen om hun naam te spellen. Schrijf de namen die door de leerlingen gespeld worden letter voor letter op het bord: onjuist gespelde namen zorgen voor veel vrolijkheid en de leerlingen zien tegelijkertijd hoe belangrijk deze vaardigheid is in een realistische taalsituatie.

14.4 Verschillende soorten taalspelletjes

Vier categorieën
Taalspelletjes zijn in vier categorieën in te delen:
1 raadspelletjes;
2 gezelschapsspelletjes;
3 woordspelletjes;
4 TPR-spelletjes.

In deze paragraaf wordt per categorie een aantal spelletjes behandeld. Bij elk spel is ook aangegeven voor welke fase(n) in het vierfasenmodel het geschikt is.

14.4.1 Raadspelletjes

Kenmerkend voor raadspelletjes is dat de leerling door vragen te stellen ergens achter moet komen: er is sprake van een *information gap*. De leerkracht geeft korte bevestigende of ontkennende antwoorden, bijvoorbeeld: 'Yes, it is' of 'No, he isn't'. Door middel van dit soort taalspelletjes wordt de vraag-antwoordstructuur geoefend in een communicatieve context.

Classroom phrases:
Spreekvaardigheid, unit 10.

Queen Máxima

Werkvorm: hele groep
Fase: oefenfase, overdrachtsfase
Leerdoel: vraag en antwoord met 'to do' (oefenfase)
derde persoon enkelvoud o.t.t. (oefenfase)
Thema: 'eten en drinken' (overdrachtsfase)

Beschrijving:
De leerkracht heeft een vriend of vriendin – een beroemd persoon, bekend bij de leerlingen – die een heleboel dingen niet lekker vindt. Queen Máxima houdt bijvoorbeeld helemaal niet van 'thee' (T). Als zij op de 'tea' komt, wordt er dus koffie gedronken! De leerlingen moeten raden waarom Queen Máxima niet van bepaalde dingen (eten en drinken) houdt. De structuur 'Does she like …? Yes, she does / No, she doesn't' komt op het bord te staan.

Ll: Does she like milk? Lk: Yes, she does.
Ll: Does she like chocolate? Lk: No, she doesn't.

De oplossing van het raadsel is dat Queen Máxima niets lekker vindt waar een T in zit!
Het verdient aanbeveling de woorden die de leerlingen tijdens het spel noemen op het bord te schrijven in twee kolommen: 'Yes, she does' en 'No, she doesn't', waardoor sneller duidelijk wordt wat de oplossing is. Als deze niet geraden wordt, zegt de leerkracht: 'I told you! She doesn't like T!' en schrijft de letter op het bord.

I'm thinking of

Werkvorm: hele groep
Fase: overdrachtsfase
Leerdoel: vraag en antwoord met 'to do', 'to be' en 'to have'
derde persoon enkelvoud o.t.t.
duurvorm: to be + stam + -ing
Thema: 'personen/voorwerpen beschrijven' (kleding, uiterlijk, afmetingen, kleuren)

Beschrijving:
De leerlingen moeten raden wie of wat de leerkracht in gedachten heeft. Deze antwoordt slechts in de korte antwoordvorm: 'Yes, she is' of 'No, it isn't'.
Bijvoorbeeld: 'Is it a girl?', 'Is she wearing a T-shirt?', 'Is it a blue T-shirt?', 'Has she got blond hair?', enzovoort.
De leerling die het raadt, neemt nu zelf iemand of iets in gedachten. Als de leerlingen de persoon of het voorwerp niet binnen twintig vragen raden, heeft de leerkracht gewonnen.

I spy

Werkvorm: hele groep of kleine groepjes
Fase: oefenfase
Leerdoel: vraag en antwoord met 'to be'
algemene herhaling woordenschat
alfabet
Thema: 'in de klas'

Beschrijving:
De leerkracht neemt een voorwerp in de klas in gedachten en zegt: 'I spy with my little eye something beginning with a B.' De leerlingen raden wat het voorwerp is: 'Is it a **b**ook? Is it the **b**lackboard? Is it a **b**ag? Is it a **b**rown/**b**lue/**b**lack **b**ag?' De leerkracht antwoordt: 'Yes, it is' of 'No, it isn't'. Degene die het voorwerp raadt, neemt nu iets in gedachten en beantwoordt de vragen.

My mysterious bag

Werkvorm: hele groep of kleine groepjes
Fase: oefenfase
introductiefase (variatie II)
Materiaal: een tasje met 10 voorwerpen
Leerdoel: vraag en antwoord met 'to be' en 'to have'
Thema: 'in de klas'
elk ander thema (variatie II)

Beschrijving:
De leerkracht heeft tien voorwerpen uit de klas in een tasje gedaan. Zij haalt een voorwerp uit het tasje, laat het aan de leerlingen zien en schrijft de naam van het voorwerp op het bord. Dit doet zij met alle voorwerpen. Daarna houdt zij, onzichtbaar voor de leerlingen, een voorwerp in het tasje vast en stelt de vraag: 'What have I got in my hand?' De leerlingen proberen het voorwerp te raden door vragen te stellen: 'Is it a paperclip? Is it a ruler? Is it a piece of chalk?' De leerkracht antwoordt: 'Yes, it is' of 'No, it isn't'.

Een leerling kan de rol van de leerkracht overnemen. Als er in kleine groepjes gewerkt wordt, kan een aantal leerlingen spelleider zijn en is er per groepje een *mysterious bag*.

Variatie 1:
De leerlingen vragen nu: 'Have you got a *pen* in your hand?' De leerkracht antwoordt: 'Yes, I have' of 'No, I haven't'. Een leerling kan weer de rol van de leerkracht overnemen.

Classroom phrases:
Spreekvaardigheid, unit 10.

Variatie 2 – Kim's game:
De leerkracht veegt de namen van de voorwerpen uit en vraagt: 'What have I got in my mysterious bag?' De leerlingen proberen zo veel mogelijk voorwerpen te noemen. Dit spel kan ook in de introductiefase gespeeld worden met de gemaakte collages of met de voorwerpen met betrekking tot een bepaald thema die de leerlingen meegenomen hebben naar school. Leg een doek over de collages of voorwerpen en laat de leerlingen zo veel mogelijk voorwerpen noemen.

Where are you going?

Werkvorm: hele groep
Fase: oefenfase, overdrachtsfase
Leerdoel: duurvorm van 'to go' (oefenfase)
Thema: 'in de winkel' (overdrachtsfase)

Beschrijving:
Een leerling (A) gaat boodschappen doen en heeft op een briefje de naam van de winkel en een artikel dat verkrijgbaar is in die winkel. Hij loopt naar de deur en zegt: 'Goodbye, everybody!' De groep vraagt: 'Where are you going?' A: 'To the greengrocer's/baker's/butcher's (enzovoort)'. De groep: 'Why are you going there?' A: 'Guess!' De groep probeert de boodschap op het briefje te raden: 'Are you going to buy potatoes/carrots/cucumber (enzovoort)?' A: 'Yes, I am' of 'No, I'm not'. Degene die het raadt, gaat nu boodschappen doen.

Guess the activity

Werkvorm: hele groep, kleine groepjes, tweetallen
Fase: oefenfase
Materiaal: negen flashcards (A5-formaat) met handelingen
Leerdoel: duurvorm van 'to be'
vraag en antwoord met 'to be'
derde persoon enkelvoud (en eventueel meervoud)
woordenschat werkwoorden

Beschrijving:
De flashcards worden in rijen van drie op het bord bevestigd. De leerkracht neemt een van de activiteiten in gedachten en vertelt de leerlingen dat zij moeten raden welk plaatje het is door vragen te stellen, zoals: 'Is she walking?', 'Is he reading?', 'Are they dancing?' De leerkracht antwoordt: 'Yes, she is' of 'No, he isn't' of 'Yes, they are'.

14.4 ■ Verschillende soorten taalspelletjes

Flashcards, gemaakt met plaatjes uit *Real English, let's do it!*

Variatie – De mind reading trick:

Het begrip 'telepathie' wordt van tevoren behandeld. Een van de leerlingen (A) gaat de klas uit en de groep neemt een plaatje in gedachten. De leerkracht heeft vóór de les met deze leerling een code afgesproken waardoor hij weet welke afbeelding de groep in gedachten heeft. Een voorbeeld van een dergelijke code is dat de leerkracht een goed zichtbaar voorwerp (tas, bril of iets vergelijkbaars) op die plek op zijn tafel legt die overeenkomt met de plaats van de te raden activiteit op de flashcard op het bord. De leerlingen stellen A om beurten vragen (zie boven) en A blijkt werkelijk 'telepathisch' te zijn!

Classroom phrases:
Spreekvaardigheid, unit 10.

Hangman

Werkvorm: hele groep, tweetallen
Fase: oefenfase
Leerdoel: vraag en antwoord met 'to be'
woordbeeld
alfabet

Beschrijving:
De eerste en laatste letter van een woord worden op het bord geschreven met daartussen puntjes voor de ontbrekende letters. Leerlingen vragen bijvoorbeeld: 'Is there a T in it?' Maakt de letter T deel uit van het woord, dan wordt hij ingevuld. Is dat niet het geval, dan verschijnt het eerste deel van de galg op het bord. De leerkracht antwoordt: 'Yes, there is' of 'No, there isn't'. De groep wint als het woord geraden is voordat de galg compleet is. De leerling die het woord geraden heeft, mag nu een woord kiezen. De spelling van het woord kan opgezocht worden in het woordenboek.

14.4.2 Gezelschapsspelletjes

De leerlingen spelen de spelletjes met elkaar. De activiteit wordt weliswaar voorbereid door de leerkracht, maar het spel zelf is een interactie tussen de leerlingen onderling. Er is daardoor sprake van een grotere taalproductie.
De gezelschapsspelletjes worden gespeeld met behulp van kaarten die zijn voorzien van afbeeldingen, al dan niet gecombineerd met woorden.

In hoofdstuk 4 is een aantal gezelschapsspelletjes al uitvoerig behandeld. Al deze spelletjes kunnen ook gespeeld worden met woorden binnen een thema, zodat een specifiek woordveld geoefend of geconsolideerd wordt. Voorbeelden zijn: 'body memory', 'food bingo', 'house pairs', enzovoort. Hieronder volgen nog enkele mogelijkheden.

Alphabet bingo

Werkvorm: hele groep
Fase: inputfase
Materiaal: bingokaarten met negen (3 x 3) of zestien (4 x 4) lege hokjes
Leerdoel: de letters van het alfabet herkennen

Beschrijving:
Elke leerling krijgt een bingovel en vult zelf in de lege hokjes willekeurig negen of zestien letters van het alfabet in. De leerkracht leest in willekeurige volgorde letters van het alfabet op en de kinderen strepen die letters weg die op hun kaart staan. Wie het eerst drie (vier) letters op een rij heeft doorgestreept, heeft gewonnen. In de tweede ronde wordt gewacht tot de hele bin-

gokaart vol is (negen of zestien letters). De volgorde van op te lezen letters dient wel geregistreerd te worden in verband met controle.

Clock bingo

Werkvorm: hele groep
Fase: inputfase
Materiaal: bingovellen met negen (3 x 3) of zestien (4 x 4) kloktijden
Leerdoel: tijdsaanduiding

Beschrijving:
De leerkracht leest in van tevoren geregistreerde volgorde kloktijden op, de kinderen strepen die kloktijden door die op hun bingovel staan. Verder wordt dezelfde procedure gevolgd als bij 'alphabet bingo'.

Snap

Werkvorm: viertallen
Fase: introductiefase
Materiaal: vier dezelfde plaatjes van woorden binnen een thema
Leerdoel: woordkennis binnen een thema consolideren

Beschrijving:
Ieder viertal krijgt een stapel kaartjes met vier dezelfde afbeeldingen van de themawoorden. De kaarten worden geschud en uitgedeeld. Een voor een leggen de kinderen een kaartje neer en benoemen het woord. Als de volgende die aan de beurt is hetzelfde plaatje neerlegt, roept hij/zij hard 'SNAP!' Hij of zij krijgt dan een punt.

Scrambled dialogues / The cocktail party

Werkvorm: hele groep
Fase: overdrachtsfase
Materiaal: kaartjes met de helft van een dialoog
Leerdoel: communicatieve vaardigheden

Beschrijving:
De leerkracht vertelt dat de leerlingen naar een 'cocktail party' gaan waar ze niemand kennen. Op het feest gaan ze op zoek naar iemand die bij hen past. Elke leerling krijgt een kaartje met de helft van een logische dialoog. De leerlingen lopen door de klas en zeggen tegen iedereen die ze tegenkomen de zin die op hun kaartje staat. Als er een onzindialoog ontstaat, bijvoorbeeld: 'Have you got a brother?' 'Yes, it's on the right' weten de leerlingen dat zij niet bij elkaar horen en zoeken ze verder naar een leerling met een bijpassende zin. Als

Classroom phrases:
Spreekvaardigheid, unit 10.

de 'partners' elkaar gevonden hebben, gaan ze bij elkaar staan. Aan het eind leest elk tweetal de ontstane dialoog voor.

Here you are!	Thank you.
Have you got a brother?	Yes, I have.
Hello, how are you today?	I feel terrible!
How much are these sweaters?	They are 5 pounds.
Hello, can I help you?	Yes, please. How much are these apples?
I think English is fun!	Me too!
What would you like to drink?	A glass of milk, please.
Hello, where are you from?	I'm from Holland. And you?
Do you like computer games?	Oh, yes! They're great!
How old are you?	I'm eleven. And you?
Can you tell me where I can find the toilet?	Yes. It's on the right.

Voorbeelden van dialoogzinnen

14.4.3 Woordspelletjes

Bij deze categorie krijgt de leerling de mogelijkheid op een natuurlijke en zinvolle manier zijn woordenschat te consolideren of uit te breiden. Drie van dit soort taalspelletjes – 'letter block', 'word chain' en een kruiswoordpuzzel – waren al te zien in 6.2.5. Een voorbeeld van een lettermix, ook wel 'jumbled words' of 'scrambled words' genoemd, staat in toetsfragment 7 in 13.6.1. Hieronder volgen nog twee voorbeelden van woordspelletjes.

I'm packing my bag for Alaska

Werkvorm: hele groep
Fase: oefenfase
Leerdoel: woordenschat
woordbeeld en abc
duurvorm

Beschrijving:
De zin 'I'm packing my bag for Alaska and in it I put ...' wordt op het bord geschreven. De leerkracht begint met de eerste zin: 'I'm packing my bag for Alaska and in it I put an apple.' De volgende herhaalt de zin van de leerkracht en voegt daar een woord dat begint met een B aan toe: '... an apple and a book.'

Het spel gaat door tot alle letters van het alfabet zijn gebruikt of tot elke speler een beurt heeft gehad.

Variatie 1:
Elke leerling krijgt een kaartje – bijvoorbeeld van memory – met alleen het plaatje en niet het woord. Verder wordt het spel op dezelfde manier gespeeld als boven beschreven. Degene die aan de beurt is bedenkt nu niet zelf een woord, maar benoemt het plaatje, waarna het plaatje aan de groep wordt getoond.

Variatie 2:
De beginzin kan veranderd worden in 'I'm going shopping and I'm going to buy ...'

Spelling bee

Werkvorm: kleine groepjes of vier groepen
Fase: overdrachtsfase en oefenfase
Leerdoel: woordenschat
woordbeeld en abc

Beschrijving:
Elk groepje krijgt een kaartje – bijvoorbeeld van lotto – met een plaatje, maar zonder woord. Het groepje overlegt wat het Engelse woord is voor het voorwerp dat op het plaatje staat en hoe dat woord gespeld wordt. Elke groep kan per ronde twee punten verdienen: een voor de juiste betekenis en een voor de juiste spelling met behulp van het *Engelse* alfabet. Weet een groep het woord of de juiste spelling niet, dan krijgt de daaropvolgende groep de gelegenheid extra punten te verdienen. Na enkele ronden wordt de balans opgemaakt: de groep met de meeste punten is de winnaar. Er kunnen ook kaartjes binnen een thema worden gebruikt, bijvoorbeeld van 'body memory'.

Variatie:
Er worden geen kaartjes gebruikt, maar de leerkracht leest de woorden voor aan vier groepen. Elke groep krijgt een woord. Verder verloopt het spel hetzelfde als hierboven. Om deze variant iets minder moeilijk te maken, kan de leerkracht de categorie van de woorden van tevoren noemen: 'All these words are "things for school", "colours", "animals" (enzovoort).'

14.4.4 TPR-spelletjes

Bij deze taalspelletjes voert de leerling een mondelinge opdracht uit die de leerkracht of een ander kind geeft. Deze categorie leent zich goed voor differentiatie, aangezien leerlingen die onzeker zijn steun kunnen zoeken door naar anderen te kijken of kunnen besluiten alleen te kijken.

Classroom phrases:
Spreekvaardigheid, unit 10.

Simon says

Werkvorm: hele groep of twee groepen
Fase: inputfase
Leerdoel: luistervaardigheid
Thema: 'personen beschrijven' (lichaamsdelen)

Beschrijving:
De leerkracht of een leerling geeft mondelinge opdrachten, zoals 'Touch your nose!', 'Stand up!', 'Sit down!' Sommige opdrachten worden voorafgegaan door de woorden 'Simon says'. De groep mag alleen reageren op de 'Simon says'-opdrachten. Degenen die zich vergissen of een opdracht niet correct uitvoeren, zijn af.
Positieve en negatieve commando's kunnen worden afgewisseld, bijvoorbeeld 'Simon says: Stand up!', 'Simon says: Don't sit down!' Het spel kan steeds moeilijker worden door het tempo op te voeren en/of zelf onjuiste handelingen te verrichten, die onwillekeurig geïmiteerd worden.

Variatie:
Het spel kan ook met twee groepen gespeeld worden. Om de beurt geeft de ene groep commando's aan de andere groep.

Picture dictation

Werkvorm: hele groep of tweetallen
Fase: inputfase
Materiaal: tekenpapier en -benodigdheden (kleurpotloden)
Leerdoel: luistervaardigheid
woordenschat binnen een thema

Beschrijving:
De leerkracht beschrijft een afbeelding – huis, persoon, dier – en de leerlingen tekenen wat ze horen. Eerst wordt de hele tekening in normaal spreektempo beschreven; daarna zin voor zin in een langzaam tempo, om de leerlingen de gelegenheid te geven rustig te tekenen; en tot slot nog een keer in een normaal tempo ter controle. Na afloop kunnen de tekeningen vergeleken en/of opgehangen worden. Als de leerlingen vertrouwd zijn met het spel, kunnen ze het ook in tweetallen spelen.

Mime dictation

Werkvorm: hele groep, twee of drie 'acteurs'
Fase: inputfase
Materiaal: *graded readers* met geluidsmateriaal
Leerdoel: luistervaardigheid

Beschrijving:
De leerkracht leest een kort verhaal voor uit een Engels kinderboek. Na één keer lezen worden een paar leerlingen uitgenodigd het verhaal te 'mimen', terwijl de leerkracht nogmaals het verhaal voorleest. Dit spel leent zich goed voor differentiatie: voor degenen die luisteren wordt het verhaal gevisualiseerd, wat het begrip verhoogt, en de 'snellere' leerling krijgt de kans een actieve rol te spelen. De rol van de leerkracht kan door een kind worden overgenomen. Voorwaarde is wel dat er bij het betreffende boekje geluidsmateriaal is, dat dan eerst door de voorlezer moet zijn beluisterd.

Luistertocht

Werkvorm: hele groep
Fase: inputfase
Materiaal: vellen papier met een plattegrond
Leerdoel: luistervaardigheid
Thema: 'op straat'

Beschrijving:
Een voorbeeld van een luistertocht was te zien in 7.4. Een dergelijke plattegrond is eenvoudig zelf te maken, bijvoorbeeld van de omgeving van de school (ervaringswereld!). Laat de leerlingen de beginletters van de plekken opschrijven waar ze terechtkomen als ze de aanwijzingen juist opvolgen. Uit die beginletters kan dan een woord gevormd worden, bijvoorbeeld de naam van een popster.

> **Opdracht 1***
> Verwerk een van de taalspelletjes in dit hoofdstuk in een les met het lespakket dat op je stageschool wordt gebruikt. Let op relevante leerdoelen en fase.

Voor classroom phrases bij de taalspelletjes, zie *Praktische taalvaardigheid voor Engels in het basisonderwijs – Spreekvaardigheid*, unit 10.

Songs

15.1 Inleiding

Liedjes worden veelvuldig gebruikt als leeractiviteit bij het vreemdetalenonderwijs, omdat zij een aantal specifieke voordelen hebben. Dit hoofdstuk geeft een overzicht van diverse soorten liedjes en reikt een aantal mogelijkheden aan voor het gebruik ervan binnen een thema.

15.2 De voordelen van het gebruik van liedjes in de les

Het gebruik van liedjes als leeractiviteit biedt een aantal specifieke voordelen. Dat zijn:

Motivatie
In de eerste plaats vinden kinderen het over het algemeen heerlijk om te zingen en dat bevordert natuurlijk de motivatie. Dit aspect is echter niet uniek voor liedjes, spelletjes hebben dat effect ook.

Herhaling ondersteund door melodie
In praktisch alle liedjes zit een ingebouwde herhaling, met name in het refrein. Vooral popsongs zijn vaak niet meer dan een eindeloze herhaling van een aantal zinnen. Weliswaar is een dergelijke herhaling ook in spelletjes terug te vinden, maar wat liedjes zo uniek maakt voor taalverwerving, is dat die herhaling wordt ondersteund door de melodie. Daardoor worden de taalfuncties en -noties niet alleen op een natuurlijke manier ingeslepen, maar ook veel sneller en beter onthouden.

Participatie
Bij liedjes is de participatie optimaal. Bij spelletjes worden leerlingen wel uitgenodigd om iets te zeggen of te vragen, maar sommige leerlingen prefereren dikwijls een meer passieve rol. Om ook hen te prikkelen Engels te (re)produceren, zijn liedjes uitermate geschikt, omdat zij zo uitnodigend zijn.

Voor classroom phrases bij de songs, zie *Praktische taalvaardigheid voor Engels in het basisonderwijs – Spreekvaardigheid*, unit 11.

Veilige leeractiviteit

Het feit dat met de hele groep een Engels liedje wordt gezongen geeft ook een veilig gevoel: het kind weet zich beschermd, omdat het als het ware in de groep kan opgaan.

Veel taalproductie

Nog een voordeel is dat elke leerling een tijdlang onafgebroken taal (re)produceert. Bij spelletjes blijft de taaluiting beperkt tot een of twee zinnen – vragen en antwoorden – en duurt deze zelden langer dan een paar seconden.

Intonatie en uitspraak

Door in een vreemde taal liedjes te beluisteren en te zingen krijgen de kinderen de gelegenheid intonatie en uitspraak te oefenen en te imiteren, iets waar juist deze leeftijdsgroep goed in is.

Ontspanning

Ten slotte werkt zingen ontspannend en dat kan, naast de veilige sfeer, ook de reden zijn waarom de leerkracht hiertoe het initiatief neemt. In 3.5.5 – over de attitudetheorie – hebben we al gezien hoe belangrijk een ontspannen sfeer is voor het verwerven van taal.

15.3 Welke songs?

Voor taalverwervingdoeleinden kunnen drie soorten liedjes worden gebruikt:
- popsongs;
- traditionele liedjes;
- liedjes met een educatief doel.

Welk liedje we ook kiezen, we moeten ons ervan bewust zijn dat een liedje dat we willen gebruiken als leeractiviteit *altijd* moet passen binnen het thema waarmee we op dat moment bezig zijn. Op die manier levert het een bijdrage aan het leerdoel van de lessencyclus. Zomaar een los liedje is weinig zinvol: bij het thema 'what do you like?' uit *Real English, let's do it!* komt het traditionele liedje 'Old MacDonald had a farm' min of meer uit de lucht vallen, maar bij het thema 'tijdsaanduiding' in hetzelfde lespakket is de popsong 'Rock around the clock' wel relevant voor het thema.

15.4 Popsongs

Leerlingen worden dagelijks geconfronteerd met popsongs via radio, televisie en cd's. Dat popmuziek tot hun belevingswereld behoort, is duidelijk te merken als we hun eerste woordenschat bestuderen: niet alleen komen namen van popsterren er bijna altijd in voor, ook termen als 'popsinger', 'popstar', allerlei titels van popsongs en soms zelfs hele songteksten vinden we erin terug.

Veel kinderen kennen de teksten van hun favoriete popsongs bijna uit het hoofd en zingen vaak mee als ze deze horen. Daar komt nog bij dat ze heel gemotiveerd zijn om de inhoud van de teksten te begrijpen: de halfbegrepen teksten prikkelen hun nieuwsgierigheid naar meer Engels.

Daarom is het belangrijk om van tijd tot tijd een popsong te nemen als basis voor een les, ook al omdat popsongs vaak een aantal kant-en-klare structuren bieden die gebruikt kunnen worden om de leerlingen al doende inzicht te laten krijgen in bepaalde grammaticale regels. Daarnaast kunnen popsongs ook gebruikt worden om luister- en leesvaardigheid te oefenen, spreekvaardigheid te bevorderen en de woordenschat uit te breiden.

15.4.1 Welke popsongs zijn geschikt?

Natuurlijk zijn niet alle popsongs die kinderen aandragen geschikt om als uitgangspunt voor een les te dienen. Een geschikte popsong beantwoordt aan een aantal voorwaarden.

Thema
Het thema moet geschikt zijn voor de betreffende leeftijdsgroep. Sommige popsongs behandelen thema's die, hoewel kinderen uit volle borst meezingen, voor hun leeftijdsgroep minder geschikt zijn.

Niet te ingewikkeld
De song mag geen al te moeilijke of afwijkende structuren of woorden bevatten. Er zijn popsongs die zo ingewikkeld zijn qua structuren en/of vocabulaire, dat het te veel tijd zou kosten de tekst te bespreken.

Niet te lang
De song mag niet te lang zijn. Wordt een te lange song in de klas beluisterd, dan vermindert de concentratie na een aantal minuten aanzienlijk. Ook is het onmogelijk een lange popsong met de hele groep te zingen, waardoor een belangrijk voordeel van liedjes verloren gaat.

Verstaanbaar
Een punt waar de leerkracht ook op moet letten is of de tekst wel verstaanbaar is. Voor taalverwerving is de taal immers het uitgangspunt, niet de melodie.

Structuren en woorden oefenen
Als de leerkracht een popsong wil gebruiken om een bepaalde structuur te oefenen door middel van een verborgen drill, of om de woordenschat uit te breiden, kan de aanwezigheid van die bepaalde structuur of bepaalde woorden ook een criterium vormen om een liedje te kiezen.

Classroom phrases:
Spreekvaardigheid, unit 11.

Als kinderen met een popsong komen aandragen, maar er geen tekst bij hebben, kan de leerkracht deze eenvoudig opzoeken op internet, met als zoektermen 'songtekst' en de titel van de song.

15.4.2 De keuze tussen twee popsongs

Op bladzijde 277 staan twee popsongs. 'Fire' is wel geschikt om te behandelen en 'Black Man' niet.

'Black Man' is in de eerste plaats ongeschikt vanwege de lengte. De song duurt meer dan acht minuten, terwijl 'Fire' slechts drie minuten in beslag neemt. 'Black Man' zou, indien volledig afgedrukt, drie bladzijden beslaan!

'Black Man' is op zichzelf een mooie popsong met een goed, zij het ietwat moeilijk, onderwerp – geschiedvervalsing –, maar geeft zo'n overdonderende hoeveelheid feiten dat de concentratie snel afneemt tijdens het luisteren. Deze song zou wel goed dienst kunnen doen als illustratiemateriaal bij een les geschiedenis of maatschappijleer in het voortgezet onderwijs, maar niet als liedje dat door een bovenbouwgroep meegezongen kan worden. Een ander nadeel is dat 'Black Man' slecht verstaanbaar is, vrij snel gezongen wordt en een onrustig ritme heeft.

'Fire' is daarentegen voor vele doeleinden geschikt. De woorden zijn niet moeilijk. Er zit wel spanning in het ritme, maar het wordt langzaam en rustig gezongen en is goed te verstaan. Verder bevat het een aantal structuren die verwerkt kunnen worden in een aansluitende activiteit.

Een popsong als luisteroefening

Extensief luisteren
Een eenvoudige popsong als 'Fire' is, mits goed verstaanbaar, ook te gebruiken als luisteroefening. Laten we de leerlingen extensief luisteren, dan delen we de tekst *niet* uit en stellen we van tevoren richtvragen van het soort dat besproken is in 7.3.

Intensief luisteren
We kunnen echter ook, omdat leerlingen vaak precies willen weten wat er wordt gezongen, een intensieve luisteroefening doen. Hierbij is het de bedoeling dat de leerlingen proberen bepaalde woorden in een tekst te onderscheiden. Dit kunnen we doen door middel van een invuloefening: een aantal woorden in een tekst wordt weggelaten en de leerlingen proberen door intensief te luisteren de tekst te completeren. De volgende punten zijn hierbij van belang:
- Laat niet te veel woorden weg en zeker niet kort na elkaar.
- Laat niet willekeurig woorden weg: er dient een verband te bestaan tussen de woorden die ingevuld moeten worden. Ze kunnen bijvoorbeeld de essentie van de tekst weergeven, zodat er (in het Nederlands) over gepraat kan worden. Ze kunnen ook een woordveld – bijvoorbeeld 'dieren' –

15.4 ■ Popsongs

FIRE — **Bruce Springsteen** (The Pointer Sisters)

.... in your car,
You turn on the radio,
.... me close,
I just say: ....!
I say ....,
But you know I'm a ....,
'Cause when we kiss: **fire!**

Late at night,
.... me home.
You say you wanna stay,
I say I wanna be alone.
I say ....,
But you know I'm a ....,
'Cause when we kiss: **fire!**

You had a hold on me right from the start,
A grip so tight I couldn't tear it apart,
My nerves all jumpy, acting like a fool,
Well, your kisses may burn,
but my heart stays cool ...

Romeo and Juliet, Samson and Delilah,
Baby, you can bet,
Their love they couldn't deny.
My words say 'Split!',
But my words, they ....,
'Cause when we kiss: **fire!**

BLACK MAN — **Stevie Wonder**

First man to die
For the flag we now hold high
Was a black man   *Crispus Attucks*

The ground where we stand
With the flag held in our hand
Was first the redman's

Guide of a ship
On the first Columbus trip
Was a brown man   *Pedro Alonzo Nino*

The railroads for trains
Came on tracking that was laid
By the yellow man

We pledge allegiance
All our lives
To the magic colors
Red, blue and white
But we all must be given
The liberty that we defend
For with justice not for all men
History will repeat again
It's time we learned
This World Was Made For All Men

Heart surgery
Was first done successfully
By a black man   *Dr. Daniel Hale Williams*

Friendly man who died
But helped the pilgrims to survive
Was a redman   *Squanto*

Farm workers' rights
Were lifted to new heights
By a brown man   *Caesar Chavez*

Incandescent light
Was invented to give sight
By the white man   *Thomas Edison*

We pledge allegiance
All our lives
To the magic colors
Red, blue and white
But we all must be given
The liberty that we defend
For with justice not for all man
History will repeat again
It's time we learned
This World Was Made For All Men

Classroom phrases:
Spreekvaardigheid, unit 11.

of een structuur gemeenschappelijk hebben, welke in een activiteit nader uitgewerkt wordt. Bij 'Fire' zijn dat de duurvorm, de ontkennende vorm met 'to do' en de woorden 'No!', 'liar' en 'lie'.
- Het is aan te raden niet meer dan één structuur tegelijk in een aansluitende activiteit te verwerken. Bij 'Fire' zijn er weliswaar twee te zien, maar dat is slechts bedoeld als demonstratie van de mogelijkheden.
- Laat de tekst eerst een keer in zijn geheel horen en daarna in gedeelten. Stop bijvoorbeeld steeds nadat er een woord is gezongen dat ingevuld moet worden. Laat indien nodig de hele tekst nogmaals horen ter controle.

15.4.3 Leeractiviteiten bij een popsong

Luistervaardigheid
We nemen als voorbeeld het liedje 'Fire'. De leerlingen hebben de invultekst voor zich en lezen mee, terwijl ze naar de cd luisteren. Het liedje wordt nog eens afgespeeld en de woorden worden ingevuld. Daarna worden de ingevulde woorden op het bord geschreven:

I'm riding
you're pulling
you're taking

De leerkracht vraagt naar de betekenis van de uitdrukkingen en wanneer je deze gebruikt.

Communicatieve structuuroefeningen
Op het bord staan ook tien werkwoorden in de -ing-vorm die een activiteit uitdrukken die ook uitgebeeld kunnen worden, zoals *sleeping*, *walking*, *smiling*, enzovoort. Nu komen de volgende taalfuncties en -noties op het bord te staan:

What is she doing?	She is riding.
What is he doing?	He is pulling.
What are they doing?	They are kissing.

De leerkracht vraagt hierna of elke leerling een activiteit op een blaadje wil schrijven met zijn naam erop. Daarvoor kunnen de werkwoorden op het bord worden gebruikt of woorden van eigen keuze. Als de leerlingen onzeker worden omdat ze de schrijfwijze van de zelfgekozen activiteit niet kennen, stel hen dan gerust door te zeggen dat ze het woord mogen opschrijven zoals *zij* denken dat het geschreven wordt.

Vervolgens worden leerlingen uitgenodigd voor de groep hun eigen activiteit of die van een medeleerling uit te beelden. De leerkracht maakt hiervoor gebruik van de ingeleverde blaadjes en stelt de vraag: 'What is he/she doing?' De andere leerlingen proberen de activiteit te raden en antwoorden: 'He/she is ...ing.' Door meerdere kinderen die dezelfde activiteit hebben opgeschreven hun werkwoord tegelijkertijd te laten uitbeelden, kunnen we op een natuurlijke manier ook de meervoudsvorm van de derde persoon laten oefenen, bijvoorbeeld: 'They are swimming.'

Dit is een goede communicatieve drill om de duurvorm te oefenen of om als remediërende activiteit te gebruiken, bijvoorbeeld als het hulpwerkwoord 'to be' vaak wordt weggelaten.

Een verwerking van een andere structuur uit het voorbeeldliedje is een oefening met 'I like' en 'I don't like', en de taalfunctie:

Do you like ...?
Yes, I do.   No, I don't.

Deze taalfunctie staat op het bord, samen met een groot aantal woorden van het thema 'eten en drinken', zoals *milk, spinach, cake, peanut butter, cauliflower, carrots, whisky, 7-Up, chicken, hamburger,* enzovoort. De leerkracht schrijft na de invuloefening de zin 'I don't like it' op het bord en vraagt naar de betekenis. Daarna schrijven de leerlingen op een blaadje (met hun naam):

I like ...
I don't like ...

en kiezen ze als noties twee woorden van het bord of gebruiken ze woorden van eigen keuze.

Na de blaadjes opgehaald te hebben, vraagt de leerkracht de leerlingen naar hun culinaire smaak:

'Karim, do you like spinach?', 'Danielle, do you like ice cream?'

De leerlingen antwoorden waarheidsgetrouw volgens de structuur op het bord:

'Yes, I do' of 'No, I don't'.

Vervolgens zijn alle kinderen 'liars' en wordt de structuur omgedraaid: spinazie is nu Karims favoriete voedsel en Danielle lust geen ijs en zij antwoorden dienovereenkomstig. Op deze manier wordt de structuur van de ontkennende vorm duidelijk.

Een andere verwerkingsmogelijkheid is het raadspelletje 'Queen Máxima' (14.4.1): de structuur wordt gewijzigd van 'Does she like? Yes, she does / No, she doesn't' in 'Do you like? Yes, I do / No, I don't'. De leerlingen moeten er nu achter zien te komen waarom de *leerkracht* van bepaalde dingen wel of niet houdt.

Classroom phrases:
Spreekvaardigheid, **unit 11.**

De vier fasen

Voor liedjes geldt hetzelfde als voor taalspelletjes: wanneer deze leeractiviteiten functioneel verwerkt worden in een lessencyclus waarin zowel structuren als woordvelden al aan de orde zijn geweest, is het niet nodig deze nogmaals in vier fasen voor te bereiden. Willen we echter een popsong los van het thema behandelen, dan dienen – indien nodig – woordvelden eerst geactiveerd en structuren eerst geoefend te worden: INPUT VOOR OUTPUT!

Lezen en vertalen

Behalve voor luistervaardigheid en structuuroefeningen kunnen popsongs ook gebruikt worden om leesvaardigheid te trainen. Bij deze eveneens receptieve activiteit worden dezelfde soort richtvragen gesteld als bij luistervaardigheid (zie 7.3).

De tekst van een popsong woord voor woord (laten) vertalen hoort echter *niet* tot de mogelijkheden. Een globaal begrip van de inhoud is voldoende, de kinderen hoeven niet ieder woord van de tekst te begrijpen. Hele teksten vertalen heeft een nadelige invloed op de positieve houding ten opzichte van Engels en maakt de verwerking nodeloos ingewikkeld voor buitenlandse kinderen.

15.5 Traditionele liedjes

Popsongs zijn niet geschikt om op te nemen in een bundel voor gebruik over een langere periode, aangezien ze vaak slechts korte tijd in de belangstelling staan. Dit geldt misschien niet voor enkele klassiek geworden popsongs, zoals die van The Beatles, maar de aantrekkingskracht van popsongs schuilt toch voornamelijk in hun populariteit in een bepaalde periode.

Traditionele liedjes hebben dit nadeel niet, zij kunnen dus altijd gedraaid worden.

Sommige Engelse volksliedjes zullen voor kinderen in Nederland nieuw zijn, maar andere zijn zo klassiek dat ze ook door Nederlandse kinderen herkend zullen worden. Soms bestaan er zelfs Nederlandse equivalenten van traditionele Engelse liedjes, zoals van 'The Muffin Man' ('De mosselman') en 'London's burning' ('Brand in Mokum'). Leerlingen zullen deze liedjes dan ook, net als hun favoriete popsongs, snel kunnen en willen meezingen. Op deze manier kan een muziekles met een Engelse les gecombineerd worden.

De meerwaarde van traditionele liedjes, die vaak nog stammen uit de zeventiende en achttiende eeuw, ligt niet alleen in hun 'eeuwigheidswaarde', maar ook in het feit dat zij dikwijls culturele informatie bevatten. Ze zijn om die reden ook geschikt als basis voor een les over Groot-Brittannië (SCD), waarover later meer. Hier volgen enkele voorbeelden van dit soort liedjes.

15.5 ▪ Traditionele liedjes

'Oranges and Lemons'
Een liedje over de kerkklokken van de 'City of London'. Bovendien hoort bij dit liedje een traditioneel Engels kinderspel (zie bladzijden 282-283).

'London's burning'
Een canon – *round* – die verwijst naar de 'Great Fire of London' in 1666. Bij London Bridge staat 'The Monument', een gedenksteen waarmee deze brand, die een groot deel van het toenmalige Londen verwoestte, wordt herdacht (zie bladzijde 284).

'London Bridge is broken down'
Dit liedje (zie bladzijde 285) is heel geschikt om een les over Londen aan vast te knopen, met bijvoorbeeld een dvd over de bekendste Londense monumenten, of het maken van collages met behulp van folders over Londen die door de leerlingen zelf verzameld zijn.

'The Muffin Man'
Dit liedje gaat over een uit het straatbeeld verdwenen verkoper van *muffins*, die bij de traditionele Engelse *tea* horen (zie bladzijde 285). Hij kwam altijd laat in de middag langs de huizen, zijn komst aankondigend met een bel, en droeg zijn broodjes op een blad op zijn hoofd, iets wat bijvoorbeeld in Turkije nog tot het gewone straatbeeld behoort. Het is ook een kringspel, verwant aan het Nederlandse 'zakdoekje leggen'.

'Hot cross buns'
Hot cross buns zijn een soort krentenbollen die in Groot-Brittannië bij het ontbijt op Goede Vrijdag en Pasen gegeten worden. Voordat ze de oven in gaan, maakt de bakker een kruis in het deeg ter herinnering aan de kruisiging van Christus op de eerste Goede Vrijdag. Ze worden warm gegeten, met boter (zie bladzijde 286). Het is een goed idee om in het kader van dit liedje buitenlandse kinderen te vragen of in hun cultuur bepaalde gerechten – of een bepaald soort voedsel – traditioneel geassocieerd worden met bepaalde feestdagen. Ook Nederlandse feestdagen waar een specifiek gerecht bij hoort, zoals Leidens Ontzet, Driekoningen en Pasen, kunnen de revue passeren.

Classroom phrases:
Spreekvaardigheid, unit 11.

15.5 ▪ Traditionele liedjes

Oranges and lemons service

Op 31 maart is er een speciale dienst in de kerk van St. Clement Danes in Londen. De leerlingen van de St. Clement Danes Primary School gaan dan 's middags naar de kerk voor een korte bijeenkomst die eindigt met het beroemde liedje 'Oranges and Lemons', dat op handklokjes gespeeld wordt. Daarna krijgt iedere leerling een sinaasappel en een citroen.

Sinds 1957 spelen de kerkklokken vier maal per dag de bekende melodie. De reden voor dit alles ligt in het feit dat St. Clement's de plaats is waar vroeger de eerste sinaasappels en citroenen in Engeland aan land kwamen.

Het spel

Twee kinderen staan tegenover elkaar, houden elkaars hand vast en vormen zo een boog. Een van de kinderen in de boog stelt een Engelsman voor, de andere een Fransman. Samen zingen ze 'Oranges and Lemons', terwijl de andere kinderen een voor een onder de boog door lopen.

Bij de laatste regel 'to chop off your head' gaat de boog naar beneden om iemand te vangen. De gevangene wordt gevraagd of hij Engels of Frans is: 'Are you English or French?' De gevangene fluistert het antwoord aan de gevangennemers ('I'm English / I'm French'), die hem dan aan de juiste kant plaatsen. Alleen zij weten dus wie welke nationaliteit heeft.

Als alle kinderen gevangen zijn en bij een van de twee kampen zijn ingedeeld, vindt er een wedstrijd plaats om te kijken welk 'leger' het sterkst is: welke groep kan de tegenstanders over een bepaalde lijn trekken? (Vergelijk 'Witte zwanen, zwarte zwanen'.)

Classroom phrases:
Spreekvaardigheid, unit 11.

15 ■ Songs

London's burning

London's burning, London's burning.
Fetch the engine, fetch the engine.
Fire, fire! Fire, fire!
Pour on water, pour on water.

Uit: *Happy Earth 2*

1 Read the text. Answer the questions.

The Great Fire of London

Before 1666 most buildings in London were made of wood, but on 2nd September something happened that changed London completely.

Charles II was King of England at the time. His favourite baker lived and worked in Pudding Lane in London. Early in the morning of Sunday 2nd September, the baker's assistant woke up. He could smell smoke downstairs, so he woke the baker and his family, and they all climbed onto the roof.

There were strong winds that night. Because the houses were made of wood, the fire moved quickly from one building to the next, and then from one street to the next. The baker's assistant and his family watched the fire from the roof of the house, and then they escaped to a neighbour's house.

People ran away from the fire across the River Thames or into the hills of north London. They took all their things with them.

At last on Wednesday morning the strong winds stopped, but the fire burned until Thursday night.

The Great Fire of London destroyed more than 13,000 houses and 87 churches. About 200,000 people lost their homes but only nine people died.

After the fire people started to build new houses, but these were made of bricks instead of wood. The people of London didn't want their great city to burn again!

a What day did the Great Fire of London start?
b Where did the fire start?
c Did the baker's family die in the fire?
d Why did the fire move quickly?
e How long did the fire burn?
f What were the houses in London made of after the fire?

62 Unit 7 Stage 3 London then and now

Return Ticket
Past simple: questions

15.5 Traditionele liedjes

LONDON BRIDGE IS BROKEN DOWN

Not too slowly

1. London Bridge is broken down, Dance over my Lady Lea!
   London Bridge is broken down, With a gay Lady.
2. How shall we build it up again?
3. Build it up with silver and gold.
4. Silver and gold will be stolen away.
5. Build it up with iron and steel.
6. Iron and steel will bend and bow.
7. Build it up with wood and clay.
8. Wood and clay will wash away.
9. Build it up with stone so strong,
   Dance over my Lady Lea!
   Hurrah! it will last for ages long,
   With a gay lady.

THE MUFFIN MAN

Have you seen the Muffin Man,
The Muffin Man, the Muffin Man?
Have you seen the Muffin Man,
Who lives in Drury Lane?

Yes, I've seen the Muffin Man,
The Muffin Man, the Muffin Man.
Yes, I've seen the Muffin Man,
Who lives in Drury Lane.

Classroom phrases:
Spreekvaardigheid, unit 11.

Behalve als basis voor een les over Groot-Brittannië kunnen traditionele liedjes ook weer dienen om uitspraak en intonatie te oefenen, eventuele steeds terugkerende structuren te verwerken, de luister- en spreekvaardigheid te oefenen en de woordenschat te consolideren of uit te breiden.

15.6 Educatieve liedjes

Er zijn ook liedjes die speciaal geschreven zijn met een educatief doel, bijvoorbeeld om een structuur te oefenen of ter ondersteuning van een thema. Op bladzijden 288-290 volgen een paar voorbeelden. Soms zijn dergelijke liedjes onderdeel van een lespakket (zie 15.6.1), maar er zijn ook aparte cd's met educatieve liedjes uitgegeven (zie 15.6.2).

15.6.1 Liedjes in de lespakketten

Liedjes uit lespakketten hebben het grote voordeel dat ze niet ouderwets, saai of oubollig zijn, zoals soms het geval is met traditionele liedjes.

15 ▪ Songs

In het lespakket *The Team* hoort bij elk nieuw thema een liedje, geschreven en gezongen door Fay Lovsky. De liedjes zijn duidelijk gezongen en zullen de kinderen zeker aanspreken door het meeslepende ritme en de pakkende teksten. Deze teksten staan in de copymaster, die een onderdeel vormt van het lespakket, en na elk liedje volgt een 'karaokeversie' waarin alleen de muziek te horen is.

Elk liedje is relevant voor het betreffende thema: bij het thema 'personen beschrijven' ('fashion') hoort bijvoorbeeld het liedje 'School uniform' en bij het thema 'woonomgeving' 'Tidy up!', waarin allerlei voorwerpen in een tienerkamer de revue passeren.

Ook bij de lespakketten *Join Us for English* (zie hieronder) en *Playway to English* (zie bladzijde 289) ondersteunen de liedjes het thema dat behandeld wordt.

Voor groep 8, uit:
Join Us for English 4

15.6 ■ Educatieve liedjes

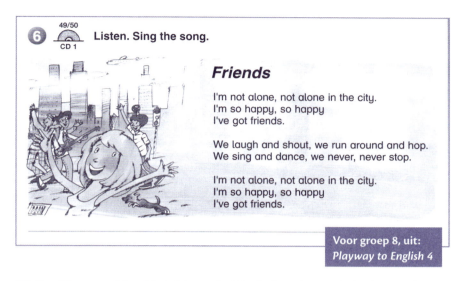

Voor groep 8, uit: *Playway to English 4*

Bij *Our Discovery Island* (zie hieronder) is de functie van de liedjes veel meer het oefenen van de structuren. Bij de *Happy*-serie (zie bladzijde 290) is dat het oefenen van de woordenschat.

Voor groep 5, uit: *Our Discovery Island 2*

Classroom phrases: *Spreekvaardigheid*, unit 11.

15 ▪ Songs

Chants

De lespakketten, vooral de Britse, werken veel met *chants*. *Chants* zijn gescandeerde versjes of rijmpjes, die uitermate geschikt zijn om de intonatie en grammaticale structuren te oefenen. Het ritmisch taalgebruik ondersteunt het leerproces. De leerkracht op De Clipper (zie 11.1) maakte er ook bewegingen bij en gebruikte mimiek. De kinderen maakten de tweede keer dezelfde bewegingen. Door het ritme en de bewegingen beklijft de leerstof beter. De *chant* op bladzijde 291 is bedoeld om de lichaamsdelen te oefenen.

15.6 ▪ Educatieve liedjes

Popsongs en traditionele liedjes in de lespakketten

Soms zijn liedjes speciaal voor een bepaald lespakket geschreven, maar lespakketten maken ook gebruik van bestaande popsongs of traditionele liedjes om een structuur te oefenen of omdat zij relevant zijn voor het thema dat aan de orde is. Voorbeelden zijn: 'I am sailing' van Rod Steward voor de duurvorm en 'Anything you can do, I can do better' uit de musical *Annie get your gun!* voor het gebruik van het hulpwerkwoord 'can' in *Real English, let's do it!*

15.6.2 Educatieve popsongs voor kinderen

Als een leerkracht graag een pittig leerliedje wil gebruiken in de les, maar de school een ander lespakket dan de bovenstaande gebruikt, is er ook de mogelijkheid om cd's aan te schaffen met popsongs die speciaal voor kinde-

Classroom phrases:
Spreekvaardigheid, unit 11.

ren zijn geschreven. Van deze categorie was al een voorbeeld te zien bij het aanleren van het abc volgens het leerfasenmodel in hoofdstuk 14: 'Alligators all around' gezongen door Carole King op de cd *Really Rosie*. Deze cd bevat de songs bij de tekenfilm *Really Rosie*, met teksten van de bekende schrijver en illustrator van kinderboeken Maurice Sendak. Sendak heeft ook meegewerkt aan de totstandkoming van *Sesame Street* en onder andere de bekende serie kinderboeken *Little Bear* geïllustreerd.

Zoals te verwachten is bij een schrijver als Sendak zijn de teksten niet kinderachtig, maar bevatten ze wel educatieve elementen. De cd biedt een schat aan materiaal dat te gebruiken is in de Engelse les. Echte luisterliedjes, zoals het geestige 'Chicken soup with rice' over de maanden van het jaar, maar ook 'One was Johnny' over getallen en 'Screaming and Yelling', met een herhaling van de -ing-vorm en de functie 'I can do it!'

Informatie over deze cd en vergelijkbare cd's is te vinden op internet. Internet is een onuitputtelijke bron van liedjes die bruikbaar zijn voor het onderwijs.

Cd's
Bruikbare cd's zijn:
- *Collection for Kids* (1994) van Cathy Fink;
- *Jump Children* van Marcy Marxer;
- *New Orleans Playground* (2007), *various artists*, een unieke cd met bekende liedjes als 'Row, row, row your boat', maar dan gezongen en gespeeld door beroemde *pop stars* als Fats Domino en Dr. John;
- *Dinosaur Rock – DinoRock* (1998);
- *Everybody Dance;*
- *Tweenies*, BBC Worldwide Music, *Tweenies* van de BBC is op zich al een prima programma voor deze leeftijdsgroep!;
- *Rhythm 4 Kids – World Sing-A-Long* (2004), *various artists*.

Websites
Interessante websites voor songs zijn:
- www.esl4kids.net/songs: 32 liedjes met tekst en melodie;
- www.songsforteaching.com/movement.htm: 100 *action songs* met muziek, zang en tekst.

Leerkrachten die in de les nooit iets met liedjes doen, kunnen nu dus echt niet meer het excuus aanvoeren dat er geen geschikte liedjes te vinden zijn.

Carole King ▪ 'Chicken soup with rice'

January
In January it's so nice
While slipping on the sliding ice
To sip hot chicken soup with rice
Sipping once, sipping twice
Sipping chicken soup with rice.

February
In February it will be
My snowman's anniversary
With cake for him and soup for me
Happy once, happy twice
Happy chicken soup with rice.

March
In March the wind blows down the door
And spills my soup upon the floor
It laps it up and roars for more
Blowing once, blowing twice
Blowing chicken soup with rice.

April
In April I will go away
To far off Spain or old Bombay
And dream about hot soup all day
Oh, my, oh, once, oh, my, oh, twice
Oh, my oh, chicken soup with rice.

May
In May I truly think it best
To be a robin lightly dressed
Concocting soup inside my nest
Mix it once, mix it twice
Mix that chicken soup with rice.

June
In June I saw a charming group
Of roses all begin to droop
I pepped them up with chicken soup!
Sprinkle once, sprinkle twice
Sprinkle chicken soup with rice.

July
In July I'll take a peep
Into the cool and fishy deep
Where chicken soup is selling cheap
Selling once, selling twice
Selling chicken soup with rice.

August
In August it will be so hot
I will become a cooking pot
Cooking soup of course – why not?
Cooking once, cooking twice
Cooking chicken soup with rice.

September
In September, for a while
I will ride a crocodile
Down the chicken soup-y Nile
Paddle once, paddle twice
Paddle chicken soup with rice.

October
In October I'll be host
To witches, goblins and a ghost
I'll serve them chicken soup on toast
Whoopy once, whoopy twice
Whoopy chicken soup with rice.

November
In November's gusty gale
I will flop my flippy tail
And spout hot soup – I'll be a whale!
Spouting once, spouting twice
Spouting chicken soup with rice.

December
In December I will be
A baubled, bangled Christmas tree
With soup bowls draped all over me
Merry once, merry twice
Merry chicken soup with rice.

I told you once, I told you twice
All seasons of the year are nice
For eating chicken soup with rice.

Classroom phrases:
Spreekvaardigheid, unit 11.

15.7 Liedjes voor jonge kinderen

Alle lespakketten voor de onderbouw hebben in elke les een liedje. Veel lespakketten beginnen en eindigen een les met een 'Hello song' en een 'Goodbye song', bijvoorbeeld op de wijs van 'Brown girl in the ring':

Hello everyone, tralalalala!
Hello everyone, tralalalala
Hello everyone, tralalalala!
Hello, everyone!

De 'Goodbye song' wordt op dezelfde melodie gezongen.

Naast de liedjes die onderdeel uitmaken van het lespakket kun je ook gebruikmaken van het materiaal op www.esl4kids.net, de website van The EFL Playhouse Home (EFL staat voor *English as a foreign language*). Hier vind je een groot aantal liedjes die geschikt zijn voor jonge kinderen, met veel TPR en tips voor de leerkracht. Hieronder zie je enkele voorbeelden.

The Colors of Our Clothes
(to the tune of 'The Farmer in the Dell')

Oh, who is wearing [color]?
Oh, who is wearing [color]?
Please tell me if you can,
Oh, who is wearing [color]?

Oh, [name] is wearing [color]!
Oh, [name] is wearing [color]!
That's the color of her [article of clothing],
Oh, [name] is wearing [color]!

Insert a different name each round.

Teaching Tips

- Begin by using yourself as the example. Point to an item you are wearing and ask students what color it is. Teach second verse first.
- Continue to sing about yourself, using three or four colors and items of clothing (until students are comfortable with song).
- Select a student. Ask class, 'What color is [name] wearing?' Sing song, after students respond. Repeat for two or three students.
- Select a student. Begin to sing, 'Oh, [name] is wearing'; stop and allow students to answer. Continue, pausing at the end of each line to await class response.
- Select a student. Begin to sing. Stop at end of line, and point to one student. Await this student's response.
- Ask students, 'Who is wearing [color]?' Allow several to respond. Repeat until all are comfortable.
- Ask students, 'Who is wearing [color & article of clothing]?' Repeat this activity until students are comfortable.
- Introduce verse one. Allow students to answer before continuing with verse two.

15.7 ▪ Liedjes voor jonge kinderen

Circle Time
(to the tune of 'Row, Row, Row Your Boat')

Hush, hush, quiet please.
Come and stand around.
Take two hands and form a circle;
Now, let's all sit down.

The Walking Song
(to the tune of 'Are You Sleeping?')

Walking, walking. (Students walk around.)
Walking, walking.
Hop, hop, hop. (Students hop.)
Hop, hop, hop.
Runing, running, running. (Students run.)
Running, running, running.
Now we stop. Now we stop. (Students must stop.)

Variation One
Sing as written until students are familiar with the words and actions. Once students become comfortable, call 'Stop!' in different parts of the song (i.e. '...hop, hop, STOP!'). Students who move after stop is called are out. Play until only one player remains.

Variation Two
As students grow more accustomed to Variation One, increase difficulty by calling stop only for part of the class (i.e. 'Girls STOP!' or 'six-year-olds STOP!'). In these instances, both students who fail to stop and students who stop when they aren't supposed to will be out.

Opdracht 1*
Ontwerp een les rond een (recente) popsong of een traditioneel liedje met zelfgemaakt verwerkingsmateriaal. In het liedje moet een bepaalde grammaticale structuur of een van de woordvelden centraal staan en het moet passen binnen het thema dat op dat moment in de lessen aan de orde is. Als je voor een traditioneel liedje kiest, combineer deze les dan met SCD (zie hoofdstuk 17) en zorg voor authentiek, aanschouwelijk materiaal.

Opdracht 2
Bekijk de liedteksten van de traditionele liedjes in dit hoofdstuk.
- Bij welke thema's kunnen deze liedjes worden gebruikt?
- Maak verwerkingsmateriaal bij een van deze liedjes.

Aanbevolen leermiddelen
- Graham, C., *Let's Chant, Let's Sing* (*1* & *2*)
- www.esl4kids.net
- www.poetry4kids.com

Voor classroom phrases bij de songs, zie *Praktische taalvaardigheid voor Engels in het basisonderwijs – Spreekvaardigheid*, **unit 11**.

Leesvaardigheid 16

 De leerlingen leren informatie te verwerven uit eenvoudige gesproken en geschreven Engelse teksten.

16.1 Inleiding

Lezen van Engelse teksten is geen vrijblijvende activiteit die af en toe gedaan wordt, als er tijd over is. Het is belangrijk genoeg om expliciet in de kerndoelen te worden genoemd. In dit hoofdstuk worden de redenen besproken waarom lezen zo belangrijk is, en welke teksten geschikt zijn om te lezen.

Aanvullende activiteit
Lezen zorgt, samen met luisteren, voor de noodzakelijke input om tot spreken te komen. Daarnaast is lezen belangrijk om kennis van woorden en structuren uit te breiden en te consolideren. Lezen is dus een belangrijke aanvullende activiteit op het werken met de F-N-methode.

Leerpsychologie
Ook vanuit een leerpsychologisch standpunt is het beter om woorden te leren in de context van informatieve of verhalende teksten: losse woorden worden heel snel weer vergeten, omdat er geen zinvol houvast voor bestaat in het geheugen. Veel leerinspanning levert daardoor weinig op (Schouten-van Parreren, 1993; zie ook Edelenbos & De Jong, 2004).

Communicatieve situaties
Een derde reden om aandacht te besteden aan leesvaardigheid – juist bij de F-N-methode – is dat lezen een grote rol speelt in communicatieve situaties in de vorm van onder meer instructies en mededelingen, folders van toeristische attracties, advertenties en reclame, gebruiksaanwijzingen en recepten, weerberichten, dienstregelingen en aankondigingen in radio- en televisiegidsen.

> Voor classroom phrases bij leervaardigheid, zie *Praktische taalvaardigheid voor Engels in het basisonderwijs – Spreekvaardigheid*, unit 12.

Differentiatie

Verder biedt lezen – niet in de laatste plaats – vele mogelijkheden tot differentiatie.

Uit het bovenstaande blijkt dat met 'leesvaardigheid' bij Engels in het basisonderwijs niet het kunnen lezen van Engelse woorden en zinnen wordt bedoeld. De kerndoelen (zie 2.2) geven aan welke inhoudelijke eisen aan leesvaardigheid worden gesteld.

De leerlingen kunnen hoofdzaken selecteren uit eenvoudige informatieve teksten en voor hun geschreven of herschreven verhalende teksten. Zij maken daarbij gebruik van contextgegevens en hun kennis van woorden.

Intensieve en extensieve leesvaardigheid

In de kerndoelen worden twee categorieën leesteksten genoemd: teksten voor intensieve leesvaardigheid (informatieve teksten) en teksten voor extensieve leesvaardigheid (verhalende teksten). Over de aard van de informatieve en verhalende teksten geven de voorlopige eindtermen van 1989 meer duidelijkheid. Hierin in sprake van tekstsoorten als:

1. folders van toeristische attracties om de aard van de attractie, de entreeprijs en de openingstijden te vinden (intensieve leesvaardigheid);
2. *stage readers* (boekjes geschreven binnen een beperkt vocabulaire) en prentenboeken (extensieve leesvaardigheid).

Naast teksten zoals op bladzijden 299-301 komen ook liedteksten en teksten uit kindertijdschriften (16.5) in aanmerking om de intensieve leesvaardigheid te trainen, terwijl voor de verhalende teksten ook stripverhalen kunnen worden gebruikt.

16.1 ▪ Inleiding

Take-home Science

 Look at the text from a box of cereal. What does it tell you?

a where the cereals are from and how much they cost
b how healthy the cereals are
c the history of the cereal company

 Find short forms for these words in the text.

a grams (1000 of these = 1 kilogram)
b millilitres (1000 of these = 1 litre)
c calories (the energy from food that your body uses)
d per cent (100ths)

 Invent a new food product, and make a box and an advert for it.

1 Choose a name and design a logo. Put them on the box.
2 Write a description of your product on the box.
3 Write an advert for your product.
4 Perform your advert for the class.

36 Unit 4 Stage 4 Take-home Science

Uit: *Happy Earth 2*

Classroom phrases:
Spreekvaardigheid, **unit 12.**

Summer Sea Camp

The best holidays at sea! For the most exciting collection of watersports in Britian, come to Summer Sea Camp!

Choose from our three great holidays!

North Devon

10–13

Surf's up

Do you think standing up is easy? On the 'Surf's Up' holiday standing up is the most difficult thing! Our expert instructors introduce you to surfing, water-skiing, and windsurfing. And when you're too tired to stand up, lie down and try bodyboarding – the easiest sport at this camp.

On the boats

If you prefer sitting down when you're on the water, this is the best holiday for you. Our instructors take you sailing, canoeing, and jet-skiing.

In the waves

Do you want to spend your holiday underwater? Come and see the most amazing creatures in the sea! Our experts teach you snorkelling and scuba-diving.

---

2 Listen. Which holiday did they go on? Which was their favourite sport?

	Nick	Helen	Becky
Holiday:			
Sport:			

2 Unit 5 Stage 2 Watersports

Uit: *Happy Earth 2*

16.1 ▪ Inleiding

 Read the webpage. Circle the correct times in the sentences.

VISIT RIVERSIDE
for the best day out in the North-East.

We open at 9.00 and close at 5.50.

Visit the **Gift Shop** to buy yourself a souvenir T-shirt, cap or badge. Open all day.

You can have meals, snacks or a cup of tea and a cake in our **Restaurant**. Lunch from 11.30 a.m. till 2.00. Afternoon tea from 3.30. Closes at 4.50.

A ride around Riverside in one of our **Pedal boats** lasts 45 minutes. See the whole park from the water. The boats leave every 20 minutes starting at 10.00.

If it's raining or you prefer to be inside, look for our **Bowling alley**. How many skittles can you knock over with one ball?

Sessions start at: 9.40, 10.50, 12.00, 1.10, 2.20, 3.30, 4.40.

Do you like fast cars? Then our **Go-karting track** is the place for you. Try your skill on one of our karts.

Bring your own rollerblades or skateboard and practise on our **Skateboarding rink**. Don't miss the special half hour 'On Wheels' show at 12.00. Watch the experts, learn new tricks, and sign up for one of the special 5-minute trick lessons between 12.30 and 1.00.

Cool down on a hot day on our **Ice rink**. Don't forget to bring warm socks and gloves! Learn to ice-skate in 'Beginners' Hour' or practise your skills on your own.
Beginners: 3.10–4.10.

Are you going to climb Everest one day? Try our outdoor **Climbing wall** first! It's like the real Himalayas! There are climbs every half hour starting at 10.00. Climbing time 25 minutes.

a You can go on a pedal boat ride at   ten past eleven. / twenty to twelve.
b The restaurant closes at   ten to four. / ten to five.
c You can start bowling at   ten to eleven. / twenty past eleven.
d The last skateboarding trick lesson is at   five to one. / five past one.
e The ice-skating 'Beginners' Hour' starts at   twenty to three. / ten past three.
f You can have tea in the restaurant at   twenty-five past three. / twenty-five to four.

Key words			
five to seven	6.55	6.05	five past six
ten to seven	6.50	6.10	ten past six
twenty to seven	6.40	6.20	twenty past six
twenty-five to seven	6.35	6.25	twenty-five past six

Unit 7 Stage 2 A day out

Uit: *Happy Earth 2*

Classroom phrases:
Spreekvaardigheid, unit 12.

16.2 De relatie met luistervaardigheid

In hoofdstuk 7 zijn luisterteksten in de inputfase al uitvoerig aan de orde geweest. Aangezien lezen ook een receptieve vaardigheid is, vertoont het wat betreft taalverwerving veel overeenkomsten met luistervaardigheid. We zullen deze aspecten hier nog eens samenvatten.

Functioneel
Leesteksten dienen functioneel te zijn, dat wil zeggen een bijdrage te leveren aan taalproductie. Dit heeft twee consequenties:
- Een leestekst moet passen binnen het thema van een bepaalde lessenserie en de geëigende plek voor een leestekst is de inputfase. Voorbeelden van dergelijke thematisch functionele leesteksten hebben we gezien op bladzijden 299-301.
- De leestekst moet worden voorbereid in de introductiefase van het thema door middel van informatie over de globale inhoud van de tekst en door visualisatie.

Authentiek
De leestekst die gebruikt wordt om taalproductie voor te bereiden, moet authentiek zijn, om dezelfde redenen als een luistertekst dat moet zijn:
- De tekst bereidt de kinderen voor op de realiteit.
- Er is sprake van overeenkomst met het Engels dat ze in hun omgeving tegenkomen, wat de relevantie van wat ze leren voor hen verhoogt. 'Echt' Engels spreekt aan en de kinderen kunnen woorden en uitdrukkingen gebruiken als ze zelf gaan spreken.
- 'Echt' Engels is ook een middel en geen doel op zichzelf. Folders, gebruiksaanwijzingen, recepten en dergelijke bevatten nuttige informatie, ze zijn 'probleemoplossend' en hebben een inhoudelijke focus, net als gelijksoortige Nederlandse teksten. Krashen noemt dit als belangrijke voorwaarde voor taalverwerving.

Inputhypothese
Krashen stelt in zijn inputhypothese dat het niveau van de input wel begrijpelijk moet zijn, maar net iets hoger moet liggen dan dat van de taalverwerver. De betekenis van onbekende woorden en zegswijzen kan opgespoord worden met behulp van buitentalige informatie (illustraties), context en voorkennis. Op die manier leert het kind weer taal erbij.

Richtvragen vooraf
Het relatief hoge niveau van authentieke leesteksten hoeft geen belemmering te zijn voor tekstbegrip bij selectief lezen. Richtvragen vooraf, zoals bij de leesteksten op bladzijde 299-301, helpen de leerlingen de belangrijke van de onbelangrijke informatie te scheiden en de moeilijke woorden en uitdrukkingen die geen nuttige informatie bevatten, te negeren. Daarom dienen deze

moeilijke woorden ook niet van tevoren verklaard te worden, omdat dat de moeilijkheidsgraad juist verhoogt en in de realiteit ook niet zal gebeuren.

Nooit vertalen
Leesteksten moeten om die reden nooit vertaald worden: dat werkt een slechte leeshouding in de hand en kost onnodig veel tijd, die beter anders kan worden besteed.

> 'Hoofdzaak blijft dat de leerlingen leren om bij het beluisteren of lezen van teksten over onbekende elementen "heen te kijken", in plaats van erin te blijven hangen en daardoor het zicht op de tekst als geheel te verliezen. Het is duidelijk dat deze neiging, die de communicatie stoort en daardoor de leerling demotiveert, bevorderd wordt wanneer teksten altijd gesemantiseerd worden door ze woord voor woord en zin voor zin te ontcijferen.' (Kwakernaak, 1981)

Gatenteksten
Het afleiden van woordbetekenissen kan – net als bij intensieve luistervaardigheid (zie 15.4.2) – getraind worden door middel van gatenteksten, waarbij een aantal woorden in de tekst is weggelaten. Hierdoor leren de leerlingen gebruik te maken van contextgegevens (kerndoel).

Verwerking van de leerstof
Ten slotte kunnen voor de verwerking van een leestekst dezelfde soort verwerkingsopdrachten gemaakt worden bij luisterteksten, zoals meerkeuzevragen, *matching exercises*, *true/false*-vragen, matrixopdrachten, gesloten vragen in het Engels en open vragen in het Nederlands (zie 7.3). De verwerkingsopdrachten dienen de aandacht te vestigen op belangrijke en nuttige informatie. Op bladzijden 299-301 staan voorbeelden van teksten die aan de gestelde eisen voldoen, met de juiste soort verwerking.

16.3 Intensieve leesvaardigheid

In 16.1 werd al een onderscheid gemaakt tussen intensief en extensief lezen. De leesteksten op bladzijden 299-301 zijn voorbeelden van intensief lezen.

Leesstrategieën
Intensief lezen is bedoeld om specifieke informatie uit een tekst te halen en gaat dus altijd vergezeld van richtvragen of opdrachten. De leerkracht doet er goed aan om ook leesstrategieën te geven vóór de kinderen de richtvragen gaan beantwoorden, bijvoorbeeld: 'Lees eerst de koppen, dan weet je waar je moet zoeken om de informatie te vinden. Kijk eerst of je trefwoorden kunt vinden die je al kent.'

Classroom phrases:
Spreekvaardigheid, unit 12.

Geen klankbeeld

Deze vaak korte teksten met een praktisch karakter komen grotendeels overeen met luisterteksten. Er is echter één groot verschil: bij luisterteksten krijgen leerlingen het klankbeeld te horen voordat zij het woordbeeld zien. Zo hebben zij ook hun moedertaal geleerd en buitenschoolse kennis opgedaan. Omdat de leesteksten authentiek zijn, zullen er zeker nieuwe en moeilijke woorden in staan waarvan de kinderen de uitspraak niet kennen. Toch is dat geen probleem. De kinderen moeten juist leren om die woorden – die vaak geen essentiële informatie bevatten – te negeren en zullen deze later dan niet gebruiken in gesprekjes, zodat de kans op een 'spellinguitspraak' bijzonder klein is.

Originele folder

16.3 ■ Intensieve leesvaardigheid

Shop
highly popular with an inspiring range of classic posters, cards, books, models and original gift ideas

The Transport Cafe
overlooking Covent Garden Piazza, and offering a delicious and reasonable range of snacks and drinks

Education
advice to teachers, a range of educational materials, information on activities and workshops. For details contact the Education Officer*

School visits
visits from schools, colleges and other organisations are always welcome - call the School Visits Service for school group rates and bookings*

Information centre
for more detailed information on the collections visit the centre in the Museum

Library and archive
available to researchers by appointment only. Contact the Librarian*

Special exhibitions
regular changing exhibitions in the Ashfield and Frank Pick galleries

Events and activities
Lively programme of lectures, workshops and activities. 'Whats On' leaflet available from Museum

Guided tours
Friends of the Museum run regular tours at weekends and during school holidays

Friends of the London Transport Museum
if you are interested in London and its transport and would like to make a contribution to the activities of the Museum why not join the friends? Leaflet available from the Museum

Corporate hospitality
in the heart of Theatreland, the Museum is an unusual and unique venue for evening hire. Contact the Marketing Manager for details*

*Tel: 0171-379 6344

Binnenkant folder

Open
10.00 - 18.00 daily. Last admission 17.15.
Closed 24, 25, 26 December

Admission
admission charged with concessions for children (5-15 inc), OAPs, UB40s, students, registered disabled. Under 5s free. Group rates on request

Access
a lift and ramps give wheelchair and pushchair users access throughout the Museum

Transport
bus to Strand or Aldwych. Underground to Covent Garden, Leicester Square or Holborn

Telephone
0171-836 8557 (24-hour recorded information)
071-379 6344 (administration)

 London Transport Museum

Covent Garden, London WC2E 7BB

Opdracht 1*
Maak zelf richtvragen bij de tekst over 'London Transport Museum' (zie bladzijden 304-305). Denk aan de richtlijnen voor dergelijke vragen (zie 16.2).

Opdracht 2*
Kijk in het lespakket dat op je stageschool gebruikt wordt:
- of er bruikbare, authentieke leesteksten zijn opgenomen;
- hoe deze worden verwerkt;
- of zij binnen het kader van het thema en in de inputfase worden aangeboden;
- of zij interessant zijn voor tien- tot twaalfjarigen.

Classroom phrases:
Spreekvaardigheid, unit 12.

16.4 Extensieve leesvaardigheid

Volgens de kerndoelen moeten leerlingen die van de basisschool komen ook in staat zijn Engelse kinderboekjes te lezen. Boekjes lezen in het kader van vreemdetaalverwerving wordt vaak, net als spelletjes en liedjes, als een extraatje gezien. Het feit dat deze vaardigheid expliciet vermeld wordt in de kerndoelen getuigt van het tegendeel.

Klankondersteuning
Om een spellinguitspraak te voorkomen, is de combinatie luisteren-lezen voor extensieve leesvaardigheid noodzakelijk, vooral omdat het hier gaat om de verwerving of uitbreiding van woorden en structuren die de basis vormen om tot spreken te komen. Dat betekent dat elk boekje vergezeld moet gaan van luistermateriaal voor de klankondersteuning, zodat het kind terwijl het leest ook de gesproken tekst hoort. Leesboekjes worden daarom vrijwel zonder uitzondering met een bijbehorende cd of cd-rom geleverd. Klankondersteuning kan gerealiseerd worden door middel van cd-spelers, computers, mp3-spelers, iPods en apps op telefoons.

Zelfstandig werken
Bij het gebruik van leesboekjes met cd's voor individueel of in kleine groepjes lezen in de klas, is het aan te raden boekjes en cd's te coderen met een *kleurcode* voor de serie en een *cijfercode* voor de boekjes binnen de serie. De kleuren cijfercodering op elk boekje komt overeen met de bijbehorende cd, zodat er probleemloos zelfstandig mee gewerkt kan worden. Door een leeswijzer met de codering op te hangen, kunnen we duidelijk maken wat de volgorde in moeilijkheidsgraad van de series is. Veel leesboekjes gaan tegenwoordig vergezeld van cd's die los in de boekjes zitten of waarvan de hoes in de boekjes is geplakt. Om te voorkomen dat de cd's zoekraken moeten de boekjes en cd's van dezelfde code voorzien zijn.

Registratieformulieren
De leerkracht kan de vorderingen van de leerlingen nauwkeurig volgen door registratieformulieren te gebruiken waarop zowel de titels van de gelezen boekjes worden ingevuld als de datum waarop het kind het boekje uitgelezen en eventueel de verwerkingsopdracht(en) uitgevoerd heeft.

16.4.1 Motiveren om te lezen: de Engelse hoek

In de eerste plaats moet het leesmateriaal vrij toegankelijk, aantrekkelijk en uitnodigend zijn. Dit kunnen we bewerkstelligen door een Engelse hoek in de klas in te richten (zie ook 12.3) met cd-spelers, computers en *earphones*, waarin de series zijn uitgestald op volgorde van moeilijkheidsgraad. Ook de bijbehorende cd's hebben hier hun vaste plaats. Wanneer de leerlingen met

Engels beginnen, neemt de leerkracht hen mee naar de Engelse hoek en legt uit hoe zij zelfstandig met het materiaal kunnen werken.

De leerlingen worden niet gedwongen om te lezen en er is ook geen verplichting aangaande het aantal te lezen boekjes. Wel kan de leerkracht per week een 'leesuur' instellen waarin zowel Nederlandse als Engelse boeken individueel gelezen worden. Ook kan de leerkracht, wanneer zij merkt dat een leerling weinig leest, samen met het kind een boekje uitzoeken. Een bezoek aan de Engelse afdeling van de schoolbibliotheek kan de (snellere) leerlingen prikkelen ook thuis Engelse kinderboeken te gaan lezen. Ook deze boeken moeten voorzien zijn van cd's.

Groep 1-2

In het lokaal van groep 1-2 kan ook een Engelse hoek ingericht worden met bijvoorbeeld de handpop die bij het lespakket hoort en zo veel mogelijk prentenboeken. De kinderen kunnen die weliswaar niet lezen, maar de plaatjes blijven boeiend. Zelfs op peuterspeelplaatsen en crèches zijn 'leeshoekjes' waar kinderen soms lange tijd het ene boekje na het andere bekijken. Voor deze leeftijdsgroep horen in de Engelse hoek ook voorwerpen die aan bod komen bij het thema dat op dat moment aan de orde is, bijvoorbeeld soorten kleren, of allerlei (knuffel)dieren, of de spelletjes waarbij niet gelezen hoeft te worden (memory, domino, lotto).

16.4.2 Twee soorten boekjes voor extensief lezen

Bij de leesboekjes onderscheiden we twee categorieën:
- boekjes met een oplopende moeilijkheidsgraad – de zogenoemde *graded readers* of *stage readers*;
- authentieke Engelse kinderboeken, geschreven voor Engelse kinderen.

Beide soorten hebben zowel voor- als nadelen.

Graded readers

Het voordeel van boekjes met een oplopende moeilijkheidsgraad is tweeledig. In de eerste plaats kunnen de leerlingen met qua taal heel eenvoudige boekjes beginnen. De functionele illustraties helpen hen tevens de tekst te begrijpen, zodat al vanaf het begin van groep 6 met lezen begonnen kan worden. Ten tweede kunnen verhalen die qua inhoud voor negen- tot twaalfjarigen interessant zijn, zoals *Hotshot Puzzles* en *Winnie the Witch*, gelezen worden zonder dat de taal, die anders te moeilijk zou zijn, een belemmering vormt.

Toch kleven er belangrijke bezwaren aan dit soort leesboekjes. Bij boekjes die speciaal geschreven zijn met het doel Engels te leren, is nauwelijks sprake van een verhaal; woorden en structuren worden nadrukkelijk herhaald en we hebben dus te maken met onnatuurlijk taalgebruik. Bij de boekjes waarin bestaande verhalen aan het taalniveau van de lezers zijn aangepast, gaat de authenticiteit van het verhaal en de gebruikte taal verloren, waardoor het

Classroom phrases:
Spreekvaardigheid, unit 12.

verhaal soms elke logica mist en de oorspronkelijke aantrekkelijkheid heeft plaatsgemaakt voor saaiheid.

Authentieke Engelse leesboekjes
Authentieke Engelse leesboekjes hebben dat nadeel niet. De allerbeste categorie blijft uiteraard originele Engelse kinderboeken voor negen- tot twaalfjarigen met veel illustraties die de tekst ondersteunen. Het taalgebruik is relatief moeilijk, omdat geen rekening is gehouden met niet-Engelstalige lezers, maar de context, de illustraties en soms de bekendheid met het verhaal (bijvoorbeeld bij kinderboeken van Roald Dahl) kunnen uitkomst bieden. Dit is de enige categorie waarbij taal werkelijk een middel is, namelijk om een op zichzelf boeiend en interessant verhaal te lezen. Niet de taalverwerving staat centraal, maar *leesplezier*. Deze categorie biedt de meest ideale gelegenheid voor natuurlijke taalverwerving: het niveau ligt hoger dan dat van de taalverwerver, maar onbekende elementen kunnen afgeleid worden uit context, buitentalige informatie (illustraties) en voorkennis (Nederlandse versie). Als de kinderen de juiste leeshouding hebben en selectief hebben leren lezen, verdient deze categorie zeker een plaats in het lokaal van een bovenbouwgroep.

Aan beide categorieën kleven dus voor- en nadelen. Het is daarom aan te bevelen van beide categorieën een aantal boekjes in de Engelse hoek te hebben staan, zowel fictie als non-fictie. De kinderen kunnen dan zelfstandig een keuze maken, overeenkomstig hun niveau en belangstelling. De boekjes zijn te gebruiken vanaf groep 5, als de kinderen vanaf groep 1 Engels hebben gehad. Is dit niet het geval, dan kunnen ze beginnen in groep 6.

Geschikte **graded readers**
Er bestaan series leesboekjes die speciaal geschreven zijn om als leermiddel te dienen. Het niveau – *grade* – wordt bepaald door de woordenschat die in de serie wordt aangeboden (zie www.elt.oup.com/teachersclub/subjects/gradedreading). Voorbeelden hiervan zijn:

Start with English Readers
Zes series boekjes met oplopende moeilijkheidsgraad. De eerste drie series omvatten vijf boekjes, de volgende drie respectievelijk vier, drie en twee boekjes. Vrijwel alle boekjes worden geleverd met een cd per serie. Aangezien dit de toegankelijkheid van het materiaal negatief beïnvloedt, is het aan te raden de cd te kopiëren, zodat elk boekje één aparte cd heeft.

Het taalgebruik in de eerste drie series is bijzonder eenvoudig. Omdat het beginniveau van de gemiddelde Nederlandse leerling redelijk hoog is (zie hoofdstuk 4), is het niet nodig

om meer dan een à twee boekjes per serie aan te schaffen om een basiswoordenschat op te bouwen. Elk boekje bevat een plaatjeswoordenlijst en de series 3-6 bevatten achterin oefeningen die het tekstbegrip toetsen.

Classic Tales
Vijf *graded readers* die gebaseerd zijn op bekende verhalen en sprookjes, maar qua taal zijn aangepast aan het taalniveau van niet-Engelstalige kinderen; de verhalen zijn ingekort en de taal is vereenvoudigd. Deze vijf boekjes gaan vergezeld van activity books en één cd per serie. Het tekstbegrip zal geen problemen opleveren, omdat de inhoud van meeste verhalen bekend is.

Hotshot Puzzles
Vijf spannende boekjes, verdeeld over vier niveaus. Na twee bladzijden volgt er steeds een puzzel die de kinderen moeten oplossen voor ze verder kunnen. Een prettige combinatie van lezen en handelen (TPR).

Achter in elk boekje staan een woordenlijst en de oplossingen van de puzzels. Cd's worden bijgeleverd.

Winnie the Witch
Drie boekjes – *Winnie the Witch*, *Winnie in Winter* en *Winnie flies again* – met geestige verhalen, prachtige (oorspronkelijke) illustraties en cd's die, naast het verhaal, ook liedjes en activiteiten bevatten. De verhalen zijn geschreven voor Engelstalige kinderen, maar zijn qua taal aangepast aan niet-Engelstalige kinderen. Achterin staan plaatjeswoordenboeken.

Vooral *Hotshot Puzzles* en *Winnie the Witch* zijn zeer de moeite waard, omdat ze niet kinderachtig zijn.

Geschikte authentieke Engelse leesboekjes
Vooral voor leerlingen die al vanaf groep 1 of groep 5 Engels hebben gehad en dus op een veel hoger niveau zitten dan leeftijdsgenoten die in groep 7 met Engels zijn begonnen, zijn *graded readers* niet erg motiverend. Onderstaande authentieke kinderboeken vormen voor deze leerlingen wel een uitdaging.

Classroom phrases:
Spreekvaardigheid, unit 12.

- Roald Dahl, *The Magic Finger*;
- Roald Dahl, *The Twits*;
- Roald Dahl, *Dirty Beasts*;
- Roald Dahl, *Revolting Rhymes*;
- A.A. Milne, *Tiggers Don't Climb Trees*;
- A.A. Milne, *A House is Built at Pooh Corner for Eeyore*;
- Maurice Sendak, *Where the Wild Things Are* (*Max en de Maximonsters*);
- Maurice Sendak, *In the Night Kitchen*.

Het nadeel van deze categorie, namelijk dat de boeken niet met geluidsmateriaal zijn uitgegeven, gaat niet op voor de volgende authentieke Engelse boeken, die interessant zijn voor negen- tot twaalfjarigen en verkrijgbaar zijn met cd bij The English Bookshop in Amsterdam, via www.englishbookshop.nl en bij Waterstones in Amsterdam.

- Lewis Carroll, *Alice's Adventures in Wonderland*;
- Kenneth Graham, *The Wind in the Willows*;
- Katharine Holabird, *Angelina's Birthday* (deze bestseller is verkrijgbaar in twee versies: 1. voorgelezen met begeleidende muziek en 2. met ook nog een 'special sound' wanneer je de bladzijde moet omslaan);
- Naomi Adler, *The Barefoot Book of Animal Tales*;
- Richard Walker, *The Barefoot Book of Pirates*;
- John Matthews, *The Barefoot Book of Princesses*;
- Michael Bond, *A Bear called Paddington*.

16.4.3 Een voorbeeld uit de praktijk

In het montessoribasisonderwijs heeft men al jaren ervaring met natuurlijke taalverwerving door middel van extensief lezen. In het reguliere basisonderwijs is daar nu een begin mee gemaakt: op een basisschool in Arnhem is in 2005 een project gestart met het individueel lezen van *graded readers*. Omdat er niet voldoende geluidsapparatuur bleek te zijn, was het niet mogelijk alle leerlingen met klankondersteuning te laten lezen. Om dat probleem op te lossen, is de werkvorm 'duo-lezen' ingevoerd: twee leerlingen lezen om beurten elkaar een bladzijde uit een boekje voor en helpen elkaar als er moeilijke woorden in staan of als de uitspraak niet juist is. Bij evaluatie van het project was de conclusie dat deze vorm niet geschikt was voor leerlingen die weinig ervaring hebben met Engels (Schokkenbroek, 2007).

> **Opdracht 3**
> Welke voorspelbare problemen ontstaan bij de werkvorm 'duo-lezen'?

Het materiaal dat voor dit project wordt gebruikt, bestaat uit zestien *graded readers*, onderverdeeld in twee niveaus. De cd's bevatten achtergrondgeluiden die buitentalige informatie geven en het voorleestempo is aangepast aan het niveau: de eerste boekjes worden langzaam en nadrukkelijk voorgelezen, de laatste hebben een min of meer normaal spreektempo.

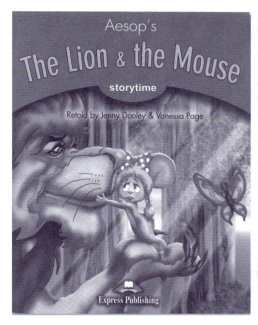
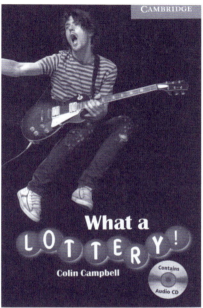

De omvang van het materiaal is relatief klein. Bij de receptieve methode (zie 3.7) in het montessorionderwijs bestaat het materiaal, naast een groot aantal *worksheets*, uit veertig leesboekjes. Het verdient dan ook aanbeveling om de boekenvoorraad aan te vullen met boekjes uit de verschillende categorieën genoemd in 16.4.2. Het basispakket van zestien readers staat dan in het klaslokaal van groep 7-8 en het aanvullende leesmateriaal kan een plaats krijgen in de gemeenschappelijke ruimte – als de school daarover beschikt – of kan geleend worden in de schoolbibliotheek.

16.4.4 Informatie verwerken bij extensief lezen

Leescontrolekaarten
De inhoud van de leesboeken kan op vele manieren verwerkt worden door middel van leescontrolekaarten (zie bladzijde 312) met verschillende soorten vragen en/of opdrachten, zoals:
- meerkeuzevragen;
- *true/false*-vragen;
- *matching exercises*: namen (of plaatjes) van personages combineren met persoonsbeschrijving of activiteiten, twee delen van een representatieve

Classroom phrases:
Spreekvaardigheid, unit 12.

zin uit het verhaal bij elkaar zoeken of plaatjes met onderschriften combineren;
- fragmenten (alinea's) uit het verhaal op de juiste volgorde leggen;
- een tekening over het verhaal maken;
- een plattegrond maken waarop belangrijke gebeurtenissen worden aangegeven;
- een tijdbalk maken over de volgorde van de gebeurtenissen;
- instructies opvolgen (recepten, bouwplaten).

Leerlingenblad B1 ▪ Car thieves

1 Get organized

Join the two halves of the sentences.

1	The thieves are watching	A	the garage
2	Drive into	B	for £ 1000
3	Denny takes	C	the police car
4	The man leaves	D	arrest you
5	The ma is going into	E	the cars
6	You can buy it	F	the police station
7	The inspector looks at	G	his photograph
8	The thieves hear	H	John Read
9	I am going to	I	the engine
10	This car belongs to	J	the building

2 Right – wrong

1 Denny is painting the car green
2 Conway sits on the car
3 Page takes Denny's photograph
4 The thieves want £ 1000
5 The police arrest four men

3 Matching exercise

1	Conway	A	writes in a book (page 7)
2	Page	B	drives the stolen car (page 3)
3	Denny	C	describes his car (page 7)
4	John Read	D	says: 'We can run away' (page 13)
5	Inspector Wood	E	paints the car (page 3)

Voorbeeld van een leescontrolekaart

Deze kaarten kunnen – geplastificeerd – in bakken in de Engelse hoek staan met dezelfde kleur- en cijfercodering als de bijbehorende boekjes en cd's. Het is aan te bevelen Engels te gebruiken voor de tekst van leescontrolekaarten (zie hoofdstuk 8).

> **Opdracht 4**
> Maak een leescontrolekaart in het Engels bij een leesboekje dat op je stageschool wordt gebruikt. Gebruik een leesboekje van de opleiding als er geen leesmateriaal voor extensief lezen op je stageschool aanwezig is.

Hoewel het actief verwerken van leesmateriaal een groter rendement geeft (Bouman, 1984), kan ook volstaan worden met het registreren van de leesvorderingen van de leerlingen op registratieformulieren. In dat geval laat een kind dat een boekje uit heeft dit bij de leerkracht aftekenen. Deze kan dan tegelijkertijd nakijken of de cd op de juiste plaats is opgeborgen. Het feit dat op deze manier geen werkelijke controle plaatsvindt, hoeft geen probleem te zijn: ook de informatie die de leerlingen buiten school krijgen in de vorm van televisieseries, Engelse kinderprogramma's en popsongs wordt niet geregistreerd of verwerkt in de vorm van opdrachten. Toch vormt die buitenschoolse informatie een aanzienlijke bron van taal. Extensief lezen in de klas kan dus gezien worden als een manier van natuurlijke taalverwerving binnen school die, hoewel niet altijd precies meetbaar, een eigen bijdrage levert aan de taalschat van de leerlingen.

> **Opdracht 5***
> Onderzoek op je stageschool:
> - of er leesboekjes voor Engels gebruikt worden in de klas;
> - hoe en hoe vaak ze gebruikt worden;
> - of het *graded readers* zijn of authentieke boekjes;
> - of er geluidsmateriaal bij hoort en ook gebruikt wordt;
> - of er verwerkingsopdrachten bij gegeven worden.

16.5 Kindertijdschriften voor Engels in het basisonderwijs

Kindertijdschriften vormen een categorie leesmateriaal die tussen intensief en extensief lezen in ligt. Het prettige van dit soort materiaal is dat het altijd actueel is en speciaal bestemd voor de leeftijdscategorie van negen tot twaalf jaar. Wat voor extensief lezen geldt, geldt ook voor het lezen van Engelstalige kindertijdschriften: omdat het authentiek materiaal betreft, is de moeilijkheidsgraad hoog voor niet-Engelstalige kinderen. We moeten het niveau van

Classroom phrases:
Spreekvaardigheid, unit 12.

de huidige generatie basisschoolleerlingen echter ook niet onderschatten: als ze de Engelse gebruiksaanwijzing voor een computerspelletje kunnen ontcijferen, kunnen ze ook wel de belangrijke informatie halen uit aantrekkelijke, uitnodigende en interessante onderdelen uit een kindertijdschrift, vooral ook omdat er overal illustraties bij staan.

Behalve voor individueel lezen kunnen artikelen uit de tijdschriften ook gebruikt worden als basis voor een les SCD (zie hoofdstuk 17), als materiaal voor een spreekbeurt – in het Nederlands of in het Engels voor gevorderde leerlingen – of voor intensief lezen met de hele groep (zie 16.3).

De volgende Engelse kindertijdschriften komen in aanmerking voor een plaatsje in de Engelse hoek:
- *Hello You!,* 10-12 jaar, www.malmberg.nl;
- *Click,* 10-12 jaar, www.averbode.com;
- *Ask,* 7-10 jaar, www.askmagkids.com.

Van de eerste twee tijdschriften zijn beschrijvingen te vinden op de website www.leermiddelenplein.nl van het SLO.

> **Voor classroom phrases bij leesvaardigheid, zie** *Praktische taalvaardigheid voor Engels in het basisonderwijs – Spreekvaardigheid,* **unit 12.**

17 De sociaal-culturele dimensie van taalverwerving (SCD)

 Het Europese vreemdetalenbeleid is erop gericht de culturele diversiteit, tolerantie en Europees burgerschap te bevorderen.

 De student kan de rol van Engels in de (internationale) samenleving benoemen en kan de sociaal-culturele dimensie van de taal illustreren met voorbeelden.

17.1 Inleiding: waarom SCD?

Als we naar de meest recente cursussen vreemde talen kijken, zien we niet alleen dat deze allemaal op de communicatieve methode gebaseerd zijn, maar ook dat de verwerving van de vreemde taal een geheel vormt met het kennismaken met de cultuur en de inwoners van het betreffende land.

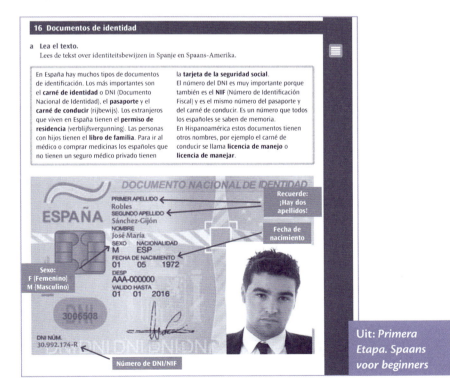

Uit: *Primera Etapa. Spaans voor beginners*

Met deze aanpak bereikt men het volgende:
- De relevante taalfuncties worden meteen toegepast in een realistische taalsituatie: het productdoel is van het begin af aan duidelijk.
- Door de ontmoeting met de inwoners van het land neemt de belangstelling voor de betreffende taal en de motivatie om die te verwerven toe.
- Het wordt duidelijk dat taal altijd wordt gesproken door mensen binnen een bepaalde cultuur en met bepaalde tradities en gewoonten: taal staat dus altijd in een sociaal-culturele context en bevindt zich nooit in een vacuüm.

Als we dus meer weten van die context – het leven van alledag – zal de vreemde taal een 'levende taal' worden en zullen we bepaalde aspecten van die cultuur ook vanzelf overnemen in ons taalgebruik. SCD bevordert dus de communicatie.

Kennis van andere culturen

SCD dient ook een algemener doel: kennis van andere culturen bevordert wederzijds begrip en voorkomt vooroordelen die voortkomen uit onwetendheid. Ook wordt juist door de confrontatie met een andere cultuur de aandacht gevestigd en de belangstelling gewekt voor de eigen cultuur – allochtoon of autochtoon. Dit alles levert een bijdrage aan intercultureel onderwijs. Liedjes als 'Hot cross buns' en 'The Muffin Man' (zie 15.5) lenen zich bijvoorbeeld uitstekend voor uitwisseling van bepaalde soorten voedsel die traditioneel bij bepaalde feestdagen of culturen horen.

Interesse

De cultuur van een land heeft ook de belangstelling van basisschoolleerlingen: hun wereld wordt groter en daarmee wordt ook hun interesse voor andere culturen gewekt, vooral ook omdat zij daar dagelijks via de media mee in aanraking komen. Door aan die behoefte tegemoet te komen wordt Engels voor hen nog aantrekkelijker.

Vakoverschrijdend

Daarnaast is SCD een vakoverschrijdend onderwerp en beantwoordt het daarom aan het uitgangspunt van de Wet op het basisonderwijs met betrekking tot Engels, namelijk dat 'het vak zo veel mogelijk in samenhang met andere vakken dient te worden aangeboden'.

Kerndoelen

SCD maakt weliswaar geen deel uit van de kerndoelen, maar wordt wel expliciet genoemd in het commentaar van de minister bij de herziene kerndoelen voor Engels van 2005: 'Op de basisschool wordt het onderwijs in de Engelse taal waar mogelijk in samenhang gebracht met inhouden van andere vakken. *Bijvoorbeeld met de inhouden in oriëntatie op jezelf en de wereld.*' Een reden te meer om aan dit aspect van het vak aandacht te besteden.

17.2 De Engelstalige wereld

Engels is niet, zoals Duits en Frans, gebonden aan een bepaald land. Engels is de officiële taal in een aanzienlijk deel van de wereld en wordt daarnaast ook nog gebruikt als internationaal communicatiemiddel in veel landen waar Engels niet de voertaal is.

Exclusieve oriëntatie op Groot-Brittannië achterhaald
Hoewel in de lespakketten voornamelijk aandacht wordt besteed aan Groot-Brittannië, de Britse cultuur, gewoonten, tradities en bevolking, is dit in wezen te beperkt. Weliswaar is Groot-Brittannië het dichtstbijzijnde Engelssprekende gebied, maar nu door de media de wereld bij ons thuis komt, de afstanden door het toenemende (handels)verkeer met verre landen zijn verkleind en de contacten met andere Engelssprekende landen zijn toegenomen, is een sociaal-culturele context die exclusief op Groot-Brittannië is gericht feitelijk achterhaald.

Britse lespakketten
De Britse lespakketten vormen hierop een uitzondering. In *Our Discovery Island* bijvoorbeeld komen bij 'Wider World' allerlei gewoontes uit de hele wereld bij elk thema voor (zie bladzijden 318-319 en 320-321). Maar ook in andere Britse lespakketten wordt veel aandacht besteed aan de cultuur van andere landen en werelddelen, en dan niet alleen van Engelstalige landen als de Verenigde Staten, Canada en Australië, maar ook van landen waar, net als in Nederland, Engels fungeert als lingua franca. Leerlingen worden gemotiveerder om Engels te leren als zij beseffen in hoeveel landen deze taal gesproken wordt en we komen hiermee tegemoet aan alweer een kerndoel, namelijk: 'De leerlingen hebben kennis van de rol die de Engelse taal speelt als internationaal communicatiemiddel'.

17.3 Geschikte SCD-onderwerpen voor Engels in het basisonderwijs

Omdat SCD zo veelomvattend is – politiek en kunst vallen er bijvoorbeeld ook onder –, moeten we eerst bekijken welke onderwerpen aansluiten bij de belevingswereld van basisschoolleerlingen. De beste onderwerpen nodigen uit tot een vergelijking met het leven van anderstalige leeftijdgenoten. Er kan bijvoorbeeld besproken worden hoe de doorsneeschooldag van kinderen uit andere delen van de wereld eruitziet, welke vakken ze krijgen, welke vakken ze wel of niet leuk vinden, of ze wel of niet een schoolmaaltijd krijgen en of ze een uniform dragen (zie bladzijden 320-321).

17 ▪ De sociaal-culturele dimensie van taalverwerving

Uit: *Our Discovery Island 2*

Een bruikbare popsong over schoolvakken is 'Don't know much about history' van Sam Cooke.

17.3 ▪ Geschikte SCD-onderwerpen voor Engels in het basisonderwijs

Hello, my name's Kay. I'm from Jamaica. My favourite lunch is jerk chicken with rice and peas. It's a traditional dish. Yum! This is a meat patty. I love it and it's healthy. I also like fruit and vegetables, but I don't like pumpkin soup. Yuck!

patty

jerk chicken

I'm Berta and I'm from Italy. My favourite dinner is pizza with cheese and tomatoes. I also like pasta and ice cream. Chocolate ice cream is delicious but I don't like strawberry ice cream.

19 Read and answer.

1 Does Andrea like *asado*?
2 Does Zeki like pastries?
3 Does Kay like pumpkin soup?
4 Does Berta like strawberry ice cream?
5 What's your favourite food?

20 Write about favourite foods in your class.

asado, alfajores, pastries, jerk chicken, patty. Food. I like... I don't like...

Beeld van de werkelijkheid

Uit het voorafgaande volgt dat typisch Engelse toeristische onderwerpen, zoals de Big Ben, de Tower of London, dubbeldekkers, de *Changing of the Guard*, en in de Verenigde Staten het Vrijheidsbeeld en Disneyland niet iets wezenlijks vertellen over de Engelse of Amerikaanse cultuur. Zij geven slechts een

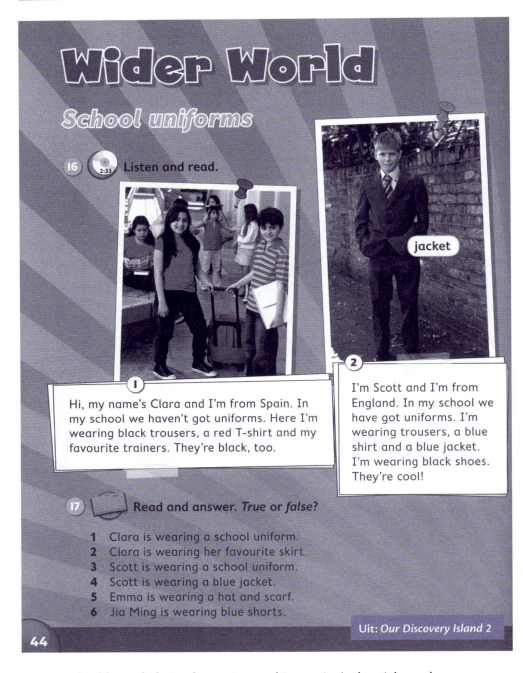

beeld van de buitenkant, niet van binnenuit. Authentieke onderwerpen, zoals een Engelse of Amerikaanse doorsneeschooldag, of hoe in verschillende landen feestdagen worden gevierd (zie bladzijden 322-323), geven een beeld van de werkelijkheid en nodigen uit de verschillende culturen te vergelijken.

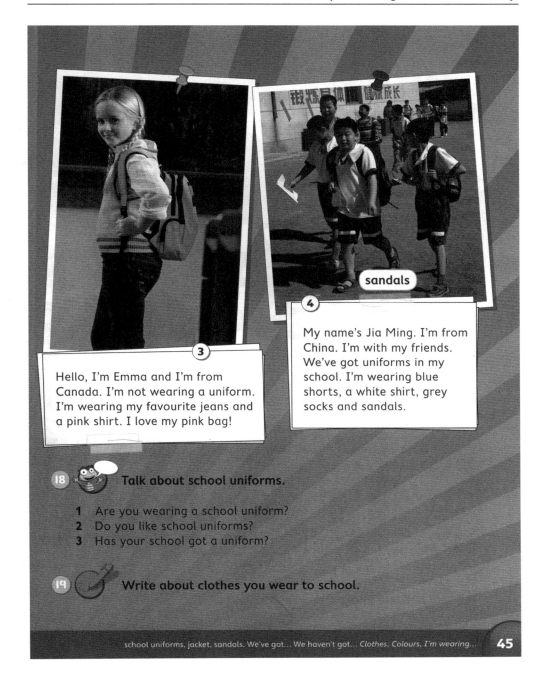

17 • De sociaal-culturele dimensie van taalverwerving

17.3 ▪ Geschikte SCD-onderwerpen voor Engels in het basisonderwijs

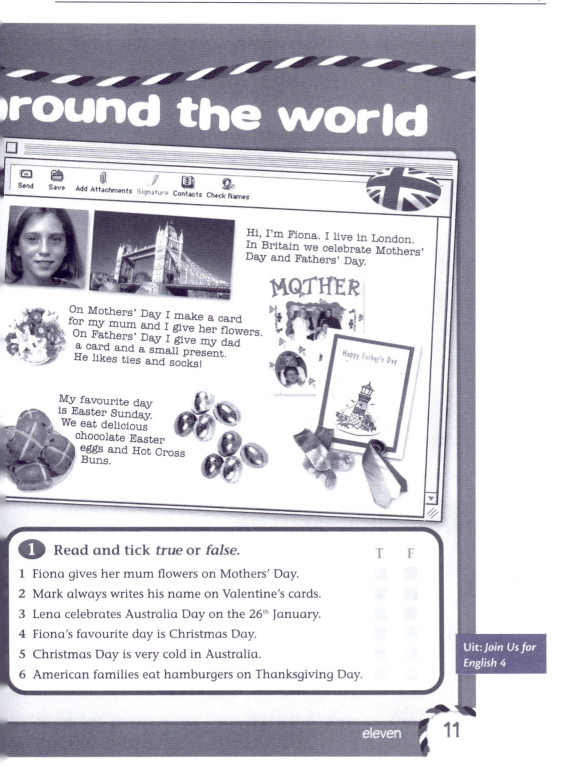

Uit: *Join Us for English 4*

17.4 Themagebonden SCD

SCD-onderwerpen moeten zo veel mogelijk geïntegreerd zijn in en organisch voorvloeien uit de thema's voor Engels in het basisonderwijs. Door de dimensie van de sociaal-culturele context leveren zij een natuurlijke bijdrage aan taalverwerving. Bij het thema 'persoonlijke gegevens' kunnen we bijvoorbeeld vertellen dat het huisnummer in Engelssprekende landen vóór de straatnaam staat (zie de illustratie op bladzijde 327). Bij het thema 'eten en drinken' is het interessant om onze lunch te vergelijken met die van de Britten of ons 'kopje thee' met hun begrip 'tea'. Bij het thema 'boodschappen doen' dient Engels geld ter sprake te komen en wat de waarde van de artikelen is, omgerekend in euro's, terwijl bij het thema 'op straat' het linksrijdende verkeer besproken kan worden (zie bladzijde 326).

Vierfasenmodel
Niet alleen vormt SCD inhoudelijk een onderdeel van de thema's bij Engels in het basisonderwijs, het hoort ook aangeboden te worden in het kader van het vierfasenmodel. Het is niet de bedoeling dat SCD ergens achteraan in de lessenserie wordt aangeboden als 'iets extra's' of dat er een apart hoofdstuk aan wordt gewijd.

Leesteksten in de inputfase
Een natuurlijke integratie van SCD en taalverwerving vindt plaats als in de inputfase authentieke leesteksten worden aangeboden die betrekking hebben op het thema: de leesvaardigheid wordt bevorderd door richtvragen te stellen en de inhoud van de teksten vertelt iets over het land en de mensen. Hieronder en op bladzijde 325 volgen twee authentieke leesteksten die sociaal-culturele informatie geven.

Wat kun je hier doen?

Uit: *Real English, let's do it!*

17.4 ■ Themagebonden SCD

Television Saturday 11 March

TV Times

NATIONAL GEOGRAPHIC
8.00 p.m. Tsunami – Killer Wave: documentary about tidal waves, caused by earthquakes or volcanic eruptions. **9.00** The Secret Underworld: a visit to the Movile Cave in Romania, which has developed its own ecosystem over five million years of isolation.

UK HORIZONS
7.25 a.m. Money, Money, Money **7.50** Doctors at Large **8.20** Battersea Dogs' Home **8.50** Animal Hospital **9.20** Egypt's Lost City **10.15** Supernatural Science **11.15** Tomorrow's World Plus **12.15 p.m.** Animal Hospital **12.45** City Hospital

MTV
10.00-12 midnight Top 100 Weekend: a countdown of the top 100 tunes throughout the weekend.

BBC 1/CHILDREN'S BBC
3.25 p.m. Tweenies Minibeasts **3.45** Angelmouse: animated fun with a mouse from heaven. **3.55**

Monster TV: drama about a boy who runs a TV studio with monsters. Quiz fever grips Monster TV. **4.10** The Wild Thornberrys Wildlife animation

ANIMAL PLANET
12 noon Crocodile Hunter **1.00 p.m.** Emergency Vets **1.30** Pet Rescue **2.00** Harry's Practice **2.30** Zoo Story **3.00** Going Wild with Jeff Corwin

DISCOVERY
4.00 p.m. Rex Hunt Fishing Adventures: Rex fishes for carp in the UK. **4.30** Discover Magazine: unusual stories from the world of science **5.00** Time Team: Richmond Palace **6.00** Ferrari: the appeal of the Ferrari motor car.

DISNEY
2.00 p.m. Cubs (S) **2.30** Quack Pack (S) **3.00** Mermaid (S) **3.30** Sabrina **3.55** Art Attack **4.30** Recess (S) **5.00** My Best Friend is an Alien (S) **5.30** Smart Guy (S)

6.00 Boy Meets World **6.30** Microsoap **7.00** Film: Don't Look Under the Bed: family drama ** (S)

SKY SPORTS 1
1.30 p.m. Boxing Archive coverage of the clash between Larry Holmes and Scott Frank **2.30** World Sport Special **3.00** Live Football: Richard Keys presents Premiership action between Bradford City and Leeds from Valley Parade.

EUROSPORT
3.00 p.m. Live Cycling Action from the Paris-Nice stage race **4.45** Ski Jumping More from Norway **6.00** Live Tennis Coverage of the WTA tournament from Indian Wells, USA

ITV
3.20 p.m. Dog and Duck **3.30** Rosie and Jim **3.40** Zzzap! **4.00** Dexter's Laboratory **4.20** Hey Arnold! **4.45** How 2 **5.05** Home and Away **5.30** Wheel of Fortune: cash-prize quiz show

---

a What channel is it on?
David vergeet steeds op welke zender een programma wordt uitgezonden. Help hem even. Trek een lijn van het programma naar het juiste kanaal. Kijk naar de tv-gids op pagina 26 van je Pupil's Book.

The programmes		The TV channels
Monster TV	1	a Eurosport
How 2	2	b BBC 1
Money, Money, Money	3	c Discovery
Top 100 Weekend	4	d ITV
My Best Friend is an Alien	5	e MTV
Time Team	6	f National Geographic
Zoo Story	7	g UK Horizons
Live Tennis	8	h Disney
The Secret Underworld	9	i Animal Planet
Live Football	10	j Sky Sports 1

Uit: *The Team, Work Book*

17 ▪ De sociaal-culturele dimensie van taalverwerving

17.4 ■ Themagebonden SCD

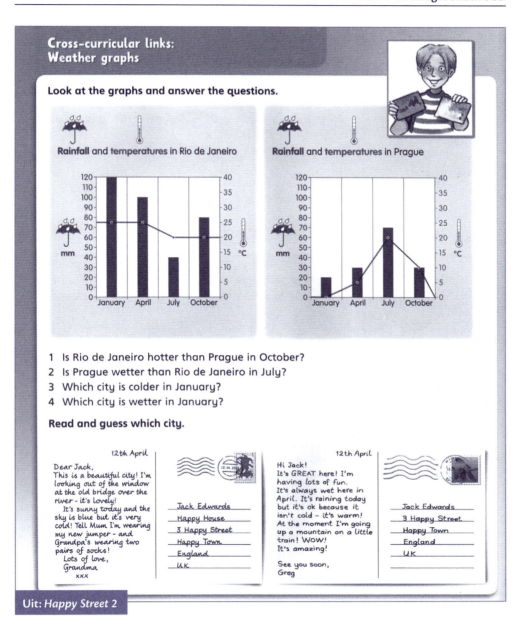

Uit: *Happy Street 2*

Luisterteksten in de inputfase

Ook luisterteksten kunnen vanzelfsprekend inhoudelijke informatie geven over SCD. Voorbeelden zijn: nieuwsfragmenten, weerberichten, sportuitslagen en dergelijke, met andere woorden onderwerpen die iets over het land en de mensen vertellen en niet alleen iets over toeristische attracties (zie bladzijde 325). Dat heeft bovendien het voordeel dat er vaker een samenhang te zien is met andere vakken.

17.5 Niet-themagebonden SCD

Naast onderwerpen die logisch voortvloeien uit de thema's, zijn er ook voor kinderen interessante onderwerpen die niet direct in een bepaald thema passen, maar gebonden zijn aan een bepaalde tijd van het jaar, bijvoorbeeld typische Engelse en Amerikaanse feestdagen, zoals Christmas, New Year, St. Valentine's Day, Halloween en Guy Fawkes' Day.

> **Webquest**
> Zoek de historische achtergrond op van:
> - St. Valentine's Day
> - Guy Fawkes' Day

Om de aandacht op deze dagen te vestigen, kan de leerkracht een kalender maken waarop deze typisch Angelsaksische feesten worden genoteerd.

Calendar

August	Eisteddfod
September	Harvest Home, Conkers
October	Punkie Night, Halloween
November	Mischief Night, Guy Fawkes' Day, St. Andrew's Day
December	Saint Nicholas, Christmas, New Year's Eve
January	First Footing, Wassailing, Up-Helly-Aa
February	Candlemas Day, St. Valentine's Day, Shrovetide
March	Marbles, Skipping, St. Patrick's Day, Oranges and Lemons Service
April	April Fool's Day, Good Friday, Easter; St. George's Day
May	May Day, Furry Dance
June	Trooping the Colour, Midsummer's Eve

Zeker als je lesgeeft of stage loopt op een school met veel buitenlandse kinderen, is het nog educatiever om een grote poster te maken met internationale feestdagen en religieuze gebruiken, zoals Indian New Year (Divali), Ramadan, Thanksgiving Day en Yom Kippur. De leerkracht kan de posterkalender ook gebruiken om aan deze internationale feestdagen een les (of lessenserie) te wijden. Laat buitenlandse kinderen zelf nog meer feestdagen aandragen en over hun feestdagen vertellen.

> **Opdracht 1**
> Kies een feestdag uit de kalender die valt in de maand van je stageopdracht. Zoek zo veel mogelijk informatie over het onderwerp en geef er een SCD-les over met behulp van aanschouwelijk (digitaal) materiaal, zoals een PowerPointpresentatie, en concreet verwerkingsmateriaal. Kijk of er parallellen zijn met Nederlandse feestdagen of feestdagen uit andere culturen en bespreek de eventuele verschillen.

SCD leent zich ook uitstekend voor vakoverschrijdende activiteiten, CLIL-projecten en *webquests*. Er zijn verbanden met:
- muziek: traditionele Engelstalige liedjes;
- geschiedenis: 'Guy Fawkes', 'London's burning';
- geografie: Londen, Brits openbaar vervoer en verkeer, het weer, bijvoorbeeld aan de hand van een authentieke weerkaart uit een Britse krant of een van de BBC opgenomen uitzending van het weerbericht (na het nieuws), met ondertiteling in het Engels (Teletekst 888);
- handenarbeid: kerst- en valentijnskaarten maken, enzovoort.

SCD komt ook in aanmerking als onderwerp bij spreekbeurten of werkstukken gevolgd door een presentatie. Op bladzijde 327 zie je een voorbeeld van een 'miniproject'.

17.6 Verwerking van de verkregen informatie

Als SCD in de vorm van een lees- of luistertekst wordt aangeboden, dient altijd een verwerking te volgen in de vorm van vragen of opdrachten. Alle lespakketten bieden verwerkingsopdrachten aan.

Verschillen in leerstijl (multiple intelligences)
De verkregen informatie kan ook op andere, meer concrete manieren verwerkt worden. Het voordeel hiervan is dat de verworven kennis dan beter wordt onthouden en de leerlingen actief bij het onderwerp worden betrokken. Bovendien houd je op die manier rekening met leerlingen die een minder cognitieve intelligentie hebben en liever met hun handen werken of anderszins graag concreet bezig zijn (de 'doeners'). Hier volgen enkele voorbeelden:
- Liedjes waar een kringspel bij hoort, zoals 'Pop Goes the Weasel', 'Oranges and Lemons' en 'The Muffin Man' daadwerkelijk uitvoeren. Dit soort activiteiten is ook geschikt voor vvto.
- Samen eten klaarmaken, zoals *hot cross buns* (zie bladzijde 286).
- Zelf kerst- of valentijnskaarten maken.

17 ▪ De sociaal-culturele dimensie van taalverwerving

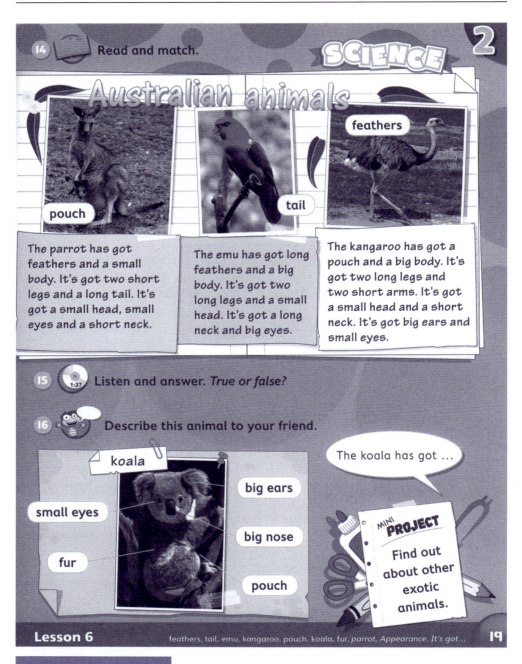

Uit: *Our Discovery Island 2*

Aanschouwelijk materiaal
Voorzie de onderwerpen ook van aanschouwelijk materiaal. De meeste lespakketten leveren al beeldmateriaal in de vorm van foto's en tekeningen, maar vooral concrete, authentieke voorwerpen werken motiverend: folders, wikkels, kaartjes, tijdschriften, echt geld, enzovoort. Laat vooral de kinderen zelf authentiek materiaal meenemen.

Ook collages, gemaakt in de introductiefase, kunnen dienen als illustratiemateriaal bij SCD-lessen. Een bezoek aan de website van de beroemde Britse warenhuizen Marks & Spencer (www.marksandspencer.com) en Harrods (www.harrods.com) biedt veel aanknopingspunten voor SCD, niet alleen vanwege de typisch Britse artikelen die daar te koop zijn, maar ook als voorbereiding of verwerking van een les over warenhuizen in het kader van het thema 'boodschappen doen'.

> **Opdracht 2**
> Reageer op de volgende uitspraak van een basisschoolleerkracht:
>
> 'In deze methode staan heel leuke teksten over Engeland en zo. Op school laat ik de kinderen daar stukjes uit voorlezen en als huiswerk laat ik ze de tekst vertalen. Dat is ook goed voor hun Nederlands.'

17.7 De voertaal bij SCD-lessen

Hoewel in de lespakketten SCD dikwijls aangeboden wordt in de vorm van Engelse teksten, kan een gesprek met de leerlingen over de verschillen in cultuur tussen de Engelstalige wereld, Nederland en andere culturen vanzelfsprekend niet in het Engels plaatsvinden, tenzij de leerlingen al vanaf groep 1 Engels hebben gehad. Hetzelfde geldt voor spreekbeurten, werkstukken en presentaties over een SCD-onderwerp. Ook die kunnen beter in het Nederlands gehouden of geschreven worden, omdat de leerlingen de taalmiddelen missen om zich adequaat in het Engels uit te drukken, behalve (zie boven) als zij al vertrouwd zijn met Engels en zich gemakkelijk in die taal kunnen uitdrukken.

17.8 Achtergrondinformatie over sociaal-culturele onderwerpen

Allereerst is natuurlijk veel informatie over SCD-onderwerpen te vinden op internet. Ook de openbare bibliotheek biedt vele mogelijkheden: behalve boeken en diaseries worden er geluidsmateriaal en cd-roms uitgeleend. Daarnaast is veel bruikbaar materiaal te vinden in de mediatheken van de diverse opleidingen, zeker als deze deel uitmaken van een educatieve faculteit.

> **Opdracht 3**
> Geef een les over een SCD-onderwerp. Het onderwerp kan zowel themagebonden als niet-themagebonden zijn. Gebruik aanschouwelijk materiaal en concreet verwerkingsmateriaal. Deze opdracht is te combineren met opdracht 1 uit hoofdstuk 15, als er sprake is van een traditioneel liedje.

17.9 Internationalisering

Het aanbieden van realistische communicatieve situaties met anderstaligen vormt een belangrijk middel voor taalverwerving. Hierdoor wordt het blikveld van de leerlingen verruimd en de tolerantie ten aanzien van andere culturen vergroot.

17.9.1 Internationalisering op de basisschool

Leerlingen
Aan het eind van 17.3 was al te zien dat Fiona uit Groot-Brittannië, Lena uit Australië en Mark uit de Verenigde Staten e-mails schreven aan kinderen uit andere Engelssprekende landen. Op bladzijden 334-335 zie je de e-mails die ze terugkregen.

Nederlandse basisschoolleerlingen hebben die mogelijkheid ook in het kader van internationalisering via eTwinning. eTwinning – een onderdeel van Comenius – is een virtuele internetgemeenschap (*online community*) voor scholen in meer dan dertig Europese landen. Via www.etwinning.net vinden de scholen elkaar, werken de leerlingen samen en wisselen ze informatie uit. Dat kan op heel veel manieren:
- foto's sturen van jezelf, je familie en je woonomgeving;
- typisch nationale feestdagen, gerechten en gewoontes uitwisselen;
- foto's, filmpjes of tekeningen maken van je school;
- vertellen welke vakken je op jouw school krijgt;
- chatten;
- een film maken van een Engelse eindmusical in groep 8 (zie 13.6.3);
- een uitwisselingsproject samen met de partnerschool voorbereiden en uitvoeren;
- Engelse liedjes, of juist bekende nationale liedjes uitwisselen;
- samen aan een project werken.

De partnerschool hoeft beslist niet in een Engelssprekend land te liggen. Integendeel, bij uitwisselingsprogramma's leren kinderen juist de functie van Engels als lingua franca kennen. Op die manier merken de leerlingen dat ze via het Engels kunnen communiceren met kinderen uit Portugal of Polen of IJsland. De kennismaking met een werkelijk andere cultuur in een land dat ze nauwelijks kennen, maakt de ervaring des te interessanter en leerzamer.

Via school contacten leggen met buitenlandse kinderen hoeft niet altijd in de vorm van e-mailprojecten plaats te vinden. Ook sociale media als Facebook, YouTube, Twitter en dergelijke lenen zich daartoe. Skype is vooral geschikt, omdat gesprekken dan visueel ondersteund worden.

Leerkrachten en de school in het algemeen dienen wel altijd de contacten te controleren. Internet kan, zoals we weten, een gevaarlijk medium zijn, speciaal voor kinderen in die leeftijdsgroep.

Leerkrachten
Ook leerkrachten kunnen op deze manier lesmateriaal, didactische methoden of ervaringen uitwisselen en nieuwe lesideeën opdoen. Ze kunnen zelfs studiebezoeken afleggen bij scholen in het buitenland.

Basisscholen kunnen voor internationalisering financiële steun krijgen van BIOS, een subsidieprogramma van het ministerie van Onderwijs ter bevordering van internationale oriëntatie en samenwerking in het onderwijs. Informatie is te vinden op www.europeesplatform.nl/bios.

Studenten
We wezen al eerder op de mogelijkheid van een 'minor vvto' (zie 11.6) en een stage in een Engelstalig land (zie 11.6.1).

Een minor vvto voor pabostudenten moet voldoen aan bepaalde inhoudelijke en kwantitatieve voorwaarden. Minimaal 70 procent van de minor moet gewijd zijn aan:
- eigen taalvaardigheid Engels: B2-niveau op alle vaardigheden, behalve schrijven (B1);
- didactiek en methodiek: kennis van taalverwervingstrategieën, leerstrategieën voor vvto, didactiek voor onder-, midden- en bovenbouw, werkvormen, CLIL, TPR, taalverwervingmethoden, lespakketten en materiaal, doeltaal = voertaal;
- stage: bij het geven van vvto-lessen volgens de criteria verwoord in *Standaard vroeg vreemdetalenonderwijs Engels* (Platform vvto Nederland, 2011b) is het verplicht minimaal 60 uur te besteden aan vvto-gerelateerde activiteiten in een basisschool;
- onderzoek: studenten moeten kennis hebben van bestaand onderzoek vanaf 2000, tijdens de minor moet onderzoek plaatsvinden ten behoeve van de directe beroepspraktijk van vvto.

Maximaal 30 procent van de minor moet besteed worden aan combinaties met aan vvto gekoppelde onderwerpen, zoals:
- communicatie (cultuur, meertaligheid);
- tto (tweetalig onderwijs) in het voortgezet onderwijs en doorlopende leerlijnen;
- kennis van taalontwikkeling;
- internationalisering.

Let's have a party

12 Read. Tick *true* or *false*.

T   F

1 Deborah celebrates Christmas on the beach.

2 Children in Great Britain hang up Christmas stockings on Christmas Eve.

3 Sandy always celebrates Mother's Day and Father's Day.

4 Sandy's birthday is in August.

5 At Halloween children in Great Britain dress up as witches and ghosts.

6 Children in Great Britain don't play the game 'trick or treat'.

7 Tim doesn't celebrate Thanksgiving.

8 In Great Britain a lot of people celebrate Valentine's Day.

9 On Valentine's Day Tim always gives flowers and cards to his special friends.

Dear Fiona,
I'm Sandy. I live in San Francisco.
We celebrate Mothers' Day too.
We don't celebrate Fathers' Day.
My dad lives in Los Angeles, but I write to him all the time by email.

My favourite day is my birthday. It's on June 29th. I always celebrate it with my friends in our garden. I love birthdays!

Best wishes,
Sandy

17.9 ■ Internationalisering

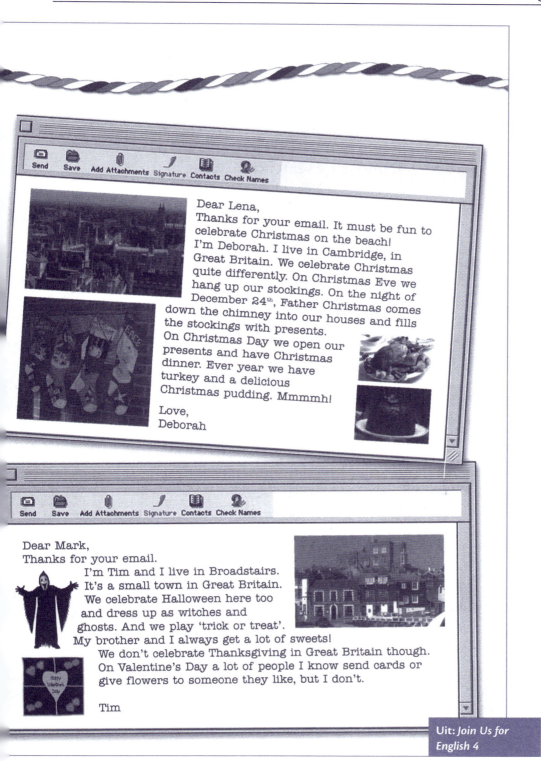

Dear Lena,
Thanks for your email. It must be fun to celebrate Christmas on the beach! I'm Deborah. I live in Cambridge, in Great Britain. We celebrate Christmas quite differently. On Christmas Eve we hang up our stockings. On the night of December 24th, Father Christmas comes down the chimney into our houses and fills the stockings with presents.
On Christmas Day we open our presents and have Christmas dinner. Ever year we have turkey and a delicious Christmas pudding. Mmmmh!

Love,
Deborah

Dear Mark,
Thanks for your email.
I'm Tim and I live in Broadstairs. It's a small town in Great Britain. We celebrate Halloween here too and dress up as witches and ghosts. And we play 'trick or treat'. My brother and I always get a lot of sweets!
We don't celebrate Thanksgiving in Great Britain though. On Valentine's Day a lot of people I know send cards or give flowers to someone they like, but I don't.

Tim

Uit: *Join Us for English 4*

Stages in het buitenland worden, zoals bekend, gesubsidieerd door Comenius via het Europees Platform, Haarlem.

Lespakketanalyse

18

 De student kan de opbouw van veelgebruikte lesmethoden in grote lijnen beschrijven.

18.1 Inleiding

In dit hoofdstuk komen alle onderwerpen die in dit boek aan de orde zijn geweest terug in de vorm van de analyse van een lespakket voor Engels in het basisonderwijs. Aan de hand van de verworven didactische kennis kan de (toekomstige) leerkracht een lespakket voor Engels kritisch beoordelen.

Bij de aanschaf van een nieuw lespakket wordt dikwijls uitgegaan van een algemene eerste indruk, van wat de auteurs beloven en van de prijs. Bij een nadere analyse van het pakket blijken er vaak toch allerlei punten van kritiek te zijn. Uiteraard is geen lespakket volmaakt, maar door het uitwisselen van bevindingen kan een meer gefundeerde keuze worden gemaakt. Door middel van een analyse van een lespakket dat al aangeschaft is, kan het schoolteam eventuele hiaten en knelpunten in het pakket opsporen en vervolgens aanvullen en/of vervangen door leerkracht- of leerlingactiviteiten die (meer) beantwoorden aan het vakconcept.

In beide gevallen is het nuttig uit te gaan van een overzichtelijke criteriumlijst. Door een les uit het pakket voor te bereiden alsof men de betreffende les gaat geven, zullen eventuele plus- en minpunten snel duidelijk worden. Bij de samenstelling van de criteriumlijst in 18.2 is gebruikgemaakt van soortgelijke lijsten in 'Leidraad voor het beoordelen van een leergang moderne vreemde talen' (Mondria & De Vries, 1987) en *Basisdidactiek voor het onderwijs in de moderne vreemde talen* (Van der Voort & Mol, 1989).

18.2 Criteriumlijst voor analyse van een lespakket voor Engels in het basisonderwijs

A Beschrijving van het lespakket

1 titel: _____
  auteur(s): _____
  uitgever: _____
  land van herkomst: _____
  jaar van verschijning: _____
  druk: _____

2 Uit welke onderdelen bestaat het lespakket?

Onderdelen	Prijs
☐ docentenhandleiding	_____
☐ leerlingenboek	_____
☐ werkboek	_____
☐ cd's (aantal: ____)	_____
☐ toetsen	_____
☐ differentiatiemateriaal	_____
☐ beeldmateriaal: dvd's (aantal: ____)	_____
☐ posters	_____
☐ flashcards	_____
☐ kopieermateriaal	_____
☐ taalspelletjes	_____
☐ cd's met liedjes	_____
☐ leesboekjes (aantal: ____)	_____
☐ software	_____

B Handleiding voor de docent

1 Is de handleiding duurzaam uitgevoerd? ja/nee
2 Is de handleiding duidelijk in het gebruik? ja/nee
3 Is de handleiding handig in het gebruik? ja/nee
  - losbladig ja/nee
4 Bevat de handleiding:
  - duidelijke lesplannen ja/nee
  - alleen korte toelichtingen ja/nee
  - leerstofoverzicht ja/nee
    • per cursusjaar ja/nee
    • per unit/hoofdstuk ja/nee
    • per les ja/nee

5 Bevat de handleiding aanwijzingen over te verwachten
moeilijkheden wat betreft:
- uitspraak — ja/nee
- structuren — ja/nee
- anderszins — ja/nee

6 Besteedt de handleiding aandacht aan specifieke problemen
van meertalige leerlingen? — ja/nee

7 Bevat de handleiding:
- *classroom phrases* — ja/nee
  - per cursusjaar — ja/nee
  - per unit/hoofdstuk — ja/nee
  - per les — ja/nee
  - per lesonderdeel — ja/nee
- woordenlijsten — ja/nee
  - alfabetisch — ja/nee
  - thematisch — ja/nee
  - kernwoorden bij CLIL-activiteiten — ja/nee
- uitspraakregels — ja/nee
- een overzicht van fonetische tekens — ja/nee
- grammaticaregels (expliciet) — ja/nee
  - incidenteel — ja/nee
  - regelmatig — ja/nee
- extra ideeën voor activiteiten — ja/nee
- liedteksten met bladmuziek — ja/nee
- een correctiesleutel van opgaven en toetsen — ja/nee
- een audioscript — ja/nee
  - op de betreffende plaats — ja/nee
  - apart afgedrukt — ja/nee
  - gemakkelijk te vinden — ja/nee

C Leerlingenboek en werkboek

1 Past de aangeboden leerstof bij het ontwikkelingsniveau
van de doelgroep? — ja/nee

2 Biedt het pakket thema's die voor de doelgroep relevant zijn? — ja/nee

3 Is het leerlingenboek aantrekkelijk uitgevoerd? — ja/nee

4 Zijn de illustraties:
- in kleur — ja/nee
- duidelijk — ja/nee
- van goede fotografische kwaliteit — ja/nee
- recent — ja/nee
- afwisselend — ja/nee
- functioneel: dragen ze bij tot taalverwerving — ja/nee
- interessant voor de doelgroep — ja/nee

5   Is de lay-out overzichtelijk? ja/nee
    - verhouding tussen tekst en illustraties   goed/redelijk/slecht
      - te veel illustraties   ja/nee
      - te veel tekst   ja/nee
6   Worden (deel)vaardigheden aangegeven door middel van titels, symbolen en dergelijke?   ja/nee
    Welke symbolen worden gebruikt?

    _____

    _____

7   Is de lettergrootte functioneel?   ja/nee
8   Is het werkboek:
    - overzichtelijk   ja/nee
    - aantrekkelijk   ja/nee
    - geschikt om zelfstandig mee te werken   ja/nee

D Geluidsmateriaal

1   Hoe is de geluidskwaliteit van het geluidsmateriaal?
                                                        goed/redelijk/slecht
2   Zijn de teksten gemakkelijk te vinden?   ja/nee
3   Zijn de teksten ingesproken door native speakers?   ja/nee
4   Is bij de luisterteksten sprake van natuurlijke spreektaal?   ja/nee
5   Hoe is het spreektempo?
    ☐ normaal
    ☐ soms te langzaam
    ☐ vaak te langzaam
    ☐ soms te vlug
    ☐ vaak te vlug
6   Worden de teksten duidelijk gesproken?   ja/nee
7   Is er voldoende variatie in stemmen?   ja/nee
8   Is er voldoende afwisseling in uitspraakvarianten?   ja/nee
9   Is er voldoende variatie in tekstsoorten?   ja/nee
10 Zijn de pauzes lang genoeg om naspreekoefeningen uit te voeren?   ja/nee

E Doelstellingen

1   Wat zijn de doelstellingen van het lespakket volgens de auteurs?

    _____

    _____

2   Hoe zijn deze geformuleerd?
    ☐ duidelijk
    ☐ uitgebreid
    ☐ summier

3 Zijn er alleen globale procesdoelen of ook productdoelen aangegeven?
   - procesdoelen ja/nee
   - productdoelen ja/nee
     - per unit ja/nee
     - per les ja/nee
     - per lesonderdeel ja/nee
     - in de handleiding ja/nee
     - in het leerlingenboek ja/nee
4 Vergelijk de doelstellingen met de meest recente officiële kerndoelen.
   - Gaan de auteurs uit van de kerndoelen? ja/nee
   - Welke van de kerndoelen wordt het belangrijkst gevonden?
   _____
   _____
   - Welke ontbreken?
   _____
   _____
5 Komen alle thema's genoemd in de kerndoelen aan de orde? ja/nee
   - Welke ontbreken?
   _____
   _____
   - Welke zijn extra?
   _____
   _____

F Leerstofopbouw

1 Op welke methode is volgens de auteurs het lespakket gebaseerd?
   - ☐ communicatieve methode
   - ☐ structurele methode
   - ☐ receptieve methode
   - ☐ eclectische methode (van alles wat)
2 Hoe is de leerstof opgebouwd?
   - ☐ volgens thema's waarin taalfuncties en -noties centraal staan in taalgebruikssituaties
   - ☐ volgens grammaticale structuren en vocabulaire
   - ☐ volgens een combinatie van deze twee
   - ☐ anderszins
3 Onder welke methode kan dit lespakket gerangschikt worden op grond van de gegevens uit de vorige vraag?
   - ☐ functioneel-notionele methode
   - ☐ receptieve methode
   - ☐ audiolinguale methode
   - ☐ grammatica-vertaalmethode
   - ☐ eclectische methode

4 Uit hoeveel hoofdstukken/units bestaat het leerlingenboek?
_____

5 Geven de auteurs aan hoe lang (gemiddeld) over een
hoofdstuk/unit wordt gedaan? ja/nee

6 Wat geven de auteurs aan als te besteden tijd per week en totale lestijd?
- per week: _____ minuten
- totale lestijd: _____ uur
- Is dat voldoende volgens de richtlijnen voor Engels in
  het basisonderwijs? ja/nee

7 Is er voldoende stof voor één leerjaar (42 weken)?
☐ ja
☐ nee
☐ te veel
☐ twijfelachtig

8 In welk tempo wordt de leerstof aangeboden?
☐ veel nieuwe stof per les
☐ weinig nieuwe stof per les
☐ voldoende nieuwe stof per les

9 Bevat het lespakket genoeg herhaling zonder daardoor
saai te worden? ja/nee

G De vier fasen

1 Is de opbouw van een hoofdstuk/unit in te delen volgens het
vierfasenmodel? ja/nee

2 Hoe verloopt een les of unit als deze niet in vier fasen kan
worden ingedeeld?
_____
_____

3 Is er altijd een vaste volgorde van activiteiten? ja/nee

4 *Introductiefase*
- Maakt het lespakket gebruik van voorkennis?
  ☐ altijd
  ☐ regelmatig
  ☐ soms
  ☐ nooit
- Gaat het pakket uit van eigen ervaringen van leerlingen?
  ☐ altijd
  ☐ regelmatig
  ☐ soms
  ☐ nooit
- Is er afwisseling in werkvormen (tweetallen, groepjes,
  klassengesprek)? ja/nee

18.2 ▪ Criteriumlijst voor analyse van een lespakket voor Engels in het basisonderwijs

5 *Inputfase*
- Wordt in de luisterteksten natuurlijke spreektaal aangeboden? ja/nee
- Geeft het pakket richtvragen vooraf? ja/nee
- Gebruikt het pakket de juiste verwerkingsvormen? ja/nee

6 *Oefenfase*
- Hoeveel oefenstof is er gemiddeld per les?
  - leerlingenboek gemiddeld: _____ oefeningen
  - werkboek gemiddeld: _____ oefeningen
- Is er voldoende variatie in oefenstof? ja/nee
  - naspreekoefeningen ja/nee
  - uitspraakoefeningen ja/nee
  - drills ja/nee
  - invuloefeningen ja/nee
  - *matching exercises* ja/nee
  - andere, namelijk: _____
- Biedt het pakket in elke oefenfase de mogelijkheid tot:
  - gesloten taalproductie ja/nee
  - *information gap*-oefeningen ja/nee
  - gesloten spelvormen ja/nee
  - gesloten rollenspelen ja/nee
  - tekstinstructiekaarten ja/nee

7 *Overdrachtsfase*
- Bevat het pakket aan het eind van elk thema de mogelijkheid tot open taalproductie? ja/nee
- Is er variatie in overdrachtsactiviteiten? ja/nee
  - rollenspelen met situatiebeschrijving ja/nee
  - enquêtes of interviews ja/nee
  - open spelvormen ja/nee
  - andere soorten, namelijk: _____

H Differentiatie

1 Biedt het pakket volgens de auteurs mogelijkheden tot differentiatie? ja/nee
2 Welke vormen van differentiatie komen aan bod?
- tempo ja/nee
- interesse ja/nee
- leerstijl ja/nee
- beheersingsniveau ja/nee
- basisstof ja/nee
- herhalingsstof ja/nee
- verrijkingsstof ja/nee

3   Bevat de handleiding concrete aanwijzingen voor
    differentiatie? ja/nee
4   Bieden het leerlingenboek en het werkboek mogelijkheden
    voor differentiatie? ja/nee
5   Zijn er met het oog op de zelfwerkzaamheid van de leerlingen
    correctiesleutels beschikbaar? ja/nee

I Toetsen

1   Bevat het pakket toetsen? ja/nee
2   Is de functie van de toetsen:
    - diagnostisch ja/nee
    - voortgangcontrolerend (summatief) ja/nee
    - afsluitend (formatief) ja/nee
3   Wat wordt er getoetst?
    - vocabulaire ja/nee
    - grammatica ja/nee
    - uitspraak ja/nee
    - spelling ja/nee
    - communicatieve vaardigheden ja/nee
    - luistervaardigheid ja/nee
    - leesvaardigheid ja/nee
    - schrijfvaardigheid (zie 2.3) ja/nee
    - SCD ja/nee
4   Hoe vaak wordt er getoetst?
    - na elk(e) hoofdstuk/unit ja/nee
    - na enkele hoofdstukken/units, namelijk: _____
    - anders, namelijk: _____

J Taalspelletjes en liedjes

1   Welke functie hebben taalspelletjes in het pakket?
    - iets extra's ja/nee
    - geïntegreerde leeractiviteit binnen het thema ja/nee
    - vocabulaire ja/nee
    - structuur/grammatica ja/nee
    - luistervaardigheid ja/nee
    - spreekvaardigheid ja/nee
    - andere functie, namelijk: _____
2   In welke fase(n) komen ze voor?
    - in de introductiefase, bijvoorbeeld: _____
    - in de inputfase, bijvoorbeeld: _____
    - in de oefenfase, bijvoorbeeld: _____
    - in de overdrachtsfase, bijvoorbeeld: _____

18.2 ▪ Criteriumlijst voor analyse van een lespakket voor Engels in het basisonderwijs

3 Is er variatie in soorten taalspelletjes? ja/nee
  - raadspelletjes ja/nee
  - gezelschapsspelletjes ja/nee
  - woordspelletjes ja/nee
  - TPR ja/nee
4 Op welke manier zijn liedjes in het pakket opgenomen?
  - digitaal ja/nee
  - cd (zonder beeldmateriaal) ja/nee
  - dvd (met beeldmateriaal) ja/nee
  - tekst ja/nee
  - bladmuziek ja/nee
5 Welke functie hebben liedjes in het pakket?
  - iets extra's ja/nee
  - geïntegreerde leeractiviteit binnen het thema ja/nee
    • vocabulaire ja/nee
    • structuren ja/nee
    • luistervaardigheid ja/nee
    • andere functie, namelijk: _____
6 In welke fase(n) komen ze voor? _____
  Voorbeelden:
  _____
  _____

7 Is er variatie in soorten liedjes? ja/nee
  - popsongs ja/nee
  - traditionele liedjes ja/nee
  - leerliedjes speciaal voor het pakket geschreven ja/nee
8 Sluiten de liedjes aan bij:
  - de belevingswereld van de leerlingen ja/nee
  - het niveau van de leerlingen ja/nee

K Leesvaardigheid

1 Bevat het pakket authentieke teksten voor intensieve leesvaardigheid? ja/nee
2 Beantwoorden deze teksten aan het meest recente kerndoel voor intensieve leesvaardigheid?
  - informatief ja/nee
  - eenvoudig niveau ja/nee
3 Geeft het pakket richtvragen vooraf? ja/nee
4 Gebruikt het pakket de juiste verwerkingsvormen? ja/nee
5 Worden zij binnen het kader van het thema aangeboden? ja/nee
6 In welke fase(n) komen zij aan bod? _____
7 Zijn zij interessant voor de doelgroep? ja/nee
8 Bevat het pakket voor deze doelgroep geschreven of herschreven verhalende teksten? ja/nee

18 ▪ Lespakketanalyse

9 Bevat het leesmateriaal bijbehorend geluidsmateriaal?   ja/nee
10 Bevat de handleiding aanwijzingen voor extensief lezen?   ja/nee

L   Sociaal-culturele dimensie

1 In welke mate wordt er in het pakket aandacht besteed aan SCD?
   ☐ nooit
   ☐ af en toe
   ☐ vaak
2 Wordt SCD in het kader van een thema aangeboden?   ja/nee
3 In welke vorm wordt SCD aangeboden?
   - illustraties   ja/nee
   - luister- of leesteksten in de inputfase   ja/nee
   - extra leesteksten   ja/nee
   - liedjes   ja/nee
   - anders, namelijk: _____
4 Wordt de informatie op een of andere wijze verwerkt?   ja/nee
5 Wordt er authentiek materiaal bij gebruikt?   ja/nee
6 Wordt SCD gepresenteerd in:
   - het Nederlands   ja/nee
   - het Engels   ja/nee
7 Zijn de onderwerpen die worden aangeboden:
   - representatief voor de cultuur van het land   ja/nee
   - stereotiep/clichématig   ja/nee
8 Is de aandacht gericht op:
   - Groot-Brittannië   ja/nee
   - ook andere Engelssprekende landen   ja/nee
   - elk willekeurig land waar Engels lingua franca is   ja/nee
9 In welke mate bevat de handleiding achtergronden en ideeën over SCD?
   ☐ geen
   ☐ minimaal
   ☐ voldoende
   ☐ uitgebreid

M   ICT

1 Is het lespakket geheel digitaal?   ja/nee
   - Zo ja, kunnen leerlingen ook thuis inloggen?   ja/nee
2 Bevat het digitale lespakket onderdelen die gedownload kunnen worden?   ja/nee
   - Welke onderdelen zijn dat?
     • handleiding   ja/nee
     • werkbladen   ja/nee
     • praatplaten   ja/nee

18.2 ■ Criteriumlijst voor analyse van een lespakket voor Engels in het basisonderwijs

- spelmateriaal — ja/nee
- toetsen — ja/nee
- anders, namelijk: _____

3. In hoeverre vervangt het digitale materiaal de leerkracht?
   - ☐ geheel
   - ☐ gedeeltelijk
   - ☐ niet
4. Bevat het niet-digitale lespakket een digitale component? ja/nee
5. Wat biedt het softwarepakket?
   - remediërende opdrachten — ja/nee
   - verrijkingsstof — ja/nee
   - toetsen — ja/nee
   - (beeld)woordenboek — ja/nee
   - andere mogelijkheden, namelijk: _____
6. Wordt er in het lespakket verwezen naar de software?
   - in het leerlingenboek — ja/nee
   - in het werkboek — ja/nee
   - in de docentenhandleiding — ja/nee
7. Heeft het lespakket een eigen website? ja/nee
8. Welke functie heeft de website met betrekking tot het lespakket?
   - extra oefeningen — ja/nee
   - liedjes — ja/nee
   - (beeld)woordenboek — ja/nee
   - toetsen — ja/nee
   - andere mogelijkheden, namelijk: _____
9. Kunnen de leerlingen zelfstandig met de website werken? ja/nee

N Eindoordeel

Opdracht 1*

1 *Schriftelijke analyse*
Analyseer met een aantal medestudenten een lespakket voor Engels in het basisonderwijs aan de hand van bovenstaande criteria en schrijf een verslag. Als om voorbeelden wordt gevraagd, vermeld dan de unit en bladzijde(n).

- Maak bij het eindoordeel ook een lijst van positieve en negatieve punten en vermeld wat je bijzonder goed of ergerlijk vond.
- Sluit bij de analyse een kopie bij van:
  a de doelstellingen;
  b een overzicht van de leerstof (indien aanwezig);
  c een overzicht van de differentiatiemogelijkheden (indien aanwezig);
  d een les uit het lespakket, dat wil zeggen:
  - de betreffende bladzijden uit het leerlingenboek;
  - de bijbehorende bladzijden uit het werkboek;
  - de bijbehorende bladzijden uit de handleiding.

2 *Mondelinge presentatie*
- Presenteer de analyse groepsgewijs aan je medestudenten.
- Geef tijdens de presentatie een voorbeeldles die representatief is voor het lespakket. Volg daarbij de aanwijzingen in de handleiding. Geef aan hoe je eventuele knelpunten in deze les zou oplossen.

Opdracht 2

- Werk met vijf groepen. Vier groepen analyseren aan de hand van de criteria hierboven elk een van de volgende lespakketten: *Hello World*, *Real English, let's do it*, *The Team*, *Backpack Gold*, *Our Discovery Island*, *Take it easy*, *My name is Tom* en *Cool! English at school*. De vijfde groep analyseert een veelgebruikt lespakket voor de basisvorming.
- Vergelijk daarna de vijf lespakketten met elkaar, bekijk in hoeverre sprake is van een redelijke aansluiting met het voortgezet onderwijs en kom tot een eindoordeel over de kwaliteit en bruikbaarheid van de nieuwe (of vernieuwde) lespakketten.

Bibliografie

Appel, R. & A. Vermeer (1996) *Tweede-taalverwerving en tweede-taalonderwijs*. Bussum: Coutinho.

ARBO (1989) *Zorgvuldig en geleidelijk. Over de vaststelling van eindtermen voor het basisonderwijs*. Zeist: Adviesraad voor het basisonderwijs, het speciaal onderwijs en de opleidingen.

ARO (1994) *Ruimte voor leren*. Utrecht: Adviesraad voor het onderwijs.

Asher, J.J. (1982) The Total Physical Response Approach. In R.W. Blair (red.) *Innovative Approaches to Language Teaching*. Rowley, MA: Newbury House.

Barneveld, F. van & B. van der Sanden (1987) Engels in het basisonderwijs: een leerlinggericht begin! *Levende Talen*, 421, 339-344.

Barneveld, F. van, P. Sleeboom & L. van Rietschote (1989) *Engels in de pabo. Didactiek Engels voor het basisonderwijs*. Gorinchem: De Ruiter.

Ben Zeev, S. (1977) The influence of bilingualism on cognitive strategy and cognitive development. *Child Development*, 1009-1018.

Bimmel, P. & A. Bimmel-Esteban (1990) Vreemde-talenonderwijs. In J. van Hoeij et al. (red.) *Intercultureel onderwijs per vak bekeken*. 's-Hertogenbosch: LPC/SLO.

Blair, R.W. (red.) (1982) *Innovative Approaches to Language Teaching*. Rowley, MA: Newbury House.

Bodde, M. et al. (1998) *Primary English*. Enschede: SLO.

Bodde, M. (2005) A case for primary English. *Levende Talen*, 1, 5-7.

Bodde-Alderlieste, M. (2005) *Van doodlopende naar doorlopende lijnen voor Engels*. Utrecht: Vedocep.

Boer, M. de (2003) *English ... a matter of concern. Onderzoek naar de positie van Engels binnen de pabo*. Utrecht: Vedocep.

Boon, E. den et al. (2010) *Kennisbasis Engelse taal op de pabo.*

BOOR (2011) *Schoolkeuzekrant*. Rotterdam: EarlyBird.

Bot, K. de & K. Philipsen (2007) Early English: waarom zo? In *Early English: a good start!* Den Haag: Europees Platform.

Bot, K. de et al. (2011) *Onderzoek in het kader van FLiPP*. Rijksuniversiteit Groningen/Universiteit Utrecht.

Bouman, L. (1984) Who's afraid of 'readers'? *Levende Talen*, 393, 343-347; *Levende Talen*, 394, 427-431.

Brinkhuis, M. (2007) Fast forward, onderwijs voor de digitale generatie. In *Early English: a good start!* Den Haag: Europees Platform.

Brown, R. (1973) *A First Language. The Early Stages*. Londen: G. Allen & Unwin.

Carpay, J.A.M. et al. (1990) Van blauwdruk naar werkelijkheid. Engels in het basisonderwijs (deel 1 en 2). *Vernieuwing. Tijdschrift voor Onderwijs en Opvoeding*, september: 14-17; oktober: 23-25.

Carpay, J.A.M. (1993) Vijfentwintig jaar Engels in het basisonderwijs. Terugblik en analyse. In P. Edelenbos & C.J. Koster. *Engels in het basisonderwijs*. Bussum: Coutinho.

Clyne, M. et al. (1995) *Developing second language from primary school. Models and outcomes*. Canberra: National Languages and Literacy Institute of Australia Limited.

Commissie Herziening Eindtermen (1990) *Advies kerndoelen voor de basisvorming in basisonderwijs voortgezet onderwijs*. Lelystad.

Corda, A. et al. (2012) *And yet all different*. Leiden: Expertisecentrum mvt.

Coyle, D. et al. (2010) *CLIL: Content and Language Integrated Learning*. Cambridge: Cambridge University Press.

Deelder, E. & A. Maljers (2005) *Vroeg vreemdetalenonderwijs in het primair onderwijs in Nederland. Stand van zaken per februari 2005.* Den Haag: Europees Platform.

Edelenbos, P. (1987) De relatieve invloed van onderwijsleerpakketten op de leerprestaties voor Engels in het basisonderwijs. *Toegepaste Taalwetenschap in Artikelen*, 29, 48-66.

Edelenbos, P. (1992) *De aansluiting tussen Engels in het basisonderwijs en Engels in het voortgezet onderwijs* (eindrapport SVO-project 0015). Groningen: RION.

Edelenbos, P. et al. (2000) *Balans van het Engels aan het einde van de basisschool 2* (PPON-reeks nummer 17). Arnhem: Cito.

Edelenbos, P. & J.H.A.L. de Jong (red.) (2004) *Vreemdetalenonderwijs in Nederland*. Enschede: Nationaal Bureau voor MVT.

Edelenbos, P. & C.J. Koster (1990) Eibo-Eivo, van diversiteit naar uniformiteit. *Levende Talen*, 450, 170-174.

Edelenbos, P. & C.J. Koster (1993) *Engels in het basisonderwijs*. Bussum: Coutinho.

Edelenbos, P. & A. van Streun (1994) De invoering van nieuwe methoden Engels in de basisvorming. *Levende Talen*, 491, 361-362.

Edelenbos, P. & C. Suhre (1993) De aansluiting Eibo-Eivo: probleem en uitdaging. *Levende Talen*, 484, 524-528.

Ek, J. van (1976) *The Threshold Level for Modern Language Learning in Schools*. Groningen: Wolters-Noordhoff-Longman.

Ek, J. van (1980) *Waystage English*. Oxford: Pergamon.

Elsen, A. (1993) Aansluiting tussen basisonderwijs en voortgezet onderwijs. *School*, 4, 34-36.

Eijndhoven, S.J.C. van et al. (1994) *Doelbewust leren*. Amsterdam: Commissie Heroverweging Kerndoelen Basisonderwijs.

Europees Platform (2008) *Streefmodellen voor vvto Engels in het basisonderwijs*. Haarlem: Europees Platform.

Europees Platform (2012) over CLIL: vorig jaar was dat een uitgave van EP, nu kan ik het op de site nergens meer vinden. 2010 is dus NIET correct! Veranderen, s.v.p.

Fikkert, P. & A.M. Schaerlaekens (2004) Vloeiend meertalig op je zesde verjaardag, Interview in *Taalschrift. Tijdschrift voor taal en taalbeleid,* 14 oktober.

Fikkert, P. & A.M. Schaerlaekens (2005, 14 februari) Jonge kinderen leren gemakkelijker een taal, Artikel in *NRC Handelsblad*.

Gardner, H. (1999) *Intelligences reframed. Multiple Intelligences for the 21st century*. New York: Basic Books.

Gelder, L. van & J.J. Peters et al. (1971) *Didactische Analyse I*. Groningen: Wolters-Noordhoff.

Goorhuis-Brouwer, S. (2006) Lezing gehouden tijdens de conferentie 'Early English: a good start!' In K. Philipsen et al. (red.) (2007) *Early English: a good start!* Den Haag: Europees Platform.

Heesters, K. et al. (2008) *Balans van het Engels aan het einde van de basisschool 3. Uitkomsten van de derde peiling in 2006* (PPON-reeks nummer 37). Arnhem: Cito.

Hell, J. van (2011) Interview in het televisieprogramma *Breingeheim*.

Herder, A. & K. de Bot (2005) *Vroeg vreemdetalenonderwijs in international perspectief*. Groningen: Expertisecentrum taal, onderwijs en communicatie.

Inhelder, B. (1999) *The growth of logical thinking from childhood to adolescence*. Londen: Routledge.

Inspectie van het Onderwijs (1991) *Engels in de basisschool en de brugklas*. Zoetermeer: ministerie van Onderwijs.

Jansen, Th.D. (1992) *De praktijk zal het leren* (eindrapport Commissie Jansen). 's-Gravenhage: Vereniging van Hogescholen.

Johnson, K. (2001) *An introduction to foreign language learning and teaching*. Essex: Pearson Education.

Kagan, S. (1994) *Cooperative Learning*. San Clemente, CA: Kagan Publishing.

Kelly, M. & M. Feuerstake (2012) *Knights and Castles* (CLIL-project). Rotterdam: Expertisecentrum EarlyBird.

Kips, L.H.L. (2006) *Theorie in de praktijk van het NT2-onderwijs* (doctoraalscriptie). Utrecht: Universiteit Utrecht.

Klapwijk, M. & S.C. van der Ree (1988) Spreken is zilver. In L.H.L. Kips (2006) *Theorie in de praktijk van het NT2-onderwijs* (doctoraalscriptie). Utrecht: Universiteit Utrecht.

Koenen, Liesbeth (1993) De kleine wonderen van het menselijk taalvermogen. *Vrij Nederland*, 28 augustus.

Koster, C.J. et al. (1984) Eibo en de vaardigheidsknik. *Levende Talen*, 400, 233-238.

Koster, C.J. (1987) *Word recognition in foreign and native language. Effects of context and assimilation*. Dordrecht: Foris Publications.

Koster, C.J. & H. van der Weijden (1984) *Didactiek Engels voor het basisonderwijs*. Groningen: Wolters-Noordhoff.

Krashen, S.D. (1979) Theory versus Practice in Language Teaching (lezing Brigham Young University), 25 oktober.

Krashen, S.D. & T. Terrell (1983) *The Natural Approach. Language Acquisition in the Classroom*. Oxford: Pergamom/Alemany.

Kwakernaak, E. (1981) Een fasenmodel voor het vreemde-talenonderwijs, *Levende Talen*, 358, 1-35.

Lee, W.R. (1979) *Language Teaching Games and Contests*. Oxford: Oxford University Press.

Lenneberg, E.H. (1967) *Biological foundations of language*. New York: John Wiley.

Lewis, G. et al. (1999) *Games for children*. Oxford: Oxford University Press.

Littlewood, W. (1981) *Communicative Language Teaching. An Introduction*. Cambridge: Cambridge University Press.

Loonen, P. & H. Wekker (1994) Engels, een vak apart? *Levende Talen*, 491, 367-368.
McLaughlin, B. (1977) Second-language learning in children. *Psychological Bulletin*, 84(3), 438-459.
Meijerink, H. et al. (2012) *Een goede basis*. Den Haag: HBO-raad.
Meijers, G. & M. Sanders (1987) Engels als Derde Taal. *Levende Talen*, 421, 345-348.
Meijers, G. & M. Sanders (1993) Voor alle kinderen Engels? In P. Edelenbos & C.J. Koster (red.), *Engels in het basisonderwijs*. Bussum: Coutinho.
Minister van OCW (2011) Antwoord aan de Tweede Kamer op het rapport van de Onderwijsraad *Een stevige basis voor iedere leerling.*
Ministerie van OCW (1998) *Kerndoelen voor het basisonderwijs*. 's-Gravenhage: Sdu Servicecentrum Uitgeverijen.
Ministerie van OCW (2004) Brief van de minister aan de Tweede Kamer, 19 maart.
Ministerie van OCW (2004) Voorstel herziening kerndoelen. www.minocw.nl > onderwijs > primair onderwijs > kerndoelen > p. 7, 19 maart.
Mol, H. (1987) Aansluiten op Engels in het basisonderwijs. Only connect ...? *Levende Talen*, 424, 541-544.
Mondria, J.A. (1996) *Vocabulaireverwerving in het vreemde-talenonderwijs. De effecten van context en raden op retentie* (proefschrift). Groningen: Rijksuniversiteit Groningen.
Mondria, J. & S. de Vries (1987) Leidraad voor het beoordelen van een leergang moderne vreemde talen. *Levende Talen*, 420, 256-259.
Mühren, A. (1985) Eibo en de luchtbellen. *Levende Talen*, 403, 438-442.
Nalbantoğlu, P. (1982) Turkse kinderen in het Nederlandse basisonderwijs. *Moer*, themanummer intercultureel onderwijs, 2, 37-46.
Neville, H.J. & D. Bavelier (1998) Neural organisation and plasticity of language. *Current opinion in Neurobiology*, 8, 254-258.
Noot, S. (1993) Nederlands als tweede taal. *Montessori Mededelingen*, september, 21-24.
Nus, F. van (1999) *Het vak staat in de wet* (afstudeerscriptie). Hengelo: Hogeschool Edith Stein/Onderwijs Centrum Twente.
Onderwijsraad (2008) *Vreemde talen in het onderwijs.* Den Haag: ministerie van OCW.
Onderwijsraad (2011) *Een stevige basis voor iedere leerling.* Den Haag: ministerie van OCW.
Oonk, H. (1990) Engels voor de montessori basisschool. Een montessori-visie op verwerven van vreemde taal. *Montessori Mededelingen*, 12.
Oostdam, R. (2002) Leuk is not enough. *Levende Talen*, 3, 4 december.
Oostdam, R. (2010) Are we satisfied? Engels na ruim twintig jaar in het basisonderwijs. *Levende Talen*, 11(4).
Ooijen, P. van (2002) *Teaching foreign languages in European primary schools*. Zoetermeer: ministerie van OCW.
Oyama, S. (1976) A sensitive period for the acquisition of a nonnative phonological system. *Journal of Psychological Research*, 5(3), 261-283.
Palmer, H.E. (1982) The Pre-speech Phase in Language Learning. In R.W. Blair (red.) *Innovative Approaches to Language Teaching*. Rowley, MA: Newbury House.
Pattison, P. (1987) *Developing Communication Skills*. Cambridge: Cambridge University Press.

Paus, H. et al. (2001) *Driemaal Taal, Overeenkomsten en verschillen bij het leren van NT1, NT2 en Engels in de basisschool*. Groningen: Wolters-Noordhoff.
Petri, O. (1993) Efficiënt oefenen van spreekvaardigheid. *Levende Talen*, 484, 511-512.
Philipsen, K. et al. (red.) (2007) *Early English: a good start!* Den Haag: Europees Platform.
Platform vvto Nederland (2011a) *Naar eindtermen vvto Engels, een eerste verkenning*. Haarlem: Europees Platform.
Platform vvto Nederland (2011b) *Standaard vroeg vreemdetalenonderwijs Engels*. Haarlem: Europees Platform.
Postovsky, V.A. (1970) *The effects of delay in oral practice at the beginning of second language teaching*. Berkeley: University of California Berkeley.
Postovsky, V.A. (1974) Effects of delay in oral practice at the beginning of second language learning. *The Modern Language Journal*, 58, 229-239.
PPON (Periodieke Peiling van het Onderwijs in Nederland) (2008) *Balans van het Engels aan het einde van de basisschool 3. Uitkomsten van de derde peiling in 2006* (PPON-reeks nummer 37). Arnhem: Cito.
Procesmanagement Basisvorming (1991) Ontwerp kerndoelen voor de basisvorming in basisonderwijs en voortgezet onderwijs, uit het nader advies van de CHE. Almere.
Raamleerplan montessori basisonderwijs (1987) Conceptdiscussiestuk. Amsterdam: Montessorigroep van de Landelijke Pedagogische Centra.
Ree, R. van der (red.) (2006) *Eurydice Nederland*. Den Haag: ministerie van OCW.
Richards, J. & T. Rodgers (2001) *Approaches and Methods in Language Teaching*. Cambridge: Cambridge University Press.
Ru, E. de (1993) *Nederlandse taal in actie* (NT2-leergang, gebaseerd op TPR).
Salemans, B. (2004) Vloeiend meertalig op je zesde verjaardag. *Taalschrift. Tijdschrift voor taal en taalbeleid*, 14 oktober.
Samenwerkingsproject UVA/RUG/EarlyBird/MLMasters/drie Rotterdamse basisscholen (2011) *Mobiel Engels Leren* (www.mobielengelsleren.nl).
Sanders, M. (1993) Meertalige leerlingen en het leren van moderne vreemde talen. *Levende Talen*, 486, 13-17.
Sanders, M. (1993) Toetsing van receptieve woordkennis: wel of niet in context? *Levende Talen*, 476, 16-21.
Sanders, M. & G. Meijers (1986) *Het leren van Engels door tweetalige kinderen* (uit de reeks *EIBO in de Praktijk*). Enschede: SLO.
Schouten-van Parreren, C. (1983) Wisseling van de Wacht in de Vreemde-talendidactiek? *Levende Talen*, 378, 22-29.
Schouten-van Parreren, C. (1993) Psychologische aspecten van het leren van woorden in een vreemde taal. *Levende Talen*, 476, 5-9.
Schumann, J. (1974) Affective factors and the problem of age in second language acquisition. *Language Learning*, 24, 69-98.
Sciarone, B. (2009) *De Delftse methode* (NT2-methode, gebaseerd op *The Natural Approach* van Krashen en Terrell). Amsterdam: Boom.
Skinner, B. (1959) *Verbal Behavior*. New York: Prentice Hall.
SLO (2011) *Engels in het basisonderwijs, vakdossier*. Enschede.

Staatsblad van het Koninkrijk der Nederlanden 551 (2005) Besluit van 8 oktober 2005, houdende de vaststelling van vernieuwde kerndoelen voor het basisonderwijs. Den Haag: ministerie van OCW.

Staatsen, F. et al. (2009) *Moderne vreemde talen in de onderbouw*. Bussum: Coutinho.

Startbekwaamheden leraar primair onderwijs (1997) (Conceptversie SLO/VSLPC). Utrecht/Enschede: SLO in opdracht van het ministerie van OCW.

Stegenga-Burgers, T. (2010) Interview in *Trouw*. Titel: Creatieve kleuterjuf kan best Engels geven

Stevick, E.W. (1982) The Power Gauge in Language Teaching. In: R.W. Blair (red.) *Innovative Approaches to Language Teaching*. Rowley, MA: Newbury House.

Stoks, G.L.M.M. et al. (1984-85) *Engels in het basisonderwijs* (cursusboek met videoband bij een nascholingspakket van Teleac). Utrecht: Stichting Teleac.

Stoks, G.L.M.M. & M. Voortman (1982) *Wegwijs in Engels in de basisschool*. Enschede: SLO.

Stoks, G.L.M.M. & M. Voortman (1982) *Toetsen*. Enschede: SLO.

Taylor, B. (1974) Toward a theory of language acquisition. *Language Learning*, 24, 33-36.

Terrell, T.D. (1976) A natural approach to second language acquisition and learning. *Modern Language Journal*, 60, 325-337.

Thijs, A. et al. (2011) *Engels in het basisonderwijs. Verkenning van de stand van zaken*. Enschede: SLO.

Toorenburg, H. van (red.) (1992) *Op weg naar basisvorming*. Enschede: SLO.

TULE (leerlijnen en tussendoelen). Enschede: SLO.

Vereniging Samenwerkende Landelijke Pedagogische Centra (1985) *Engels in het montessori basisonderwijs. Oriëntatie en Advies*. Amsterdam.

Vinjé, M. (red.) (1993) *Balans aan het einde van de basisschool* (PPON-reeks nummer 4). Arnhem: Cito.

Vinjé, M. (1994) De beheersing van Engels aan het eind van de basisschool. *Levende Talen*, 489, 192-195.

Voort, P.J. van der & H. Mol fab(1989) *Basisdidactiek voor het onderwijs in de moderne vreemde talen*. Groningen: Wolters-Noordhoff-Longman.

Voorwinden, R. (2005) Engels wordt weggesaneerd op de pabo. *Onderwijsblad*, 1, 25-27.

Westhoff, G. (1978) Onderwijsleerfasen in het moderne vreemde-talenonderwijs. *Levende Talen*, 374, 561-573.

Westhoff, G. (1988) Correctheid is meer dan de juiste vorm gebruiken. *Levende Talen*, 433, 420-429.

Westhoff, G. (2003) What's new in de vakpers. *Levende Talen*, maart.

Westhoff, G. (2004) The art of playing a pinball machine. Characteristics of effective SLA-tasks. *Babylonia*, 3, 58-62.

Westhoff, G. (2005) Engels is niet genoeg. het *Onderwijsblad*, 1, 25-27.

Westhoff, G. (2008) *Een 'schijf van vijf' voor het vreemde-talenonderwijs*. Utrecht: Universteit Utrecht/IVLOS.

Wright, A. et al. (1979) *Games for Language Teaching*. Cambridge: Cambridge University Press.

Zonneveld, J.C. (1986) Op de wip tussen taalvaardigheid en didactiek. *Levende Talen*, 408, 115-119.

Bijlage 1
Een verkorte versie van het kerndeel van *Kennisbasis Engelse taal op de pabo* (2010), uit *Een goede basis* (2012)

Belang van het vak

Engels geven in het basisonderwijs is investeren in de mensen van de toekomst die studeren, werken en recreëren in verschillende landen van Europa en de wereld. Door de start met Engels op de basisschool wordt aangesloten bij de grote taalgevoeligheid van kinderen en wordt alle leerlingen de mogelijkheid geboden om een goede basis te verkrijgen voor Engels. We beschrijven hier alleen een kerndeel, een basis voor alle leraren in het primair onderwijs.

Een adequate beheersing van het Engels is nodig om deel te kunnen nemen aan internationale communicatie in een veelheid van netwerken, beroepen en organisaties. Engels werd al in 1986 geïntroduceerd in het Nederlandse basisonderwijs en op de lerarenopleiding basisonderwijs als gevolg van afspraken binnen Europa. In Lissabon (2000) en Barcelona (2002) heeft de Europese Raad van Ministers van Onderwijs vervolgens ook Europese afspraken gemaakt over vroeg vreemdetalenonderwijs (vvto). De Europese Unie streeft naar drietalige burgers die al vanaf jonge leeftijd twee vreemde talen leren naast hun moedertaal (M+2). Eén van de twee vreemde talen dient één van de gemeenschapstalen van Europa te zijn. Met dit beleid hoopt de EU de culturele diversiteit, het intercultureel inzicht, de tolerantie en het Europees burgerschap te bevorderen.

In Nederland wordt, net als in de meeste andere Europese landen, Engels onderwezen als eerste vreemde taal. Met Engels wordt hier niet bedoeld het Engels van Groot-Brittannië maar Engels als lingua franca; een taal die door grote groepen mensen met een andere moedertaal als gemeenschappelijke communicatietaal gebruikt wordt. Niet alleen in Europa maar in de gehele wereld heeft Engels de functie en status van lingua franca. Het wordt als eerste taal gesproken door miljoenen mensen en is wereldwijd de meest geleerde tweede taal. Het is de taal van de internationale wetenschap, economie, handel, technologie, cultuur, muziek en Internet. In Nederland kan Engels bijna beschouwd worden als een tweede taal omdat Engels overal in de maatschappij aanwezig is en kinderen vanaf zeer jonge leeftijd met Engels in aanraking komen.

Structuur van het vak

In het tegenwoordige vreemdetalenonderwijs staat het leren communiceren in de doeltaal centraal. De communicatieve benadering is gebaseerd op het organiseren van gevarieerde activiteiten in de vreemde taal zodat de leerlingen kunnen handelen aan de taal. Om het taalleerproces te optimaliseren moeten deze activiteiten aan bepaalde kwaliteitseisen voldoen en in een bepaalde samenstelling aangeboden worden. Deze kwaliteitseisen of concepten worden beschreven door Westhoff (2008) in het model dat als "Schijf van Vijf voor het vreemdetalenonderwijs" bekend geworden is. Het model bevat de volgende componenten:

- blootstelling aan input: een eerste voorwaarde voor het verwerven van een vreemde taal is uitvoerige blootstelling aan de doeltaal (de 'input')
- verwerking op inhoud: taalaanbod alleen is echter niet genoeg. 'Input' wordt pas 'intake' als de leerling de aandacht heeft gericht op de betekenis
- verwerking op vorm: bij de verwerking op vorm staan de hoe-vragen centraal. Op de basisschool wordt Engelse grammatica niet expliciet maar impliciet aangeboden, grammaticaregels hebben bij jonge kinderen weinig effect
- productie van output: de leerlingen vergroten hun actieve taalbeheersing door zich veelvuldig in de vreemde taal te uiten, dus door te oefenen met het produceren van taal
- strategisch handelen: er zijn een aantal handige strategieën die helpen om een taal te leren. Hieronder zijn hiervan voorbeelden opgenomen.

Voorbeelden van compenserende *receptieve* strategieën	Voorbeelden van compenserende *productieve* strategieën
- gebruik van non-verbale communicatie - voorspelvaardigheid - structureren - gebruik maken van redundantie - voorspellen - raden - herhalen	- gesprekken beginnen en eindigen - om een langzamer spreektempo vragen - om herhaling of uitleg vragen - zelf herhalen wat iemand gezegd heeft - aangeven dat je iets niet begrijpt - gebaren maken en ondersteunende mimiek gebruiken - gebruik maken van overkoepelende begrippen - gebruik maken van fysieke eigenschappen - gebruik maken van omschrijvingen

De aanname is nu dat een slimme combinatie van deze vijf principes de structuur van het curriculum bepaalt. Dit vraagt van de leraar enige basiskennis over taalverwerving. Wil hij als rolmodel kunnen optreden, dan vormen een positieve attitude en een behoorlijke eigen taalvaardigheid belangrijke voorwaarden. In het kerndeel van deze kennisbasis is verondersteld dat de student instroomt met tenminste een eigen vaardigheid Engels op havoniveau (cf. niveau B1 van het Europees Referentiekader voor vreemdetalenkennis). Gezien de beperkte tijd voor Engels in het basisonderwijs kan de leraar basisonderwijs werken met een fasenmodel waarin alle componenten van de schijf van vijf aan de orde komen. Dit is het alom geaccepteerde model op basis waarvan de methodes voor Engels in het basisonderwijs ontworpen zijn (v.Barneveld et al. 1987).

Fase: Inhoud:	
1 **Introductiefase (fase 1): pré receptief** Voorbereiden op thema en de te leren taal. Leren voorspellende strategieën gebruiken.	• het activeren van buitenschoolse voorkennis over het nieuwe thema m.b.v. actieve werkvormen; inventariseren van woorden, zinnen en ervaringen • motiveren van de leerlingen voor het onderwerp en de eindopdracht; opwarmen en voorbereiden input • herhalen uit eerdere lessen
2 **Inputfase (fase 2): receptief** Leren verstaan en begrijpen van de nieuwe taal. Lees-, luister-, kijkstrategieën leren toepassen.	• presenteren van de nieuwe stof/taal; inputdialoog, kerndialoog en nieuwe woorden • input verwerken op inhoud en vorm • controleren of de input duidelijk is voor alle leerlingen
3 **Oefenfase (fase 3): productief** Oefenen van de nieuwe taal. Spreek- en schrijfstrategieën leren gebruiken.	• oefeningen aanbieden over de nieuwe stof in gesloten oefeningen, zowel mondeling als schriftelijk, van receptief naar (re)productief, van gesloten naar minder gesloten
4 **Transferfase (fase 4): productief** Toepassen van de nieuw geleerde taal, samen met de voorkennis. Spreekstrategieën toepassen.	• leerlingen begeleiden om de nieuwe stof samen met de voorkennis in vrijere opdrachten toe te passen, als tussenstap naar het gebruik van Engels buiten school • differentiatiemogelijkheden aanbieden

Het vak en de leerlingen

Kinderen van verschillende leeftijden vragen om een eigen aanpak. Een korte typering:
- De onderbouwleerling leert spelenderwijs. Kleuters zijn nog volop bezig met de ontwikkeling van hun moedertaal. Ze zijn gevoelig voor taal en worden zich bewust van het feit dat Engels een andere taal is dan hun moedertaal of het Nederlands. In de kleuterklas staat het taalaanbod door de leraar centraal. De jonge leerlingen krijgen veel betekenisvolle en thematische geordende input die aansluit bij hun belevingswereld en die op

speelse en bewegelijke wijze wordt aangeboden. Interactie met elkaar en met de leraar speelt hierbij een belangrijke rol.
- In de middenbouw sluit Engels aan op de belevingswereld van het kind dat veel tijd en energie steekt in het leren lezen en schrijven in het Nederlands. Bij Engels wordt in de middenbouw systematisch voortgebouwd op het geleerde in de onderbouw. Daardoor wordt het zelfvertrouwen van leerling verder uitgebouwd omdat deze steeds meer kan begrijpen en eenvoudige dingen kan zeggen in het Engels. De spreekvaardigheid wordt geconsolideerd. Input blijft centraal staan in de middenbouw. Er wordt een start gemaakt met de Engelse lees- en schrijfvaardigheid.
- In de bovenbouw kunnen de lees- en schrijfvaardigheden ingezet worden bij het leren van Engels. Het taalaanbod neemt hierdoor sterk toe. Ook de rol van de leraar verandert: oudere leerlingen leren meer leerkrachtonafhankelijker dan jonge leerlingen. Doordat de leerlingen in de bovenbouw zich ook op abstract niveau ontwikkeld hebben neemt het abstractieniveau van Engels toe. In de bovenbouw zijn leerlingen zelfbewuster en lijken daardoor eerder spreekangst te ontwikkelen. In de bovenbouw kunnen leerlingen veel leerstof aan en betekent dat er veel Engels aanbod moet zijn tijdens de lessen en dat leerlingen de mogelijkheid hebben om zelfstandig en in groepen verder te werken aan de ontwikkeling van hun Engelse vaardigheid.

Om een goede overgang naar het voortgezet onderwijs te kunnen maken is de leraar basisonderwijs op de hoogte van de kerndoelen primair onderwijs en de kerndoelen van het voortgezet onderwijs. De leerlingen kunnen het geleerde uit het primair onderwijs gebruiken in de brugklas. Contact tussen het primair en het voortgezet onderwijs is daarvoor een essentiële voorwaarde.

Het kerndeel

1 *Algemeen*

1.1 De student kan de bijdrage van Engels/vreemde taalverwerving aan het leren en ontwikkelen van kinderen verwoorden en kan deze illustreren aan de hand van voorbeelden.

1.2 De student kan aangeven welke bijdrage het vak Engels levert aan de realisatie van de kerndoelen van het primair onderwijs, en hoe dit aansluit bij de kerndoelen voor Engels in de onderbouw van het voortgezet onderwijs.

1.3 De student kan de rol van Engels in de (internationale) samenleving benoemen en kan de sociaal-culturele dimensie van de taal illustreren met voorbeelden.

2 Structuur van het vak

2.1 De student kan de principes die ten grondslag liggen aan een communicatieve benadering van vreemdetalenonderwijs beschrijven aan de hand van het model 'Schijf van vijf voor het vreemdetalenonderwijs' en de elementen uit dit model illustreren met voorbeelden.

2.2 De student kan voorbeelden van taalactiviteiten plaatsen in een eenvoudige oefeningentypologie met verschillende fasen van receptief naar productief.

2.3 De student kan verschillende communicatieve strategieën voor het ontwikkelen van receptieve en productieve vaardigheden beschrijven, waaronder ook compenserende strategieën. 2.4 De student kan de opbouw van veel gebruikte lesmethoden in grote lijnen beschrijven.

3 Het vak en de leerlingen

3.1 De student kan belangrijke kenmerken benoemen van tweede- en vreemde-taalontwikkeling, bij zowel jonge als oudere kinderen.

3.2 De student kan voor verschillende leeftijdsgroepen een variatie van werkvormen voor het leren van Engels beschrijven.

4 De samenhang met andere vakken

4.1 De student kan voorbeelden geven van de toepassing van Engelstalige bronnen uit andere vakcontexten.

4.2 De student kan voorbeelden geven van de toepassing van mediadidactiek en mediawijsheid in het onderwijs Engels.

Referenties

Barneveld, F. v., Sanden, B.v.d. (1987). Engels in het basisonderwijs; Een leerlinggericht begin!, in: *Levende Talen*, 421, mei 1987

Europees Referentiekader Talen, zie www.erk.nl

Westhoff, G., (2008). *Een 'schijf van vijf' voor het vreemdetalenonderwijs (revisited)*, Enschede: NaB/MVT.

Met dank aan de opstellers van de eerste kennisbasis:
E. den Boon
T. de Kraay
O. Kouzmina
J. Schokkenbroek

Bijlage 2
Twee verschillende methoden

Methode 1

Een NOT-les in het Teleac-programma
We volgen een NOT-les (Unit 2, de lessen 2 en 3) zoals die voorkomt in de eerste televisie-uitzending van Teleac:
In de les, voorafgaande aan de NOT-uitzending, hebben de leerlingen enige informatie over Engels geld gekregen. Daarna zien zij in de uitzending een scène waarin de kinderen uit het verhaal iets in een winkel kopen (dit fragment wordt ook in de Teleac-uitzending getoond.)
Nadat de leerlingen het verhaal met behulp van foto's (deze staan in het Leerlingenboek) hebben gereconstrueerd, leren zij zelf inkopen doen. Eerst luisteren zij naar een gesprekje op de band en kijken naar onderstaande strip:

2.3 Let's go to a shop!

Uit: *Engels Basisonderwijs*

Methode 1 (vervolg)

De leerlingen vertellen wat zij van de strip hebben begrepen; eventueel kan de leerkracht enkele vragen stellen.
De begrippen *Here you are* en *Thank you* worden gedemonstreerd, waarna de leerlingen een naspreekoefening doen.
Tot slot oefenen de leerlingen de communicatieve situatie 'in een winkel iets kopen' met behulp van een paar artikelen, in dit geval een flesje coca-cola, een ansichtkaart en een sticker.
Zij oefenen eerst in tweetallen, en daarna spelen enige leerlingen het voor in een speciaal gebouwd winkeltje.

How much?	Hoeveel?
Here you are	zeg je als je iemand iets geeft
Thank you	zeg je als je van iemand iets krijgt.

Nu ga je het zelf eens proberen in een Engelse winkel:
A   Can I have a Mars, please?
B   Of course.
A   How much is it?
B   Twenty p.
A   Here you are.
B   Thank you.

Je gaat nu nog een paar keer dingen kopen in een Engelse winkel. Hieronder zie je de prijzen van Cola, een ansichtkaart en een camping sticker.
Probeer zelf nog maar een paar andere inkopen te doen.

Uit: *Engels Basisonderwijs*

Methode 2

Verklaring van de opzet
Tijdens het eerste deel van de radioles vinden de volgende oefeningen en activiteiten plaats:
- de leerlingen luisteren naar een dialoogje tussen twee *native speakers* (mensen met Engels als moedertaal);
- zij beantwoorden vragen met *Yes, I have* en *No, I haven't*;
- zij doen een naspreekoefening waarin de structuur *I haven't got* voorkomt (bijvoorbeeld *I haven't got a blue hen*);
- de leerkracht geeft aan vier leerlingen een kaart met een afbeelding (*car*, *scarf*) en vraagt *Have you got (a car)?* De leerlingen antwoorden hierop met *Yes, I have* of *No, I haven't*.

Na een kort muziekje nemen de leerlingen het *Textbook* voor zich en zien zij onderstaande uitvoerige tekening, die in het oorspronkelijke boek in kleur is afgedrukt:

Uit: *Ready, Steady, Go!*

Methode 2 (vervolg)

De leerlingen oefenen nu de namen van de kledingstukken door vragen te beantwoorden die op de radio worden gesteld, zoals *Is it a scarf or a dress? (It's a scarf)*. Vervolgens doen zij een korte naspreekoefening: zij spreken dan Engelse woorden voor kledingstukken na, zoals *sweater, skirt, dress*.

Het vervolg op het radiogedeelte verzorgt de leerkracht helemaal zelf. Hij neemt een aantal kaarten met afbeeldingen waarvan de leerlingen de Engelse benamingen kennen, en vraagt enige leerlingen *Have you got* (*a dog, a pen*, enzovoort). De leerlingen antwoorden met *Yes, I have* of *No, I haven't*.
Daarna stopt hij een paar voorwerpen in twee tasjes. De Engelse namen van die voorwerpen schrijft hij op het bord. Twee groepjes leerlingen krijgen een tasje en moeten raden wat in het tasje van de andere groep zit door vragen te stellen als *Have you got* (*an apple, a pencil*, enzovoort). Op die vragen wordt opnieuw geantwoord met de zinnetjes *Yes, I have* of *No, I haven't*.
Vervolgens voeren een paar leerlingen een kort gesprek in het Engels, bijvoorbeeld:
Hello.
Hello.
What's your name?
My name's Ronnie.
How old are you?
I'm ten.
Are you English or Dutch?
I'm Dutch.
Have you got an apple?
No, I haven't.
Can you play football?
Yes, I can.

Tot slot zingen de leerlingen het lied *Hokey Cokey*.

Uit: *Ready, Steady, Go!*

Register

aansluiting Eibo-Eivo 22, 24-33, 46, 47, 193
activiteiten, remediërende 172, 226, 240, 279
affectieve factoren 19, 28-40, 45, 49, 53, 82, 248, 252
afwijkende uitspraak 110
allochtone leerlingen 23, 27, 28, 97, 102, 126, 202, 224, 225
Angliatoets 31, 37, 44
attitude 24, 42, 43, 54, 95, 108, 253
- positieve 207, 233
attitudetheorie 84, 214, 274
audiolinguale methode 69, 70, 75-78, 85, 93
authentieke teksten 140

basisvorming 26-31, 35, 38
benadering
- communicatieve 70, 71, 238, 355
- structurele 69, 71
BOOR 23, 25, 37, 38
brugklas, differentiatie in de 29, 37
buitentalige informatie 84, 89, 90, 129, 133, 139, 178, 183, 192, 213, 302, 308, 311

can do statements 31, 35, 43
CAT 192
chant 204, 205, 290
Cito-toets voor Eibo
classroom language 41, 43, 177, 178, 192, 197, 201, 212-216, 239
CLIL (Content and Language Integrated Learning) 24, 91-93, 181-199, 218, 220
cognitieve vaardigheden 21, 223, 227, 257
collage 109, 110, 124-127, 224-226, 264, 281, 331
Commissie Kennisbasis Pabo 41
communicatieve benadering 70, 71, 238, 355
communicatieve context 74, 138, 261
communicatieve drill 86, 108, 154, 255, 257, 279
communicatieve substitutietabel 278
Content and Language Integrated Learning (CLIL) 24, 91-93, 181-199, 218, 220
context 84
- communicatieve 74, 138, 261
- sociaal-culturele 316, 317, 324
contextgegevens 53, 136, 178, 303

coöperatieve werkvormen 230
creatieve constructie 79, 83, 88, 92, 211

DAT 192
diagnostische toets 42
dialogen 78, 140, 161, 169, 225, 229
didactische methoden 29, 69-94, 183, 333
differentiatie 29, 37, 63, 167, 223-236
- door extensief lezen 226
- door ICT 226
- en het jonge kind 232
- in de brugklas 29, 37
- in de vier fasen 257
- in taak 227, 228
- in taal 227
- inputfase 227
- introductiefase 227
- meertalige leerlingen 224
- natuurlijke 176
- oefenfase 166, 228
- overdrachtsfase 229
digitaal portfolio 34, 43, 248
digitale lespakketten 63, 252
dimensie, sociaal-culturele (SCD) 225-236
doelstelling moderne vreemdetalenonderwijs 47, 54
doorlopende leerlijnen 38, 56, 60, 202, 333
drills 78, 93, 155, 158, 161
- communicatieve 86, 108, 154, 255, 257, 279
- non-communicatieve 155
- onzinnige 155
- pattern 76
- schriftelijke 164

EarlyBird 23, 25, 38, 41, 64, 65, 184, 192, 193, 198, 210, 217
educatieve liedjes 287-293
educatieve popsongs 291
Eibo, Cito-toets voor 36
eindtermen vreemdetalenonderwijs 47, 49
eTwinning 332
Europees platform 193, 217, 336
Europees Taalportfolio 31, 34, 35, 42, 43, 242, 248, 250
extensief lezen, informatie verwerken bij 311
extensieve leesvaardigheid 298, 306-311

Register

factoren, affectieve 19, 28-40, 45, 49, 53, 82, 248, 252
fase, receptieve 115, 127, 241
flashcards 62, 70, 155-157, 205
flowcharts 168
formatief 243, 344
fouten corrigeren 154, 179, 237-252
- oefenfase 154, 241
- overdrachtsfase 179, 242
- receptieve fase 241

functie 47, 54, 80, 131, 138, 150119, 150, 158, 172
- remediërende 240

functioneel-notionele methode 54, 56, 70, 85-88, 152, 224

gebarentaal 178, 201, 213
gesloten taalproductie 115, 119, 149-153, 228, 229, 257
gezelschapsspelletjes 257, 261, 266
graded readers 89, 90, 226, 307-311
grammatica 21, 30, 69, 72, 73, 86, 119, 150
- inductieve 30, 76, 86

grammaticaregels 21, 30, 72, 74, 76, 83, 119, 150
grammatica-vertaalmethode 69-76, 93

herziene kerndoelen 52, 163, 316

ICT 62-65, 226
implementatie kerndoelen 30
impliciet leren 83
inductieve grammatica 30, 76, 86
informatie
- buitentalige 84, 89, 90, 129, 133, 139, 178, 183, 192, 213, 302, 308, 311
- verwerken bij extensief lezen 311

informatieve teksten 36
information-gapoefeningen 146, 158-161, 234, 261
inputfase 115, 118, 121, 130-135, 138, 148-152, 163, 186, 224, 241, 257, 260, 302, 324
- differentiatie in de 227
- leerdoelen 148
- leesteksten in de 324
- luisteren in de 327

inputhypothese 83, 213, 302
intensieve leesvaardigheid 298, 303-305
intercultureel onderwijs 225, 316
interview 189, 190
introductiefase 115, 121-134, 185, 224, 227, 257, 258

Kennisbasis Pabo, Commissie 41
kerncurriculum 40-43
- landelijk 44
- nationaal 5

kerndialoog 150, 151
kerndoelen 47-59, 95, 136, 252, 298, 306, 316
- Engels in het basisonderwijs 49-57
- herziene 52, 163, 316
- implentatie 30
- vroeg vreemdetalenonderwijs (vvto) 59

kindertijdschriften 313, 314
klankbeeld 89, 97, 126, 135, 136, 152, 202, 304
klassengesprek 123-125, 224, 227
koorwerk 101, 151, 152, 203, 205, 241, 258

landelijk kerncurriculum 44
language, classroom - 41, 43, 177, 178, 192, 197, 201, 212-216, 239
leerdoelen, inputfase 148
leerkracht 19, 214, 216, 333
- bekwaamheid 39
- opleiding 39, 40
- rol van de 123, 125
- spreekvaardigheid 29, 39
- taalvaardigheid 39, 42, 193, 214
- uitspraak 39

leerlijnen 29
- doorlopende 38, 56, 60, 202, 333

leerlingen
- allochtone 23, 27, 28, 97, 102, 126, 202, 224, 225
- meertalige 26-28, 178, 224-226

leerplannen, longitudinale 31
leerstofverwerking 303
leesboekjes 70, 306
leescontrolekaarten 226, 311-313
lees-luistertekst 135, 138
leestekst 6, 115, 130, 298, 302-304
- in de inputfase 324

leesvaardigheid 135, 280, 297, 324
- en luistervaardigheid 275
- extensief 298, 306-311
- intensief 298, 303-305
- motivatie 226
- verwerking 226

leren
- door taal 190, 192
- impliciet 83
- mobiel 65
- van taal 186, 190, 192
- voor taal 190, 192

365

lespakket en methode 70
lespakketten
- liedjes in 287
- popsongs in 291
- digitale 63, 252

lezen, selectief 302
liedjes 273-275, 280, 292
- educatieve 287-294
- in lespakketten 287
- luisterliedjes 229
- traditionele 280-287
- voor jonge kinderen 294, 295

lingua franca 25, 35, 317, 332
longitudinale leerplannen 31
luisteren
- in de inputfase 327
- selectief 141

luisterliedjes 229
luistertekst 135-148
luistervaardigheid 83, 135, 136, 146, 147, 205, 257, 302, 303
- en leesvaardigheid 275

matching exercise 36, 86, 139, 142, 164, 187, 252, 311
matrix 249
matrixoefening 144
meerkeuzevragen 247, 303, 311
meertalige leerlingen 26-28, 178, 224-226
methode en lespakket 70
methode
- audiolinguale 69, 70, 75-78, 85, 93
- didactische 29, 69-94, 183, 333
- functioneel-notionele 54, 56, 70, 85-88, 152, 224
- receptieve 88-92, 151, 224-226, 311
- structureel-taalkundige 56, 115

mobiel leren 65
moedertaal 27, 28, 70, 75, 79-84, 89, 116, 210, 211, 225
moedertaalinterferentie 28, 97
moedertaalverwerving 69, 75, 78, 85, 127, 211-212, 232
mondelinge vaardigheden 70, 75, 85
monitorfunctie 83
motivatie 81, 122, 181, 223, 256, 273
multiple intelligences 231, 257, 329

nascholingscursus 15, 39-44, 192, 202, 208, 210, 214-216, 238
nationaal kerncurriculum 5

native speaker 63, 83, 89, 90, 192, 193, 201, 214-217
natuurlijk taalgebruik 138, 140, 207
natuurlijke differentiatie 176
natuurlijke spreektaal 136, 138, 139
natuurlijke taalverwerving 82, 86, 88, 90, 136, 183, 308, 310, 313
non-communicatieve drills 155
notie 47, 54, 80, 84, 102, 131, 138, 150, 171, 229, 252
NT2 82, 84, 127

oefenen in tweetallen 152, 153, 168
oefenfase 115, 122, 149-171, 189
- differentiëren in 228, 229
- verbeteren in 241

oefeningen
- productieve 113
- receptieve 113
- reproductieve 113

omgeving, veilige 210
onderwijs, intercultureel 225, 316
onnatuurlijk taalgebruik 307
ontwikkelingsniveau 82
onzinnige drills 155
open rollenspelen 174-176
open spelvormen 176
open spreekopdracht 172, 173
open taalproductie 119, 174
open vragen 303
opzoekvaardigheid 54
overdrachtsfase 115, 171-179, 190
- verbeteren in de 242

pattern drills 76
peiling 28, 31
periode, stille 78-83, 89, 149, 211, 212, 232
platform
- vvto Nederland 31, 59
- Europees 193, 217, 336

popsongs 273-280, 313
- educatieve 291
- in lespakketten 291

portfolio
- digitaal 34, 43, 248
- voor Engels in het basisonderwijs 35

positieve attitude 207, 233
productieve oefeningen 113
productieve strategieën 119, 120, 187, 241
productieve taalschat 177
productieve vaardigheden 70

raadspelletjes 146, 159, 261
rapportage 31, 37, 248, 249, 252
readers, graded 89, 90, 226, 307-311
realistische taalsituaties 176-178, 256
receptief authentiek taalaanbod 79, 83, 85
receptieve fase 115, 127, 241
receptieve methode 88-92, 151, 224-226, 311
receptieve oefeningen 113
receptieve strategieën 119, 120, 140, 141
receptieve vaardigheden 70, 302, 238
reinforcement 76, 79, 238
remediërende activiteiten 172, 226, 240, 279
remediërende functie 240
reproductieve oefeningen 113
richtvragen 141, 146, 149, 189, 190, 228, 276, 302, 303, 324
rollenkaarten met tekstinstructie 166, 174, 229, 250
rollenspelen 164-176, 230, 256
- open 174-176

schijf van vijf 113-120
schriftelijke drills 164
schrijfvaardigheid 70, 142
selectief lezen 302
selectief luisteren 141
simultane tweedetaalverwerving 78
simultane tweetaligheid 80
sociaal-culturele context 316, 317, 324
Sociaal-Culturele Dimensie (SCD) 225-237
- informatieverwerking 329
- onderwerpen 317-324
- taalverwerving 315-336
- themagebonden 328
- themagebonden 324-327
- voertaal 331
speaker, native 63, 83, 89, 90, 192, 193, 201, 214-217
spellingsoefeningen 161, 163, 187
spellinguitspraak 89, 135, 187, 238, 34, 306
spelvormen, open 176
spontane taalproductie 83
spreekangst 71, 78, 82, 84, 179, 211, 237, 242
spreekbeurt 314, 329, 331
spreekopdracht, open 172, 173
spreektaal, natuurlijke 136, 138, 139
spreekvaardigheid 29, 39, 83, 90, 256, 287
startbekwaamheid 42
stille periode 78-83, 89, 149, 211, 212, 232
strategieën productieve 119, 120, 187, 241
strategieën receptieve 119, 120, 140, 141

structureel-taalkundige methode 56, 115
structurele benadering 69, 71
structuuroefeningen 76, 77, 280
substitutietabel 157, 159
- communicatieve 278
summatief 242
switchboard 157

taal
- door leren 190, 192
- moeder- 27, 28, 70, 75, 79-84, 89, 116, 210, 211, 225
- van leren 186, 190, 192
- voor leren 190, 192
taalaanbod 72, 80-85, 88-90, 114, 122, 138, 177, 178, 213
- kenmerken van begrijpelijk 212
- receptief authentiek 79, 83, 85
taalbeschouwing 108-111
taaldorp 172, 243, 250-252
taalfunctie 47, 85-88, 101-103, 130-133, 150-154, 229, 241
taalgebruik
- natuurlijk 138, 140, 207
- onnatuurlijk 307
taalgebruiksituatie 35, 64, 71, 131, 136, 158, 166, 250
taalmiddelen 47, 151, 153, 164, 165, 193, 238, 257, 331
taalnotie 47-49, 56, 85, 150
taalportfolio 34-37
- Europees Taalportfolio 31, 34, 35, 42, 43, 242, 248, 250
taalproductie 76, 85, 88-90, 101, 102, 115, 123, 238, 258, 274, 302
- gesloten 115, 119, 149-153, 228, 229, 257
- open 119, 174
- spontane 83
- vrije 115, 238
taalprofielen 31, 35
taalschat, productieve 177
taalsituaties, realistische 176-178, 256
taalspelen 101-108, 111, 127, 155, 176, 227, 240, 255-271
taalverwerving, natuurlijke 82, 86, 88, 90, 136, 183, 308, 310, 313
taalverwervingstrategieën 28, 224, 225, 333
teksten
- authentieke 140
- informatieve 36

367

tekstinstructie, rolkaarten met 166, 174, 229, 250
tekstinstructiekaarten 126, 167, 168, 224, 250, 251
tekstintroductie 166
tekstsoorten 140, 298
threshold level 47-49, 54
tijdschriften 124, 155, 227, 331
time-out zone 252
toets, diagnostische 42
toetsen 37, 42, 237-253
toneelstukjes 175
Total Physical Responsetechniek (TPR) 84
traditionele liedjes 280-287
transfer, vrije 165, 174, 175
true/falsevragen 144, 161, 303, 311
Tule-richtlijn 31, 59
tussendoel 59, 218
tweedetaalverwerving, simultane 78
tweetaligheid, simultane 80
tweetallen, oefenen in 152, 153, 168

uitgevers 29, 53, 55, 56, 60
uitspraak 125, 154, 274, 310
- afwijkende 110
uitspraakfouten 238, 241

vaardigheden
- cognitieve 21, 223, 227, 257
- mondelinge 70, 75, 85
- productieve 70
- receptieve 70, 302, 238
vakdocenten 15
vakleerkracht 40, 59, 191, 214-216
veilige omgeving 210

verbeteren
- in de oefenfase 241
- in de overdrachtsfase 242
- in de receptieve fase 241
versterkt Engels
vertalen 69, 71, 75, 135, 202, 208, 216, 247, 280, 303
vervroegd vreemdetalenonderwijs 22
verwerkingsfase 1350148, 189, 227, 241
vierfasenmodel 113-121, 180, 324
visualiseren 140, 155, 183, 198, 202, 178
voertaal 24, 71, 81, 85, 123, 126, 166, 177, 181, 183, 186, 210, 212, 213, 218, 224, 317, 333
voorkennis activeren 122-129, 186
vragen
- gesloten 303
- open 303
- true/false- 144, 161, 303, 311
vreemdetalenonderwijs
- doelstelling moderne 47, 54
- eindtermen 47, 49
vroeg 22, 23, 217
vrije transfer 165, 174, 175
vroeg vreemdetalenonderwijs (vvto) 22, 23, 217
- kerndoelen 59

webquest 188, 189, 226, 329
werkvormen, coöperatieve 230
woordbeeld 70, 97, 104, 105, 125, 126, 135, 136, 152, 163, 164, 202, 304
woordenschat 95-100, 127-130
woordkaarten 62
woordspelletjes 268
woordvelden 41, 125, 257, 280